刊印古籍今注新譯叢書緣起

劉振強

人類歷史發展，每至偏執一端，往而不返的關頭，總有一股新興的反本運動繼起，要求回顧過往的源頭，從中汲取新生的創造力量。孔子所謂的述而不作，溫故知新，以及西方文藝復興所強調的再生精神，都體現了創造源頭這股日新不竭的力量。古典之所以重要，古籍之所以不可不讀，正在這層尋本與啟示的意義上。處於現代世界而倡言讀古書，並不是迷信傳統，更不是故步自封；而是當我們愈懂得聆聽來自根源的聲音，我們就愈懂得如何向歷史追問，也就愈能夠清醒正對當世的苦厄。要擴大心量，冥契古今心靈，會通宇宙精神，不能不由學會讀古書這一層根本的工夫做起。

基於這樣的想法，本局自草創以來，即懷著注譯傳統重要典籍的理想，由第一部的四書做起，希望藉由文字障礙的掃除，幫助有心的讀者，打開禁錮於古老話語中的豐沛寶藏。我們工作的原則是「兼取諸家，直注明解」。一方面熔鑄眾說，擇善而從；一方面也力求明白可喻，達到學術普及化的要求。叢書自陸續出刊以來，頗受各界的喜愛，使我們得到很大的鼓勵，也有信心繼續推廣這項工作。隨著海峽兩岸的交流，我們注譯的成員，也由臺灣各大學的教授，擴及大陸各有專長的學者。陣容的充實，使我們有更多的資源，整理更多樣化的古籍。兼採經、史、子、集四部的要典，重拾對通才器識的重視，將是我們進一步工作的目標。

古籍的注譯，固然是一件繁難的工作，但其實也只是整個工作的開端而已，最後的完成與意義的賦予，全賴讀者的閱讀與自得自證。我們期望這項工作能有助於為世界文化的未來匯流，注入一股源頭活水；也希望各界博雅君子不吝指正，讓我們的步伐能夠更堅穩地走下去。

新譯老子解義 目次

前言

——我讀《老子》的一點心路歷程

吳怡

《老子道德經》的注解，自古至今，至少也有幾百種。這對於專研該書的學者來說，的確是一筆很豐富的資產，但對於一個只希望了解《老子》的真義，而能用之於自己生活思想上的讀者，這些紛紜複雜的考證，和妙絕言銓的玄談，又往往會使他們望而卻步，感覺愈多愈惑。在這種情形下，我實在沒有必要再多寫一本《老子》注解，使讀者增多困惑。可是，最近我卻連寫了兩本。一本是前兩年出版的英文翻譯的《老子淺解》；一本就是目前的《新譯老子解義》。為了自我解嘲，我只有話說從頭，談談我研讀《老子》的一點心路歷程，也許可以說明這兩本書的寫作，也是出於不由自己的。

使我接觸老子思想的第一本書，是高亨的《老子正詁》，那是民國四十二年間我正由大陸逃亡到臺灣，插班初中二年級，由於在大陸的失學之痛，使我思想比較成熟，喜歡看看有深度的東西。無意間在舊書攤上買到了這本書，視為至寶。我對老子其人其書毫無所知，選擇這本書也是因為別無選擇，我把它當作唯一的《老子》注解，幸好這本書的考證尚稱簡要、客觀。我當時的思路便順著它走，每次看到作者對《老子》原文的錯簡有新的發現時，我極度興奮，好像自己也發現了老子思想的秘密似的。事實上，我當時對考證之學一無所知。後來，進入師大國文系，雖然學了一些文字訓詁的知識，但對這套學問，我並沒有很大的興趣。那時教老子一課的是先師張起鈞教授，他從哲學的方法來研究老子思想，對我的啟蒙很大。記得大學二年級我修了他的哲學概論，在暑假時，我曾以練習寫作的心情草就了一本十萬字左右的先秦思想，該書內容空乏，當然至今沒有出版。我把論老子思想的一章，約二萬餘字，拿去請他指正。可是卻被他當頭棒喝，直責我該文一半的篇幅論老子生平和《道德經》成書年代，全是考據之學，而不是研究哲學思想的正途。他的話對我此後的影響很大。不過他當時對我在該文中論老子思想部分卻隻字不提，想必是認為我入門之路已差，其餘的就不值一看了。後來關於思想部分，我曾抽出來，用「老子思想的相對論」為題，投稿在某雜誌上，這是我第一篇發表的學術性論文。該文就邏輯或考證的眼光來看，不會有什麼大問題，也就是說四平八穩，眼睛是眼睛，鼻子是鼻子，但就是沒有精神，沒有血脈。

在我大三那年，林語堂博士到師大演講，文學院的學生都被派出席，他的題目是有關「老子其人其書的問題」，事後曾在報上發表，我針對他的論點也寫了一篇長文由《中央日報》轉給他。蒙他不棄，在該文中寫了很多眉批，和我討論。當時，我崇拜林博士幽默的小品文，卻感覺他考證《老子》的文字和他的寫作風格不協調。當時，我還有一個奇想，他是一位博學而成名的學者，而我只是一個大三的學生，對於老子其人其書的問題，也只是看了幾本書而已，可是卻能和他討論，誰是誰非，還很難斷定。其實，這場論戰不知有多少學者參與，至今都無定論。如果一直都沒有結論，豈非大家都在摸象。像這樣的學問，只靠資料的搜集，欠缺人生的體驗和生命的熱力，實在不值得花太多的時間去研究。這時候，我正開始在《中央日報》撰寫哲學性的小品文，後來集為《人與路》、《人與橋》、《一束稻草》三書。起鈞老師很喜歡這些散文，一再勸我從這方面發展，並邀我合寫《中國哲學史話》一書。所以此後我便走上專門研究哲學思想的路子。在這條路上，也有類似考證之學的毛病，就是把觀念講得太抽象，像電影裡的武俠動作，真是「高去高來」，光聽招式的名稱，便令人目眩口呆，不知所云。這也就是說哲學思想變成了觀念的遊戲，而不切人生。當然這也不是我所樂從的，所以此後我的路子乃是結合文學與哲學，盡量用活潑的文字，表達思想的精神。

民國五十八年間，我開始在大學教課，第一門是中國哲學史，第二門就是老莊哲學。在老子課中，用的版本是《老子》王弼注。我發現王弼真是研究老學的天才，二十歲出頭的小伙子，居然能寫下不朽的著作。他雖然是根據每章每句作注，但整本書的注語卻自有其一貫的體系，而且是表裡相合的。什麼叫「表裡相合」？很多的注解都是在文字外面轉，而沒有從思想裡面去發揮。譬如他們寫「無為」，只知讚歎「無為」的偉大，或在字面上解釋「無為」的意義，而不能從思想裡面去說明為什麼要「無為」。可是王弼的注卻不然。例如《老子》第十章：「生之，畜之。生而不有，為而不恃。」很多的注都是著眼在「生而不有，為而不恃」上強調「創造萬物而不占有」是如何偉大；「完成功業而不自我居功」是如何的超越。可是王弼卻注「生之」為「不塞其原」，注「畜之」為「不禁其性」。接著注「生而不有，為而不恃」而說：「不塞其原，則物自生，何功之有？不禁其性，則物自濟，何為之恃？」他認為「生之」只是不干涉物性，讓萬物各憑它們的本性而生。「畜之」只是不阻斷萬物的路子，讓萬物各依它們的才能而發展。這說明了「生」是萬物的自生，本來不該占「有」；「為」是萬物的自為，本來不應把「持」。這是在根本上的了解，這才是古今第一流的注。我在課堂中，就是以王弼的注，為學生打開《老子》深一層的意義。同時也因王弼的注寫下了許多自身的體驗。這些心得也是我來美後撰寫兩本《老子》注解的動機和藍本。

自民國六十六年來美後，我教授老子的課程未曾間斷。不過在國外教老子和國內不同，因為所有的考證和注解都用不著，只有直接從英文的翻譯，和學生所提的問題中去發揮。但應該以誰的翻譯為範本？陳榮捷博士的譯本很好，林振述博士的譯本較新。林氏是起鈞老師在北大的同學，是位新詩人，來美教學四十餘年。在我出國前一年，他動手翻譯《老子》王弼注。由起鈞老師的介紹，和我以書信方式討論王弼注的許多問題，他的翻譯是第一本英文的王弼注。照理說，我應以他們兩人的翻譯為範本，可是學生們大半備有一本最通俗的譯本(Gia-Fu Feng 和 Jane English 合譯)，該書每章都有譯者自攝的風景圖片，及《老子》原文的草書，這些圖片和《老子》該章內容並不相符，可是拍得很藝術，所以非常流通。我在臺灣時，便買過它的翻印本，可見銷售之廣。但該書比起陳、林二書來，相差甚遠。另外還有一本翻譯 (Witter Bynner)，也很流通。有一位心理治療的醫生泰德 (Ted Gabbay) 曾個別向我學中國哲學經典八年之久，初見面時，他能朗朗上口的把該譯本一字不漏的背出。該書第一句便把《老子》的「道」譯作「存在」。後來另一位心理學的學者根據該書，而大談老子的存在主義思想。對於這些書中的種種錯譯和誤解，我不能不一一予以糾正，可是不懂中文的學生，又憑什麼了解我所說的是老子的原意呢？尤其我當時的英文還在「牙牙學語」，學生們又如何能相信我糾正他們的英譯是正確的呢？於是逼不得已，想出了一個方法，就是在《老子》原文的每個字下面，譯出一、二個重要的英文意思。這樣，學生便可逐字的了解整句中文的大概意義，而他們也就有自信去判斷有些譯本的太過離譜。那些譯本就英文來說是振振有詞，可是一比照《老子》原文，就不知所云了。後來我把這部分，加上自己的新譯和注腳，便成為我的《老子英譯》一書。所以這本書，完全是迫於環境，為了教學的方便而寫的。

在我撰寫《老子英譯》的當時，出版了英文的《中國哲學術語》一書。這本書和我後來寫的《新譯老子解義》有點關係。本來我準備撰寫一本英文的中國術語字典。每個術語注明出處和簡單的定義。可是當我撰寫第一個術語「一」時，便發現這樣的寫法有問題。譬如老子思想中的「一」，很多注解都說是指的「道」，這一個「道」字便把讀者搪塞了過去，可是我當時卻自問：如果「一」就是「道」的話，老子為什麼不直說「道」，而說「一」？同時第四十二章「道生一，一生二」，豈不變成了「道生道，道生二」了嗎？顯然老子在「道」與「二」之間插入了這個「一」是有作用的。由於這個原因，使我不得不對這些術語，作較為詳細的分析。

這種對術語的分析和我在美國的教學相配合。因為西方學生和中國學生不同，他們勇於發問。尤其他們對中國的哲學文化欠缺基礎的認識。他們讀《老子》，只有以《老子》書中的術語為鑰匙，作單向的切入。不像中國學生，早就有這種薰陶，而且還可以從小說、戲劇等其他方面受到影響。因此西方學生的許多問題，初看起來很單純，可是回答起來並不簡單。有時候，卻逼得我從頭說起，在根源上去求證；有時候卻使我換了一個角度，從新的觀點來探討；有時候，也使我發現傳統注解所沒有注意到的問題。舉兩個例子來說吧！

關於「自然」一詞，是《老子》一書的中心思想。對中國學生來說，我在臺灣教《老子》七、八年，學生都沒有問過「自然」是什麼？雖然他們並不一定了解得很真切，但他們也許覺得這樣簡單的問題，不好意思問。因為他們從中國的文學藝術中知道外在的自然之美，他們也從中國的哲學修養中了解自性的自在之樂。可是西方學生卻不然，他們經常提出對「自然」兩字的質疑，不是把「自然」和外在的物質環境糾纏在一起，而這個環境，又多半被達爾文的弱肉強食渲染得血淋淋的；不然便是把「自然」和內在自發的本能混為一談，而他們所謂的本能又和來自西方宗教的「原罪」思想，及佛洛伊德的唯性的心理觀連在一起，而成為欲望的溫床。所以中國學生對「自然」兩字是想當然的「任性而遊」，而西方學生卻是自以為是的「任欲而行」。由於這個原因，我發現只把「自然」解作「自己如此」、「自性如此」是不夠的，這個定義並不錯，卻沒有深入、沒有內容。

第二個例子，是關於前面曾提到的「一」的問題。在老子的修養工夫中講「抱一」，如「載營魄抱一，能無離乎？」（第十章），「聖人抱一為天下式」（第二十二章）。但如何去「抱一」？

如果把「一」解作「道」，那麼「抱一」等於「抱道」，這個問題很容易被打發掉，因為傳統的注解都是這樣說的。可是他們並沒有進一步交代清楚如何去「抱道」。「道」是沒有形象與實質的，又如何能去「抱」呢？所以把「抱一」解作「抱道」，只能模糊的避過問題，而不能切實的解決問題。我認為「抱一」的工夫，要在「道生一，一生二」的這個「生」字上下手。不能「生」的「抱一」，便是「抱一」而「死」。前面提到的那位心理治療醫師，對中國哲學也有相當的認識，每次碰到這個「一」字，便很開心，而且若有所悟的大談「天人合一」、「物我合一」、「內外合一」。起初我覺得他有此認識已很不錯，因為西方人的心理被二元化的觀念割裂已久，所以他們遇到中國哲學裡的「合一」的思想便很新奇，如有所突破似的。可是日子久了，我發現他對「一」的偏愛，反而使他變得執「一」而不化。這種毛病在中國哲學史上也不少，譬如這個「道」字在孔子和老子思想中都有活潑的生機，可是到了後來，很多學者大談其「道」，把「道」說成什麼都是，什麼都不是，結果變成了糊塗一片。同樣，在中國佛學裡談空論禪，最後都變成了空談，變成了口頭禪。為了針砭這個毛病，所以每次當他談到這個「合一」時，我都要追問一句，如何「合一」？這樣使他能進一步去了解「一」不是靜止不動的，不是糊塗不分的，「一」是能生的，而且必須能「生二」，這樣才不是死的「一」，才有生化的功用。所以談「抱一」必須把握住這個「生」機。但《易傳》和儒家思想都講「生」，這個「生」雖然是一樣的，但由「抱一」而生的老子思想，必然和儒家思想有所不同。因此只談「抱一」的「生」還不夠。《老子》在第四十二章中，先說：「道生一，一生二，二生三，三生萬物。」接著又說：「萬物負陰而抱陽，沖氣以為和。」可見老子認為萬物之生，是由沖氣而來的。「沖氣」就是沖虛之氣。唯有沖虛之氣的作用，陰陽才能和諧，否則陰過盛，便會侵陽；陽過壯，也會害陰。這個沖虛之氣，就人生來說，就是「少私寡欲」，否則氣不能虛，欲便會強，每個人都膨脹自己的欲望，都獨占了路子，不讓別人走，或一定要別人跟著自己走，這樣人與人之間互不相讓，社會便沒有祥和之氣，又如何能生生的發展。所以真正的「抱一」乃是懷抱沖虛之氣，而使萬物都能各遂其「生」。這一個「虛」字、這一個「生」字，才是老子「抱一」思想的工夫所在。

由以上兩個例子，我發現《老子》書中有很多地方是值得我們去推敲和體驗的。同時也覺得自己的那本英譯《老子淺解》還須加以補充說明。所以我又情不自禁的寫了這本《新譯老子解義》，以不斷自問的方式，把問題一層層的剝開。有些問題也許不是老子始料所及，但卻是通過了他的提示，用現代人的思考，面對現代人的環境而開展出來的。總之，這些都是個人研讀《老子》，和學生討論《老子》的一點心得體驗。由於十幾年來在海外飄泊，很少和國內讀者接觸，而自己一生受惠老子，受惠先師，所以也就把它當作自己探討老子的一點心路歷程，野人獻曝的公諸同好。

寫於舊金山
一九九四年元月

第一章　道可道非常道

道可道，非常道❶；

名可名，非常名❷。

無，名天地之始❸；

有，名萬物之母❹。

故常無，欲以觀其妙❺；

常有，欲以觀其徼❻。

此兩者，同出而異名❼，

同謂之玄❽，

玄之又玄❾，

眾妙之門⑩。

語譯

道是不能言說的，能用文字語言描寫的道，已不是那個真實、永恆之道。名是一種稱謂，能用名詞稱謂的物體，已不是那個物體的真實、永恆之名。天地的開端，是一個渾融不分的境界，可稱為「無」，創生萬物之母，是宇宙生化的原動力，可稱為「有」。我們常本於「無」，去觀照道體生物之妙。常本於「有」，去觀照萬物化生的規則。這「無」和「有」都是出於同一個道體。可是到了現象界，便產生「無」和「有」相對的名稱，在道體的同源處，乃思想不可及的玄深的境界。在玄深之上，還有玄深。深到極處，又由本起用，而開出了萬物生化的妙門。

解義

❶道可道非常道

第一個道是名詞。是指宇宙人生、和一切造化的本體。這個道字，依據許慎《說文解字》所說是：「道，所行道也。從辵首，一達謂之道。」這是說一路直達而沒有阻礙的就是道。這是落實的說法。在《老子》書中的道，都是指的天道。不過天道不離人生日用，所以這個道也是徹上徹下、天人一貫的。如《易經．說卦》第二章上說：「立天之道曰陰與陽；立地之道曰柔與剛；立人之道曰仁與義。」可見這個道是貫通了天地人的。

在《老子》書中的道，大約有以下七種意義：

㈠真常：「道可道，非常道。」（第一章）

㈡創生：「道生之。」（第五十一章）

㈢動力：「反者，道之動。」（第四十章）

㈣周遍：「獨立不改，周行而不殆。」（第二十五章）

㈤規律：「能知古始，是謂道紀。」（第十四章）

㈥準則：「孔德之容，惟道是從。」（第二十一章）

㈦自然：「道法自然。」（第二十五章）

本句第二個道是動詞。有兩種解釋：

㈠作「言」字解：《莊子．知北遊》：「无始曰：『道不可聞，聞而非也；道不可見，見而非也；道不可言，言而非也。』」《淮南子．本經》：「天下莫知貴其不言也。故道可道，非常道。」這兩本書都是道家的經典，可見把這個道字當作「言語」來解是有所本的。

㈡作「導」字解：劉熙《釋名》：「道者導也。」河上公《老子注》：「謂經術政教之道也。」這兩種解說都是把這個道當作道的落實在現象界上來說，也就是變道。

由以上兩種解釋來說，前者平易，而且可以涵蓋後者。

常道的這個「常」字，至少有三種意義，一是真常，二是恆常，三是平常。真常是指道的本真，恆常是指道的永恆不變。這都是道的特色。馬王堆帛書本作恆，所以「恆常」一義，較符原文。至於平常兩字，似乎不包含在此處所謂的常道之中，因為平常乃是可道之道。但平常如果是指萬物的自然，卻也正是常道的所寄。因為常道絕不離平常日用。這種思想到了後來的禪宗，更演變為「平常心是道」。所以統括這三義，常道乃是指那個真實、永恆而自然的道。

❷名可名非常名

名是名稱，因物而有名，故名是物的代稱。前面一句講道，是講宇宙造化的本體；而這一句講名，乃是講現象界的一切存在。如果用《易經》：「形而上者謂之道，形而下者謂之器。」（〈繫辭上傳〉第十二章）這個名所指的就是器，就是器世界，或現象界。

第二個名是動詞，是指一切的物質現象都可以用文字言語去稱呼它們。但這些文字言語都是人的主觀意識，並不能直指那些物體的自身。譬如我們稱那個高起來的地形叫山。當我們創造了山這個名詞之後，這個山便可以指稱那些所有高起來的地形，但卻失去了更豐富的實質意義。泰山有泰山的巍峩，黃山有黃山的秀麗，這一個山字又怎麼能寫得出它們不同的特色？再試想一想，山中的樹木、生物、氣象，那是一個多麼奇妙而豐富的世界，又怎麼能用一個概念的山字所概括？

常名的「名」字，是指的名稱。名以指物，所以也是指的物體。名（物）和道的相對，正是現象界和形而上的相同。但老子在「名」之前加了一個「常」字，卻把名或物提昇到形而上的境界。所以常名，是真實、永恆和自然的物自體。套句禪宗的話，就是萬物的自性。

❸無名天地之始

本句依王弼注解，標點是：「無名，天地之始。」古代版本都依此斷句。直到王安石改為「無，名天地之始」後，現代學者多半依照王安石的說法。在本句上，這種差別尚無大礙，可是到了後面的「常無欲」和「常有欲」的斷句不同，卻影響了老子思想的一致性。這一點，我們放在後面再討論。

本句的標點我們用「無，名天地之始。」理由有二：

㈠在《老子》書中單獨用「無」、和「有」的地方很多，如：「有之以為利，無之以為用。」（第十一章）「天下萬物生於有，有生於無。」（第四十章）可見「無」、和「有」是老子思想中的兩個很重要的術語。《莊子・天下》中便描寫老子是「建之以常、無、有。」

㈡「無」可以涵蓋「無名」，而「無名」不能涵蓋「無」。因為說「無名」已經是就名相上來討論，事實上「無名」也是一種名。而「無」卻是就本源上來說的，所以「無」比「無名」更為究竟。為什麼用「無」來稱呼天地之始呢？這個「始」字含有二義：一指本源，一指開端。本源是指天地以前的境界，這是無始之始。而開端是指天地形成之初，這是有始之始。然而無論是指本源或開端，由「無」來稱呼天地之始，乃是向本源處追溯，是返本歸源的思路。

❹有名萬物之母

此處的斷句和前句相應，乃是「有，名萬物之母。」「有」和「無」的相對，往往會給人一個錯誤的感覺，就是以為「有」是存在，「無」是不存在。這樣便把「有」和「無」變成了兩個截然相反的概念。其實「有」和「無」都是一種名稱。「無」是稱呼向上對本源的探索，而「有」乃是向前在事物上的開展。如果用《大乘起信論》的一心開二門來借譬，「無」相當於真如門，「有」相當於生滅門。不過老子的「有」比生滅門更為積極，應該稱為「生化門」。

為什麼用「有」來稱呼「萬物之母」呢？就萬物之母來說，顯然是指創生萬物的根源。也就是有了天地之後，萬物化生的現象。用「有」來稱呼這個現象，並不是指的已經存在的事物。因為已經存在的是萬物，它們又怎能為萬物之母呢？所謂「萬物之母」是指它的能生。所以「有」，乃使之「有」的意思，是一種使萬物化生的動力。

❺故常無欲以觀其妙

本句依王弼注解和馬王堆的帛書本，標點是：「故常無欲，以觀其妙。」但前面兩句強調「無」和「有」，以及後面一句依王弼注：「常有欲，以觀其徼。」這裡強調「有欲」和整個老子思想主張「無欲」不一致，所以我們改為：「故常無，欲以觀其妙。」

常無的「常」和常道、常名的「常」是同一意義。唯此處的「常」字有動詞的作用，可解作「本之於」或「體法於」。這樣一來「欲」便不是負面意義的欲念，而是動詞的「想要」而已。

這個「觀」字，頗為緊要，一般的「觀」都是用肉眼去看、去察。而此處的「觀」，乃是透過了精神去體驗的。「觀其妙」的「其」有兩重身分，一是指「無」，一是指「道」。首先是觀「無」，但「無」不是虛空，乃是從無以觀「無」的妙。什麼是「妙」，用《易經》的話來說：「神也者，妙萬物而為言者也。」(〈說卦傳〉第六章)這個妙是指神化生物之妙，也就是常道生物之妙。所以「觀其妙」，乃是從「無」中體證天地生物的妙用。

❻常有欲以觀其徼

本句依王弼注解，標點是：「常有欲，以觀其徼。」但「有欲」兩字和老子的思想不合，所以我們依照前句的例子，改為：「常有，欲以觀其徼。」

「常有」是本之於、或體法於「有」。然而如何去「本之」或「體法」這個「有」呢？在前面，我們曾說過，這個「有」不是指已具有形體的個物的存在，而是指「道生物」所賦予萬物形體、或萬化發展的原理。從這個原理中，我們就能「觀其徼」。

什麼是「徼」？「徼」和「妙」相對。「妙」是「無」的「妙」，「徼」便是「有」的「徼」。這個「徼」字，前人的解釋很多，如：

王弼：「徼，歸終也。」

陸德明：「徼，小道也，邊也。」

馬敘倫：「徼，當作竅。說文，竅，空也。」

顧實：「徼者，因循也。」

又敦煌本作皦，帛書本作噭。

從以上各注和版本來看，王弼的注是指的歸於無，這和馬敘倫的「竅，空也」意義相似。馬敘倫的「小道也」、「邊也」與顧實的因循都是指道的用。至於皦是皎潔，也是屬於道的用。如果我們把這些意義綜合起來，可以看出這個「徼」是指從道發端，而為道用的。

我們再回到「觀其徼」的問題。「徼」和「有」相關，「有」是賦予萬物形體的動力，那麼「徼」便是萬物形成和發展的軌跡。這些軌跡就是理則。這些理則因各物個體的賦性賦形而有差別相，這是科學上所謂的分類，《易經・繫辭》也說：「物以群分，方以類聚。」（〈上傳〉第一章）所以「徼」是指物與物之間的區別，這和「無」的「妙」正好相對稱。這種觀「無」、觀「有」；觀「妙」、觀「徼」的工夫，我們可以用以下的圖來表示：

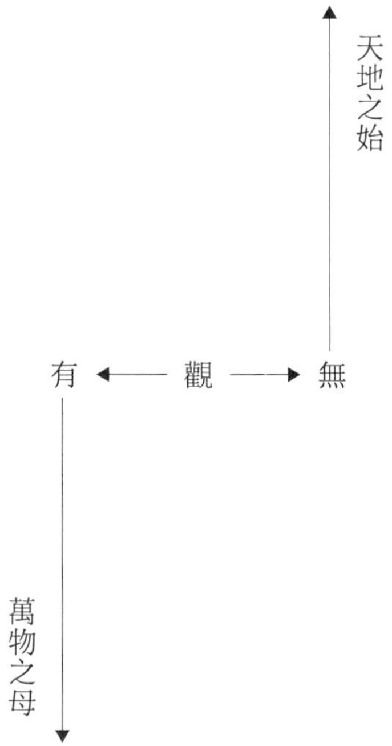

❼此兩者同出而異名

兩者，是指「無」和「有」。同出是指它們出於同一個道體。事實上，在道體中，「無」和「有」是同一個本質，也就是沒有「無」和「有」之分。一旦道落入現象，產生「用」之後，才有「無」和「有」之分。仔細分析起來，道產生作用，似乎是先產生了「有」，有了「有」之後，便「有名」、「有欲」，於是我們再回觀道體，才體驗到「無」。因此如照道的在現象的發展來說，是混融不分的體，產生「有」。我們由「有」再去稱那混融不分的體叫做「無」。這個道體的「無」，是「常無」。在現象界有了「有」之後，便產生和這個「有」相對待的「無」，這就是現象界的「無」。在現象界的「有」、「無」，我們就可以用名相來稱呼它們，如「存在」、「不存在」、「物體」、「空間」等。但我們追溯這個現象界的「有」和「無」到根本處，仍然是混融的一體。

那麼，這個相同的本體或本質是什麼？這已是超乎名相之上，不是語言文字所能描寫的。《老子》

在開宗明義第一句，就稱它為「常道」。這個「常」字寫出了它的超越的真常性，萬古如斯的恆常性。它是不落「有」、「無」，卻又不離「有」、「無」的。

❽同謂之玄

「無」和「有」在根源上的不可分處，叫做玄。這個玄字，本指的赤黑色，在儒家的經典中，如《論語》、《孟子》，都指顏色。到了《老子》書中，才由這個赤黑的顏色而引申為深遠的意思。老子用這個「玄」字去寫「同」，可見「玄」不只是一個負面的形容詞，而有其正面的意義。憨山大師在《道德經解》中說得好：「同謂之玄，斯則天地同根，萬物一體。」這樣的境界，才是「有」、「無」所同出的本體。

❾玄之又玄

老子用了一個「玄」字，已夠了，為什麼還要「玄之又玄」？當然從文字表面上來看，這只是加強描寫玄的深之又深而已。但哲學家們則另有見解，如王弼說：「而言謂之玄者，取於不可得而謂之然也。謂之然，則不可以定乎一玄而已。」王弼的意思是指「玄」是無法用文字來形容，如果只說一個「玄」字，這個「玄」便成了一個固定觀念，所以要說「玄之又玄」，以表示無限的深遠。關於這點，憨山大師在《道德經解》中有較深刻的見解：「老子又恐學人工夫到此，不能滌除玄覽，故又遣之曰：『玄之又玄』。意謂雖是有無同觀，若不忘心忘跡，雖妙不妙。殊不知大道體中，不但絕有無之名，抑且離玄妙之跡，故曰：『玄之又玄』。」憨山大師的意思是第一個「玄」指「有」「無」同根，而第二個「玄」字又掃去了執著這個同根的「玄」。他所用的方法，乃是中國禪宗慣用的一層層的破執。最後連佛之一字都要破，何況「玄同」？不過憨山大師的解釋仍然是佛學的思想，所以他最後認為「工夫到此，忘懷泯物，無往而不妙。」其實《老子》的這兩個「玄」字，第一個「玄」字的作用，是遮斷讀者的思路，告訴我們這個「有」「無」同根的本體，不是名相所能及的。可是第二個「玄」字，表面上是強調第一個「玄」字，事實上是超越了第一個「玄」字，甚至否定了第一個「玄」字。這就如老子用第一個「玄」字去關掉了大門，擋住了我們的思路，使我們知道此路不通。接著用第二個「玄」字去開了一扇窗子，使我們由此而窺見了「百官之富，宗廟之美」。所謂「無中有路」，「柳暗花明」。

❿眾妙之門

如果說由「無」去觀道的妙，這個道應該只是一個道，又何來「眾」妙？這個道是絕「有」「無」的，又何來「門」呢？可見眾妙不是道體的妙，而是道用的妙，而是萬物生化不已的妙。這個「門」有兩重作用，一是向內觀道體之妙，一是向外觀生物之妙。這也是前面所說的，一是觀無，一是觀有。老子講「無」，但最後，又從「無」中轉出個「有」來，而造就了世間上形形色色之妙。

第二章　天下皆知美之為美

天下皆知美之為美，斯惡已❶。

皆知善之為善，斯不善已❷。故有無相生❸，難易相成❹，長短相較❺，高下相傾❻，音聲相和❼，前後相隨❽。是以聖人處無為之事❾，行不言之教❿。萬物作焉而不辭⓫。生而不有⓬，為而不恃⓭，功成而弗居⓮。夫唯弗居，是以不去⓯。

語譯

當天下的人都知道美是美好的，這樣，好惡之心便產生了。當天下的人都知道善是大家讚美的善德，這樣，偽善之行便因之而起了。由於這個緣故，天底下的事物觀念，「有」和「無」是相待而生的，「難」和「易」是相因而成的，「長」和「短」是相比而顯的，「高」和「下」是相依而存的，「音」和「聲」是相和而出的，「前」和「後」是相連相續的。所以聖人了解這個道理，他能以「無為」處理事務，以「不言」推行教化，使萬物欣欣向榮，自己也參贊其中而不推辭。他生養萬物而不占有，他作育萬物而不恃才，他成就了功德而不居功自有。正因為他不居功，所以他的功德才能不朽。

解　義

❶天下皆知美之為美斯惡已

美的相對是醜，這裡不直接用醜字，而用惡字。可見並不是因為天下的人都知道美是美的，這個美就立刻變成了醜念。當然古語的惡字也含有醜的意思。但這裡應該是表示一種認識上的美醜觀念，而非客觀物體上的美醜。由於是主觀的認識作用，因此當我們有了美的認識，同時也就有了醜的認識。有了美醜的認識之後，便有愛美和惡醜的念頭產生了。所以這裡「美之為美」是指愛好美的心念，「惡」是指厭惡醜的心念。

❷皆知善之為善斯不善已

善的相對是惡，而此處不直接用「惡」字，而說「不善」兩字。這「不善」兩字，是由「善之為善」變化而來。善是一種實際的行為，而「知善之為善」，就把善變成了道德概念、教條禮節，於是就產生了很多偽善的行為。所以此處「不善」兩字，並非指罪惡，而是指不好的行為而已。此處「已」字，帛書本作「矣」。上一句的「已」字，也可作「矣」字解。

❸故有無相生

在第一章中的「無」和「有」是指形而上的境界，是描寫道的發用、或對道體的觀照。而此處的

「有」和「無」，卻是就現象界來說，是指萬物的存有和不存有。所以這裡的「有」和「無」是相對的。

「有」「無」的相生是指「有」「無」的相依而生。譬如茶杯的質料是「有」，其中的空間是「無」，兩者的存在是相互為生、相互為用的。

❹難易相成

「難」和「易」並不是客觀的存在，而是由於處理事物的態度、方法和知識的不同才形成的。所謂「相成」就是指難易沒有不變的標準，而是相因以成的。如果掉以輕心，容易的事情會變難；相反的，小心應付，困難的事情也會變容易。

❺長短相較

「長」和「短」沒有絕對的標準，它們是互相比較而形成的。如果我們只畫一條線，便無所謂長或短。我們說它短，是把它和長線比較；我們說它長，是拿它與短線比較。正是所謂「尺有所短，寸有所長」。此句王弼本作「相較」，河上公等本作「相形」，意義並無不同。

❻高下相傾

「高」和「下」是空間上的相對位置。「傾」是依靠的意思。這是指「高」「下」是互相依靠的。沒有「高」，就沒有「下」；同樣，沒有「下」，也就沒有「高」。帛書本「相傾」作「相盈」，「盈」是滿，是指「高」「下」相互依存而滿足的意思。

❼音聲相和

音聲本為一體。勉強而分，「聲」是初發的音，「音」是有所成的聲。如《禮記・樂記》上說：「感於物而動，故形於聲。聲相應，故生變。變成方，謂之音。」孔穎達疏說：「聲為初，音為樂，為末也。」在《老子》所舉的這六個例子中，其他的例子都是對比的，只有「音聲」是一致的。如果我們把「聲」解作初發的感，「音」解作外在的應，那麼「音聲」的相和是講感與應的相和，意義便更為明顯了。

❽前後相隨

「前」和「後」，不只是空間上的位置，也是時間上的次序，如果我們擇定一個坐標，便有「前後」之分。前面講「高下」已經從空間上來分析。此處「前後」似宜就時間上來觀照。因為時間是一個不斷的連續。時間之所以有前後，是把空間插了進去，以空間的立場來論時間，所以就時間本身來說，前後本是連續不斷、不可分割的。

❾是以聖人處無為之事

《老子》書中提到聖人兩字的共有二十三章、二十八次，可見聖人在《老子》書中地位的重要。我們可以說聖人是老子最高理想的境界。老子和孔子的思想都來自同一個源頭，因此老子的聖人，也是指堯舜禹湯等聖王。不過老子沒有指名道姓，這固然由於他的行文使然，同時也是因為在這些聖人身上添加了許多老子個人的理想。

老子書中的聖人與孔子書中的聖人，在理境上並無不同，只是在政治運用和人生修養上實踐的步驟有所偏重而已，統計老子書中的聖人，大約有以下四個方面：

㈠無為：第二、五、四十七、五十七、五十八、六十三、六十四、七十三章。

㈡謙虛：第七、四十九、六十六、七十一、七十二、七十八章。

㈢無欲：第十二、二十六、二十九、七十七、七十九、八十一章。

㈣用樸：第三、二十八、五十八章。

以上只是大概的分類，其中當然有許多可以互相歸併的。總之從這一分析中，可以看出老子眼中所謂聖人的工夫和方法了。

「處無為之事」是說以無為的方法來處事。「無為」是老子思想的中心。歸納《老子》全書，約有以下六義：

㈠不爭：「聖人之道，為而不爭。」（第八十一章）

㈡不生事：「使夫智者不敢為也，為無為，則無不治。」（第三章）

㈢不逞己能：「為而不恃。」（第二章）

㈣因物性：「我無為而民自化。」（第五十七章）

㈤循自然：「道常無為，而無不為。」（第三十七章）

㈥治於未然：「為之於未有，治之於未亂。」（第六十四章）

從以上六點來看，老子的無為，並不是什麼事都不做。相反的，卻是以極為高明的方法來處理事務。這種方法有二：一是從德上，做到無欲、謙虛；一是從智上，把握事物的要點，解決問題於未然之前。所以他們雖然是「為」，但他們沒有私欲，「為」得非常自然，「為」得非常簡要，等於「無為」。

❿行不言之教

這裡的「教」，是指的教化。教是教民，化是化物。「不言」的「言」，是指的語言。如《論語》

裡，孔子所說的「予欲無言」，「天何言哉！四時行焉，萬物生焉！」（〈陽貨〉）這指的是化物，聖人取法自然，不需言說，而萬物自化。但在教化人民上，這裡的「言」，可解作「政令」。如葉夢得所謂：「號令教戒，無非言也。」這是指聖人不用外在的教條法令來管制人民，而是崇尚素樸，使人民無欲而自化。

⓫萬物作焉而不辭

「作」是產生、發展的意思。「不辭」兩字，依據傅奕本、敦煌本、范應元本作「不為始」，另外在《老子》第十七章，王弼的注是：「萬物作焉而不為始。」《呂氏春秋・貴公》也說：「萬物皆被其利，而莫知其所由始。」「不為始」的意思是不使萬物知道這一切都是他創始的。可是《老子》第三十四章的原文是：「萬物恃之而生而不辭。」蘇轍、呂吉甫、魏源等人都以不辭來解釋，但此處的「不辭」並非不言，因為前面已有「不言」之教，此處不應重複。所以「不辭」的「辭」可解作推辭的意思，憨山大師《道德經解》說：「天地以無心而生物，即萬物皆往資焉。不以物多而故辭。」憨山說的是天地，而此處所指的是聖人。聖人效法天地，使萬物生長，而不推辭。「不為始」是指不知所始，有不居功的意思，而「不辭」，卻是直接參與萬物的造化。這是一面承接了前面「無為」、「不言」的意思，表示了雖然「無為」、「不言」，但卻與萬物的生化共存，而絕不離棄萬物。另一面又開出了下文「生而不有」的「生」，和「為而不恃」的「為」，說明了他參與萬物生化的作用。

⓬生而不有

「生」是指創生和生養。就天地而言，是創生；就聖人而言，是生養。天地的創生萬物，是自然而然的，也就是天地依照萬物的本性而創生，所以天地無需占有萬物。因為天地萬物本是一體的。聖人的生養萬物，一方面承天地造化之功，一方面順萬物之本性。因此他像一位接生婆，只是助成天地之化，而沒有占有的必要。其實就天地和聖人來說，他們是永遠的創生和生養萬物。「不有」是「不有」其「生」。這是「生生」的功能，因為一「有」了之後，便有私心，便拘限於其所「有」，便會失去了這種永恆「生生」的功能。

⓭為而不恃

「恃」是依仗的意思，一般的解釋是自恃才能。老子講「無為」，這裡卻說「為」字。「為」不是亂幹，而是要有才能，盡自己的才能去做，就是「為」，這也是儒家講的「有為」。不過老子強調「不恃」，就是說盡自己的才能去「為」，而不要自恃才能。這是謙虛之德。

再深一層來看，「為而不恃」是「不恃」其所「為」的意思。就像自然界的每一物體，都盡了它們所扮演的角色的功能，卻沒有標榜它們的偉大，如綠樹的光合作用，維持了生態；枯葉的化作春泥，營養了萬物。聖人體取生生之道，雖有為，而不恃其所為。使他的「為」因「不恃」，而變成「無為」之「為」、自然之「為」。

⓮功成而弗居

此處承接前面兩句，所謂「功成」是指「生」和「為」的成就。由於聖人是助成天地的生化，應順物性而施為，所以這「功」，也是自然的成就。誠如王弼的注說：「因物而用，功自彼成，故不居也。」

⓯夫唯弗居是以不去

聖人參與天地間的化育，心量廣大，既無心於「居功」，也無求於「不去」。但對一般人來說，便很難有此心境，於是老子語氣一轉，由「弗居」而說「不去」，這是接引人的話，使我們了解聖人之所以能功蓋天下，就是由於他不居功，自恃自有，才能與天地共化育。

第三章　不尚賢

不尚賢，使民不爭❶；

不貴難得之貨，使民不為盜❷；

不見可欲，使民心不亂❸。

是以聖人之治：

虛其心，實其腹❹；

弱其志，強其骨❺。

常使民無知、無欲❻。

使夫智者不敢為也❼，為無為，則無不治❽。

語譯

治國的人，如果不崇尚賢能的名位，人民便不會產生爭奪之心；如果不貴重難得的財貨，人民便不會產生竊奪之心；如果不顯露一己好惡之欲，人心就不會惑亂。所以，聖人的治道是：淨化人心中的欲念，滿足人民基本的生活需求；減弱好勇鬥狠的意志，強壯人民健康的體魄。經常使得人民安於他們不逞知能、不貪嗜欲的素樸生活。這樣，也使得那些有才智的人不敢亂用才智去爭奪名利。像這樣的無為而治，將使得所有的人都能過著和諧安樂的生活。

解義

❶不尚賢使民不爭

「尚」是崇尚。「賢」，在儒家是指兼有才和德的人。而老子此處卻是指具有才和德之名。章太炎解得好：「老子之言賢者，謂名譽、談說、才氣也。不尚名譽，故無朋黨；不尊談說，故無游士；不貴才氣，故無驟官。」（《國故論衡》）所以老子的「不尚賢」，並不是不重視德和才，而是不過分標榜德和才，因為一經標榜，「德」便會從實際的德行轉變而為虛名，「才」便會變成了大家爭奪的利器。

❷不貴難得之貨使民不為盜

老子貴常道，「常」字有平常的意思。唯有最平常的事物，才能永恆。如日光、空氣和水，這是最平常的東西，卻是人生最寶貴的必需品。這些東西，大家都很容易得到，便不會你爭我奪。相反地，難得之貨，不是大多數的人所能擁有，如鑽石、寶玉等，便成為大家搶奪的對象。

❸不見可欲使民心不亂

「見」是顯現的意思。這裡是指國君不強調可欲的事物。但前面的「賢」是指的名，「貨」是指的利。這兩者就是最大的可欲的事物。此處再言「可欲」，似乎《老子》之文，有重複之病。如果我們仔細分析，這裡的「可欲」與前面的「賢」和「貨」平列而對稱，顯然是另有所指，不能把它當作前兩者的總括而已。

這句話，可能有兩解：

㈠是指君主的好惡：如《韓非子・二柄》上所說：「故越王好勇，而民多輕死；楚靈王好細腰，而國中多餓人；齊桓公妒而好內，故豎刁自宮以治內；桓公好味，易牙蒸其首子而進之；燕子噲好賢，故子之明不受國。故君見惡則群臣匿端，君見好則群臣誣能，人主欲見，則群臣之情態得其資矣。」韓非的話是根據老子的思想來的，只不過韓非只就負面的關係來論君主不見可欲，而臣子便無法控制君主；而老子乃是從正面的關係說明君主不見可欲，便能不干擾人民、影響人民，人民便會歸於素樸。

㈡是指君主不強調任何可欲的事物：「可欲」本為人人所需，是基本的欲望。君主應該設法滿足人民的這種欲望。如食色等，告子甚至稱之為性，如「食色性也」（《孟子・告子》）。所以這種欲望的需求或滿足，是無可厚非的。但君主不應過分強調這種欲望，因為一經強調，這種欲望便會從基本的需要，而變為無厭的人欲。如誇張美食，便會整天追求酒食，以致傷身。渲染美色，也會整天追逐聲色，以致喪神。

❹是以聖人之治虛其心實其腹

老子所謂「聖人之治」就是無為之治。既稱「無為」，方法必然簡易。第一個要點是虛心實腹。這個「虛」字是老子修養方法上一個很重要的工夫。這與老子在形而上學講「無」，是體用一貫的。「虛」其心，所虛的是這個「心」。在《老子》書中，提到「心」字的共有六章，如第三、八、十二、二十、四十九和五十五章。其中所談的「心」都是一般意義的心，含有欲和知的作用。不像孟子的心有四善端，莊子有時談真心。而老子所談的心，都是泛指，而且有負面的意義，因此「虛」其心，乃是「虛」其欲、「虛」其知的意思。前者，如河上公的注：「除嗜欲」；後者如王弼的注，認為「心懷智」，因此要「棄智」。

這個「虛」字，由於對象的不同，而有兩個層次：第一個層次，是指聖人的心境和個人的修養工夫，如聖人的「無為無思為虛」（《韓非子・解老》）及個人修養的「除欲」和「棄智」。第二個層次是治國的方法，也就是此處所謂「虛其心」，乃是「虛」掉人民的心。如果「虛其心」，是除欲、棄知，那麼「虛」掉人民的心，乃是除掉人民的欲，去掉人民的知。這是愚民政策，豈不是一種十足的干涉政策，又怎能稱為聖人的無為之治呢？所以此處的「虛」用得不當，「愚民」與「無為」混為一談，便差之毫釐，謬以千里了。

我們要了解此處的「虛其心」，必須承接前面三句話，就是君主的「不尚賢」、「不貴難得之貨」

和「不見可欲」。這是君主在本身上下工夫，不強調欲和知，而不是直接去向人民開刀，除欲去知。由於君主不強調欲和知，使整個社會歸於素樸，而人心自然被淨化了。

「實其腹」是指充實人民的胃腹，也就是填飽人民的肚子。這是指人民的基本欲望。這句話看似平淡，但關係很大，它和「虛其心」一語不可分。因「虛其心」是指除欲，而「實其腹」說明了所除的只是貪欲，而非基本的欲望。同時，反過來看，「實其腹」之後，人民滿足了基本欲望，但人和其他動物不同，老虎吃飽了，便睡覺，可是人卻不然，吃飽了之後，私欲便因之而起，所以必須「虛其心」，以化其欲。

❺弱其志強其骨

「弱」，在老子哲學中是一個重要的方法。所謂方法，就不是目的，也就是說老子不是要我們變得衰弱，而是藉弱的方法達到另一個目的。「弱其志」的志，在我們一般的用語，都是正面的意思，所謂「立志」、「志氣」。老子在這裡把這個「志」貶低了，是有他的用意的。《老子》書中一再標榜聖人，如果我們立志要做聖人，老子哪有不同意的道理？問題是「弱其志」的「其」是指的人民，而大多數的人卻並沒有立志做聖人，而是要做有錢有勢的人。要如何去「弱」他們的志，老子的意思也不是正面的去限制人民的「志」，這樣又變成一種外力的干擾。此處的「弱其志」，仍然是扣緊了前面的「不尚賢」、「不貴難得之貨」和「不見可欲」，君主如果不在這方面標榜，人民就不會野心勃勃的去爭，不會好強鬥狠的去奪。他們的「志」便會轉化，由自我中心轉化為和諧的德性。

「強其骨」，是指強健的體魄。這句也跟著「弱其志」而來，否則強健的體格供不羈的野性所驅使，便好強鬥狠，永無寧日了。

❻常使民無知無欲

這個「知」字在《老子》書中用得很多，大多是動詞。作名詞用的「知」有兩種，一為「絕聖棄智」（第十九章）的知，一為「知者不言」（第五十六章）的知。前者指才智，後者指智慧。而老子此處所謂「無知」的知，是指才智。所謂「無知」，不是指無知無識，而是指沒有爭奪名利權位的聰明才智。

如何才能「常使民無知無欲」？老子絕不會鼓勵愚民政策。使民無知，是無巧知之心；使民無欲，是無貪欲之念。所以王弼注：「守其真也。」河上公注：「反朴守淳。」這都是從正面上來說明，聖人不從知和欲上干擾人心，民德便會歸厚。

❼使夫智者不敢為也

此處的「智者」並不是指有智慧者，而是指有才智者。因為老子用了「不敢為」三字。真正有智慧者，自然不為，而不是有所顧忌，而不敢為。所以王弼注：「知者，謂知為也。」即是指有才智的人，因為君主「不尚賢」，所以他們也不敢逞其才智去爭名奪利了。

❽為無為則無不治

這句話是本章的總結，第一個「為」是指的「聖人之治」，並不是什麼事都不做，而是有所為的。第二個「為」是指的「尚賢」的為、「貴貨」的為、「可欲」的為。總之，就是逞知逞欲的為。「為無為」即是以不逞知、不逞欲的方法來治理國家，人民自能安於他們素樸的生活，不爭不奪，所以整個國家社會自能太平無事了。

第四章　道沖而用之

道沖而用之，或不盈❶。
淵兮似萬物之宗❷。
挫其銳，解其紛❸，
和其光，同其塵❹。
湛兮似或存❺。
吾不知誰之子，象帝之先❻。

語譯

道是以沖虛為它的作用的，它時時保持沖虛，好像永遠不會滿溢。它看起來淵深不可測，卻是萬物的本源。在作用於萬物時，它挫掉了銳利的鋒芒去利物，解除了分別的心意識去接物，以它適度和諧的光輝去照物，它寄身於形形色色的萬物之中去和萬物同化。它的作用又是如此的清澈，使我們感覺到它好像是存在不虛的。我不知道它的本源究竟是什麼，這個本源只是象徵它是天地的創始。

解　義

❶道沖而用之或不盈

王弼注本作「沖」，河上公注本作「沖」。按「沖」為「沖」的俗字。許慎《說文解字》：「盅，器虛也。从皿，中聲。《老子》曰：道盅而用之。」（皿部）又「凡用沖虛字者，皆盅之假借。《老子》：道盅而用之。今本作沖是也。」（水部）可見「沖」是「盅」字，是器虛的意思。但如果把道解作空的器皿，這是沒有意義的，或者把道解作虛，這也是有問題的。雖然「沖」的原字是盅，但老子此處用「沖」字，固然不違反盅的原意，可是卻另有新義。

這句的斷句是「道，沖而用之」。有的注解本作「道沖，而用之或不盈」。這是用「沖」來形容「道」。不是把道喻作空器皿，便是把道體解作空虛。前者太落實，後者又太虛無，都不是道的真面目。因為道體不是「有」，也不是「無」。所以這個「沖」字必須連下面的文字，是指的「用」，而不是道的「體」。

如果說「沖」是「虛」的話，那麼老子為什麼此處不用「虛」字，而用「沖」字，可見「沖」字除了有「虛」的意思外，還另有作用。在道家的術語中常「沖虛」連言。是沖氣以為虛的意思。所以「沖」字當動詞用，有使之虛的意思。所以此處的「沖」字，如解作「虛」字，也為動詞，有「虛氣而用之」的意思，也就是說「道」是以「虛」為用的。

這個「或不盈」的「或」字，貌似平淡，卻大有作用。這個「或」字出現在《易經》的爻辭上很多次，多半在第三和第四爻，表示或進或退的意思，如〈乾〉九四：「或躍在淵。」〈坤〉六三：「或從王事。」所以這個「或」是疑惑之詞，表示處境有可進可退的意思。同樣，此處的這個「或」字，雖然不是在進退的處境，卻是在「有」「無」之間。「沖」字和「或」字互相呼應。老子此處不直接用「虛」字，而用「沖」字是暗示了道的存在，而在道的作用上，是有氣，只是虛其氣罷了。所以這個「或」字正表明了「有」，由於以「虛」來用「有」，所以時時保持了「不盈」。「盈」是滿的意思，是過溢、過多、過甚，這在老子哲學是不好的現象，所以由「沖而用之」就不會有滿而溢的毛病。但「不盈」並非空虛沒有，而是「有」。由於「沖」虛了這個「有」，所以使得「有」發揮了真正的彈性活力。這就是「沖」的偉大功用。

❷淵兮似萬物之宗

「淵」是有水的深谷。此處以「淵」為譬，含有三義：一是谷，二是深，三是有水。谷是虛的意思。在《老子》書中常用此字，都是指的虛。「淵」喻深的意思，這是通解，如《小爾雅・廣詁》：「淵，深也。」但有水這一點常被注家所忽略。因為大家都只注意到虛和深兩義，這是從「無」的觀點來解的。其實，老子講「虛」「無」，卻始終不離「有」。尤其本章第一句的「沖」字，和水有關，而本句的「淵」字也和水有關。到了後面的「湛」字，又和水有關。雖然這並不意味著老子此處在強調「水」，但「水」是道的一種「有」、一種「用」。所以這裡的「淵」字除了「虛」和「深」的意義，還有「水」的活泉。這樣，才能成為萬物之宗。這裡的「似」字，和前一句的「或」字同樣，是指這種作用的似有似無。由於虛而深，所以似「無」，但又為「萬物」所宗，又似「有」。「宗」

字是本和祖的意思。如《尚書・禹貢》：「江漢朝宗于海。」也就是說道的沖虛為用，乃是萬物的源頭。

❸挫其銳解其紛

此處和後面兩句話，都是說明道如何沖虛而為用。這幾句話中，最困難把握的是這個不受注意的「其」字。歷來注家都把這個「其」字混了過去。如果把這個「其」字當作道自身的話，那麼「道」哪裡有銳？哪裡有紛？很多注解把「挫其銳」的「其」當作道自身，而把「解其紛」的「其」當作萬物。這樣便在同一個句法中的「其」字代表了兩種身分，顯然破壞了語法的一致性。顯然這四句話中的「其」字是一貫下來，不可能一下子作主人，一下子又變成了客人。如果就本章整體來看，這四個「其」字都是指「道」而言，但不是道體而是道用。

道用是指道在現象界的作用，這幾句話重見於第五十六章，該處是以人為主，談如何去修道，而此處卻是以道為主，寫道如何作用於現象界。「挫其銳」的「銳」是指的銳利。道本身並沒有銳利，可是當它在現象界時，便形成了「有」，所謂「有之以為利」（第十一章），它生物，它利物，照一般的觀念來說，能生、能利，必然會產生銳的一面。就像創物主一樣，能生，也能殺。祂賦予了我們生命，可是卻只讓我們活在極有限的時間中，因此在我們的眼中，祂是無上的權威。可是道卻不一樣，它的生物，不是直接賦予萬物以生命，而是給予生生的原理，萬物順此原理便能生，逆此原理便會亡。所以道的作用，是「利」而不「銳」，正如老子所謂「生而不有」（第二章），「利萬物而不爭」（第八章）。這是說道在它利萬物的過程中，時時保持了它的「不銳」，使萬物不感覺它的鋒利。

「解其紛」的「紛」字，王弼和河上公的注本，都作「紛」字，而景龍、羅卷和顧歡的版本作「忿」。

「紛」和「忿」相比較，就道的作用來說，當然以「紛」字意義貼切而深入。因為「忿」是一個感性的詞，不適於寫道的作用。

「紛」，是紛紜的意思。在《老子》第五十六章，此句重出，是作「解其分」。不論《老子》原文究竟是「紛」或「分」，但這兩個字放在一起，卻更能道出了老子的原意。當道作用於現象界，便形成了「有」。提到這個「有」，我們不應忘記《老子》第一章中「常有，欲以觀其徼」的「徼」字。「徼」有邊際的意思，這不正是「分」的意思嗎？有了「分」，就會變成「紛」。「分」是「道生一，一生二」(第四十二章)的「二」，再由「二」生三，生萬物，便是「紛」了，所以「紛」就是紛紜複雜的意思。在這裡「解其紛」是說道的「接物」，雖然和萬物的紛紜複雜打交道，但仍然保持它的純一不雜，正如老子所謂「道常無名樸」(第三十二章)，莊子所謂「道不欲雜」(〈人間世〉)。

❹和其光同其塵

「光」有兩層意思：一是指光源自身所呈顯的光輝，一是指光的照明作用。就道體來說，它的「光」是它的自發自顯，並非有意去照亮萬物。可是在現象界，萬物卻藉著這種「光」的作用而活動、而生長。譬如陽光，本是太陽自燃的光芒，可是這種光在自然界，卻給予萬物以熱力，給予世界以光明。然而太陽的光芒有一定適度的熱力，否則過強了，便會燒焦了萬物。這種適度性就是「和其光」的意思。不過老子「和其光」裡的光，也象徵了智慧的光芒。智慧是道的本性，也是萬物本具的德性。當道以它的智慧之光去「照物」時，並不是去照破萬物，而是引發萬物本具的智慧和德性。就像陽光所到之處，萬物都反射了它們的五光十色。如果道的智慧的光芒太過強烈，非但不能引發萬物的智性，反而使萬物變成了白癡。

「塵」是塵埃，是指有形的物質界。如《莊子・逍遙遊》中所謂的「野馬也，塵埃也，生物之以息相吹也。」野馬是指奔騰的水氣，塵埃就是指浮動的塵粒。所以這個「塵」指現象界，當然也引申為塵俗、或塵世。不過這和後來通俗所指人欲橫流的塵世不同，這裡並沒有這種極度負面的意義。因為「其塵」的語法，和「其銳」、「其紛」、「其光」一樣，都是屬於道的，只是在道作用於現象時產生的。所以「其塵」是指道的塵。可是道如何有塵？這是因為道在現象界的作用，必須透過了「有」來活動的，「有」了之後，就有形有質，這個形質就是塵。舉個例子來說，水是有形質的，但道的作用是透過了水的形質來表現的，在《老子》書中的水，如第八章所描寫的，都是道的一種作用。所謂「同其塵」的同字，是相同，也就是使自己相同於所寓託的有形物之中。這即是說道並沒有把自己獨立在萬物之外，去支配萬物、控制萬物。而是使自己存在於所寄形的萬物的德性之中，呈顯了道的偉大功能。譬如「道」生萬物，並不是道高高在上，去生萬物。而是道把生生之理賦予萬物，因此母生子、雞孵蛋、花草萌芽、雨露滋生，都是道所託的塵。

以上四句話，可以歸納為以下四個特色：

挫其銳——利物——去稜角，利物不爭
解其紛——接物——守純淨，污泥不染
和其光——照物——絕聖智，平易近人
同其塵——化物——除我相，與物同在

❺湛兮似或存

「湛」字和「沖」、「淵」字相似，都以水為部首，都是描寫道的作用像水一樣，是「沖」虛的、

「淵」深的、和「湛」清的。這個「湛」字意義很多。有隱沒的意思，如《說文解字》段注：「古書浮沉字多作湛。湛，沉古今字。」有深厚的意思，如相如〈封禪文〉：「湛恩厖鴻。」有澄清的意思，如《文選・謝琨・遊西池詩》：「水木湛清華。」此處取澄清的意思。是因為前面的「淵」字，已有深的意思，而此處「湛」字對照「存」字，及後面一句的「子」字，都是指「有」、指「用」，所以藉「澄清」來說明道的作用，雖然「挫銳」、「解紛」、「和光」、「同塵」，卻仍然是歷歷分明的。

❻吾不知誰之子象帝之先

在《老子》書中，子是指的用，母是指的體。如第五十二章所謂：「既得其母，以知其子；既知其子，復守其母。」此處「吾不知誰之子」說明了只看到道之用，而見不到道之體。這句話實際上是希望從子以求其母，從用以明其體。於是便引出了下面一句：「象帝之先」，這句話裡較為難解的是「帝」字，王弼和河上公的注都是指「天帝」，這是有根據的，因為「象帝之先」的這個「象」，雖可譯作「象徵」或「好像」，但「象」是指天象，如《易經・繫辭》：「天垂象。」（〈上傳〉第十一章）所以「象」是天象，「帝」便是「天帝」。不過這裡的天帝並不是宗教上的上帝，因為老子提出這個「道」字就是要代替宗教裡「上帝」的位置。如果在這裡又夾雜了一個「上帝」的觀念，便會使老子哲學的體系產生了問題。所以把「帝」當作「天帝」，還是很容易被誤解的，那麼這個「帝」究竟是什麼樣的角色呢？無獨有偶的，這個「帝」在《易經・說卦傳》中也出現了一次，如：「帝出乎震。」在〈說卦傳〉裡，用八卦來講方位，震是指的東方。旭日昇於東方，所以震是指創生的意思。這正和震卦，一陽在二陰之下，代表一陽初出，萬物萌動，也是代表始生的意思。所以這裡的「帝」可以解作創生、或始生。如果我們用象徵的說法，把「天帝」和「地母」作一對比的話，那麼，這個母，是萬物之母，這個「帝」，便是天地之始了。因此「象帝之先」一句，便是指道體是象徵在天地始生之先的。其實，這樣的答案，說了等於沒說，因為天地始生之先，是語言所不及的。老子在這裡並沒有指出這個本源是什麼，只是說它是一切創生的本源。如果執著語言文字之相，那麼，這話等於白說。可是在思想上探索，這句話卻有很大的作用。因為老子用這個「道」字本是去稱呼天地之間的這種「使」其生化不已的作用。這就是道用，其實道體根本存於道用，沒有道用，也就無所謂道體。但老子深怕大家只執著於用，而流為功用、實用，或相對性的用，而忘了這是道的用，因此故意去問「道之體」，而說「象帝之先」。這是告訴我們在這一切的生化作用中，有一個恆常不易的原理，這個原理是先天地而生的，也就是說不受天地有形的左右、或影響。所以「象帝之先」，不只是講時間上的「先」，而是講超時間的「真」。誠如王弼的注：「銳挫而無損，紛解而不勞，和光而不污其體，同塵而不渝其真。」這正是就道用處，說道體的真實不虛。

第五章　天地不仁

天地不仁❶，以萬物為芻狗❷，

聖人不仁，以百姓為芻狗❸，

天地之間，其猶橐籥乎❹！
虛而不屈，動而愈出❺。
多言數窮，不如守中❻。

語譯

天地不講有為的仁德，它把萬物當作一般的生物一樣，任它們自生自滅。聖人取法天地自然，也不自以為有仁德於人民，他們也是把人民當作一般生物一樣，任他們去自生自滅。天地的中間，正像冶鑄用的風箱一樣。內部是虛空的，但不是死竭的，當它被鼓動時，風卻不斷的產生。以此來看人生，我們言論愈多，政令愈繁，也就愈會走入窮途，還不如把握而善用我們心中的虛靜，以無為而無不為。

解義

❶天地不仁

這個「仁」字是儒家的中心思想，自有其高超的理境。在《老子》書中，這個「仁」的意義如何，卻必須界劃清楚，否則便無法了解他所謂「不仁」的真正意義，以及他是否對儒家思想有深入的批評。《老子》書中的「仁」字，除了本章外，出現在以下四章：

㈠「與善仁。」（第八章）

㈡「大道廢，有仁義。」（第十八章）

㈢「絕仁棄義，民復孝慈。」（第十九章）

㈣「上仁為之而無以為……失德而後仁，失仁而後義。」（第三十八章）

由以上的幾個「仁」字來看，老子所謂的「仁」是有為的，是人與人相互關係的，是人們失去了德性之後的道德規範。所以老子的「仁」是指人為的仁愛道德，就這一意義來講「天地不仁」是非常貼切的，誠如王弼的注：「天地任自然，無為無造。萬物自相治理，故不仁也。仁者必造立施化，有恩有為。造立施化，則物失其真；有恩有為，則物不具存。物不具存，則不足以備載矣。」王弼的意思是指天地無心愛物，一任自然，而仁人卻有心愛物，因此有時往往施愛不夠周延，而愛有所偏。

順著天地自然的這一理境來說「不仁」，意義是非常明顯的，因為天地不講仁愛之心，這是事實。這樣並無礙於天地的偉大，也不必貶低「仁」的正面意義，而把「不仁」解作私心、或冷酷。前者如蘇轍的注釋：「天地無私，而聽萬物之自然，故萬物自生自死。」（焦竑《老子翼》）這是把「仁」引申為私，而遠離了仁的意義。後者如歐美的學者把「不仁」譯作殘忍無情 (ruthless)（見 Arthur Waley 和 Gia-Fu Feng 與 Jane English 的譯本）。

❷以萬物為芻狗

「芻狗」兩字按照《莊子・天運》中所指，是一種用草結紮的犧牲品，如：「夫芻狗之未陳也，盛以篋衍，巾以文繡，尸祝齋戒以將之。及其已陳也，行者踐其首脊，蘇者取而爨之而已。」可是王弼和河上公的注，都只是泛指草和狗，並沒有注意到那是一種尸祝用的祭品。為什麼如此？可能的情形是「芻狗」既然是一種祭品，當然是為人所重視的，這與「天地不仁」的意思不合。至於祭過了之後，為人拋棄，為人踐踏，卻是《莊子・天運》中引申發揮的解釋，而不是「芻狗」兩字的原意。所以王弼和河上公的注沒有從這方面去暗示。如果把「芻狗」當作犧牲品，用完了就燒，這還意味著殘酷無情，所以也為王、河兩注所不取。當然我們如果把「芻狗」當作犧牲品，可以有另一種解釋，就是天地並沒有過問「芻狗」的被尊奉、或被踐踏。「芻狗」之被尊，因為它在祭祀時；「芻狗」之被踐，因為它在祭祀之後。所以這不是天地有意如此，而是「芻狗」所處時地的不同。同樣，天地對於萬物也和「芻狗」一樣，聽任萬物的自生自滅，合乎生之理便生，合乎死之理便死。這都是由萬物自己選擇的，天地並沒有作任何的決定。

王弼、河上公把「芻狗」解作草和狗，這是舉萬物中的最輕微者來作譬，猶如視萬物為草芥，這並非有意輕視萬物，否則又變成了冷酷無情。王、河兩注只是指天地對萬物無所關心，就像對草木動物一樣，任其自生自滅而已。

❸聖人不仁以百姓為芻狗

「聖人」和「天地」不一樣，「天地」是自然的現象，因此說「天地不仁」是容易接受的。可是「聖人」是最高境界的人，怎麼能說「聖人不仁」？尤其儒家的聖人是以仁德為內涵的。所以這句話的意思最好是承接前一句話而來，是說聖人效法天地的自然，雖然他仁民愛物，但不自以為那是他的仁愛。他「以百姓為芻狗」，並不是草芥人命，而是把百姓看作自然界的生物一樣，不要橫加修剪，而應順著他們的本性去發展。

「天地不仁」是自然的現象，而「聖人不仁」乃是修養達到出神入化的境地。《莊子》說：「大仁不仁。」（〈齊物論〉）又說：「澤及萬世而不為仁。」（〈大宗師〉）這些「不仁」正可作為「聖人不仁」的最佳注腳。說明了老子此處的「不仁」，把聖人由道德的範圍提昇到天地精神的境界。

❹天地之間其猶橐籥乎

「橐籥」，按吳澄的解釋是：「橐籥，冶鑄所以吹風熾火之器也。為函以周罩於外者，橐也；為轄以鼓扇於內者，籥也。」（《道德真經註》）這就是指在冶鑄時所用的風箱。老子進一步，把天地比作風箱。前面「天地不仁」是靜態的描寫，是指天地自然的本色。此處把天地比作風箱，卻是動態的作用，是描寫自然的運化。

王弼注把「籥」解作樂器，也是取簫笛等樂器，其中空虛的意思，作用和風箱相似。

❺虛而不屈動而愈出

「屈」，王弼解為「窮」，河上公解為「竭」，意思相差不遠，都是指窮盡、或竭盡。也就是說雖然天地之間是虛空的，但並不是真正的空洞無物。相反的，這個「虛」卻是為萬物的生化預留了發展的空間，所以當生機一動，萬物便紛紜競生。

前面說「天地不仁」是從負面來描寫，此處說「虛而不屈」卻轉入了正面的作用。風箱和樂器作譬，還不足以寫盡這自然生化的妙用。當我們驗之於周遭的事物，將發現「虛」非但不是「無」，而且根本是「動」的前奏、「有」的先鋒。當我們用力吐出了體內的髒氣，緊跟著的必然是深深的吸入一口清新的空氣。當一支樂曲突然由強轉弱，幾乎無聲之時，緊跟著來的必然是萬馬奔騰，聲勢奪人。然而老子這個「虛」的妙用，乃是在它引發了「動」和「有」之後，它決不會使這「動」

變得過火，成了亂動，使這個「有」變得過強，而成了占有。所以它又「虛」而用之，使這個發展能夠永恆。所以人奏的樂曲，有曲終人散之時，而天地的音籟，卻綿綿不斷。這就是由於天地的不仁、天地的無心。

❻多言數窮不如守中

「多言」有兩解，一是指多話。說話就是表達自己的意見，多話就是過分強調自己的意見，所以必有窮盡之時，也就是俗語所謂不要把話說絕了。另外「多言」是指多政令。所謂為政不在多言，也就是指不要宣佈太多的政令，干擾人民的生活。否則政令太多，反而沒有效果。

「守中」的中，不是儒家「中正」的意思，因為「中正」是指道德的實踐；也不是佛家「中道」的意思，因為「中道」是指超脫兩邊的執著。此處的「中」一般有兩解：一是指「中」為「沖」的脫寫（嚴靈峰《老子章句新編》），或「中」為「盅」的通假（余培林《新譯老子讀本》）。一是指「中」為身中的意思，如河上公：「好德於中，育養精神，愛氣希言。」魏源：「近取諸身，則吾身一小天地也，返觀默識，吾有中而自守之。」（《老子本義》）其實這兩種解釋可以綜合在一起，因為這個「中」是承接前面的「橐籥」而來，是指「中空」的意思。最後兩句話，是收歸到自身來說，以己身比天地，所以這個「中」是指身中的虛空，也就是心中的虛空，正如《帛書老子》本作「不若守於中」。所謂「守中」的這個「守」字，並非一味的死守。這個「守」字在《老子》書中曾多次運用過，如「知其雄，守其雌。」，「知其白，守其黑。」，「知其榮，守其辱。」（第二十八章）「既知其子，復守其母。」，「守柔曰強。」（第五十二章）「侯王若能守之，萬物將自化。」（第三十七章）從這幾個「守」字看來，老子的「守」字都用在兩種相對的情況下，一種是一般人所追求的外在的剛強的一面，而老子卻要退守於內在的柔弱的一面。那麼，相對於「中」的是多言。如果「多言」只是指個人的多言的話，「中」便是指心中的虛靜。如果「多言」是指政令的繁雜的話，「中」便是指施政的簡要。總之，「守中」不是固守心中的無思無慮，而是藉「虛」的作用，使自己「少私寡欲」，清明在躬，以達到助成天地萬物之大化。

第六章　谷神不死

谷神不死❶，是謂玄牝❷。

玄牝之門，是謂天地根❸。

緜緜若存，用之不勤❹。

語譯

虛谷的神用是生生不已的，這叫做玄牝。玄牝的生化之門，是天地始生萬物的根本。這種沖虛的妙用，玄牝的生化之道，是微妙而不絕的。它是有其用，而無其形的。去運用它的這種作用，是不會竭精勞神的。

解義

❶谷神不死

「谷」，依照俞樾的說法：「谷者，穀之借字。」（《老子平議》）雖然在此處把「谷神」當作穀神，代表生養萬物之神，是解得通的，但這個「谷」字在《老子》書中的其他地方，都是指的空谷，代表虛的意思，如「上德若谷」（第四十一章），所以這個「谷」字還是以它的原字山谷的谷字較佳。

為什麼稱「谷神」？這兩個字分開來看，「谷」是山谷或虛；「神」是神靈、或神妙。如《老子》第三十九章：「神得一以靈，谷得一以盈。」不過老子此處並非指谷和神兩個觀念。尤其在《老子》書中的「神」，都是神妙的作用，所以「谷神」兩字可作虛谷的神妙作用，也就是「虛」的妙用。嚴復解得好：「以其虛，故曰谷；以其因應無窮，故稱神；以其不屈愈出，故曰不死。三者皆道之德也。」（《老子道德經評點》）其實這三者，都是指一種作用，就是虛的作用，也就是道的作用。

「谷神」為什麼不死？因為有生必有死。有生就有形體，有形體就會朽壞。而虛的作用，卻是沒有形體的，自然不會死亡。

❷是謂玄牝

「谷神」不死，只是反面的說法。其實正面來說，乃是永恆。可是如何才能保持不死、或永恆？只有生生。因為唯有不斷的生生，才能綿延不絕。所以老子在這裡稱呼這種生生不已的功能為「玄牝」。牝是雌、是母。為什麼要加一個「玄」字呢？因為普通的雌性、或母性都只是生產有形的個體，因此有生必有死。而玄牝不是直接生物，而是以虛無的妙用，使萬物化生。因為它是虛無的、無形無象、深不可測，所以稱為「玄」，因為它能使萬物化生，所以稱為「牝」。

❸玄牝之門是謂天地根

這裡的「門」和第一章的「眾妙之門」相對照，都是指使萬物生化之「門」。「天地根」就是「天地之始」。不過第一章裡的「天地之始」是返觀天地始生的本源，而這裡的「天地根」，卻是指天地生物的根源。雖然在第四章中，老子曾描寫過道體是一切創始的源頭，應該在有形的天地之先，但玄牝之門的作用，卻是存在於天地萬物的生化和發展中，這一點可證之於《老子》第三十九章，把「神」和「谷」放在「天」和「地」之後。也就是說有了「天」、「地」之後，在天地之間的萬物化生都是出於「玄牝」之門。

「玄牝」之門所以為「天地根」，並不是它的直接化生萬物，而是在於它的沖虛的妙用，使萬物的生化不流於僵死，而能綿延不絕。如果用一個現象界的譬喻來說，就是「玄牝」之門為我們開出了一個生存發展的空間。在自然界，按照達爾文的進化論，雖然有物競天擇的殘酷事實，但自然界中卻有一股無法抵禦的力量，使得萬物不斷的生長。老虎兇悍，固然在物競中占盡鋒頭，可是兔子弱小，卻仍然有生存的本領，而且比老虎更能發展。一般人只看到外在的強的一面，而看不到弱更有它贏過剛強的一面。這是自然的微妙處。它雖然不講仁德，任物自生自滅，但沖虛的妙用，給予萬物同樣的生存的空間，使得它們都能生存發展。這就是「玄牝之門」之所以為天地萬物生化的根本。

❹緜緜若存用之不勤

由於「玄牝」的生養萬物是以虛無為用，也就是說不是強烈的生，不是控制的生，而是鋪好了萬物誕生和發育的溫床，以輔助萬物的生化。譬如大地的生長萬物，這是有形的生。「玄牝之門」卻是使大地不是主動的生，而是被動的生。這也就是說大地沒有選擇之心、歧視之意。種瓜得瓜，種豆得豆，完全是對應外在所播入的種子，因此它的生養的能力是無盡的，但卻是無心的。由於無心，所以無形無象，微細不可察。但由於無盡，所以是永恆的。這就是所謂的「緜緜不絕」。說它是「有」，它卻是無心無意、無形無象，是看不見的；說它是「無」，它卻使天地有生，使萬物有命。

「用之不勤」一語有兩種解釋。依據河上公的注是「用氣常寬舒，不當急疾懃勞。」這是就煉氣養神來說，河上公的注為後代道教所宗，因為他的注解都從這方面立論。有許多學者也認為這一章承接前一章的「守中」，來談「守中」的方法（張揚明《老子斠證譯釋》），如吳澄、魏源都從氣化來說「谷神」，也都提到養生專氣之術。如果僅就這章來說，這種解釋自無不可。但老子的哲學重聖人的治道，由聖人之治再返觀天地自然之氣，而講無為。個人修心養性也以自然無為為主。縱然也有談到個人修心養氣，但也都以自然為歸，不宜過分強調，以流為後代道教吐納之術。我們試觀下一章，老子講「長生」，卻純由無私立論，而不談養神長生之術，可見老子哲學之大本大源。

這句話依王弼的注是：「欲言存邪，則不見其形，欲言亡邪，萬物以之生，故緜緜若存也。無物不成，用而不勞也，故曰用而不勤也。」王弼是就天地自然、和道體無為來解釋的。把這個「勤」字解作「勞」字，還有吳澄的注。其餘各家都解作「盡」字的意思。「用而不勞」是指道體自然；「用而不盡」是指道用無窮。所指不同，意義並無不合。因為唯其不勞，才能無盡。

問題是如何才能「不勞」？如何才能「無盡」？因為「用」必有心、有意、有力、有結果，便會勞，便會盡。其實，以老子來看，這只是小用、有形的用，而不是道的大用。道的大用，不是道高高在上，去指揮、命令萬物。道只是把生生的原理賦予萬物，任萬物去自生自長。母親誕生嬰兒是勞累的、有盡的，可是大地的生長萬物卻不然。只要植下種子，便會發芽。大地是無心的、不勞的，而萬物卻通過了它，而滋生成長。由於它的無心不勞，所以它這種生長萬物的能力，也就無窮無盡。這就是「谷神」、「玄牝」的生化之門。

第七章　天長地久

天長地久❶。

天地所以能長且久者，

以其不自生，故能長生❷。

是以聖人後其身而身先❸，

外其身而身存❹。

非以其無私邪？故能成其私❺。

語譯

天地綿延長久。天地之所以能夠綿延長久，乃是因為天地不以它們自己的存在為存在，不以自己的生命為生命，所以它們能生生不已。因此，聖人效法天地，把自己放在別人的後面，謙虛不爭，反而受別人的推崇，變為萬民的模範。把自己放在一邊，而不執著自己的存在和利益，反而自己的存在和利益能夠在大我的存在和利益中，得到肯定和發展。這不正是因為他沒有一點私心，才能真正成就了自己。

解義

❶天長地久

此句龍興碑，魏源本作「天地長久」。其實此處長和久都是指時間的長久。但老子為什麼以天地來譬喻，而不直接寫道呢？因為道是無形的，本無時間的長久觀念。而天地是現象界中最持久的形象，所以用天地來寫長久。

老子以天地說長久，只是以大家所熟悉的現象來作譬，但在這裡卻涉及一個在哲學上常被討論的問題，就是時間和空間的關係。今天我們的時間觀念是因空間而形成。如果沒有空間，就無所謂時間的長短。古代計時的漏刻，和現代計時的鐘錶，都是以空間的標準來計算時間。即使沒有這些器具，我們還有自然界日出日落的東西方位來計時，我們還有自身的生死的歷程來計時。所以時間不離空間。反過來說空間是否能離開時間呢？如果空間只是指空空洞洞的一無所有，那麼也就無所謂空間，無所謂時間了。我們心目中的空間，乃是有了天地之後的空間，也就是有形的空間，而不是一無所有，連天地也沒有的空間。有了天地，便有形體；有了形體，便有生滅，因此便很自然的有了時間。所以空間也不能離開時間。

《老子》一句「天長地久」，我們把它引申出空間與時間的觀念之辯，這是老子所始料不及的。但老子在「天長地久」的這個時空交錯的現象中，卻有另一種體驗，這就是下文他所談到的「自生」和「長生」的問題。

❷天地所以能長且久者以其不自生故能長生

天地既然有形，有形便有生滅，便不能永恆。這裡說長久，顯然是相對性的。比起現象界的一般物體來說，天地是較長且久的。

為什麼天地能如此，因為它們能做到「不自生」。「不自生」一語，可以有三種解釋：

㈠無爭心，如王弼：「自生則與物爭」。

㈡不追求自己的生存，如成玄英：「不自營己之生」。

㈢不以自己的生命為生命，如憨山：「不自私其生」。

其中最後一條可以包括以前兩條。這是說天地沒有自己的生命，它們是以萬物的生命為生命。因為我們所謂天地，並不是指那個空無所有的蒼天，也不是指那個廣漠無邊的大地，而是指天地間的一切。也就是說天地間的萬物的生命就是天地的生命。萬物雖然有生有滅，但滅而又生，所以天地之間，萬物不斷的生長，只要有萬物的存在，天地就有生命。這不正說明了天地不以自己的生命為生命，反而能藉萬物的生生不已而長存。

在第五章老子講「不仁」，此處講「不自生」。前後一貫，都是強調天地無心於萬物，而任萬物自生自長。可是萬物的自生自長，並不是漫無秩序，混亂一片，這樣整個宇宙的生機不能平衡發展，天地也就不能長存。所以天地的「不仁」、「不自生」只是虛的一面，而萬物的滋生發育，如「鳶飛戾天，魚躍于淵」，一切都是如此的活潑而井然有序，必然有其生存發展的道理，這就是老子講的「道」和「德」。如第五十一章所謂「道生之，德畜之」。這也就是說天地雖然不自生，而萬物卻能順著道而生，依著它們的德而發育。因此天地也就能與萬物共生。

「故能長生」一句，敦煌本作「長久」。雖然「長久」是承接前文「天長地久」而來。但長久只是形容時間之久而已。而「長生」則較有深意。不過「長生」並非指形體之不變、或長存，如後代道教的長生不死的思想。而此處的「長生」是指生生不已的發展。譬如個體的生命雖然有生有滅，但整個人類的發展卻是生生不已的。

❸是以聖人後其身而身先

這句話是談聖人如何效法天地的「不自生」。因為天地是自然的現象，本沒有意識去維持它們自己的生命。可是人卻不一樣。有了這個身體，這個身體便代表了我的全部，要想突破這個軀殼去把別人或萬物當作自己的存在，的確是非常不易的，所以需要聖人的修養才能有此造就。

「後其身」，是把自己放在別人的後面，表示謙遜不爭的意思。「而身先」是指受到大家推崇，反而成為官長、或領袖。但我們要注意：不是說後其身，便一定能身先。不要忘了這句話的主詞是聖人，必須有聖人的功業，然後謙虛不爭，才為人所推崇。一般人雖無聖人的功業，只要有點成就，也應謙虛不爭，這樣至少也可免除許多麻煩。所以對一般人來說，「身先」可以解作他們的向前發展。

❹外其身而身存

「外其身」就是說把自己的身體放在一邊。這就是聖人效法天地的「不自生」，不以自己的存在為存在，而以萬物的生命為生命。這樣自己真實的生命反能與萬物長存。當然聖人偉大，有此境界。一般人來說，自非易事。不過老子的教訓，雖然以聖人為模範，但絕非高推聖境，而也是說給一般人去聽的。對一般人來說，「外其身」有兩種意義，一是指不要太執著自己身體的存在，因為有生必有死，如果我們放得開、想得破，不為形骸所拘，反而使自己的存在更合乎自然的發展，而能長壽。另外是指不要太斤斤於自身的利益，而多為別人造福，這樣小我的利益便能存在於大我之中，而得到更好更大的發展。在這裡，我們必須注意的是「外其身」不是徒然的捨棄自己，而是有更高的修養工夫去超越自己。

❺非以其無私邪故能成其私

這句話貿然看起來，容易使人誤解老子的思想在助人「成其私」，而且是用權謀的方法，因作「無私」狀而「成其私」。

首先從這個「私」字來說，《老子》書中只出現了唯一的一次，就是在本章中，「私」的意義是承接了前面的「生」和「身」而來，顯然是指的自身，而不是自私。所以「成其私」是成就自己，而不是滿足私心。尤其前面一句已說了「無私」。又豈能再有私心?所以不能把「無私」當作權術，以達到個人的私欲，這絕不是老子的真意。如果後人以此為用，卻正犯了老學的大忌。私其生，反而不能長生。

第八章　上善若水

上善若水❶。

水善利萬物而不爭❷，

處眾人之所惡❸，

故幾於道❹。

居善地❺，心善淵❻，

與善仁❼，言善信❽，

正善治❾，事善能❿，

動善時⓫。

夫唯不爭，故無尤⓬。

語譯

上善之人的德行像水一樣。水，善於利益萬物，而不與萬物相爭。它自處於大家不喜歡的卑下的地方。所以水的德行可說非常接近於道的。

上善之人的德行像水一樣，他的所居，善處卑下的地方。他的用心，善於沖虛為用，而生生不絕。他的施與萬物，善盡仁愛之德。他的運用語言，善於表達實情。他的追求正道，善於使萬物平治。他的處理事務，善於發揮才能。他的進退變化，善於順乎天時。

在具備這一切善德才能之後，尤在於他的謙讓不爭，才真正使他能純然至善，而毫無一點過患。

解義

❶上善若水

「上善」是指最高的善。河上公注為「上善之人」，憨山注為「不爭之德」。無論此處「上善」是指的人或德，總之，這一個「善」字已落於現象界，所以用「水」來作譬喻。

「水」在《老子》書中是一個很重要的德性的象徵。除了本章分析「水」的各種性能之外，還有柔弱，如：「天下莫柔弱於水，而攻堅強者莫之能勝。以其無以易之。」（第七十八章）可見「水」在《老子》書中的重要性。《韓非子》說：「道譬諸若水，溺者多飲之即死，渴者適飲之即生。」（〈解老〉）《韓非子》以道譬喻水，固然不當，因為老子明明以上善喻水。至於以「溺者多飲之即死」來喻水，已屬值得商榷；來喻道，更是偏差，因為沒有人多行道會死的。不過韓非子的譬喻，倒使我們對於水和道之間的關係引起了深思。

水和天地一樣都是自然界的存在。本無心於萬物，所以可說「天地不仁」，同樣，水也無所謂善與不善。韓非子指水能溺人，也能活人，並非水有意如此，而是人的自為。但天地形成之後，卻有利萬物的生育發展，而在天地之間，水便負有這種使萬物生育發展的功能。而水之所以有這種功能，就是由於道的生化萬物的作用。當然，水有時候，會變成洪水，淹沒了人畜，造成了災害，就像天地一樣，有時候會產生狂風驟雨，或地震的現象，如《老子》說：「希言自然。故飄風不終朝，驟雨不終日，孰為此者？天地。天地尚不能久，而況於人乎？」（第二十三章）這就是自然。自然界的現象就是如此，說不上「善」與「不善」。但自然界的大化流行，卻是生生不已的，這種生生不已的動力就叫做道。而在自然界發生了一些似乎違反了「生生」的現象，只是一些短暫的偶發事件，很快的又投入了「生生不已」的大洪流中。就像長江黃河的不斷向東流，其中偶然有些迴轉，但最後又都歸入了大海。

用「善」與「不善」來評論這些現象，已是透過了人的立場和智慧。就以水來說，它只是自然的現象，本無心為善，更無意為惡。但就萬物的生化來說，它和日光、土地都是缺一不可的因素，所以我們需要它、感謝它、讚美它，這也就是為什麼本章以「上善」來稱呼它。所以「上善」若水，也就等於「水」是上善的。

❷水善利萬物而不爭

此處的「善」字當作動詞用，是「善於」的意思。所謂「善於利萬物」，就是指「水」能多方面的去利益萬物，而且是「利而不害」的，如果是害多於利，或利害參半，就不叫「善利」。然而水的利萬物只是水性的自然現象。它可以上天，而為雨露，調節了生態的發展；它可以入地，而為水分，滋養了一切植物；它可以進入動物體內，促進血液循環，而維護了生命。這是它的多樣功能。由於它對動植物和生態有這樣大的功能，所以稱它為「善」，這是它的第一個特性。

在自然界中，有很多元素，也許各有多種的功能。如火可以煮物，可以取暖，但火勢卻具有摧毀力。「水」卻不一樣，最為柔軟，最富有彈性；可以上天，可以入地。小杯酌之，可以淺飲；大水聚之，可以灌溉。它入方，變方；入圓，變圓。這種多樣性的變化，正可以作多樣性的運用。就人的立場來說，「水」不像「火」那樣具有威脅性，「水」是那麼的柔軟，永遠的把它自己施捨給我們，而決不和我們爭執，所以「水」代表了不爭之德，這是它的第二個特性。

❸處眾人之所惡

「眾人之所惡」，王弼注：「人惡卑也。」人的心理，都是向高處爬、好處爭。沒有人喜歡自處低下的地方。「所惡」並不是做了壞事，十手所指，為大家所厭惡，而是指地位的低下。然而水的向下流，這是水性的自然，而人的自處低下，豈不違反了人的正常心理，又哪有德性可言？

讓我們再回到水的向下流注來看，河上公說：「眾人惡卑濕垢濁，水獨靜流居之也。」這句話中的垢濁兩字頗能發人深省。因為就自然現象來說，「垢」和「濁」都是積聚在低下的地方。就拿火的炎上來說，它把灰燼留在下面；就以水的下注來說，也還是積下了一些沉澱。然而由於水的不斷向下注流，因此又逐漸的沖走了這些沉澱，譬如長江黃河的沉泥，時時積聚，時時又被沖走。這就得歸功於水的不斷下流性。所以水的自居卑下，並不是變成一潭死水、一池污泥。而是由於不斷的下注，反而沖走污泥，使死水變成活水。正如朱熹的詩：「半畝方塘一鑑開，天光雲影共徘徊。問渠那得清如許，為有源頭活水來。」這個源頭活水之所以活，就是因為它不嫌垢濁，一直的向下流注。這就是水之所以為善的第三個特性。

❹**故幾於道**

這個「幾」字大有文章，「幾」是近的意思。為什麼說近於道，而不說等於道呢？王弼的注：「道無水有故曰幾。」這是以「無」和「有」來說「道」和「水」的不同。後來蘇轍也說：「（水）既已麗於形，則於道有間矣，故曰幾於道。」（《道德真經註》）這樣的解釋並不算錯，但把「道」往「無」或「無形」處推，等於用「玄學」封殺了這個問題，使得「道」永遠躲在「無」、或「玄」之中，而失去了它的真精神。

關於這個問題，我們在「上善若水」的解義中，已說過了。「水」是自然界的一種現象，是無心而為的。以水的特性來喻人的德性，這是以人的眼光來衡量，這已是借譬，所以用了「上善若水」的「若」字來說明其相似而已。而「上善」也是落在現象界來說的，所以無論「上善」、或「水」都不等於「道」。「道」是宇宙間永遠生生不已的功能。它不躲在「無」中，因為它是寄形於萬物的生化；它也不局限於「有」中，因為它是以虛無為用，才能保持生生不已的發展。「水」乃是它在自然界的生化的一種作用，「上善」乃是它在人間世的一種維護萬物生化的作用。總之，它們都是「道」的作用，所以說「幾」於道。

❺**居善地**

以下所舉七事，是「水」的七大功能，但同時，也是上善之人的七種德性。這七個句子中的「善」

字都和「水善利萬物」的善字一樣，當作「善於」解。先以「水」來說，它所處都是低下之地，這是水性的自然。但就「人」來說，寧願處在低下的位置，這不一定是自然的，而是他們的德性使然。善於居低下之地，是謙卑的意思，是不爭之德。但「地」的意義，還不止於如此。它代表了基礎、根本、生養萬物等各種特性。所謂「善於」地的意思，不只是善於居「地」，而且是善於用「地」。所以本句就「水性」來說，是善於處謙卑之地，就人的德性來說，是效法地的性能。

❻心善淵

「淵」字在《老子》書中有兩層意思：一是指的空，一是指的深。而這兩層意思也是相關的。唯其虛空，才能玄深。就拿「淵」來說，上面是谷，代表虛空的意思，谷底有水，沉靜淵默，代表深不可識的意思。在《老子》書裡，除了此處的「淵」字外，只有第四章的「淵兮似萬物之宗」。此處的「淵」，也同時有「空」和「深」的兩層意義。

「心善淵」一語，就「水」來說，本為無心，所謂「決諸東方則東流，決諸西方則西流。」（《孟子・告子上》）所以「水」的心像「淵」一樣虛空。但「淵」的底部，有一溪流水，或一池深水。正如莊子在〈應帝王〉一文中描寫三種「淵」。一為止水之淵，一為流水之淵，一為大魚深藏之淵。所以「淵」也代表了深水之中，有無盡的生機，正如《中庸》上說的：「今夫水，一勺之多，及其不測，黿、鼉、蛟、龍、魚、鱉生焉。」（第二十六章）

上善之人也像「水」一樣，用「心」如「淵」。一面是「虛其心」，也就是減除欲望、執著、成見、私心。一面又是「虛而不屈，動而愈出」。至善的生機，不斷的從心中湧出。像那淵底的一溪流水，綿綿不絕。

❼與善仁

這個「與」字有兩種意思，一是指的「施與」；一是指的「相與」。這兩層意思在這裡都講得通，因為「仁」是人與人相交之德，也是愛人、助人之德。但這裡的「仁」字有的版本，如王羲之、傅奕、景龍等作「人」字，其實古語仁和人可以通用，如嚴可均：「人仁古通。」可是這裡，仍然以「仁」字為佳。有些學者認為老子講「天地不仁」，講「絕仁棄義」，好像對「仁」字都是批評的。其實在第三十八章中，老子講「上仁為之而無以為」，對上仁也是相當推崇的。至於這裡的「仁」只是指「施與」和「相與」之德而已。因為本章講「上善」已是落在現象界來談德行了，所以提出「仁」字也是很自然的，和老子的思想並無衝突，相反的，還值得我們深思。

就「水」來說，它的施與萬物，是一視同仁，而沒有一點分別之心，沒有一點計較，更沒有一點求報之意。如蘇轍所謂：「利澤萬物，施而不求。」但在這裡值得我們注意的是「天地不仁」，那麼，「水」也應該不仁，為什麼此處卻以「水」為仁呢？其實就「水」的體性來說，本無有意於為仁，這正是上一句所謂的「心善淵」，也就是其用心本沒有任何的「仁」與「不仁」之意。但就它與萬物之關係來說，萬物都蒙受它的利澤，所以說是「仁」。

上善之人像「水」一樣，施不望報。「與善仁」，是指善於為仁。也就是善於以仁愛之德來對待萬物。

❽言善信

「言」是內心的一種表達。「水」本無言，但它的表達卻是至誠之言。我們可以從它的照物和應境兩方面來看。河上公說：「水內影照形，不失其情也。」這是指水的照物，纖毫不差。蘇轍說：

「圓必旋，方必折，塞必止，決必流，善信也。」這是指水的順應外境，與物宛轉。這兩方面都表現了「水」的對外反應，誠信真實，值得我們信賴。

上善之人的言語和「水」一樣，真誠不假。所謂「修辭立其誠」。不過在這裡，值得我們玩味的是「言善信」，這完全是指人的言語行為，可是為什麼要以「水」為譬呢？在《老子》書中的「言」都是有負面的意思，如「多言數窮」（第五章）、「希言自然」（第二十三章）、「知者不言」（第五十六章）等，這是因為言為心聲，可是心中有欲，所以言為心役，而所言不實。因此老子以水為喻，說明心中純淨，心無成見，所以言語便能發揮它誠信的功能。

❾正善治

「正」字王弼、河上公本都作「正」，而傅奕、景龍、魏源等本，都作「政」字。雖然「正」、「政」可以通用。但就「水」來說，以「正」字較貼切，因為「水」性無關於政治，而「正」字有求正的意思，這是「水」的稱物平施的功能。即是所謂的「水平」，可以作為量度萬物的準繩。

上善之人，追求正道，或從事政治，他必須善於治理萬事。這不是訴諸特殊的方法或外在的標準，而是像「水」一樣，它本身具有「持平」之理，才能使萬物平治。就「水」來說，它的「善於治」是無為的，同樣，上善之治，也是無為而治的，如第五十七章所說：「我無為而民自化；我好靜而民自正；我無事而民自富；我無欲而民自樸。」

❿事善能

「事」指的做事。就「水」來說，它擅長於各方面的才能。譬如，它能清洗污垢，它能營養萬物。人類也可用它來載舟通有無，也可以用它來灌溉和發電。只要有需要，它都能充分發揮它的才能。

上善之人對於從事任何工作，都必盡其才能，這是非常普通的行為規範，為什麼要以「水」來作譬喻呢？因為「水」的善盡其能，是本性使然，完全的開放，徹底的貢獻，而無一點私心、一絲保留，這是至善的表現，是上善之德。

⑪動善時

「動」指變化運動。就「水」來說，它的變動合時可從三方面看出：一是春夏渙散，秋冬結冰，一本乎時，如河上公注說：「夏散冬凝，應期而動，不失天時。」二是指江水東流，與時俱行，如蘇轍注說：「不捨晝夜，盈科後進，善時也。」三是指海潮進退，守時不爽。

上善之人的應物變化，一本於時。他之所以取法乎「水」，可以從三方面來看：第一，他的做事，能屈能伸，完全順乎時。第二，他的求道，不捨晝夜，完全依時而行。第三，他的從政或修身，可以仕則仕，可以隱則隱，完全是進退不失其時。

⑫夫唯不爭故無尤

這句話是本章的結語，也是最重要的轉折語。因為就以上所舉的七個例子來說，除了「居善地，心善淵」是老子思想所強調，至於其他各點，如「與善仁，言善信，正善治，事善能，動善時」，非但不是老子常提到的德行，相反的，還被視為儒家的思想。可是在本章中，卻都被老子所推崇，其原因可以分為以下四點：

㈠本章一開首便標明「上善」，我們已說明「上善」已落在現象界，已是一種善德，所以中段講「仁」、「信」、「治」、「能」、「時」，這都是上善之德行，前後一貫，本無不合。問題是我們須把「上善」和道、或聖人分開。有許多注把此處的「上善」和聖人混成一談，於是便產生了矛盾，因為「聖人不仁」，而此處又講「與善仁」。如果我們把上善和聖人分開之後，便不會有這種矛盾產生。

㈡老子雖然講自然、講無為、講不仁，但都是就聖人的最高境界來講的，雖然也批評聖、智、仁、義，但都是就一般的觀念，和德目來批評的。至於實際上，真正的「愛人」之仁、誠實的「信」、社會安樂的「治」、為人服務的「能」、及進退合宜的「時」，老子也承認它們是善德的。

㈢由於這些善德，是屬於現象，可能被誤用、被誤解，所以本章以水為喻，這是使我們運用這些德行時，效法「水」的功能。尤其這七個例子中的前兩個例子標明了「善地」、「善淵」，這正是水的德性。

㈣最後一句結語是全章的關鍵，點明了即使我們做到了「仁」、「信」、「治」、「能」、「時」，如果一有爭心，就全盤錯了。唯有「不爭」才使得這些行為和才能變成了至善。憨山大師的注便把握住這不爭兩字，如他一開首便說：「此言不爭之德，無往而不善也。上，最上，謂謙虛不爭之德，最為上善。」最後又說：「為政不爭，則行其所無事，故善治。為事不爭，則事無不理，故曰善能。不爭，則用捨隨時，迫不得已而後動，故曰善時。不爭之德如此，則無人怨，無鬼責。故曰：『夫唯不爭，故無尤矣！』」

第九章　持而盈之不如其已

持而盈之，不如其已❶。
揣而梲之，不可長保❷。
金玉滿堂，莫之能守❸。
富貴而驕，自遺其咎❹。
功遂，身退，
天之道❺。

語譯

過分的求多求滿，以致傾溢，還不如提早就適可而止。刻意營求，以致鋒芒太露，必然影響自己，無法長保。金玉滿堂，而想永遠的擁有，是不可能的。既富且貴，還要驕傲凌人，這是自找災禍。當我們在功德圓滿之時，便應該知道謙退，這才合乎天道的自然。

解義

❶持而盈之不如其已

「持」是持有的意思。本句有兩解：一是指持有了，要求更多，如以杯盛水，裝得太滿，必至溢出，因此不如適可而止。另一是「持」「盈」連言，是指保持其盈滿的意思。也就是說把杯子裝滿了水，希望它不溢出來是不可能的，還不如裝得淺一點，使其不盈。

《荀子・宥坐》有段故事說：「孔子觀於魯桓公之廟，有欹器焉，弟子挹水而注之，中而正，滿而覆，虛而欹。孔子喟然而歎曰：『吁，惡有滿而不覆者哉！』」這段話和本句的意思相互發明。這個傾斜的容器，不裝水會傾斜，裝滿了水也會傾覆，只有適得其分才能保持它的正直。由這段話來看老子的意思，也就是要我們不可求滿。所以本句也引申指不要過分自滿的意思。

❷揣而梲之不可長保

「揣」字是捶擊的意思。孫詒讓說：「揣當讀為捶。《淮南子・道應訓》云：『大馬之捶鉤者』，高注云：『捶，鍛擊也。』《說文解字》：『揣，量也。一曰捶之。』蓋揣與捶聲轉字通也。」《老子札記》「梲」字，河上公本作「銳」，而王弼的注也作銳解，如「銳之令尖」，所以宜作銳字。

本句是指捶鐵成刀，更要使其刀鋒尖銳不可當，則它的鋒芒必然不能長保。因為刀鋒尖銳，容易折損。人的鋒芒太露，也容易遭忌。

❸金玉滿堂莫之能守

「金玉滿堂」是人們所希冀的、羨慕的，可是錢財為身外之物，誰也沒法永遠擁有它們。注意這句話中的「滿」字、和「守」字。老子告誡我們的是不要求滿，不要去守滿。至於金玉本身並無罪惡，像唐代的龐蘊居士寧願把金玉珠寶沉入湘水，也不願施捨給窮人，認為金玉易起爭端。這既不是佛家的教義，也不是道家的精神。

❹**富貴而驕自遺其咎**

子夏說：「死生有命，富貴在天。」（《論語・顏淵》）富貴既然在天，由不得自己。那麼出身在富貴之家，或命運註定了擁有富貴，這也無可厚非。問題不出在富貴，而出在一個驕字上。由於驕其富貴，才會「自遺其咎」。

對於以上的幾句話，劉師立曾說：「盈則必虛，戒之在滿。銳則必鈍，戒之在進。金玉必累，戒之在貪。富貴易淫，戒之在傲。」（見焦竑《老子翼》）這些話裡的一個「戒」字正說出了老子本章的用意，就在於勸我們要戒盈、戒銳、戒滿、戒驕。

❺**功遂身退天之道**

陸德明說：「功遂，本又作成。」遂和成意義相同。唯河上公版本為：「功成，名遂，身退，天之道。」很多其他版本與河上公相似。而帛書本也無「名遂」兩字。究竟《老子》原書是否有「名遂」兩字，雖然我們無確實的證據，但就老子思想的旨趣、和哲學理論的觀點來看，以沒有「名遂」兩字為佳，理由有以下四點：

㈠老子思想一直在破除名的執著，如「道常無名樸」（第三十二章），「吾將鎮之以無名之樸」（第三十七章），「道隱無名」（第四十一章），而此處講「名遂」顯然與他對「名」的看法不一致。

㈡老子講「功成」，這是指實際工作上的成就。在第十七章上曾說：「功成，事遂」而不說「名遂」。

因為「事」也是指實際的事務。老子對實際上的努力，和為民解決問題是肯定的。至於「名」乃是外在的虛飾，是多餘的。老子一再說：「功成弗居」（第二章）、「功成不名有」（第三十四章），都是直接說「功成」之後的「身退」，而沒有插入「名遂」的觀念。

㈢如果在「功成」和「身退」之間插入了「名遂」的觀念，那麼是否也暗示了在「功成」之後，還不能「身退」，必須等到「名遂」之後，才身退呢？當然有許多情形，是功成之時就有大名，但也有許多例子，只有「功成」而無「名遂」，如母親的撫育子女，使子女變成有用之才，這不能不說「功成」，但卻並不一定「有名」。世界上很多的事物都是如此，當他們盡了天賦的功能，或他們應盡的責任，這就是功成。他們都會很安然的退了下來，或把棒子交給下一代，這是多麼神聖的功能。加上了一個「名遂」的觀念，便完全世俗化了，而毫無深意。

㈣注意老子此處言「功遂、身退」是以「天之道」來說的。王弼抓住這一點，而注說：「四時更運，功成則移。」試看四時更運，只有「功成」，又哪有「名遂」？聖人取法「天地不仁」，連「仁」之一字都不願沾，又豈會念及「名」之遂？

交代了「名遂」的問題之後，再讓我們從本章中老子的旨趣，來看這句話的結論。前面老子一再強調，不可求盈，不可求銳，不可求滿，不可自驕。這即是說，在我們功成之後，不可求名，不可戀位，因為名不能貪，位不能執。否則，非但無功，反而有禍。

在這裡，我們必須注意兩點：

㈠就自然的現象來說，太陽照了白天，便退下來，讓月亮司夜，這是自然的循環，唯有這樣，太陽之功才得以發揮。否則太陽如強占了晝夜，反而無功。所以有時「身退」反而是「功成」的一大條件。能知「身退」才是真正的成功。

(二)「功遂」之後，才能身退。很多年青人學老子，只看到「身退」兩字，便消極懶散，不知努力。殊不知功成之後，才有退路。就像一幅山水畫，著墨之處是「功」，預留的空白空間是「退」，如果用墨塗滿了畫紙，而沒有空間，那便變成了漆黑一片，整個畫便是一片塗鴉。相反的，一筆不著，便是一片空白，畫就不成其為畫。我們用了這個不倫的譬喻，也只是為了說明，先要有功於世，才能安然的「身退」。

第十章　載營魄抱一

載營魄抱一，能無離乎❶？
專氣致柔，能嬰兒乎❷？
滌除玄覽，能無疵乎❸？
愛民治國，能無知乎❹？
天門開闔，能無雌乎❺？

明白四達，能無為乎❻？
生之，畜之❼。
生而不有，
為而不恃，
長而不宰❽，
是謂玄德❾。

語譯

我們擁有精神和形體，守沖虛之氣而為一，能夠使它們永遠不分離嗎？我們無欲地任運體內的真氣以達到心身的柔和，能夠像嬰兒一樣的柔軟嗎？我們淨洗那玄妙的心體，能夠使它的照物沒有一點瑕疵嗎？我們愛民治國，能夠做到放棄講究政術的小知嗎？玄牝和五官之門一開一闔，推動生化時，能夠沒有含育萬物的「雌」德嗎？我們的睿智洞察一切事物時，能夠返本於自然無為嗎？我們用沖虛的和氣使萬物生長，使萬物發育。雖然萬物因此而生，我們絕不占有它們；萬物因此而成，我們絕不居功自有；萬物因此而發展，我們絕不自以為是他們的領導。這種修養工夫，乃是推動了一切生化的玄妙之德。

解義

❶載營魄抱一能無離乎

「載」字主要有三種注解：

(一)與「哉」字相通：孫詒讓說：「《冊府元龜》載：唐玄宗天寶五載詔云：『頃改《道德經》載字為哉，乃隸屬上句。』」這是因為「載」字難解，而把它改為「哉」字，而放在上一章的末尾。這樣的作法並沒有確實的根據，因為所有的版本都是「載營魄抱一」。

(二)作語助詞用：陸希聲說：「猶夫也，發語之端也。」因為許多詩篇中「載」字常作語助詞用，如：「載欣載奔」(〈歸去來辭〉)、「載用有嗣」(《詩・周頌》)。(見張揚明《老子斠證譯釋》)

(三)作「乘」字解釋：《老子翼》中說：「載，乘也。」這是就「載」字的意義，而引申為乘載的意思。

就這三種解釋來說，以第三種較佳，因為這是就「載」字本身的意義來說。唯「載」字宜作「負載」解，更符老子的意思，如《老子》第四十二章有「萬物負陰而抱陽」，也是「負」和「抱」對言。不過此句用「載」不用「負」，是因為「載」字意義比「負」字較廣，「負」字指肩負、或背負，而「載」字是指我們的形體像車子一樣，載有「營」和「魄」。

「營魄」的「魄」，指的是形魄，所有注家都無異議，唯「營」字至少有四種不同的解釋：

(一)作不定解：焦竑說：「營如經營、怔營之營。《白虎通》曰：『營營不定貌』是也。」這是指不安定的形體。

㈡指靈魂：河上公注：「營魄，魂魄也。」劉師培說：「《楚辭・遠遊》：『載營魄而登遐兮』，王注：『抱我靈魂而上升也』，以抱訓載，以靈魂訓營魄，是為漢人故訓。」（《老子斠補》）

㈢指精神：蘇轍注說：「魄為物，魂為神也。《易》曰：『精氣為物，遊魂為變。』」

㈣指陰血：朱謙之注說：「〈禮運〉有『體魄』，〈郊特牲〉有『形魄』。又魂為陽為氣，魄為陰為形。……《素問・調精論》：『取血于營。』注：『營主血，陰氣也。』又《淮南子・精神訓》：『燭營指天。』知營者陰也，營訓為陰。」（《老子校釋》）

以上四種解釋各有根據。大致可分為兩類，第一和第四條都是把「營魄」當作形魄、或形體。第二和第三條都是把「營魄」分作精神和形體。就前者來說，「載營魄抱一」是指載形體抱一。如把營魄解作陰氣，則此句和「萬物負陰而抱陽」是一致的。那麼這裡的「一」便可解作陽氣。就後者來說「載營魄」是指載魂魄，如把魂魄解作陽氣和陰氣，則「載營魄」即和「負陰而抱陽」相同，那麼「抱一」便可解作「沖氣以為和」的沖氣。基於這一分析，無論把「營魄」解作形體，或解作精神和肉體，均無不可。問題重心是在「抱一」兩字，而工夫也就在如何「抱一」。

「抱一」的「一」在《老子》書中是個相當重要，可是卻頗為含糊的字。全書討論到「一」字的共有三章：

㈠「少則得，多則惑。是以聖人抱一為天下式。」（第二十二章）

㈡「昔之得一者，天得一以清，地得一以寧，神得一以靈，谷得一以盈，萬物得一以生，侯王得一以為天下貞。」（第三十九章）

㈢「道生一，一生二，二生三，三生萬物。」（第四十二章）

第一條中的「一」是承「少則得」而來，是象徵簡樸、或少欲的意思。第二條中的「一」，相當於道，是象徵道的作用。第三條中的「一」是指在道的生化萬物過程中的最早的階段，也可說是從無到有的「始生」，或「創生」的作用。因此我們把這三條中的「一」作一綜合，可以把「一」解作由道的生化萬物的作用，說得再具體一點，也就是「沖氣以為和」的作用。這句話中的「沖」是虛，「和」卻是生。也就是由虛氣而生生不已。所以「抱一」就是「抱」道的虛氣以生生的作用。

由這一分析，再回到原句，雖然可解作使自己的形體懷抱虛氣以生，但更好的解釋，還是指精神和形體同時懷抱虛氣以生。精神「抱一」，則清明空靈，而無欲念，即所謂「神得一以靈」；形體「抱一」，體法自然，而無執著，即所謂「萬物得一以生」。

這個「抱」是工夫語。像母親懷抱嬰兒一樣，是那麼關愛的、柔和的，把嬰兒視作她身體的一部分，而不可分。所以本句結尾說「能無離乎？」就是指「抱一」並不是從外面硬抱一物來塞在胸口，而是指抱者和所抱者，根本是一體不可分的，有如母親和嬰兒的連心同體。

在心理學上，我們說一個人有病，就是指他的精神和形體分裂，精神不能照顧形體，形體也不聽精神使喚。心理治療家的方法就是使他的精神和形體相合。但要達到這種相合，不是硬性的、直接的從外面把兩者加以撮合。如果依照老子的說法，先從精神上去解除他的心結，這就是沖虛之用，也就是「抱一」。再由精神上的「抱一」，虛靈不昧，清明在躬，使形體又回到精神的懷抱，而和精神合一，有如下圖：

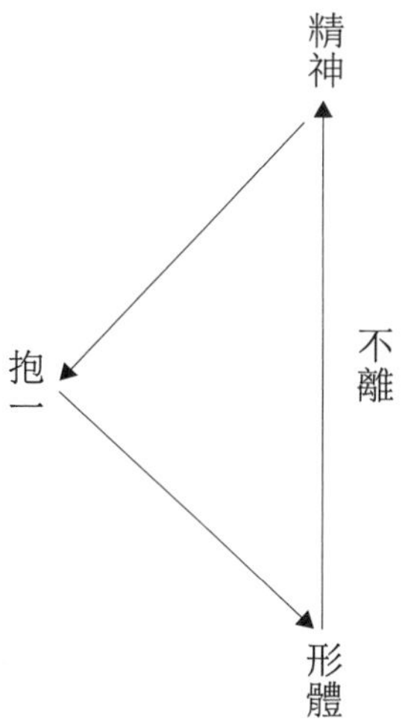

所以「營魄」的「抱一」，是精神上的體道而行，懷抱沖虛的和氣，使得形體和精神合一，綿密無間，生機不斷。

❷專氣致柔能嬰兒乎

前面談「抱一」，雖然「一」被解作「沖虛的和氣」，但這個「一」畢竟是象徵道始生萬物的作用，而並未明言是氣，因為「一」仍屬形而上的境界。此句言氣，已完全落在現象界，來談如何養氣。「專氣」的「專」字，王弼注為：「專，任也。」河上公注為：「專，守。」「任」是指順任自然，而不加控制。「守」是指精神專注，常守不放。這兩者表面上好像是相反的，其實是相輔的。這就是如何「專氣」的微妙工夫。它一面是精神專注於氣上，使得心無雜念；另一面是接著順任氣的發展，使氣不受心的干擾，而舒放自如。由心無雜念，心能跟著氣走，心也就自然的純淨無欲了。

可是什麼又是這個「氣」呢？在中國哲學裡，這個「氣」是非常微妙的、複雜的。它既是抽象而看不見的，如它為宇宙的原質；又是具體，而可以捉摸的，如它為人體中的氣息。在孟子、莊子和張載的著作中，這個「氣」都是占極重要的份量。現在我們撇開這些不談，專就《老子》書中來看看這個「氣」字。《老子》書中談「氣」的地方不多，共有三處，除了本句之外，還有：「萬物負陰而抱陽，沖氣以為和」（第四十二章）和「心使氣曰強」（第五十五章）。老子對於「氣」雖無深論，但就這兩章看來，前者是指宇宙萬物化生的原理，而後者是指人體內的氣息。把這兩者合起來，正可看出老子的「氣」是從道的始生萬物的生化之「氣」，到賦予人體之內的形質之「氣」。那麼前一句的「抱一」，講「沖虛的和氣」是就人的精神形體，與天道的生氣合一。而這一句的「專氣」乃是精神內斂，關注形體內的形質之氣。

然而如何去「專」這個「氣」，後代的道教神仙之學把它發展成一套專門的修鍊工夫。但老子此處卻並沒有這樣的複雜。尤其老子重視自然、素樸，因此我們不必從這方面去強調。就老子此處的「專氣」來說，是精神和形體之氣合一的。就形體上看，這個「氣」是指的我們的氣息，也就是呼吸之氣。呼吸的深淺，雖然是生理的作用，但也關涉到欲望的深淺，如莊子曾說：「古之真人，其寢不夢，其覺無憂，其食不甘，其息深深。真人之息以踵，眾人之息以喉。」（〈大宗師〉）所以老子此處由「專氣」而使「氣」達到極度柔和的境地。氣的柔和，也代表了心的平靜，所謂「平心靜氣」。

「嬰兒」在《老子》書中也是一個重要的象徵。它象徵了柔軟，如：「含德之厚，比於赤子……骨弱筋柔而握固。」（第五十五章）也象徵了無欲，如「我獨泊兮其未兆，如嬰兒之未孩。」（第二十章）由形體上的柔軟，到精神上的柔和，而達到德性上的無欲，這就是「專氣」的一套修養工夫。

❸滌除玄覽能無疵乎

「玄覽」兩字，王弼注為：「玄，物之極也，言能滌除邪飾，至於極覽。」河上公注為：「心居玄冥之處，覽知萬事。」都比較虛玄。高亨注說：「按覽讀為鑒，『覽』『鑒』古通用。玄者，形而上也。鑒者鏡也，玄鑒者，內心之光明為形而上之鏡，能照察事物，故謂之玄鑒。《淮南子・脩務訓》：『執玄鑒於心，照物明白。』太玄童：『修其玄鑒。』玄鑒之名，疑皆本於老子。《莊子・天道》：『聖人之心，靜乎天地之鑑，萬物之鏡也。』亦以心譬鏡。」這個解釋非常清楚。以心鏡來說玄覽，不僅《莊子》書中還有很多例子，如「至人之用心若鏡」（〈應帝王〉），尤其禪宗神秀的偈子：「身是菩提樹，心如明鏡臺，時時勤拂拭，勿使惹塵埃。」（《六祖壇經・自序品》）和本句用意完全相合。

老子此處言「玄覽」，雖然是指修心的工夫，但不只是限於「虛其心」，或淨其欲而已。這個「覽」字和第一章中的「觀」字有相同的作用。「玄覽」就是玄觀，是指能玄妙而深微的去觀照一切。所謂「常無，欲以觀其妙；常有，欲以觀其徼」（第一章），這就是「玄覽」的工夫。所謂「無疵」是指這種觀照作用的沒有毛病。前句講「專氣」，在氣定神閒之後，這個清明的真心，便沒有任何妄想偏見，而能深入精微，洞燭一切。

❹愛民治國能無知乎

此處「無知」兩字，有的版本，如景龍碑及《老子翼》等作「無為」。王弼、河上公注都作「無知」。其實「無知」兩字本合老子思想，如：「以智治國，國之賊；不以智治國，國之福。」（第六十五章）

「愛民治國」，一般來講，除了要有真正的愛心之外，當然也需要正確的知識。可是老子為什麼要講「無知」呢？王弼注說：「任術以求成，運數以求匿者，智也。」任術運數就是應用技術和法理，這是王弼所謂的「知」。大致說來，也是老子所批評的「知」。但我們不能忽略這句話的正面意義，因為本章從「抱一」、「專氣」、「滌除玄覽」以來，都是講的修養工夫，因此順著這種思路，此處講「愛民治國」，還有超乎「知」的層次，就是「德」。能「無知乎」的正面說法，就是能「以德乎」。這和本章末尾的「玄德」正好可以呼應。

❺天門開闔能無雌乎

「天門」，王弼注：「天門謂天下之所由從也，開闔，治亂之際也。」似乎太玄。河上公注：「天門，謂鼻孔。開謂喘息，闔謂呼吸也。」似乎專就吐納之術來說。高亨注說：「《荀子・天論》：『耳目口鼻形能，各有接而不相能也，夫是之謂天官。』《淮南子・主術》：『目妄視則淫，耳妄聽則惑，口妄言則亂。夫三關者不可不慎也。』老子謂之天門者，天同於荀子之天，門猶之淮南子之關……。《莊子・天運》：『其心以為不然者，天門弗開矣。』天門亦同此義，言心以為不然，則耳目口鼻不為用。」把天門解作五官，是易懂的解釋。唯老子不明言五官，而說「天門」，顯然有他的用意。

在《老子》書中的「門」有兩處，一是「眾妙之門」（第一章）。一是「塞其兌，閉其門」（第五十六章）。前者指玄妙之門，後者指五官。所謂「天門」可以綜合以上兩門，一面是玄妙之門，也就是前面的「玄覽」的向外觀照；一面也是五官之門，是意識和外物的相接。

「能無雌乎」一句，王弼、河上公的注本作「無雌」，而傅奕、范應元及《老子翼》所集各注，都作「為雌」。雖然有「無雌」、「為雌」的版本不同，但所有的注解，都是認為「天門開闔」必須要守雌，能順任萬物，而不為萬物主導。唯文廷式的注不然，他說：「《老子》書皆言守雌，獨至天門開闔之時，應機一發，不為萬物制，故以無雌為訓；各本作『為雌』者誤。」就以上諸解，似乎以「為雌」的解釋較為平實，易為一般人所接受。然而「為雌」兩字無異把「天門」斬斷了上一截的「玄妙之門」，而縮小到「五官之門」。對於這點，張揚明曾說：「倘易『為雌』，則是有意造作，勉強行事了。范應元並引『知雄守雌』為證，殊不知『知雄守雌』，係明知其雄，而不作雄飛，自甘雌伏。故『雄』為體，而『守雌』則為用。正是『弱者道之用』之意。蓋守者，靜以順應自然也。如『為』，則係主動，係造作矣。故『為雌』實非老子本旨。」

至於文廷式的見解，雖然從上一截的「玄妙之門」著眼。但只談「不為萬物制」，易令人誤解他的說法，在強調不用「雌」，而用「雄」，不為萬物制，而要制萬物了。

其實，我們想了解「無雌」兩字，還必須回到「天門」上去忖度老子為什麼不直接講「五官」，而要說「天門」的真正用意。歷代注疏家常用的方法就是當他們發現該書的某一處難解時，便立刻從別處搜集了一些證據，然後立刻像法官審案似的，判定此處有錯誤。他們很少直接從此處去想想作者為什麼如此寫的原因。譬如把「天門」直接解作「五官」，固然可以找到一些其他方面的證據，而把這句話很容易交代過去。可是老子的更深一層的意義，也許就被斷送了。

老子的「天門」承接了「玄覽」而來。老子用一個「天」字，用一個「玄」字，可見老子是有意去表達天道玄妙的生生作用。而這個作用是來自於「沖虛」，來自於「玄牝」。所謂「天門開闔」，就是指生機之門的開闔。開闔是陰陽的作用，也是生化的樞機。所以老子說：「天門開闔，能無雌乎？」這個「雌」字就是「沖虛」、就是「玄牝」。很多學者看到前後文講「無疵」、「無知」、「無為」，因此就把「無雌」的「雌」和「疵」、「知」和「為」一樣，看作是被老子否定的。殊不知這句話不是說「能夠做到無雌嗎？」而是說「能夠沒有雌嗎？」也就是說「天門開闔」是不能沒有「雌」的。因為這個「雌」是玄牝，是天地之根，是生化之門。這不僅和老子整個思想是一致的，而且與本章前面幾句話的意思也是相承的。「愛民治國」的不用「知」，也就是說要用「德」。那麼此處「天門開闔」就是順著這個「德」來講生生。「雌」便是生養萬物的代表。至於把「天門」當作「五官」來講順應萬物，這一層意義也包含在「生養」萬物的德性中。不過用「生」來釋「雌」字，比用「順」來解「雌」字，更具有積極和正面的意義。這和後面的「生之」、「畜之」更是前後相接、思路一貫的。

❻明白四達能無為乎

「明白」指對外物深徹的了解，「四達」指通達四方，無不周延。這是指的「知」，可是王弼的注本卻說「能無為乎」。王弼的注說：「言至明四達，無迷無惑，能無以為乎？則物化矣！」這是說，明白四達是真知。真知之用，乃是順物性之自然，而不用一己之知去干擾萬物，這也就是無為。老子說：「使我介然有知，行於大道，惟施是畏。」（第五十三章）施就是施為，這句話正可作為本句的注腳。

河上公和其他的一些版本，寫作「能無知乎？」這和「愛民治國，能無知乎？」的「無知」發生了雷同。於是有的版本又把「愛民治國」的「無知」改為「無智」或「無為」。這樣的東改西補，於原義並沒有什麼發明，還不如維持王弼的原文，更能說出「真知」和「無為」之間的深切關係。

❼生之畜之

從「生之」以下的五個句子，重出於第五十一章，因此有的學者認為該五句與前文不一致，擬予刪除（如高亨、王淮）。其實，我們如果深體老子說以上各句的真意，便會發覺以下幾句是必要的。因為老子講這些修養的方法，不只是為了個人的心身鍛鍊而已。而是由「沖氣以為和」，達到萬物相融相生的境界，所謂「愛民治國」、「天門開闔」、「明白四達」都是順著「沖虛」、「柔和」、「清明」的德性，來講「生生不已」的大用。

「生之」的生字，王弼注：「不塞其原也。」這是用間接的方法來解脫，注得非常精彩，深合老子的旨趣。因為老子講「生」，不是像母親生孩子似的，直接賦予形體。而是像大地一樣，敞開了所有生機之門，讓萬物都能順著它們自己的德性而滋長發育。《老子》第一章中說：「無，名天地之始。」這個「無」用得真好。「無」不是說「天地之始」是什麼都沒有，而是不願追究，也不願說破這個始生萬物的本源。因為當我們一描寫這個本源，它便有形有質，便影響或控制了萬物的生存發展。即使宗教上用了一個極為空靈的「神」或「上帝」，仍然不免有所規定，使得萬物不能毫無限制的任性而生。這是老子「無」的真意。從「無」字去了解「生」，也許能使我們能看出老子的全體大用。

「畜之」，王弼的注是：「不禁其性也。」這個「畜」必須承接上面的「生」的意義而說。因「生」是「不塞其原」，使萬物在源頭上沒有被限制，都是平等的、獨立的，因此「畜之」就是「畜」其生，能順著他們的生而發展，所以「不禁其性」。這個「畜」不像我們畜牛羊一樣，依照我們的觀念和價值來畜養牠們。而是像大地一樣，供給萬物一個很好的溫床，使得萬物都能遂其生、順其性而滋長。

❽生而不有為而不恃長而不宰

「生而不有」、「為而不恃」兩句話在第二章中已談過，不過此處重複，乃是針對前面的「生之」、「畜之」來講的。既然「生之」是「不塞其原」；「畜之」是「不禁其性」，我們所做的，只是讓他們能自然的發展而已，所以根本是不能占有，不能恃功的。

「長而不宰」的「宰」字，是指主宰的意思，也就是說當我們幫助萬物生成發展之時，不可自以為是他們的主宰，而加以控制。

❾是謂玄德

「玄德」，王弼的注說：「凡言玄德，皆有德而不知其主，出乎幽冥。」王弼的意思是指「生之」、「育之」、「為之」、「長之」之後，因為「不有」、「不恃」、「不宰」，所以雖然有德於人，人們卻不知道是誰做的。不過王弼以「幽冥」來注「玄」字，就字義來說是不錯的，但一個「玄」字往往會關掉了我們思考的路子，也往往會誤導我們走入漆黑一片的境地。這一點，在第一章「玄之又玄」的注中，已有說明。在這裡我們有必要把「玄德」又從「玄」中再提出來，解說得更明白一點。

一般的道德往往都是相待性，或有意識性的，大約可分為三種情形：

㈠我對別人有道德，別人也會以道德對我，所謂：「愛人者，人亦愛之；敬人者，人亦敬之。」這種道德觀念演變到後來，往往為了別人對我的敬愛，我才敬愛別人。正如墨子的「兼相愛」，往往以「交相利」為基礎。

㈡我對別人有道德，但並不一定要對方知恩圖報。因為我可能在別的方面得到補償，如積功德，有善報。這種善報不在當時，也許在未來；不在己身，也許在後代。

㈢我的實踐道德，加惠別人。即使別人不知道，或沒有其他方面的回報。但道德是好的，我實踐道德，就是完成我的人格。

《老子》此處的「玄德」顯然是要超越以上三種道德的觀念。因為「有德而不知其主」就是不使別人知道我的德行，當然是不會希望別人的回報了。不僅如此，自己還不以這種德行為「德」，所謂「上德不德，是以有德」（第三十八章）。所以連自己也不知道那是什麼了不起的德行。只是不由自己的行之於自然罷了。因此對一般的道德來說，它是「玄」了一點，但真正的工夫，卻是自然無為，沒有一點「玄」味。這才是無玄之「玄」，才能稱之為「德」。

老子在本章最後，提出了這個「德」字，非常重要。我們之所以不贊成由於最後五句重出，而把它們刪掉，是因為沒有這五句話，前面的六句話，都只是反問之詞，彼此之間缺乏一貫的線索，好像是不同的格言雜湊在一起似的。有了最後五句，便使前面的六句有了結論。尤其最後的這個「玄德」更貫串了所有的句子，而成為本章的重心。

第十一章　三十輻共一轂

三十輻共一轂，當其無，有車之用❶。

埏埴以為器，當其無，有器之用❷。

鑿戶牖以為室，當其無，有室之用❸。

故有之以為利，

無之以為用❹。

語譯

車輪的三十根輻條，共湊聚在一個軸上，當軸中有空隙處，才產生了車子轉動的作用。陶匠揉和泥土，作成了各種器皿，當這些器皿中有空洞處，才能有盛物的作用。木匠開鑿門窗，建造房室，當這些房室中有空間處，才能有住人藏物的作用。所以使萬物具有形體，這是使它們有功效；在有了形體之後，我們如能把握運用它們的空間，才能盡量發揮它們的大用。

解義

❶三十輻共一轂當其無有車之用

輻，河上公注：「古者車三十輻，法月數也。」是指車輪中的三十根直木，通向軸心。轂，〈考工記〉說：「輻所湊，謂之轂。」是指這三十根輻所湊集的圓心，該圓心當中是空的，而軸便是通過這圓心的空處。老子這句話所要說的就是這圓心的空處。因為它的「空」，軸才能通過它，這個輪子才能轉得動，於是車子才能產生作用。注意此處的「無」字是指的空間，與第一章中的「無」不一樣。一為現象界，一為形而上；一是作用，一是本體。

❷埏埴以為器當其無有器之用

「埏」是揉和，「埴」是泥土。河上公注：「埏，和也；埴，土也。」《荀子・性惡》：「故陶人埏埴而為器。」這是指揉和黏土，製造成器皿。當陶匠製造器皿時，必須使器皿內有空處，才可以有盛物之用。

❸鑿戶牖以為室當其無有室之用

「戶」是門，「牖」是窗。當工匠開鑿門窗，建築房室時，房室內必須是空的，房室才有住人藏物之用。

❹故有之以為利無之以為用

這裡的「有」和前面「生而不有」的「有」，當然不同。「生而不有」的「有」是指的占有，而這裡的「有」乃是指萬物的「存有」。前者是私欲的，雖然「有」，卻沒有真實的存在，只是心念的作用，或外在的關係。譬如我們想占有我們的身體，可是百年後，身體仍然會毀壞；我們想占有財物、愛情、名譽，然這些東西隨時都會離我們而去。關於這一點，佛教的道理講得很多，莊子的思想中也發揮得不少。可是一般人總不易接受，總認為自己能占有一切，所以老子才說「生而不有」。

此處的「有」乃指實際的「存有」。這和前面「占有」不同的是，前者是來自私欲和意識的，這裡的「存有」是客觀的，譬如，同樣是我們的身體，它的「存在」是客觀的，即使長壽者，能活一百歲，或夭壽者，只活十幾歲，但這一百歲、或十幾歲的存在，無論或長、或短，卻是真真實實的存在。可是「占有」卻不同，這是意識的作用，即使我們活到一百歲，仍然會大歎「百年苦短」，長恨「此生非我有」。所以「占有」，事實上是永遠的不滿足，所要獲得的是那虛幻的感覺而已。這個「存有」的「有」，乃是現象界的真實存在。雖然印度佛學認為萬物的「存有」是虛幻的，可是受中國哲學灌溉的中國佛學，卻認為這些「存有」也是真實的，如僧肇〈物不遷論〉認為萬物在它們生存的這一段時空中，卻是永恆的，後來的禪宗，更認為「青青翠竹莫非法身」。這都說明了萬物的「存有」都是真實的。

那麼，這裡的「有」既然是真實的，它與第一章中的「有」又有什麼關係呢？第一章中的「有」是「道」生萬物的「有」，是永恆如斯的「有」。用哲學上的術語來說，就是形而上的「有」，但形而上是無形無象的，所以這個「有」，也可稱為「無」，所以就道體來說，這個「有」和「無」是相同的。但中國哲學的形而上並不是完全離現象而獨立的，它又是存在於現象界的，所以這個「有」和萬物的「存有」是不可分的。就萬物「存有」的真實來說，是形而上的「有」；就萬物「存有」的形質來說，是現象界的「有」。我們可以用下圖來表達：

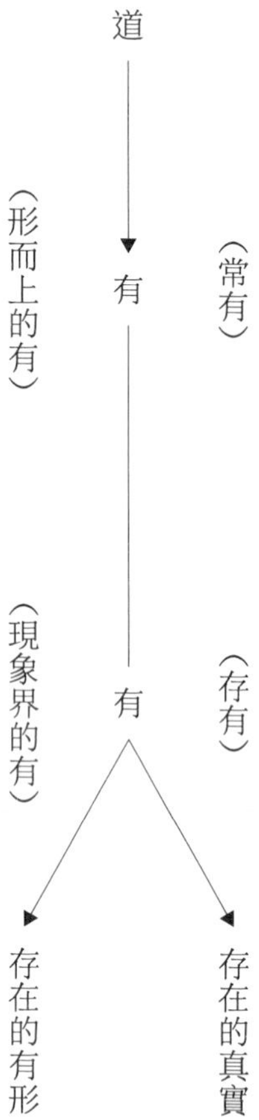

存在的有形，是萬物形體的存在，是有生、有滅的，而存在的真實，卻是指萬物在它們單位時空的永恆存在，又是形而上的。

然而如何去運用萬物的「存有」？就是一個「無」字。「無」是因「有」而生，因「有」而為用的。「無」的作用有兩條路線，一是用「無」來發揮「有」的作用，也就是利用「空間」來使「存有」有用。另一是體法「無」來超越「有」的執著，也就是以沖虛為用，使我們不為「存有」所拘絆，而能返歸於道體。這兩條路線可以用下面的圖表來說明：

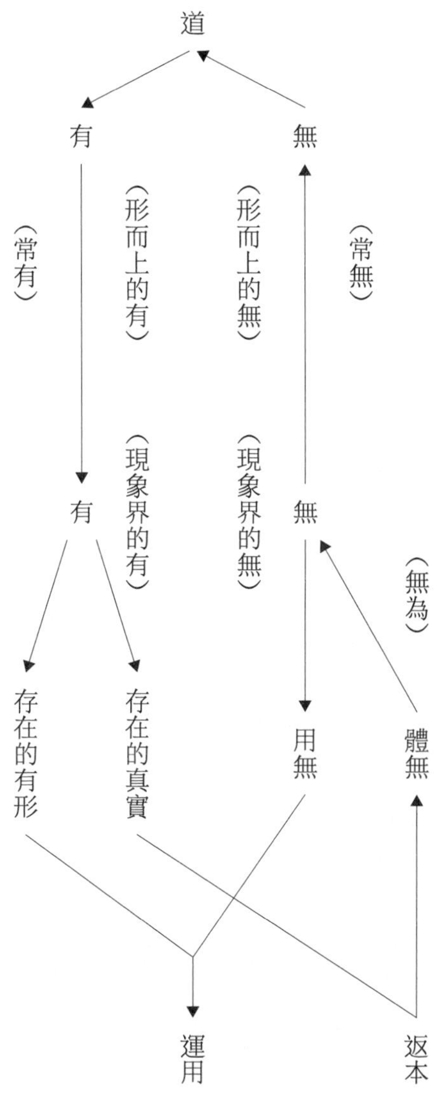

本章中所論的「有」和「無」乃是指萬物的存有，以及如何以「無」去用「有」。所以都是談現象界的「有」和「無」的作用。

然而為什麼「有」是「利」，「無」是「用」呢？如果就現象界來說，老子前面所舉的幾個例子已很清楚，如車輻、器皿和房室，都能供給我們以實利。而我們真正運用這三者的利益，卻是在於它們的「空間」。這樣的結論就本章來說已是非常明顯了。不過就老子整個思想來說，還有值得我們體味的有二點：

㈠必須注意老子此處用「有之」和「無之」。這裡的「有之」和「生而不有」的「占有」不同。這裡實際上指的是「生之」。但不是「生」萬物那樣的深一層的意思，而是指製物造器的「生」，這種「生」乃是「有之」。老子對「萬物」的「有」並不反對，相反的，卻認為我們應該去創造萬物。本來，道的「生」萬物也是「有」。只是落於現象界，便是形體的「有」。相對這個「有之」的，便是「無之」。「無之」在實質的有形來說，就是「空間」。也就是在製作器皿的時候，便設計了「空間」，去運用器皿。另外「無之」的較深一層意思便是在運用時，時時保持其「虛無為用」，如杯子盛水，不可求溢。或時時保持杯內的虛空，可以作各種不同的用處，如可以盛水，也可以盛果汁、或咖啡。

㈡「利」在本章中，或就物質器皿來說，雖然沒有不好的意思，但就老子整個思想，或人生修養來說，卻有負面的意義，因為老子一再強調要「挫其銳」(第四章、第五十六章)。而就「利」和「用」兩字來說，「利」又多半指實利、淺利、有形的利，而用，卻是指原則的用、無限的用和無形的用。在這樣一個對比中，在「有之」以後，便要以「無之」來超越「有之」、化解「有之」。也就是從「有之」去體驗「無之」。以返歸於道體，這是「無」的大用。

第十二章　五色令人目盲

五色令人目盲❶；
五音令人耳聾❷；
五味令人口爽❸；
馳騁畋獵，令人心發狂❹；
難得之貨，令人行妨❺。
是以聖人為腹不為目，
故去彼取此❻。

語譯

過分貪戀色彩的綺麗，使我們的視覺變麻木了，反而失去了辨色的能力；過分追求音聲的娛樂，使我們的聽覺變遲鈍了，反而失去了知音的能力；過分講究美食的享受，使我們的味覺變不靈敏了，反而失去了品味的能力；縱情於騎馬、追逐野獸的遊戲，使我們玩物喪志，以致於精神錯亂。羨愛那稀有的金玉珍寶，往往使我們的行為走入偏差。所以聖人的修養，是像「腹」那樣的無欲無知，易於滿足，不像「目」一樣的多欲多求，貪得無厭。也就是說要斷除向外的追求，而返歸內心的恬靜。

解義

❶五色令人目盲

「五色」，《釋文》：「青、赤、白、黑、黃也。」這裡的五色並不限於這五種顏色，而是泛喻顏色之多。「目盲」並不是指眼睛瞎了，而是指顏色太多，使視覺受刺激，以致麻痺，失去了辨色正確的功能，即是所謂「視而不見」。美國聾盲女作家海倫・凱勒在〈給我三天光明〉一文中，描寫她如果有三天的光明，讓她眼睛能重見這個世界，她將會如何仔細的去欣賞花的美麗，可是我們這些眼睛能視的人，又有幾個真正去享受上天為我們創造的顏色，每天我們所看到的各種五光十色的物體，我們都是一晃而過，沒有一點深切的感覺，我們豈不比海倫女士還要目盲？

❷五音令人耳聾

「五音」，《釋文》：「宮、商、角、徵、羽也。」這裡的五音，並不是只指這五種音調，因為它們是中國古樂構成的基因，不會令人耳聾。這裡的五音是指由這五音構成的音樂。這些音樂的極端發展，使我們的耳覺無盡的刺激，以致麻痺，失去了聽音清晰的功能。這一點，在古代，孔子的批評靡靡之音，墨子的非樂，雖和老子對五音見解並不完全相似，但對於音樂的泛濫，迷惑人心，卻是一致的。再證之於今天，夜總會中的噪音喧天，老子的「五音令人耳聾」雖為比喻，卻一點也不誇張。

❸五味令人口爽

「五味」，《釋文》：「酸、鹼、甜、辛、苦也。」這裡的「五味」，不是單指這五種味道，而是指由這五味所調製成的各種菜餚。如果，我們整天貪嗜美味的食物，我們的味覺一定會麻木，反而不能辨別食物的真味。「口爽」，王弼的注：「爽，差失也。」河上公的注：「爽，亡也。人嗜五味於口，則口亡。言失於味道也。」雖然俞樾曾說：「河上、王弼並未得爽字之義。爽者，口病之名。故《莊子・天地》云：『五味濁口，使口厲爽。』《淮南子・精神訓》云：『五味亂口，使口爽傷。』疑古語然也。」但本章中的「目盲」、「耳聾」都是譬喻，而不是真病，所以口爽解作口舌失味，也是合乎事實的。

❹馳騁畋獵令人心發狂

「馳騁」是騎馬，「畋獵」是打獵。這兩者所指是一件事情，就是騎著馬，追逐鳥獸。這和一般獵人的打獵不同，因為後者是為了生活所需，而前者，卻是以追逐為遊戲，甚至以殺生為娛樂。在古代，騎著馬匹打獵都是貴族的玩意。《易經・比卦辭》便有「王用三驅，失前禽，邑人不誡，吉。」（〈比卦・九五爻辭〉）的說法，和唐魏徵〈諫太宗疏〉也有「思三驅以為度」的勸告。可見這些畋獵的遊戲容易玩物喪志。也有人把畋獵比之於今日的運動，可是許多運動走了極端，如跑馬、賽車等，都變質而成了賭博、賭命。所謂「心發狂」就是指他們瘋狂的追求，而失去了理性。

❺難得之貨令人行妨

「難得之貨」在本書第三章中已經提及，是指金玉珠寶等財物，這不是一般人所容易獲得的。如果想得到它們，便會採取不正當的方法去追求。王弼注說：「難得之貨，塞人正路，故令人行妨也。」這「塞人正路」四字說得好。「正路」就是正當的途徑。普通人循正當途徑所賺的錢財，最多也只能維持一個舒適的生活而已。當然特別善於經營的人，也許能變成百萬富翁。我們不能說他的「百萬」財富不是出於正當的途徑；可是當他們把這「百萬財富」換成了金玉珠寶之後，辛苦所得的代價，便變成了欲望的象徵。於是人人只看到欲望的象徵，而見不到正當途徑的努力。所以說「難得之貨」，妨礙了我們的正路。

❻是以聖人為腹不為目故去彼取此

在這裡「腹」和「目」是兩種不同的象徵，王弼注說：「為腹者，以物養己；為目者，以物役己。故聖人不為目也。」所謂「以物養己」是指真正生存的需要，在第三章中，曾說：「實其腹」，也就是指最基本的需要，如食物等。對於這種需要，老子是給予正面肯定的。所謂：「以物役己」，是指自己變成了物欲的奴隸。因為目向外視，心神便跟著它向外追逐了。

腹與目的對比，還有以下三點意義的不同：

㈠滿足與不滿足

李約說：「目無厭，聖人不為；腹知足，聖人為之。」腹包括了胃。當我們餓了，只要吃幾大碗飯，胃便飽了。儘管山珍海味列於前，我們的胃也無動於衷。相反的，「目」卻不然，看到了好看的，還要更好看，永遠也無法滿足。

(二)無知與有知

呂吉甫說：「腹無知者也，目有見者也。」腹在我們的體中，除了餓時之外，它都安靜的在那裡，我們幾乎沒有感覺到它的存在。可是「目」卻代表了知識，因為它是轉遞知識的門戶。外物的印象由它而向內輸入，便構成了知識，內在的心念由它而向外攀緣，便構成了意見。

(三)養氣與泄精

河上公說：「(腹)，守五性，去六情，節志氣，養神明。」又說：「(目)，目不妄視，妄視泄精於外。」這是以腹喻氣海、或丹田，這是養氣的溫床。而「目」卻是欲漏，把我們的精神向外流散。這也即是後代道教鍊丹所強調的「守腹」和「閉目」的工夫了。

最後的「去彼取此」，「彼」是指「目」，「此」是指「腹」。同時「彼」也象徵向外的追逐，「此」象徵返歸於內心的安靜。

第十三章　寵辱若驚

寵辱若驚❶，貴大患若身❷。

何謂寵辱若驚？

寵為下❸。得之若驚，失之若驚，是謂寵辱若驚❹。

何謂貴大患若身？

吾所以有大患者，為吾有身，

及吾無身，吾有何患❺？

故貴以身為天下，若可寄天下；

愛以身為天下，若可託天下❻。

語譯

「寵辱若驚」是說：受寵和受辱都是一樣的使我們驚懼不安。「貴大患若身」是說：我們要謹防這些大患，就像我們謹慎自己的身體一樣。為什麼「寵辱若驚」呢？因為「寵」不是一件好事，當我們得到它的時候，我們會吃驚，為什麼別人要寵我們。當我們失去它的時候，我們更為驚懼，因為恥辱會不旋踵而來。這就叫做「寵辱若驚」。為什麼「貴大患若身」呢？因為我們之所以有大患，就是因為我們念念不忘這個身體，如果能昇華這個身體，不再念念不忘它，那麼我們還有什麼大患可懼呢？所以說，如果真正珍貴自己的身體，以它來肩負天下萬物的生存，而為天下萬物之所寄，哪裡還有個人寵辱之可及？如果真正愛惜自己的身體，以它來助成天下萬物的發展，而為天下萬物之所託，哪裡還有個人受患之可言？

解　義

❶寵辱若驚

「寵」是受寵於人，「辱」是受辱於人。照一般人的心理，都喜歡受寵，而深怕受辱。為什麼此處卻「寵」和「辱」並言，都是「若驚」呢？王弼的注說：「寵必有辱。」蘇轍說：「古之達人，驚寵如驚辱，知寵之為辱先也。」呂吉甫說：「寵者，畜於人者也，下道也，寵而有其寵，則辱矣。」這些話都是說「寵」會演變成「辱」。然而在這裡有一個問題，就是「寵」演變成「辱」是必然，還是或然的。先就或然來說，任何快樂的事，都有可能會變成悲哀的事。這只是「可能」，還不值得使我們把它看作「辱」一樣。但依照王弼的說法「寵必有辱」，可見這是必然的關係。既為必然，一定「寵」、「辱」之間，有必然的連帶關係，使「寵」的結果，一定走向「辱」。這個關係有以下三個原因：

㈠控制在人：由於「寵」是受寵於人，所以完全為別人的喜愛及利害所控制。在根本上是委身於人，是一種恥辱。

㈡自我的貪欲：我們之所以喜歡受寵於人，乃是由於自我虛榮心的作祟。這裡已埋下了「辱」的種子。當這種虛榮心過度的膨脹，便變成了無厭的貪欲，豈有不會自己招辱之理。

㈢名不副實：「受寵」是被人捧高了，而不是我們應得的名譽。我們有多少的「實」，得多少的「名」，這是名實相合，不是「寵」。既然「寵」是離了實，因此也就名不副實，所享的只是虛名、虛譽

而已。所以得「寵」便是「受辱」。正如《孟子》所說：「有不虞之譽，有求全之毀。」（〈離婁上〉）

既然「寵」像「辱」一樣不是好事，因此我們「受寵」便像「受辱」一樣使我們「受驚」。這個「驚」是一種驚懼，也是一種自省。

❷貴大患若身

「貴」字有三種不同的解釋：

㈠重視：河上公注：「貴，畏也。」蘇轍注：「貴之為言，難也。」焦竑注：「貴，重也，謂難之也。」這些解釋都是把「貴」當作動詞用，指重視的意思。

㈡尊貴：呂吉甫注：「貴者，畜人者也，上道也。貴而有其貴，則有患矣。」憨山注：「崇高之位曰貴，即君相之位。謂世人皆以貴為樂，卻不知貴乃大患之若身。」這是把「貴」當作「尊貴」，與「大患」相對，正像「寵」和「辱」的對立。

㈢衍文：高亨注：「此句義不可通，疑原作『大患有身』，『貴』字涉下文而衍。王弼注：『故曰：大患若身也。』是王本原無『貴』字。」這是近代學者常用的方法，就是當他們發現該句難解時，便設法乾脆把某些字當作衍文、錯置等，除掉它們。其實，「貴」字在該句並非「義不可通」，而以王弼的注解來證《老子》原文的錯誤，這是倒果為因的作法。所以這種把「貴」當作衍文而刪之的見解，我們不敢輕易苟同。因為本書解義的方法是盡量就其原文去體證老子的用意，除非原文矛盾，不可解，才採取考據家們的觀點。

在以上兩種解釋中，以第一種解釋較合適。因為把「貴」和「大患」作對比並不貼切。「貴」不像「寵」一樣的邀寵於人，在第九章中的「富貴而驕」，麻煩出在「驕」字上，天生富貴，也是自然的，恃貴而驕，才是禍源。至於「大患」兩字也是泛指的。其實本句和前面一句是相連的，雖然老子在後面把它們分開來解釋，但文氣、意思卻是相承的。這兩句話的要點在一個「身」字上。因為本章，開頭講「若身」，中段講「無身」，而結論又講「貴以身」、「愛以身」，可見「身」是本章的重心，貫串了整章的意義。

如果本句承接了上一句，那麼這裡的大患，就是指的「寵辱」。「寵辱」使我們「有驚」，我們「驚」此大患，乃在於我們重視我們的身體。所以這個「貴」字一面扣緊了「驚」，一面又直貫到「身」字上。說「貴大患」是指「寵辱若驚」的解釋，就文氣語勢和意思上都是講得通的，而把「貴大患若身」解作「貴大患若貴身」，也是很自然、很合理的。

對於這兩句話，陳柱、余培林都認為是老子引證的古語。對於這種看法，我們並不反對。但我們並不一定接受他們所持的理由，如認為老子講無欲，就不該「若驚」，老子講無身，就不該「若身」。其實，老子思想是融和了各種思想，尤其流傳的許多經驗和智慧，因此他隨手拈來，引證了許多古語，這在《老子》書中不乏其例。如第四十一章的「建言有之」，第六十九章的「用兵有言」。至於此處一開端引了兩句話，也是很自然的。

不過在這裡，我們要注意兩點：

㈠這兩句不是分開的兩句話，而是連在一起的一句話。所以它的意思是相承的，觀念是一致的。而老子引用它，乃是為了引出一個「若身」來，這是要點，「寵辱若驚」一句只是譬喻罷了。

㈡這兩句話中是講的「若身」，也就是注重「身」，到了中段，又演變到講「無身」，最後，又歸結到「貴以身」、「愛以身」。這個思路的發展，是由轉折，而一層深似一層。這一點，我們在結論中再詳加分析。

❸何謂寵辱若驚寵為下

此句，河上公版本作：「辱為下」。陳景元、李道純本作：「寵為上，辱為下」。於是俞樾歸結而說：「疑王本、河上本均有奪誤。陳景元、李道純本作『何謂寵辱若驚？寵為上，辱為下。』可據以訂諸本之誤。」大致近代學者多依俞樾之說而改訂。事實上河上公的「辱為下」大家都知道，說了等於沒說。至於改為「寵為上，辱為下」，但既然「寵為上」，為什麼「得之若驚」也欠缺解釋。因此還不如王弼本的「寵為下」，因為這是老子解釋「寵辱若驚」一語，老子說「寵為下」就是直接批評「寵」不是好東西，因為邀寵於人，是把自己委身於別人的喜愛，當然是使自己辱下的作法。這種解釋，意義很顯然，正表示出老子對「寵」的判斷。

❹得之若驚失之若驚是謂寵辱若驚

由於「寵為下」，當我們得「寵」的時候，應該心存驚懼，盡量迴避，否則當失「寵」時，恥辱禍患便跟著而來。《韓非子．說難》中有段故事，正可作為「寵辱若驚」的最佳注腳。衛君的愛妃彌子瑕，在得寵時，曾為了母病而借用君車，曾為了關懷君王，先嚐桃子。當時衛君卻說她孝母，說她愛他。可是後來失寵，卻因竊用君車，獻給君王吃剩了的桃子的名義而治罪。同一事實，「寵辱」不同。可見「寵」不是好事，得「寵」時，要驚懼；失「寵」時，更令人驚心。

❺何謂貴大患若身吾所以有大患者為吾有身及吾無身吾有何患

這幾句話是解釋「貴大患若身」的。但依據開端兩句話的意思，是指我們要警戒「寵辱」的及身，因為是「寵辱」把大患帶給了我們。所以為了保護我們的身體，便應該遠離「寵辱」。照這樣說來，老子是重視這個「身體」的，可是為什麼此處的解釋，又在大談「無身」？尤其「無身」的觀念很容易被誤解為一種消極的、對生命厭棄的思想。

其實，老子此處的「無身」，非但不是揚棄這個「身體」，相反的，卻是幫助這個「身體」，使「寵辱」不及，「大患」不來。我們一般人愛護自己的身體，大約都走以下兩條路線：

㈠拚命的想占有這個軀體，或延長自己的壽命。可是愈想占有，愈占有不住；愈想延長壽命，反而弄巧成拙，加速的走向死亡。

㈡拚命的想用財富和名譽去堆砌自我、膨脹自我。殊不知這些都是外在的空殼。它們聚積得愈多，自我反而愈空洞。

老子之所以說「無身」者，就是要我們不以上面兩種假相的「身」為我們的真身。所謂「無身」就是「無」掉這種欲望的執著。老子這種思想，早在第七章中已說得很明白：「天地所以能長且久者，以其不自生，故能長生。」用這話來證「無身」的真義，乃是「無身」而後無大患；無大患之後，我身才能長存。也即是「外其身而身存」（第七章）的意思。

❻故貴以身為天下若可寄天下愛以身為天下若可託天下

然而「無身」並不只是消極的以避大患而已，還有積極的意義存在。前面的「貴大患若身」和「及吾無身，吾有何患」都是從消極處來說的。所以在結尾，老子又轉而談「可寄天下」、「可託天下」，把「無身」轉入積極的一面。

如何才是「貴以身為天下」、「愛以身為天下」？《莊子》書中曾有詮釋這兩句話的兩段故事：

故君子不得已而臨蒞天下，莫若無為。無為也而後安其性命之情。故貴以身於為天下，則可以託天下，愛以身於為天下，則可以寄天下。（〈在宥〉）

堯以天下讓許由，許由不受。又讓於子州支父，子州支父曰：「以我為天子，猶之可也。雖然，我適有幽憂之病，方且治之，未暇治天下也。」夫天下至重也，而不以害其生，又況他物乎！唯無以天下為者，可以託天下也。（〈讓王〉）

這兩段話出自《莊子》的外、雜篇中，而且以許由等避世之士為喻，已非正解。同時莊子偏重個人的生命性靈，和老子的時時不忘聖人之治畢竟有根本上的出入。可是後來的學者順著這一思路發展，只重「貴身」的觀念，如焦竑注說：「如不轉以身為天下者，天下反可寄；惜以身為天下者，天下反可託，則知不有其身，而其身反可保也。……夫王子搜惡為君，而越人愈迫欲得之，則不有其身而身可有也，復奚疑哉！」王子搜的故事也見於《莊子・讓王》中，都是避世的隱士思想。這與楊朱的貴己學說是同一路線的。如果我們只往這方面去強調，往往會把老子在本章中所含有的正面意義作了一個反向的誤導。

老子提出「寵辱若驚，貴大患若身」兩句話的目的，就是不希望寵辱所引出的大患及身，這是保身的思想，但這種保身不是一味的講究身體的保養，所以他又講「無身」。所謂「後其身而身先，外其身而身存」（第七章）。但「無身」絕不是拋棄這個身體，不顧這個身體，而是一種心性上的修養，而是把一己對身體的執著，昇華入更高的境界。《莊子・大宗師》上說：「夫藏舟於壑，藏山於澤，謂之固矣，然而夜半有力者負之而走，昧者不知也。藏小大有宜，猶有所遯，若夫藏天下於天下而不得所遯，是恆物之大情。」這裡的「藏」就是藏身，就是貴身和無身的意思。而「藏天下於天下」也就是把自己藏之於天下，實際上，是一無所藏，一切還歸天下。這和「貴以身為天下」、「愛以身為天下」的意思是相同。老子這兩句話的用意乃是指我們真正的「貴身」和「愛身」，不是自私的想把自己藏起來，永遠的不死。相反的，乃是把自己納入了天下萬物之中，和萬物一起生存發展。這是第七章所謂的「以其不自生，故能長生」，也是第四十九章所謂的「聖人無常心，以百姓心為心」。如果我們有這樣的境界，為天下的生存而生存，還有什麼個人的寵辱之可驚？還有什麼個人大患之可畏？

總之，《老子》本章前一節「寵辱若驚，貴大患若身」似在談「貴身」、「貴己」或「貴生」，這是道家的一般思想，後來《列子》和《淮南子》中的許多「為我」思想便是這種思想走偏了的代表。接著第二節「及吾無身，吾有何患」是一種方法，它表面似乎否定了前面的「貴身」、「貴己」或「貴生」，實際上是對前者的一種揚棄和超化。而最後一節的「貴以身為天下」、「愛以身為天下」乃是綜合了「貴身」和「無身」的思想。使「無身」不致落於虛無的窠臼，而轉出了「為天下」的境界。《禮記・儒行》中有一句：「愛其身而有為也。」雖然這個「有為」是儒家的思想，但「貴以身」、「愛以身」而為天下卻是老子講「聖人之治」的主旨。這是老子思想積極的、正面的意義。所謂「寄天下」、「託天下」是指為天下萬物所寄所託，這說明了我們的身體和天下萬物連成一體。我們的「貴以身」、「愛以身」，不是膨脹自我去干擾天下，相反的，把自己納入了天下萬物和它們息息相關，所以天下萬物也在我們的懷抱之中。

第十四章　視之不見

視之不見，名曰夷❶，
聽之不聞，名曰希❷，
搏之不得，名曰微❸。
此三者，不可致詰，故混而為一❹。
其上不皦，其下不昧❺，
繩繩不可名，復歸於無物❻，
是謂無狀之狀，無物之象，是謂惚恍❼。
迎之不見其首，隨之不見其後❽。
執古之道，以御今之有❾。

能知古始，是謂道紀⑩。

語譯

用眼看不到的，叫做「夷」；用耳聽不到的，叫做「希」；用手抓不到的，叫做「微」。這「夷」、「希」、「微」三者都是描寫我們的感覺官能無法探索宇宙生化的本質。因為這個本質是混然的一體的境界。由於是混然的，所以在外沒有光亮可以識別；由於有真體的存在，所以在內又不是昏暗不明。這個生化的本質，微妙如絲，綿綿不絕，無可名狀，好像回歸於沒有物質的本然境界。它是沒有形狀的形狀，沒有物質的形象，可以稱為若有若無的「惚恍」。我們面對它，卻看不到它的前面；追隨它，卻看不到它的後面。儘管如此，如果我們真能把握道的作用，也就能運用萬有的一切。如果我們真能知道自古以來道的作用，也就能實證道的原理。

解義

❶視之不見名曰夷

「夷」，《廣雅》釋：「夷，滅也。」河上公注：「無色曰夷。」而根據《老子》第四十一章：「夷道若纇。」此處的夷，又作「平」的意思。綜合起來，「夷」是沒有形象色澤的意思。這是描寫宇宙生化的本體是肉眼所不能見到的。

❷**聽之不聞名曰希**

「希」，河上公注：「無聲曰希。」在《老子》書中也說：「希言自然。」（第二十三章）「大音希聲。」（第四十一章）這句話是指宇宙生化的本體不是耳覺所能聽到的。

❸**搏之不得名曰微**

「搏」，《說文解字》手部：「索持也。」也就是用手去抓取。「微」，河上公注：「無形曰微。」這是說宇宙生化的本體是用手抓不住的。

❹**此三者不可致詰故混而為一**

「此三者」是指「夷」、「希」、「微」。河上公注：「不可致詰者，夫無色、無聲、無形。口不能言，書不能傳，當受之以靜，求之以神，不可詰問而得之也。」雖然河上公用無色、無聲、無形來注「夷」、「希」和「微」，但這三者不是真正的「無」，只是說不能用「色」求，不能用「聲」聽，不能用「形」取而已，但這三者仍然是有體的，而且是同一個體，所以說「混而為一」。公孫龍有一個著名的論題，叫做「堅白石」。究竟堅白石是一個實體呢？或是三個觀念呢？公孫龍的答案卻是二。就是堅石和白石，因為手觸之得堅，目視之得白。這兩種感覺不能同時存在，所以是二。這是名家的詭辯，但也說明了一個現象，就是由不同感覺官能所認識的物體，是支離的，並不能洞達物體的大全。《金剛經》上也說：不能以色相、音聲見如來。

所謂「混而為一」是指這三者，「夷」、「希」、「微」既然是無色、無聲、無形，便混而不可分。這不可分處就是「一」。「一」是「有」，是有體，但「一」在形色之上，又是「無」。實際上「一」是萬物生化時由「無」到「有」的發展。

❺其上不皦其下不昧

這兩句話可以有三種解釋：

㈠指上下不分：「上」、「下」和「皦」、「昧」都是相對之詞。「皦」是光亮，「昧」是黑暗。這兩句話承接前面的「混而為一」。既然是「混」，是「一」，那麼便無所謂「上」、「下」和「皦」、「昧」的分別了。

㈡指外暗內明：「上」是指外面，也就是從外面來看，「不皦」就是看不清楚，這就是「混」。「下」是指內在，也就是內的作用。「不昧」，是指並非真的黑暗混濁，而是純然清明，這就是「一」。

㈢指體無用有：「上」是指形而上，是指本體，「不皦」就是「無」的境界；「下」是指形而下，是指現象，「不昧」就是「有」的作用。

比較以上三種解釋，第一種只是描寫「混」的狀態，無關義理。而後兩種卻可歸納為一個意思，就是指宇宙生化本體雖非形色可見，卻是真真實實的存在。由於它非形色可見，所以我們用「無」來稱呼它，這是就本體而言的。由於它有真實的存在，所以它是「有」，這個「有」在現象界的作用，又是歷歷分明的。這就是它之所以雖不皦，但卻又不昧。

❻繩繩不可名復歸於無物

「繩繩」，河上公注：「動行無窮極也。」陸德明注：「無涯際之貌。」憨山注：「緜緜不絕之意。」這都是就「繩繩」兩字所代表的意思來說的。王淮說：「老子『繩繩兮不可名』，自河上公以下，兩千年來無的解，拙作〈繩繩考〉引高鴻縉先生〈中國字例象形篇〉：『玄，即「繩字之初文」之說，證明「繩繩」即「玄玄」。』」這是就「繩」字的本身意義來說的。這些注解都不離「繩繩」在此處所代表的意思。唯我們進一步探討，為什麼《老子》此處不直接用「玄」字，而用「繩」字呢？也許前文談「混而為一」，這個「繩」字是從「一」字的形象而來的。因為「一」像一根繩子，就其延伸來看，是綿綿不絕的；就其向本源的探索來說，又是玄之又玄的，因為「一」正連接了「無」和「有」，也綜合了「無」和「有」。

就「連接了『無』和『有』」來說，這是指由「體」起「用」，最早的階段是「一」，所謂「道生一」(第四十二章)，所以從「有」以窺「無」，我們便碰見了這個無色、無聲、無形的體，這是我們用感覺作用之所不能及，而必須由「常無」去「觀其妙」。

再就「綜合了『無』和『有』」來說，這是指本體在現象界的作用，它時時呈現了「有」，卻又時時以「無」來超化了「有」，這就是所謂的「抱一」。這個「一」一面是「有」，一面又是「無」。由於這個「一」在「有」、「無」之間有這樣的作用，所以是「不可名」的。因為一有了名，便會有色、有聲、有形，便會有所染著，而無法綿延不絕。所謂「復歸於無物」並不是落入虛無之中，而是回到本體的「無物」的境界。但在這裡，我們必須注意的是，所謂「復歸」並不是退回到原始點，而是在進行中，時時保持「無」的境界。這就是沖虛為用的意思。

❼是謂無狀之狀無物之象是謂惚恍

這幾句話是描寫「無物」並非真的一無所有，而是無狀、無象而已。「無物之象」一句，高亨說：「無物之象，蘇轍本、林希夷本、董思靖本並作『無象之象』。」這一字之改，無關義理。但無狀之狀，必有本；無物之象，必有質。誠如憨山說：「杳冥之內，而至精存焉。故曰無狀之狀。恍惚之中，而似有物焉，故曰無象之象。」

❽迎之不見其首隨之不見其後

「迎」是指向上的探索，即追求生化的本源。「隨」是指跟在後面探索，即研究生化的作用。「不見其首」的首有兩義，一是前面，一是開始；「不見其後」的後也有兩義，一是後面，一是末尾。說前後，這是就空間來論；說始末，這是就時間來論。所以這兩句是描寫宇宙生化之體的超乎時空。

❾執古之道以御今之有

從以上的描述，可見這個生化之體是：無色、無聲、無形、無名、無物、無狀、無象、無首、無後。記得禪宗裡有一個相似的故事：

「祖（慧能）告眾曰：『吾有一物，無頭無尾、無名無字、無背無面，諸人還識否？』師（神會）乃出曰：『是諸法之本源，乃神會之佛性。』祖曰：『向汝道無名字，汝便喚作本源、佛性。』」

我們暫且不論禪宗裡所談的和老子所說的是否是同一個東西，但他們用這個「無」字來顯體的方法卻是相同的。慧能直斥神會稱呼「無頭無尾、無名無字、無背無面」為諸法本源，同樣，我們如果直接把「無物」、「無狀」、「無象」、「無首」、「無後」當作生化的本體，也和神會犯了同一的錯誤，因為「無」不是生化之體。這些「無」字只是用來形容生化之體的精妙而已。

這兩句話語氣一轉，從前面的「無」轉到了「有」。注意全章寫到這裡，才點出了一個「道」字。「道」是用來代表生化之體的，但「道」同時又是生化之用。「執古之道」裡的道，顯然是指生化的作用。因為前面已說得明明白白，生化本體是無法捉摸，那麼這裡可執的當然是它的作用了。能把握它的作用，就可以「御今之有」。「御」是駕御，也就是運用的意思。「今之有」是指現象界的一切事物。由於我們了解生化的作用後，我們順著這種作用而發展，自然能和萬物同化。

❿能知古始是謂道紀

「道」是不可知的，而「古始」卻可知。什麼又是「古始」呢？王弼注：「上古雖遠，其道存焉。雖在今，可以知古始也。」這裡的「道」是指的道的作用，因為道的作用，是存在於現象界的，是從古到今一直作用著的，所以我們能從今以知古。河上公更注說：「言人能知上古本始有一，是謂知道紀綱也。」這是把古始解作「一」，因為「一」是道從「無」到「有」的起用。所以「一」也是道的作用之始。

那麼這個「紀」又是什麼？河上公解作「紀綱」，憨山接著說：「紀，綱紀，謂統緒也。」意思大致不差。至於韓非解為：「道者萬物之始，是非之紀也。」（〈主道〉）過分偏於治理，而吳澄解為「道紀者，德也。」又失之空泛。

我們通觀本章的文意，前面都是描寫「道體」的不可捉摸，所以講「混而為一」，講「惚恍」。直到最後幾句話才是全文的結論，尤其「道紀」一語正是全文的眼目。「紀」字按《說文解字》注：「紀，別絲也，从糸已聲。」段注：「別絲者，一絲必有其首，別之是為紀。」這是說「紀」就是一縷縷的絲。「道紀」中的紀是針對「始」而來，有了「始」之後，便有發展，「紀」便是這些發展的軌跡。這個「紀」就像「紀錄」、「紀載」一樣，不過「道紀」不是人去紀錄，而是道的生化作用所留下的規則。有了這個「道紀」，儘管我們看不見、聽不到、摸不著道體，但我們卻可以依於「道紀」而行，而和天地萬物的生化同發展。

第十五章 古之善為士者

古之善為士者，微妙玄通，深不可識❶。

夫唯不可識，故強為之容❷：

豫焉，若冬涉川，

猶兮，若畏四鄰❸。

儼兮，其若客，

渙兮，若冰之將釋❹。

敦兮，其若樸，

曠兮，其若谷❺。

混兮，其若濁❻。

孰能濁以止，靜之徐清⑦，

孰能安以久，動之徐生⑧。

保此道者，不欲盈⑨。

夫唯不盈，故能蔽不新成⑩。

語譯

古來，善於修道的人士，他們都有致精微、寓神妙、體虛玄、通事理的工夫。是那麼的深入，而不易認識。正因為不易認識，所以在這裡，我們勉強的就外面來加以描寫。他們的態度，謹慎小心，好像在冬天去渡河；猶疑不決，好像四面八方都是危險。他們的處事，嚴肅的時候像客人一樣的被動，而熱情煥發的時候，又像初春的冰釋，一片和氣。他們的心性，純潔得像一塊未曾人工雕琢的木塊，謙沖得像深谷一樣虛無，而又生機畢現。他們的與物相交，混然一片，不免看起來像濁水。誰能夠使這池濁水澄澈呢？他們的工夫，乃是用一個「靜」字，使他們的心逐漸地歸於清明，不因物欲而混濁。清明之後，誰又能使清明永在呢？他們的工夫，乃是自然的運作，保持清明之心與萬物之化，徐徐的相融相生。在這相融相生的發展中，他們又時時保持「不求過度、過多」的心理。遮掩住他們的才智和光輝，不求那急功和小成。

解義

❶古之善為士者微妙玄通深不可識

王弼、河上公等版本作「善為士」，傅奕及近代許多版本改為「善為道」。其實，這裡所謂「善為士者」，乃是「善為道之士」。所以一字之改，無關義理。

「微妙玄通」是本章的重點。很奇怪，王弼沒有加注，而河上公注得很粗。後來的學者，也都是就字的表面來解釋，如蘇轍說：「麤盡而微，微而妙，妙極而玄，玄則無所不通。」唯近代學者，如王淮、張揚明等對這四字特別重視，如王淮說：「『微妙』，喻其『體』之無為，玄通，喻其『用』之『無不為』……是故『微妙玄通』四字乃所以喻修道者之全體大用，故下文曰：『深不可識。』老氏拈此四字豈輕易為之者，而歷來注家皆等閒視之，以為隨便形容之語句，亦可謂不善讀老氏書者矣！」

這話說得極是，唯這「微妙玄通」四字還可以四分法像易乾卦的「元亨利貞」四字，代表四德。我們之所以把這四個字分開來講，有兩個原因：

㈠這四字中，除了「通」字外，其他三字，都單獨使用過，而有其特殊的意義，如：「玄之又玄」（第一章），「眾妙之門」（第一章），「摶之不得名曰微」（第十四章）。「玄」是指虛玄，「妙」是指生化之妙，「微」是指無形色的表現。所以這四個字都可以單獨來解釋。

㈡單就「無為而無不為」來說，並沒有構成「深不可識」的條件。而此處提出「微妙玄通」，必與後文所描寫的各種態度、行為、心性和處事的方法相關。單說「無為而無不為」太籠統了一點。

如把這四字分開來，去解釋下面所描寫的一切，也許更能前後呼應，而息息相關。

因此如果把這四個字和後面的描述配合來解，「微」是指思想的精微不可知，「妙」是指心的生化之妙，「玄」是指性的沖虛玄深，「通」是指事理的通達無礙。由於這四方面都表現得非常深入，因此是不容易認識的。

❷夫唯不可識故強為之容

「強」是勉強的意思，因為既然修道之士的精神是深不可識的，所以不容易了解，此處只能勉強的加以描述而已。也就是說只能從外面來形容。

❸豫焉若冬涉川猶兮若畏四鄰

「豫」，按《說文解字》：「豫，象之大者。」這是豫的本字，後來引申借用而為遲疑、逸樂和準備等義，此處是形容表面上的小心謹慎的樣子。「冬涉川」，當然更須留神，否則便有失足之患。《易經》中有一卦叫做「豫」，該卦第三、第四兩爻都勸人不要遲疑猶豫。可見這個「豫」字和遲疑猶豫有關。這是從負面來解說的。而正面的意思，乃是要有誠正之心，才能渡河涉險。

「猶」，按《說文解字》：「猶，玃屬。」這是猶的本字，是屬於猿猴類，性多疑，畏人。「猶」字引申為猶豫不決的樣子。「若畏四鄰」就是描寫他對四周環境的心存戒懼。在《易經》中也有一卦叫「震」，是描寫震驚之來時的那種戒懼之情，在第六爻上，也談到「鄰」字，象辭便說「畏鄰戒也」。也就是指「畏四鄰」的戒懼之情。

這兩句話是描寫修道之士在外貌上，好像猶豫不決、畏首畏尾的樣子，如「建德若偷」（第四十一章）。其實，真正的意思是指他們的思入精微，洞燭機先。這是他們在思想上的精微的表現。

❹儼兮其若客渙兮若冰之將釋

「其若客」，王弼本作「容」，而河上公、傅奕等各種版本都作「客」。「容」字抽象，「客」字具體，此處各句都是從外在來描寫，所以我們依從多數版本，改作「客」字。

「儼兮」是指嚴肅的意思。「客」是主客相待的客。第六十九章說：「用兵有言：吾不敢為主而為客。」所以「客」是不為主動的意思。這和《老子》書中的「雌」相通，即是指不為萬物主導，而能順著自然而化。

「渙兮」是指渙發的意思。「冰之將釋」是譬如春天的陽氣，使冰凍解封，使得萬物滋長。

這兩句話乃是描寫修道之士的待物之心，把萬物當作主人似的，順著它們而走，不自以為是萬物的主子，任意控制、宰割萬物。這個「儼」字，寫出他們態度的肅穆，但這只是他們無心的一面，另一面，他們又如三春的暖氣，使萬物都能受到他們的感應而化。「儼兮其若客」就像冬天的潛藏、含蘊，「渙兮若冰之將釋」就像春天的萌芽、發育，這就是生化之妙。

❺敦兮其若樸曠兮其若谷

「樸」，河上公說：「敦者，質厚。樸者，形未分。」也就是指未經人為加工的素木。在《老子》書中，它是一個重要的術語，專指心性的純樸的境界。如「見素抱樸」（第十九章），「無名之樸，夫亦將無欲」（第三十七章），「我無欲而民自樸」（第五十七章）。

「曠」和「谷」，按河上公注說：「曠者寬大，谷者空虛。不有德，功名無所不包也。」所以「谷」是象徵沖虛之德，也即是「生而不有，為而不恃，長而不宰」的玄德。「玄」字一般都被解作神秘、深奧的意思，其實，從此處「玄德」所指來看，卻是「無執」、「無為」的意思，也是「樸」和「谷」

所象徵本性純樸沖虛的意思。

❻混兮其若濁

「混」和前一章「混而為一」的意思相同。是指從外面來看，我們看不清他們的底細，所謂「深不可識」，也就是「玄」的意思。在這裡，我們看出「玄」有兩層意思，就內在來說，玄是本性的純樸和沖虛，是一種德；而從外面來看，卻是「深不可識」，所以也是指玄深的意思。但本句不說「玄」而說「濁」，因為是以水為譬，如「冬涉川」、「冰之將釋」、「其若谷」都是有關於水的，這裡也用「水」的濁，來說明修道之士的混然一片，不可捉摸。

另外還有一個理由，此處之所以不用「玄」，而用「濁」，因為講「玄」往往使人從深處去探討，而講「濁」卻使人往用處去思想，這也就是接著「濁」字，引出了下面兩句，如何由「濁」而「清」，如何由「體」起「用」。

❼孰能濁以止靜之徐清

這兩句話考注家都有不同說法，譬如王弼注中有「夫晦以理物則得明」一句，後代學者，如易順鼎、陳柱等，便多加一句，補入原文。但這句話較抽象，不若原文由「混兮其若濁」，接下去便談「孰能濁以止」，文氣較順，理路明暢。而王弼之夾入此句，也許是他的解釋，未必一定是注釋，何況其他版本多無此語，我們實在沒有必要多增一句，平添麻煩。

再就這兩句原文來說，王弼和河上公版本相同，都是「孰能濁以靜之徐清，孰能安以久動之徐生」，文句不甚相稱。據道藏的河上公本，在「以」字下有一「止」字，和下句的「久」字對稱，所有版本都有「久」字，唯永樂大典本無「久」字，因此近代學者，如王淮、張揚明等，索性把「止」與

「久」都刪掉了。但我們覺得，既然諸本都有「久」字，存之較妥。再增一「止」字，無關義理，而在文氣上也較順適，所以我們就依照道藏河上公本而補。

「孰能濁以止」是承接前面的「濁」字而來。這個「濁」固然是指修道之士的深不可識，但它畢竟是一個負面意義的字，也就是指混濁的意思。混濁如何產生？是因為接於物，而念動，而欲生。但這裡的「念」和「欲」並不一定是指不好的「私念」和「人欲」，只是「意」和「氣」之動而已。王陽明曾說：「彼此但見微有動氣處，即須提起致良知話頭互相規切。」（〈與黃宗賢書〉）這裡「微有動氣處」就是「濁」的現象。在《老子》書中，第三十七章也說過：「化而欲作，吾將鎮之以無名之樸。無名之樸，夫亦將無欲。不欲以靜，天下將自定。」第三十七章中所說的是政治的道理，而本章所談的是修道之士的心性工夫。但對於這個「濁」和「欲」的化解之道，卻都是一個「靜」字訣。

在我們的心性接於物，而意念動時，就像一盆濁水，我們不能用激烈的方法，而使它清澈，因為愈攪反而愈濁。最好的方法，就是使它靜下來，順乎自然。注意我們這裡所謂「順乎自然」，有點不同於「任其自然」，因為後者往往會流於不管不問，而前者卻是順著自然而走。這個「徐清」的徐字很重要，正寫出了自然的精神，是徐徐而清的。像那谿谷的泉水，緜緜不絕。

❽孰能安以久動之徐生

前一句，點出了一個「靜」字，但「靜」不是死寂，不是停止。「靜」是在「動」之中的，所以接著老子說：「孰能安以久，動之徐生。」又拈出一個「動」字。為什麼下一句，要提到「安」和「久」？這兩個字，乃是從上一句的「清」字而來，「清」是指精神的清明。這個「清明」不是曇花一現，如何才能保持它的安久呢。工夫乃在「動之徐生」。「動」不是激動、亂動，而是精神的清明，推動了萬物的生長。因為此處是修道之士的心性和萬物的相接，由「濁」而「清」，由「清」而「生」。如果他們只想保住自己心性的清明，是永遠保不住的，只有把自己納入萬物中，和萬物一起生生不已。所以「動之徐生」，乃是融入萬物之中，和萬物同化，這是本章一開端，所說「微妙玄通」的通字。許多學者的注，都把「徐生」接合在「通」字上，如蘇轍說：「知滅性之非道也，則動之。動之而徐自生矣！《易》曰：寂然不動，感而遂通天下之故。」王元澤說：「有道之士所以物莫能濁者，以其靜之徐清，歸於寂定。感而遂通，故徐徐以生。」所謂按照《易經》上所說是「通天下之志」（〈繫辭上傳〉第十章），也就是通達天下萬物之心，和他們共生共長。

❾保此道者不欲盈

自此以下兩句是全章的結論。本句先歸結到「不欲盈」三字。「不欲盈」是承接了「徐清」、「徐生」而來的。老子的哲學，講「無」，不是空無，講「有」，不是頑有；講「靜」，不是死靜，講「動」，不是蠢動，這一個「徐」字就把整個「無」和「有」、「靜」和「動」貫串了起來。貫串在「徐生」上，天下萬物就是那麼似無似有、若靜若動的徐徐而生。看那大地上的一棵草花，好像一動也不動的，事實上，它卻是無時無刻不在那裡生長。看那深谷的一谿流水，不斷的向前奔注，卻又永遠的躺在那裡休息。這是靜中有動，動中有靜。所以看起來無動靜，卻都在徐徐的生生不已。這就是道。

「保此道者」，這幾個字看似普通，卻很重要。因為這句話不是指一般的修道者，否則單單「不欲盈」三字，太過籠統而軟弱，歸結不了前面所敘述的各層深義。所以「保此道」，乃是指「修道之士」已在修養這個道，最後再強調如何去保養這個「修道」的方法。如果我們參照禪宗對於修和悟的關係，有所謂悟前的修和悟後的修。那麼此處的「保此道者」就是悟後的修。也就是在與萬物共化共長的「徐生」時，始終要保持住「不欲盈」的心理。不要求過快、求過多。否則便會犯了有心控制道，又變成了「濁」而不清。

❿夫唯不盈故能蔽不新成

此句，王弼、河上公本作「蔽不新成」。淮南、大典本，「蔽」寫成「敝」字。近代學者，如易順鼎、馬敘倫等，據《老子》第二十二章有「敝則新」，因而認為「不」字為「而」字的形誤，於是改為「敝而新成」。

《老子》第二十二章雖有「敝則新」之說，但就王弼本，此處是「蔽」和「敝」不同。就河上公本，第二十二章是「弊」，也與此處的「蔽」不同。所以就同一個版本來說，該兩章所用的字，已不是同一個字，因此其所指，當然不同。再就意義來說，「敝則新」所討論的是相對概念的問題，而此處講的是修養工夫。所以兩者所論的主旨也不同。再者「敝則新」的新，和「新成」的新字所指也不同。前者只是泛指「新」的事物。而後者連結了一個「成」字，便有成就、成功的意義，已犯了老子「盈」字之病。

我們仍舊依照王弼注的原文，不僅是解得通，而且前後還有呼應。這個「蔽」，王弼注「覆蓋也」，河上公注「匿光榮也」，都是就道家的修養來解釋的。所謂「挫其銳，解其紛，和其光，同其塵」（第四章）就是「蔽」。所謂「不自生」（第七章），「不爭」（第八章），「不如其已」，「身退」（第九章）也是「蔽」。而在本章中，這個「蔽」正是「不欲盈」的工夫。「不欲盈」是我們的心理態度，「蔽」就是實踐的方法。譬如我們要做一件事業，我們當然希望它成功。所謂「不欲盈」並非要半途而止、或功敗垂成。而是在成功之時，要遮蔽我們的光芒，使它不致讓別人難受。所謂「不新成」，就是不求新成，不誇新成。這是照應「徐生」而說的，一切都是順乎自然而生。即使有所成就，也是自然的成就，哪有「新成」之可言？

全章發展到「蔽不新成」，正可和前面的「深不可識」前後對照呼應。修道之士之所以「深不可識」並非他的太過高深、或故弄玄虛，而是他的謹慎小心，沖虛為用，性體純樸，順乎自然，而又時時遮蓋他的成就，不誇耀於人。所以他才真正能夠「微妙玄通」，和萬物合一。

第十六章　致虛極

致虛極，守靜篤❶。

萬物並作，吾以觀復❷。

夫物芸芸，各復歸其根❸。

歸根曰靜，是謂復命。復命曰常❹。

知常曰明，不知常，妄作凶❺。

知常容，容乃公，公乃王，王乃天❻。天乃道，道乃久，沒身不殆❼。

語譯

修養心性，由虛而達純一的境界，由靜而達真篤的地步。再看現象界，便能從萬物的紛紜競逐中，深觀到「復」的原理。萬物紛紜複雜，最後都回歸到它們的根本。回歸到根本，叫做靜的境界。這裡所謂的靜，是指萬物都回到自然的大生命中。萬物回到自然的大生命中，便是萬化生生不已的常道。了解這個生生不已的常道，我們的心便徹悟而不迷。否則不知常道，便會違反自然，而招致不幸。了解常道，我們的心，便能開放而容納一切。能容納一切，便大公無私，而無差別相。大公無私，便能像王道一樣為萬物所歸。為萬物所歸，便能和天道同行。和天道同行，便能和道合一。和道合一，便能和萬化共長久，便能超諸形骸，生生不已。

解義

❶致虛極守靜篤

「致虛」和「守靜」是修心的工夫。為什麼在「致虛」之後，加一個「極」字，「守靜」之後，加一個「篤」字呢？王弼注說：「言致虛物之極篤，守靜物之真正。」王弼已注意到「極」和「篤」

兩字的存在意義。唯以「極篤」和「真正」來作解，仍然不夠具體。

先說「致虛極」的工夫。「致虛」是虛其心，也就是虛掉心中的觀念執著。但這個「虛」並不只是把整個心空掉，因為這樣便會落入了頑空的境地。在老子思想中，這個「虛」，是用，也是我們前面常提到的沖虛為用的意思。那麼「虛」何以跟著一個「極」？這個「極」並非普通用語的「極度」，而是哲學用語上的「極境」的意思，如太極、無極、人極和「君子無所不用其極」（《禮記・大學》）的極字，都代表最高的境界。所以「致虛極」乃是說由虛而達到這個極高的境界。這個境界，可以用老子的「一」來說明。因為「一」是「有」之極，「虛」就是「虛」其所有。「虛」到最後，不是什麼都沒有，而是「虛」掉了一切對物質的「有」、觀念的「有」的執著，而使這個「有」變得純然無雜，這就是「一」。所以就修心來說「致虛極」，就是由虛而達到精神上的純一的境界。

再說「守靜篤」的工夫。「靜」字在《老子》的書中是指「無欲」的意思。如第三十七章所謂「不欲以靜」。就是說「無欲」，則此心便歸於靜。所以「靜」不是死寂，不是一點念頭都沒有，而是沒有私欲。沒有私欲，則此心歸於純樸。這個「篤」是「篤實」、「真誠」，也是精神純一的境界。

由此可見「致虛極，守靜篤」的「極」和「篤」都是歸於純一。荀子有一句話最能表達這個境界，他說：「虛一而靜，謂之大清明。」（〈解蔽〉）也就是由「虛」、由「靜」而達到心的最清明純淨的境界。這種境界，就像鏡子一樣，它本身明淨無疵，卻能如實的照物無遺。

❷萬物並作吾以觀復

「並作」指萬物的紛紜發生和成長。一般人只看到萬物發展的現狀，有的高，有的低；有的好，有的壞。就是同一個人的十個手指也有長有短。這即是所謂現象界的差別相。但有道之士不從差別相中去分高低、別好壞，而要看它們的「復」。

老子這句話中有兩個重要的字，就是「觀」和「復」。這個「觀」字在第一章中曾用過，如「常無欲以觀其妙，常有欲以觀其徼」。此處的「觀」和第一章中的「觀」是同一種作用。因為「致虛」、「守靜」和「常無」的工夫相同。這就是說在我們由「致虛」、「守靜」，使得心智達到純一不雜的清明境界，然後我們才能有深入了解天地造化之妙的「觀照」作用。

這個「觀照」作用，所觀的是萬物之「復」。那麼什麼又是「復」呢？王弼注說：「以虛靜觀其反復。凡有起於虛，動起於靜。故萬物雖並動作，卒復歸於虛靜，是物之極篤也。」王弼此處解釋這個「復」字是扣緊了前面的「致虛極，守靜篤」而來。把「復」解作歸於虛靜，歸於極篤。虛靜是「無」，極篤是「一」。

在《易經》中也有一卦叫做「復」，王弼以老子的思想去注這個復字，說：「復者，反本之謂也。天地以本為心者也。凡動息則靜，靜非對動者也。語息則默，默非對語者也。然則天地雖大，富有萬物，雷動風行，運化萬變，寂然至無，是其本矣。故動息地中，乃天地之心見也。若其以有為心，則異類未獲具存矣。」王弼這段話是注〈復卦・彖辭〉的「復其見天地之心」的。雖然用「靜」來釋「復」不是《易經》的原義，後來程伊川曾加以反駁。但就老子思想來說，王弼把「復」解作反本，把靜當作萬物的根本，認為靜不是和動的相對語，而是動的根本，卻是非常精到的見解。

不過在《老子》書中，這個「復」字有兩層意思，一是「復歸」，一是「復反」。「復歸」是指歸於根；「復反」是指返於道。這兩層意義在本章中都有交代。而此處的觀復，就是要從「歸根」觀到「返道」。

❸**夫物芸芸各復歸其根**

「芸芸」是指紛紜複雜、繁華茂盛的意思。這是現象界的差別相。「各復歸其根」的根字，王弼注說：「各返其所始也。」河上公注說：「言萬物無不枯落，各復返其根而更生也。」一般來說，葉落歸根，都是指樹葉的枯死，這是自然界的片面現象。所謂片面就是指局限於某一形體的生死。這是我們用肉眼之所見，私欲之所執，而不能見大全。要見大全，必須透過「致虛極，守靜篤」的工夫，使我們的精神眼，能超越片面的生死，而悟解到萬物復於根，而能再生的生生不已。

王弼注「根」為「始」，河上公注「根」為「更生」，都是一針見血的指出了「根」是生機之所歸，也是生機之所發。正如《老子》第六章所說：「玄牝之門，是謂天地根。」這是生天生地的根，也是化生萬物的根。

道的作用像根，它像一個含藏了無限潛能的充電器，當萬物的能量逐漸用光時，便歸返於它，經過它的充電，又帶著充沛的能量，再發展。它能化腐朽為神奇。這是道的妙用，也是根的妙用。「觀其復」就是要深入的觀照，萬物如何回到這個根，再由這個根而發芽，以參與天地生生不已的化育。

❹**歸根曰靜是謂復命復命曰常**

「歸根」的根是指的植物的根，這是一個象徵。就植物來說，葉落歸根，它們必須凋謝之後，化作春泥，然後再被吸收入根裡。可是就人生來說，我們不能等到死了以後，化作泥土，再託形於其他物體以新生。在我們有生之年，必須修養自己，使自己時時刻刻不斷的新生。為了這點，老子在接著「歸根」之後，立刻說「歸根曰靜」。也就是說：歸根不是死亡，而是歸於「靜」。「靜」也不是死寂，而是「無欲」的境界。就萬物的現象來說，「歸根」是回到大地中，當然是進入靜的世界。

但這只是我們用肉眼來看，其實，萬物進入大地之後，是否靜止呢？絕對不是，它們仍然在動，大地何曾靜止過？「靜」只是我們用感官不易覺察的現象的一個稱呼而已。再就人生的修養來說，「歸根」就是回到我們的本心來，回到純然無欲的境界中。所謂「靜」就是前面「守靜篤」的靜。由於我們的心能「守靜」，以致純然不雜，因此我們觀照外物，才能由動中體驗到它們靜的一面。誠如程明道的詩句：「萬物靜觀皆自得。」有此心境，再看萬化，則必能如僧肇所說：「旋嵐偃嶽而常靜，江河競注而不流，野馬飄鼓而不動，日月歷天而不周。」（〈物不遷論〉）這裡所謂的「常靜」、「不流」、「不動」、「不周」都不是靜止，而是自性的境界。所以老子接著「歸根曰靜」，便說「是謂復命」。

為什麼稱「歸根曰靜」為「復命」。照現象界來說，葉落歸根是葉的凋謝，這是失命，為何反稱為「復命」呢？這個「命」字在《老子》書中只用到兩次，另一次是「夫莫之命而常自然」（第五十一章），這是當作動詞用的。所以作名詞用的「命」只有本章一處。這個「命」字一般來說有四種意義：是指天命、運命、生命、慧命。慧命是佛家語。在儒家中也有所謂德命。但這種用法，只是強調慧和德。「命」只是一個添加語，只是強調其智慧生命、或道德生命而已。按老子此處，當然不是談慧命或德命，也不是談運命。這裡的「命」可以兼有「天命」和「生命」的兩層意義。不過這裡的「天命」也不是宗教意義的天命，而是指自然所賦予的生命。因此這裡所謂「復命」乃是復歸自然的生命。如果說「歸根」對於有形的個體來說，是軀體生命的結果，那麼，「復命」便是個體的生命又回歸入自然的大生命中。如果說在我們生命的發展中，我們「歸根」，就像我們在欲望的追逐中，突然醒覺，回過頭來，「見素抱樸，少私寡欲」（第十九章），重新返歸自然的懷抱，而獲得真實的生命。

這個生命，來之於自然，又回歸於自然。老子稱之為「常」。「常」和「自然」只是同一個本體的兩個面。這相同的本體就是「道」。老子此處，不稱「道」和「自然」，而稱為「常」，這是因為「常」正說明了生命的川流不息，生生不已。

❺知常曰明不知常妄作凶

前面是寫「觀」，觀萬物歸根復命的常道。此處是說「知」，知萬物歸根復命的常理。「觀」和「知」的不同是：「觀」是體驗，「知」是了解。由「觀」而「知」才能真正了解事物發展的必然之理。這個「明」是悟解、是智慧。在這裡老子的修養好像和佛家的觀照工夫相似，其實卻不然，佛家的工夫乃是透過禪定或其他的修持，使得內心的智慧產生，而照破愚癡，而看破外界的一切虛假。也就是說佛家的智慧是建立在打破外界的執著上而來的，基本上佛家認為萬象都是虛假的。《老子》在本章中，講「致虛」、「守靜」和佛家的工夫無甚差異，但對外物的「觀復」卻是認為外物都是自然界的真實存在，都是道的流行作用。個體的生命並不虛假，只是短暫的一部分而已。老子的工夫就是把這部分的生命融入自然的大生命中，合而為一。所以《老子》此處的「明」是悟萬物川流不息、永恆常住的真理。有此悟解，便能順乎自然，而不會妄求妄執。

❻知常容容乃公公乃王王乃天

「容」，王弼注：「無所不包通也。」河上公注：「去情忘欲，無所不包容也。」這都是指心量的廣大，無所不包容。唯須注意的是「知常容」和前面「致虛」、「守靜」的呼應。因為兩者都是描寫這個「心」的修養工夫。「致虛」、「守靜」是去執捨欲的修心工夫，其目的在使心純淨。而此處

「容」乃是經過了「觀復」、「知常」之後，這個純淨的心又接納了萬物。前者是「虛」的工夫，此處是以「虛」容「有」的工夫。這個以「虛」容「有」的工夫，乃是心和萬物的交涉，個體和自然的相融。

能「容」則大，所以「容乃公」。王弼注說：「無所不包通，則乃至於蕩然公平也。」可見「公」乃是指沒有差別心。「公」是「私」的相反，也是指沒有私心，沒有我執。也就是說儘管萬物千差萬別，而此心卻等量齊觀，不作分別。這也正是莊子〈齊物論〉的境界。

能「公」則能「王」。由於這個「王」字和君王的「王」相同，因此後代學者都以為「王」在此處不甚相類，而設法改變它的形象。其實王弼、河上公、傅奕、景龍等本都是作「王」字。但近代學者以為不然，如馬敘倫說：「弼注曰：『蕩然公平，則乃至於無所不周普也。無所不周普，則乃至於同乎天也。』蓋王本『王』字作『周』。周字壞脫成『王』。讀者以王字不可通，故龍興碑改王為『生』耳。」又勞健說：「此二句『王』蓋即『全』字之譌。『公乃全，全乃天』，『全、天』為韻，王弼注云：『周普』是也。」這都是有意要把「王」字改為「周」或「全」字。他們的立論都是根據王弼注「周普」而來的。他們既然強調王弼的注，卻又否認王弼的注所根據的《老子》原文，這似乎是倒果為因的作法。因為注和原文不一定是同一個字，或意義極相同的字，否則又何須「注」來解說。就拿這個「王」字來說，本含有周普的意思，所以王弼才用「周普」來釋「王」字，現在因王弼的「周普」，而把「王」改作「周」或「全」，豈不是以老子去注王弼了嗎？注疏之學的危險，莫過於此。我們說「王」字本有「周普」之意，這是有字源上的根據的，許慎《說文解字》：「王，天下所歸往也。董仲舒曰：『古之造文者，三畫而連中謂之王，三者，天地人也，而參通之者，王也。』」所謂「天下所歸往」，正如老子所謂的「執大象，天下往」（第三十五章），這是儒家的王道，也是老子的聖王之治。所以這個「王」是聖王的「王」，本有周普天下的意思。再說董仲舒解「王」字的字義是貫串了天地人的意思，這和此處的「王」字也可相通，因為這裡的「王」，是人道，而「公」是公平無私如地道。接著而上通於天道。總之，把此處的「王」，看作王道或聖王的「王」，並無任何不可通之處。尤其《老子》第二十五章尚有「道大、天大、地大、王亦大。域中有四大。」之句，也是把王和地、天、道連在一起的。如果改動本章的「王」字，勢必也須更改第二十五章的「王」字，這樣一來，更平添了許多葛藤。

由於「王」是指天下所歸往，也就是指自己無私心於萬物，萬物也就自然地歸向自己。這是老子之所以用江海為百谷王來譬喻這個「王」。所以此處的「王」乃是指此心和萬物的相融相洽。

接著老子又在「王」字上，說一個「天」字。因為這裡的「王」並不是指具體的君王或聖王的人物，而是指為萬物所歸，或溝通天人的境界，所以「王乃天」是說能有這種為萬物所歸的境界，便能和天道合一。這個「天」字在《老子》書中，有時指自然界的存在，如「天長地久」（第七章），有時指自然界的法則，如「天之道，其猶張弓與」（第七十七章）。但都和創生的觀念有關。所以我們把此處的「天」字解作創生的意思，較能符合老子的原意。尤其本章和第二十五章都把「天」字放在「道」字之下，可見「天」是次於「道」的境界，而「天」又和「地」是對立的。如果我們用易經的道理，「天」（乾）是創生的，「地」（坤）是助成的，也和此處的「天」相通。所以「王乃天」，可以解作當萬物歸向之後，我們便能達到像「天道」一樣的，生養萬物。不過「天」的生養萬物，是給予萬物生存發展的原則，使萬物能自生自長。同樣，修道之士，通過了知常、能容、能公、能王之後，和天道合一，也就能和萬物共生共長。

❼天乃道道乃久沒身不殆

「天」已是一個很高的境界，為何在「天」之上，又加了一個「道」字？固然有形的天地也是因道而生，但這並不是意味著道高高在上，像母親生子，或上帝創造萬物一樣，創生了「天」、「地」。「天」之上加了個「道」，只是說明「天」的生物原則是循道而行的。這個「道」是什麼？勉強用文字來描寫，就是自然。所以「天乃道」乃是指能和萬物共生共展，便能一切循乎自然，和道合一。

「道乃久」，道是永恆的，本無所謂「久」和「暫」。這裡用「久」字是從人的眼光來看。我們能和道合一，便能和道共長久。事實上，人的生命有限，不可能和道共長久。然而如何轉不可能為可能？先從現象界來看，所謂「沒身不殆」的解釋是：「沒身」是指終其一生，「不殆」，就是沒有危險。也就是說一切合乎自然之道，我們終身便能安順，而無危險。但從形而上來看，「沒身」可解作身死或歸根，「不殆」可解作不盡，也就是歸根復命，而回返到大自然的生命之流中，和萬化共永恆。

第十七章　太上下知有之

太上，下知有之❶；
其次，親而譽之❷；
其次，畏之❸；
其次，侮之❹。
信不足焉，有不信焉❺。
悠兮其貴言❻。
功成，事遂，百姓皆謂：我自然❼。

語譯

「太上」之君的治道，使得人民只知道有那麼一位君主的存在，而不感覺和他有任何的關係，大家各行其道。次一等的君主，行仁義，立制度，有意為民，而人民也得以親近君主，讚美君主。再次一等的君主，專重刑法，使得人民懼怕嚴刑酷法，而不敢胡作非為。最下一等的君主，欺騙人民，殘害人民，使得人民鋌而走險，群起反抗。這說明了在上位的君主，如果沒有誠信之德的話，在下的人民便不會以誠信來對待他。所以真正實踐「太上」之君的治道，要處身無為之事，行不言之教。在默默中，完成天下太平的大功，及使人民各安其居的大業。而人民卻不知君主之所賜，反以為一切都是他們自然而然的。

解　義

❶太上下知有之

「太上」，王弼注：「太上謂大人也。」「大人」兩字見於《易經》，雖然境界很高，卻和老子此處意旨不符。河上公注：「太上謂太古無名之君也。」這是指在儒家所推崇的堯舜等聖君之前的無名之君。就此處的「太上」來說，河上公的說法是合乎老子意旨的。但在這裡，我們又遇到了另一個問題。在《老子》書中一再提到「聖人」，又是何所指？《老子》書中的「聖人」與「太上」是同是異？與堯舜等聖君又是同是異？

先從後者來說，吾師張起鈞教授曾謂《老子》書中的聖人也是指古代的聖王如堯舜等，這是從源流上來說，儒、道都是從同一個中國文化的源流中出來的，那麼儒家所指的聖王，也必為老子所推崇。只是儒家重視禮樂制度，所以都從外在的事功來講，也就是從堯舜等具體的人物來樹立標準。而老子從內心的修養來講，因此不提堯舜等人物，而以「聖人」兩字籠統稱呼，以標出這是一種理想的人物。但這種理想人物並沒有遠離堯舜等聖王。

那麼，為何老子此處說「太上」而不說「聖人」？其實，「太上」和「聖人」都是《老子》書中理想的境界、或人物。說「聖人」，猶偏於無為的治道；說「太上」，則重在無為的境界。尤其在下面第十九章，老子特別強調連聖智等名相都要超脫，所以此處不談聖人，而說「太上」就是有意指出無為的最高境界。

「下知有之」，王弼、河上公注本作「下」，而吳澄、永樂大典本作「不」。雖然有一字之差，但本意都是指太上之君，處無為之事，和人民好像沒有關係似的。因此有的人根本不知道他的存在，有的人即使知道有那麼一位君主，也好像沒有似的。正是所謂：「日出而作，日入而息，鑿井而飲，耕田而食，帝力于我何有哉！」（帝堯時的〈擊壤歌〉）無論這首歌是否真的是堯時的作品，但它所描寫的理想正是老子「太上」的境界。

❷其次親而譽之

這是指次於「太上」的境界，王弼注說：「不能以無為居事，不言為教。立善行施，使下得親而譽之也。」這是指有為的君主，以仁義禮樂來治理國家。他們對人民有恩有惠，人民自然親近他們、讚譽他們。就這一理想來說，顯然是儒家所標榜的聖君。在本章，和老子整個思想來說，此處的聖君，和前面的「太上」是兩個層次。對於「太上」的境界，這是老子政治的最高理想，當然不容我們懷疑。問題在此處「親而譽之」的境界，老子對它的態度究竟如何？在這裡，我們卻不得不加以分辨，因為稍有誤解，便會扭曲了老子的真義。因為「太上」是最高的理想，是絕對無為的境界。可是「親而譽之」卻有不同的層次；為人民立德、立功、立言，自己卻不以為這是功德、至言，可是人民卻感受這種功德、至言，這是一種「親而譽之」。另外，為人民立德、立功、立言，自己有意為之，而人民也感受其恩惠，這又是一種「親而譽之」。所以最高的「親而譽之」，可以達到「太上」的境界，如堯舜等聖王，稍次的「親而譽之」，也是儒家的理想聖君，如文武、周公。再等而下之，歷代頗有治績的君主，如漢的文景之治、唐的貞觀之治，也是一種「親而譽之」。所以在本章中老子雖把「親而譽之」放在次一等，但我們要了解其中的層次，尤其要認清在真實的政治上，「親而譽之」已是難能可貴了，「太上」只是老子標出的一個理想。我們說它為「理想」，並沒有意味它是虛構的，或不可能的。其實「太上」的境界是內心的、是至德的。一個「親而譽之」的君王，如果真能「生而不有，為而不恃，長而不宰」，也就是說不執著他的成就，而能順物自化，他就是心中有了「太上」的境界。因此我們認為在本章，雖把「太上」和「親而譽之」分作兩個層次，但在真正的實踐上，「太上」卻可以落實下來，變成了「內聖」，而「親而譽之」可以推展開去，成了「外王」。

❸其次畏之

再次一等的君主，不崇尚仁義禮樂的德治，而專任刑法，使人民畏懼。如王弼注說：「不復能以恩仁令物，而賴威權也。」河上公注說：「設刑法以治之。」王注所謂威權當然與刑法有關，因為君主如果沒有生殺的大權，便不能凸顯他的威權。可是就刑法來說，在一個「親而譽之」的良政中，並不是沒有刑法。在《尚書・堯典》上便說：「象以典刑，流宥五刑。」儘管〈堯典〉一文的著成年代，學者多有不同的意見，但其中所載都為古事，至少自堯以後，到周代，都有明文規定。可見在堯舜時的聖王之治，刑法仍然是很嚴的。因為這五刑：墨、劓、剕、宮、大辟，便是重刑。所以本章「畏之」，不只是設刑法而已，而是專任刑法。所謂專任刑法，就是不講德治，而以嚴刑酷法，達到使民畏懼，不敢為非的目的。顯然這是法家的政治理念。

❹其次侮之

王弼、河上公本作「其次侮之」，紀昀說：「大典：『侮之』上無『其次』二字。」于省吾說：「按作『其次畏之侮之』是也。」雖然「其次畏之」、「其次侮之」都是老子所反對的政體。但「畏之」和「侮之」仍然有層次的不同。「畏之」是指的以刑法使人民畏懼。但法雖嚴，猶有法可循。尤其君主如真能依法而行，尚可以致治。可是「侮之」卻不同，這是指君主根本不遵守法度，一意孤行，欺騙人民，草菅人命，弄得民怨沸騰，群起反抗。這是暴君的作為，無政治可言。

❺信不足焉有不信焉

這句話是對應前兩句的「畏之」、「侮之」而來。「信」是誠信。君主不講誠信，也就是說不以誠信修己，不以誠信待人，那麼人民便不會相信他。整個國家便是爾欺我詐，禍亂不已。這正是孔子所說的「民無信不立」了。

❻悠兮其貴言

王弼注本作「悠兮」，河上公注本作「猶兮」，而孫登注本作「由」。這三個字義相較，以「悠」字為佳。因為「悠」字含悠閒、悠長兩義，都用以描寫天地的悠悠。此處形容「太上」境界的悠閒、深長，可說是非常恰當的。如《老子》第七章的「天長地久」便是指天地的悠長。第二十三章的「希言自然」也是指天地自然的希言。正和這裡的「悠兮其貴言」相通。「貴」是重視，引申為不輕易、不隨便。「貴言」和「希言」，意思是相同的。

❼功成事遂百姓皆謂我自然

「功成事遂」是指使天下太平的功，使萬物自化的事，都完滿的達成了。在這裡可見「太上」之君並非無所事事，而是在默默中，化育萬物。他是順著百姓的性能而發展，所以百姓不感覺有任何的干涉和壓力，好像一切都是他們自己如此的。

「自然」兩字是道家思想的中心旨趣，此處第一次出現在《老子》書中，一般的解釋都是就字義來分析，「自」就是自己，「然」就是如此。「自然」就是自己如此。這樣的解釋很偷巧，卻極不負責。因為就字義來說，是絕對不錯。但什麼又是「自己」呢？卻把這個難題交給了讀者自己。固然「自己如此」，進一步的解釋多半是指沒有上帝的意旨命令自己，沒有道德教條限制自己，甚至沒有任何外在的條件約束自己。可說是完全由自己而發，絕對的自由意志。然而這樣的解釋，只是文字的轉注，說了等於白說，因為令人不解的仍然還是這個「自己如此」的自己。好吧！舉個例來說，「山自高兮，水自深。」（洞山〈良价〉詩）固然是「自己如此」的自然，而達爾文的「弱肉強食」、「物競天擇」又何嘗不能稱之為「自己如此」的自然。再就人類社會上來說，有的人生性多欲，或來自遺傳，如科學家的看法，或來自過去的業，如佛家的理論，這也可被稱之為「自己如此」的自然。因為這個「自己」太模糊了，所以「自然」兩字也變得不知所云，而又人云也云了。

事實上，就「自然」兩字的意義來說，只是「自己如此」，非常簡單。但就其內容，或如何達到自然的方法，卻是相當複雜的。例如《老子》書中提到「自然」兩字的共有五次，除了本章的「百姓皆謂我自然」外，有：

「希言自然。」（第二十三章）

「道法自然。」（第二十五章）

「莫之命而常自然。」（第五十一章）

「以輔萬物之自然，而不敢為。」（第六十四章）

這些章中的「自然」都是指天地萬物的本性如此，不著人為，意義非常明顯。可是我們如果進一步去推敲這個天地萬物的自然的內容，便產生了許多問題。這個「自然」至少有三種不同的意義：

㈠是物理現象的自然：如四時的交替、萬物的化育，這是自然。可是有時飄風驟雨、洪水地震，這也不能說不是自然。所以這種自然是物理現象，是不屬於道德範圍的，也就是不能以是非來判斷它。儘管如此，人生長在這樣一個環境中，是可以憑著他們的智慧加以改善的。

㈡是人為環境的自然：這句話裡的「人為」和「自然」是衝突的，可是為什麼連在一起呢？因為人住在這個大自然的環境，卻不斷的以他們的理智加以人為的改造，這些改造有好的，也有壞的。好的方面，如儲水灌溉，使植物常青；壞的方面，如工業的產物，污染環境。我們對壞的方面，常責之以「人為」，而加以批評，可是對好的方面，卻完全接受它，久而久之，也就變成了自然。當我們坐車經過鄉間，看到了那一大片綠油油的麥田果園，我們常會不知不覺地讚歎大自然之所賜了。

㈢是人類本能的自然：告子說：「食色性也。」這裡的性就是本能的自然。這是人類與生俱來，而自然發展的。西方心理學家提出一個「自我」(ego)來解釋這種本能的發展。印度佛學也拈出一個「我識」來說明這種本能的活動。

以上三種是我們一般常指稱的自然，卻不是老子所謂的自然。當然老子的自然，是和以上三種自然有部分的關係。如自然環境和本能物性等。但老子的自然至少建立在兩個基礎上：一是虛，一是德。所謂「虛」不只是像一般的「自己如此」，去擺脫掉外在的約束，而且連這個執著「自己」的自我意識也要虛掉，這才是真正的自然。所謂「德」是指的至德的修養，唯有通過心性的工夫，達到無為的境界，才能動而皆自然。離開了這兩個基礎的自然，恐怕都不免會把老子誤解為物理的自然現象，或本能的自然主義，甚至縱欲的自由主義了。

本句最後的「自然」兩字和本章最前面的「太上」兩字前後呼應，托出了一個「太上」無為的自然境界，但卻不可忘了「功成事遂」，原來其間還有很多功、很多事要做的，否則百姓便不會說自然了。

第十八章　大道廢

大道廢，有仁義❶。

慧智出，有大偽❷。

六親不和，有孝慈❸。

國家昏亂，有忠臣❹。

語譯

當整個國家社會的人們，廢棄大道而不行的時候，賢哲們便提出了仁義等道德觀念，來匡正人心。當一國的君主崇尚知識，以聰慧智巧來治國時，人民便忘了素樸的本性，相習偽巧，勾心鬥角。當人類至親的倫常關係發生了問題後，於是賢哲們便訂定孝慈的禮制來約束人心。當整個國家已經到了昏亂、危亡的時候，才出來一些忠諫之士，希望挽狂瀾於既倒。

解義

❶大道廢有仁義

這裡的「大道」和第一章裡的「常道」雖然所指都是同一個「道」，但用法卻略有不同。「常道」是指宇宙中的那個永恆如斯的造化的本體，它是生生不已的。也就是說不會有生和滅、興和廢。因為生滅興廢是現象界的變化。這裡既然說「大道廢」就不是指的常道，因為常道又如何會廢？這裡的「大道」，使我們想起〈禮運大同〉中所謂的「大道之行也，天下為公」。大道之行和大道廢，正好相對稱。「大道之行」是指的大道的實行於人間，也就是人們都能遵大道而行。相反的，「大道廢」，就是大道的不能實行於人間，也就是人們不能由大道而行，或自棄於大道。所以此處的「大道」是指人們實行的「大道」。

當人們自棄於大道時，於是哲學家們便提出了仁義等道德觀念來引人回歸於大道。河上公的注說：「大道之時，家有孝子，戶有忠信，仁義不見也。大道廢不用，惡逆生，乃有仁義可傳道。」這裡把孝子、忠信、仁義分開。孝子和忠信都是指實際的行為，而仁義乃是指的道德觀念。

此處，老子把「大道」和「仁義」分成了兩個層次，固然對應了前一章的「太上下知有之」和「其次親而譽之」的兩種治道。但值得我們注意的是「大道」何時而廢？為什麼而廢？這有兩種解釋：一是退化史觀的看法，認為太古的社會，聖人無為而治，人們生活於大道之中，安樂和諧，根本不知道什麼叫道德。到了後來，人欲泛濫，於是賢哲們不得不提出仁義等道德規範來匡救時弊。這種說法在《莊子》書中談得很多，在《老子》書裡也時有所及，如第十七章和第三十八章所描寫的層次，常被學者們當作歷史事實來分析。

另一種是治道層次的說法，認為君主應該把握大道，讓人民自化，否則便要落入了強調仁義的第二等治道。事實上，老子寫書的當時，已是「大道廢」，已是「仁義」之言泛濫，而老子所面對的君主，都是第三、第四等的講刑法，或行暴政的君主，根本上連「仁義」之政都談不到，所以老子此處的話，乃是強調兩個較高層次的治道，說明大道廢之後，才講仁義。仁義之治，並非最高的理想，因為「仁義」是道德觀念，如果不能向上提撕，便會下滑而為虛偽的文飾。

❷慧智出有大偽

王弼注本作「慧智」，河上公注本作「智惠」，傅奕、吳澄、魏源注本作「智慧」。究竟原文是「慧智」、「智惠」或「智慧」並不重要，重要的是它們都代表同一個意思，就是聰慧智巧之心。所以此處的「慧智」和佛家的智慧正好相反，是差別意識，是有欲之心。王弼注說：「行術用明，以察姦偽。趣覩形見，物知避之。故智慧出，則大偽生也。」河上公注說：「智惠之君，賤德而貴信，賤質而貴文，下則應之以為大偽奸詐。」以上兩注都是指君主的用智治國。這是由「仁義」之治，再下落而為「法術」之治。也即是前一章所謂的「其次畏之」、「其次侮之」。因為君主用智去對付人民，視人民如罪犯，那麼人民也以謊詐來應付君主，這正是所謂「信不足焉，有不信焉」。

❸六親不和有孝慈

六親，王弼注：「父、子、兄、弟、夫、婦也。」依照老子的意思，六親是人類的至親，本該和睦，父自然慈，子自然孝。這時候，根本不需要孝慈等道德觀念來約束。可是不幸的是，人類的私欲增強，以致六親不和，倫理失調，於是才有孝慈等道德觀念和禮制規範。如果人倫的根本已破壞，而只重外在的約束，也許只能防範於一時，禮制便會和刑法一樣的僵化，把人們帶入了虛偽不實的地步。

顯然地，老子此處的「孝慈」不是指實際的孝子和慈父，而是代表一切倫理觀念和制度。老子所處的時代，不只是「父不父，子不子」的倫理失和，而維繫倫理的一套禮制，也變得僵硬，而失去作用。所以老子才對「孝慈」等觀念制度產生懷疑。

❹國家昏亂有忠臣

河上公注說：「政令不明，上下相怨，邪僻爭權，乃有忠臣匡正其君也。」可見老子此處的忠臣，並不是指盡忠職守的臣子，而是冒死勸君的諫臣。如果一國的君臣都能做好自己分內的工作，國家便不致昏亂。等到國家昏亂之後，才靠一些忠諫之臣來勸諫，這已是亡羊補牢的不得已之法了。

老子此處並非對「忠臣」的強烈批評，而是指出治國之道，要在無為。如果一國之君，能少私寡欲，能以百姓心為心，社會自能安定，倫理必然和諧。如果只寄託一、二位忠臣來挽救時艱，這是忘本逐末。何況在歷史上，又有幾位直諫的忠臣，是被昏君所接納的。試想一個國家之所以昏亂，是由於君主的昏亂。而君主已經昏亂了，又哪裡能辨得清忠奸。所以歷史上有多少忠臣，只成就了自己的忠臣之名，對當時的國家安定，人民幸福，並沒有直接的貢獻。老子的感慨，是有深意的。

第十九章　絕聖棄智

絕聖棄智，民利百倍❶；
絕仁棄義，民復孝慈❷；
絕巧棄利，盜賊無有❸。
此三者，以為文，不足❹，
故令有所屬：
見素抱樸，

少私寡欲❺。

語譯

君主如果能超越了自以為「聖」，揚棄了自以為「智」的心態，人民便會受利百倍。君主如果能超越了「仁」，揚棄了「義」等道德觀念，便會使人民回復到實際的孝和慈的行為。君主如果能超越了「巧」，揚棄了「利」等功利思想，便會消除了盜賊產生的原因。這「聖智」、「仁義」和「巧利」三者，只是治國的一種外在的粉飾，不是根本的原則。所以君主應該使這三者歸屬於更高的治世理則，那就是使自己和人民，在心性上達到純淨樸實、少私寡欲的境界。

解義

❶絕聖棄智民利百倍

「棄智」兩字容易理解，因為老子一直反對智巧、才智，要我們「無知」。可是《老子》書中自始至終都在強調「聖人之治」，提到聖字共有二十六次之多，為什麼此處又要「絕聖」呢？這是因為「絕聖」的聖字是指的聖賢的名號，而「聖人之治」是指的實際的治道。就像孝慈的道德觀念，和實際的孝子、慈父之間的不同一樣。

所謂「絕聖」就是聖人無為而治，不執著於聖人的名號。也就是「功成事遂」，真正做到使人民安居樂業，人民卻以為自然而然，不知聖人之所為，而歌功頌德的去讚美聖人。

為什麼「絕聖棄智」而能「民利百倍」呢？因為君主如果自以為聖智，一味用自己的意見，逞自己的才能去施為，反而變成了干涉政治，使人民不能順性自化。這句話，河上公注說：「絕聖制作，反初守元。五帝垂象，蒼頡作書，不如三皇結繩無文。」憨山德清注說：「中古聖人，將謂百姓不利，乃為斗斛權衡符璽仁義之事，將利於民，此所謂聖人之智巧矣。」這兩家注都是把聖智當作聖人的制作。雖然老子對於有為的制作不予肯定。但把「絕聖棄智」解作有意破壞這些制作，又不免走上了極端，如《莊子・胠篋》上說的：「故絕聖棄知，大盜乃止；擿玉毀珠，小盜不起；焚符破璽，而民朴鄙；掊斗折衡，而民不爭。殫殘天下之聖法，而民始可與論議。」這種偏激的作法，又哪裡是自然？又哪裡是無為？所以老子的「絕聖棄智」不是對聖智的破壞、或唾棄，而是在有了聖智，或運用了聖智之後，又超越了聖智，或由聖智而往上提撕。由於這樣，才不致使自己的聖智過分膨脹，而妨礙了民性的發展。人民才能真正生活在純樸的自然境界中，適性而遊。

❷絕仁棄義民復孝慈

這裡的「仁義」是指的道德觀念。而孝慈卻是指的實際的孝子、慈父。所以此處「民復孝慈」與前一章的「六親不和有孝慈」不同。一是正面的意思，一是負面的意思。因為一是實際的行為，一是觀念意識。

為什麼「絕仁義」之後，「民復孝慈」呢？在這裡，千萬不可誤會是「仁義」使得人們不孝不慈的，這是倒果為因的說法，因為是人們不孝不慈之後，賢哲們才提出「仁義」的道德觀念來加以匡正的。雖然在老子的眼中，「仁義」是「大道廢」之後，才產生的道德觀念，是事後補救的方法，而不是根本。如果我們不能把握根本，執著於仁義，有時候，「仁義」反成了欺世盜名的工具，使人心變得更為虛偽巧詐，所以老子才說了這句話，目的是要君主注意到「仁義」不是究竟，要能超越「仁義」，使人民真正回復到「孝慈」的實際境界。

❸絕巧棄利盜賊無有

「巧」是指的巧妙，「利」是指的利益，這兩者並無不好，為什麼老子要「絕巧棄利」？而「巧利」和盜賊又有什麼關係？

「巧妙」是大家所喜歡的。藝術的造就、文學的境界和文明的制作，都是由於人類的巧思和巧手上來的。對於這些成就，老子沒有理由反對的。後代很多學者，認為老子是自然主義。自然主義就是不主張人為，於是便用「自然主義」四個字，把老子逼入了盲目反對一切人為的破壞主義，反而使老子變得不近人情的違反了真正的自然。譬如《莊子．天地》中的那位老者，他寧可鑿隧入井提水，而不願用木製的機械汲水，因為他認為「有機械必有機事，有機事必有機心」。當然莊子的故事是另有所指的，但這老者的行為卻不是真正的自然。我們試想老子面對一幅真正偉大的藝術作品，是否無動於衷，或責之以人為的技巧，而撕毀了，丟入字紙簍中。如果是這樣的話，老子還有什麼智慧可言？

再說「利益」兩字，當然是大家都追求的。問題是什麼樣的「利」，是大利，或小利？是公利，或私利？是無形的利，或有形的利？「利」字在《老子》書中，常帶有負面的意思，如「不可得而利，不可得而害」（第五十六章），但就在本章第一句「絕聖棄智，民利百倍」，這個「利」是人民全體的大利，這顯然也是老子所強調的——「太上」之君所注重的。所以「棄利」，絕不是把所有對人們好的利益都摒除了，如果是這樣的話，那還有什麼治道可言？

那麼老子此處所要「絕巧棄利」的巧利又是何所指呢？這有兩種解釋：一是指的「偷巧」和「私利」。也就是此處把「巧」和「利」，專指在私欲上，所以是引起盜賊的原因。另一種是指過分強調「巧」和「利」，而忽略了德性，就如孟子見梁惠王的那段話：「王何必言利，不亦有仁義」，因為整個社會，把巧利放在第一位，則人心便會好私，人情便會澆薄了。

老子此處所以要「絕巧棄利」，就是勸君主，不要把巧利放在第一位。要在巧利之上，還有更根本的東西，值得我們重視。

❹此三者以為文不足

「此三者」是指「聖智」、「仁義」和「巧利」等三種。「文」是指文飾，也就是指表面上的粉飾。老子思想是重樸、重質的，所以認為「文」是不夠的、淺薄的。

❺故令有所屬見素抱樸少私寡欲

由於前三者只是文飾，不足以治國的。所以我們不能只強調這三者，而必須把握住更為根本的原則。這個原則就是：「見素抱樸，少私寡欲。」

這裡的「見」是「現」的意思，「見素」是指顯現純淨的本性。「樸」是未經雕琢的原木，「抱樸」是指保持自然的本性。「少私」是減少私心，「寡欲」是降低欲念。所以這兩句話所指的乃是心性純樸自然的境界。

為什麼前三者，要屬於後兩者呢？因為前三者是文、是末；後兩者是質、是本。如果沒有這個根本，前三者便失去原則，而反成為禍亂之源。王弼注得好：「聖智，才之善也；仁義，行之善也；

巧利，用之善也。而直云絕，文甚不足，不令之有所屬，無以見其指。故曰：此三者以為文而未足。故令有所屬，屬之於素樸寡欲。」王弼此注頗有見地，因為他注出了老子並不是偏激的完全否定了「聖智」、「仁義」、「巧利」的價值和功用。只是認為單單強調和運用「此三者」，是不夠的，而且還會有副作用的。所以必須先在心地上做工夫，達到素樸寡欲的境界，即使再運用「聖智」、「仁義」和「巧利」也不會流於虛偽權詐之途。

因此綜合本章大意，在運用上，就君主本身來說，不要只強調「聖智」、「仁義」和「巧利」等治術，君主應先修養自己，達到素樸寡欲之境，才能無為而治。就教化人民來說，君主也不應用「聖智」、「仁義」和「巧利」等為治道的最高標準，應先使人民歸於素樸和寡欲的生活，他們便能無為而自化。這才是治道的根本。

第二十章　絕學無憂

絕學無憂❶。

唯之與阿，相去幾何❷？

善之與惡，相去何若❸？

人之所畏，不可不畏❹，
荒兮其未央哉❺！
眾人熙熙，如享太牢，如春登臺❻。
我獨泊兮其未兆，如嬰兒之未孩❼。
儽儽兮，若無所歸❽。
眾人皆有餘，而我獨若遺❾。
我愚人之心也哉❿！
沌沌兮，俗人昭昭，我獨昏昏⓫。
俗人察察，我獨悶悶⓬。
澹兮其若海⓭。
飂兮若無止⓮。
眾人皆有以，而我獨頑且鄙⓯。
我獨異於人，而貴食母⓰。

語譯

超脫於世俗知識之學，遊心於無為無憂之境。世俗的知識是相對的，試看，恭敬的回答「唯」和怠慢的回答「阿」，其間差別有多少？大家讚美的「善」，和大家討厭的「惡」，其間不同又在哪裡？一般人所畏懼的，我們修道的人，更應該戒懼。一般人所畏懼的太多太多了，沒有一個原則，也沒有了期啊！一般人熙熙攘攘的往來奔波，都是為了追求豐盛的大酒宴，以及像春天登臺的遊樂，而我卻淡泊得沒有一點欲望的意兆，好像初生的嬰兒，還不知道喜笑呢！我好像漫遊的旅客，沒有一個目的地。一般人都是有了，還要求更多；而我好像空空的，如有所失。我不正像那些愚人的心一樣嗎？是渾渾沌沌的！一般的人聰明光耀，而只有我好像昏昏沉沉，不識不知；一般的人觀察仔細，而只有我好像悶然閉塞，不言不語。我的心淡泊無為，好像海一樣的廣大而幽深。我的精神自由自在，好像高空中的風，飄飄無所止。一般人都自以為有用有為，而只有我冥頑不靈，好像沒有受過教育的村夫野人。我就是那麼的與一般人不同，因為我所重視的，乃是以道為我的生養之母。

解義

❶絕學無憂

這四字，王弼、河上公、傅奕、景龍、吳澄、魏源等注本，都在本章之首。易順鼎認為應改在上章（第十九章）之首，胡適認為應在上章之末。這只是章句上的移植，意義上並沒有更改。而且後兩者的看法，也只是一己的臆測，並無確實證據，所以我們還是順從古代大多數注本的原貌。

這句話的重點在一個「學」字上。但這個「學」字在老子思想中，必須有所界定，否則便無法了解「絕學」的真正用意。就「無為」來說，「學」是有為；就「無知」來說，「學」是求知。所以從這兩個老子思想的中心觀念來看，這個「學」是被老子所否定的。然而問題並非如此簡單。如果我們真的不學，「無為」便流於虛無，「無知」也變成了愚昧，又豈是老子絕學的真義。在《老子》書中另有兩次提到「學」字的：「為學日益，為道日損。」（第四十八章）和「學不學，復眾人之所過。」（第六十四章）就前者來看，為學雖與為道相對，似有負面的意思，但全章並沒有直接對為學批評，只是為學與為道的路子不同而已。從後者來看，「不學」的「學」固然是負面的，但要「學」不學的「學」仍然是一種「學」。只是所「學」的對象不同而已。

由此可知，此處的「絕學」不是斷絕一切的「學」，把自己變成了白癡；而是超越了那些使我們痛苦煩惱的「學」。這種「學」大致有三層意思：

㈠是差別現象的知識，如是非、美醜等。

㈡是不滿足已有，而追求外在的知識，如標新立異的小知小慧。

㈢是爭鬥工具的知識，如求名、求利。

能超越了這種知識之學，我們的心才能處於無為，而不受欲望煩惱的影響。

❷唯之與阿相去幾何

「唯」是應諾之聲，表示恭敬的意思；「阿」也是應諾之聲，卻顯示怠慢的意思。而「唯」與「阿」聲音相去不大，但態度卻截然不同。我們都喜歡恭敬的態度而不喜歡怠慢的態度，可是由於「唯」

與「阿」聲音的相似，卻使得恭敬和怠慢容易混淆，所以此處說「相去幾何」。但這與前一句的「絕學」的學又有什麼關係呢？因為恭敬和怠慢，是外在的態度，也是處世的禮節，這是我們要學的。但老子認為這種禮節都是虛文，如果我們斤斤於此，便會把自己的憂樂決定於別人的敬與怠。為了要斬斷這種煩惱，老子要我們不必計較「唯」與「阿」，因為它們相差不大，都是虛文。

❸善之與惡相去何若

「善」、「惡」是兩個極相反的觀念，左右了我們的思想。無論是哲學、宗教、倫理、政治、心理學，都離不開這兩個觀念。所以「善」、「惡」當然是我們追求知識的主題。可是這兩個觀念雖然極端相反，卻是糾纏不清，又極易混淆。因為什麼是善？什麼是惡？並沒有絕對的標準。國與國之間，人與人之間，都有他們自己的善惡標準，凡是對自己有利的是善，對自己不好的就是惡。不僅如此，即使是同一國、同一人，由於時間的變化，善惡的觀念也會遞變，如《老子》說：「正復為奇，善復為妖。」（第五十八章）由於善惡沒有最高標準，如果我們缺乏真切的了解，而固執不化，便會流於偏見、迷妄，而自陷於痛苦、煩惱。所以老子要我們超越這種善惡相對觀念的追求。

❹人之所畏不可不畏

這句話，王弼的注是：「故人之所畏，吾亦畏焉，未敢恃之以為用也。」也就是說別人畏懼的，我也同樣的畏懼。這是和光同塵的意思。這扣緊第一句的「絕學無憂」，也是解得通的，因為要「絕學」，就不要希聖希賢，而只要做一個和一般人相同的普通人就夠了。可是這種解法，到了後文，又產生兩個問題：一是後文中，一般人都是好享樂，好自以為知，那麼我們和一般人相同，是否也和他們一樣呢？可是在後文中，老子的作法卻和俗人不同。第二是這樣的作法，由「和光同塵」，便會流於「同流合污」。這又豈是老子立言的本意。

如果我們「和光同塵」而不流於「同流合污」的話，可以把王弼的注作進一步的解釋。雖然「人之所畏」，我們也「不可不畏」，這表明了我們並不掉以輕心，而是注意常人的經驗，如一般人怕死，我們也怕死，但我們處理死的方法卻不同，一般人只是憂慮死，或用許多方法以延長壽命，如吃補藥、練神功等，可是我們卻順道而行，一切合乎自然，如日常的食物、合理的作息。總之，我們並不標新立異，自以為高，而忽略了常識經驗，但我們處理常識經驗的方法卻和一般人不同。這一不同就是本章後半段所強調的人生態度和修養方法。

大致說來，古代的注，如《老子翼》中的集各家注解都是依照王弼的注，可是卻缺乏進一步的解釋，說明我們雖然所畏和人同，方法卻與人異。這種解釋，不僅可以使我們不致「同流合污」，而在方法上有本章後面一大段話的我與人作法的不同。同時也扣緊了前面兩句話。因為我們和一般人一樣的「畏」別人輕視我，「畏」惡行的污辱我，但一般人只是憂慮，只是要求別人，可是我們的方法卻不一樣，要「絕學」，要在心地上超越這種相對觀念的執著。因此是非善惡便不會給我們如此大的困惑了。

另有一解是把「人之所畏，不可不畏」當作條件句法，也就是說：「假如一般人所畏，我們也跟著他們不得不畏的話」，這句話語氣沒有完畢，還須接著下一句的「荒兮其未央」，把這句話解作「那麼這樣的畏懼就沒有止境了」。這種解法很通俗易懂，好幾本英文翻譯都作如此解釋。

還有一解是把「人之所畏，不可不畏」解作「一般人所畏的，我也不得不為他們而畏」，也就是說一般人所畏的是榮辱、善惡、生死等，他們的畏懼一個接一個的，沒有休止的一天，我也深以為懼，希望自己能超越一般人的畏懼。所以此處「不可不畏」並非跟著一般人作同樣的畏懼，而是畏懼一般人的畏懼，以期自己能夠超拔。

以上三種解釋，各有特色。王弼的注有深度，但必須加以闡釋，否則僅就文字來看，是看不到他注解的深意。第二種解釋，很淺顯易懂，但和前後的貫串卻不甚明顯。第三種解釋，可以綜合以上兩種注解，而且具有承先啟後的作用。因為「人之所畏」是由於被相對的觀念所苦，而我畏「人之所畏」，便必須絕凡俗之「學」，超相對之「知」，從心性工夫上去做個真正無為無憂的求道之人。

❺荒兮其未央哉

這句話很空靈，因此意義很模糊。可作負面的意義來解，如王弼注：「歎與俗相返之遠也。」河上公注：「或言世俗人荒亂，欲進學為文，未央止也。」也可作正面的意義來解，如呂吉甫注：「未央者，以言其大而無極。則不獨畏人之所畏而已。何則？人之所畏，不可不畏，所以同乎人也。荒兮其未央哉！所以同乎天也。」有把這句話，連前文而讀的，也有把這句話連後文而讀的。連前文而讀，多作負面的意思。「荒」是指「人之所畏」是那麼的荒亂，或那麼的空洞，或那麼的漫長。「未央」的央是指中央、或止境。也就是說這種「畏懼」，是沒有意義的，沒有終止的。連後文而讀，多作正面的意思。「荒」指廣大、超脫，「央」也是指中央、或止境，也就是指我的作法和工夫，和一般人不同，是那麼的廣大、超脫，沒有止境。

❻眾人熙熙如享太牢如春登臺

由於眾人畏不如意事常十之八九，因此有樂時，盡情的縱欲，如《列子・楊朱》所謂：「為欲盡一生之觀，窮當年之樂。唯患腹溢而不得恣口之飲，力憊而不得肆情於色。」「熙熙」是和樂的意思，但此處的「熙熙」可解作「熙熙攘攘」，即往來奔波，如《史記・貨殖列傳》所謂：「天下熙熙，皆為利來，天下攘攘，皆為利往。」「太牢」是指牛、羊、豕的三牲，這即是口腹之欲。「春登臺」是指春天登高臺而遊樂，這即是聲色之娛。這都是一般人所追求的快樂。中國世俗觀念所謂「十年寒窗苦」，所「學」的是為了什麼？為的是將來「金榜題名樂」，能享受一切的榮華富貴。這是一般人追求享樂的心理。

❼我獨泊兮其未兆如嬰兒之未孩

這裡的「我」雖然是老子以著書者的口氣來說的，但也可作求道之士來解。王弼注說：「言我廓然無形之可名，無兆之可舉，如嬰兒之未能孩也。」「泊」字本為船停泊於岸，是止息的意思。引申為澹泊，如《正字通》謂：「泊，澹泊，恬靜無為貌。」「兆」字是灼龜甲占卜的意思，引申為徵兆。所以「泊兮其未兆」是指澹泊無為，沒有一點意欲之動。「嬰兒」在《老子》書中是個常用的術語，它是象徵柔弱、無欲的境界。「孩」，據《說文解字》的解釋：「小兒笑也。」也就是指嬰兒開始有笑的行為，也就是有自我意識的時期。這兩句話是形容淡泊無為、素樸無欲的心境。

❽儽儽兮若無所歸

王弼注本作「儽儽」，河上公注本作「乘乘」，傅奕本作「儡儡」。按《說文解字》：「儽儽，垂貌。」「儡，相敗也。」而「乘乘」可能為「垂垂」之誤（朱謙之）。綜合這三種不同的字義，都有「垂」的意思。又據《說文解字》：「儽儽，垂貌，一曰嬾懈。」所以此處的「儽儽」正可和前文的「熙熙」相對照，表現得漫不經心的意思。

「無所歸」是指沒有歸向。本來這個「歸」是指的回歸、或歸宿，應該是正面的意思。但此處的

「歸」是指的目的地。也就是說懶懶散散，好像沒有一個目標。然而「若無歸」只是表面上的沒有淺薄的目標，因為一般人的目標，只是求名求利，而修道之士，以道為歸。可是道是永恆的、廣大的，因此好像沒有一定的歸向。

❾眾人皆有餘而我獨若遺

「餘」是多餘的意思，既然是多餘，就不是該有的。可是人們的心理，就是不知足。有了，還要求更多。「遺」是遺失的意思。是本來有的，卻遺失了。這對一般人來說，當然是不喜歡的。可是什麼又是「本來有的」？我們從虛空而來，本無所有。既然本無所有，也就本無所遺。「若遺」只是從表面看來，好像有所遺失罷了！如果我們抱著人生必有所遺的心情來處世，正是所謂退一步，天地寬了。

老子這兩句話就是批評一般人執著外在的知識欲望，王弼便是從這方面來注的，如他說：「眾人無不有懷有志，盈溢胸心，故曰皆有餘也。我獨廓然無為無欲，若遺失之也。」

❿我愚人之心也哉

「愚人」兩字是我們生活上的常用詞，往往都是批評別人為「愚人」。其實，所謂「愚人」大約有兩種情形，一種是生性單純，知識不夠，因此有時會做出愚笨的行為。另一種是聰明伶俐，有知有識，可是有時為欲望所迷，也會做出愚不可及的事。其實前者是小愚，後者才是大愚。兩者之所以為愚，都是由於行為的不當。如果沒有愚笨的行為，兩者都不是愚人。老子此處是指愚人之「心」，而不是愚人之「行」。因此愚人之「心」並不是真正的「愚」，而是未經雕琢的素木，也就是沒有接受知識教育前的純淨的本性。一般人都指這一境地為愚蒙，老子卻以它來譬喻自己的愚鈍。關漢卿有一首曲說：「南畝耕，東山臥。世態人情經歷多，閑將往事思量過。賢的是他，愚的是我。爭什麼！」這不是真正的愚，而是有了真知，而看透一切知識的愚昧之後的還歸於素樸的心境。

⓫沌沌兮俗人昭昭我獨昏昏

「沌沌」是緊接著「愚人之心」而來，描寫這個「心」的渾沌的境界。也即是《莊子‧應帝王》描寫那個沒有七竅的「渾沌」，當七竅一開，知欲一顯，「渾沌」便死了。這是寓言。「渾沌」只是描寫心的素樸境界而已。王弼注說：「無所別析，不可為明。」用佛學的話來說，就是沒有分別意識的智慧境界。

「昭昭」和「昏昏」相對。前者是指一般人好用自己的聰明，顯耀自己的光彩；後者是指修道之士自處昏暗，表面看起來是糊塗，其實卻是深不可識。

⓬俗人察察我獨悶悶

「察察」是指分析清楚，觀察仔細。這本無不好，但如果只憑自己的知識去觀察萬物，非但不能達萬物之真、萬物之全，而且以己度物，流於偏見執著。「察察」還有一個毛病，如果過分使用的話，便變成不信任別人。這個社會中，如果大家都以「察察」相對待的話，大家便都會以欺騙相應付。處這樣的社會中，實在太累了，所以老子要強調「悶悶」。「悶」和「察」相反，是深藏於內、無聲無識的意思。

⓭澹兮其若海

「澹」，王弼注本作「澹」，河上公注本作「忽」。《說文解字》：「水搖貌。」又作安靜、淡泊的意思。水波搖動和安靜淡泊是兩個不甚協調的概念，如何能放在一起來描寫心境「若海」呢？就海來說，當它風浪大作時，怒潮洶湧，驚濤拍岸，可是當它平靜時，才是水波搖曳，一望無際。所以此處的「澹」雖然是水搖貌，但對海來說，卻仍然是安靜的境界。海之所以能如此，是因為它的廣大和深入，才能使動和靜合一，也動也靜。譬如當海的表面安靜時，而海的內部卻是熱鬧得很，如《中庸》所謂：「今夫水，一勺之多，及其不測，黿、鼉、蛟龍、魚、鼈生焉。」（第二十六章）這也就是說，修道之士在外面顯得非常寧靜，但內心仍然是活活潑潑的。

「海」在《老子》書中，也是一個非常重要的象徵。它除了象徵最低下的地方，為眾流之所歸，這是謙卑之德。同時它也象徵心體的廣大和深入，能兼容萬物，也聽任萬物自化，這又是無為而無不為的境界。

⓮飂兮若無止

王弼注本作「飂」，河上公注本作「漂」。按《說文解字》：「飂，高風也。」高風和上一句的海相對稱，所以王弼注本的「飂」字較佳。如以對稱來說，此句似宜作「無止兮若飂」，或「漂兮若飂之無止」。但這只是字句的考據，在意義上已很清楚。

這句話裡的「無止」，表面上是指的不停，或無休止。但深一層的意義，似和《金剛經》中的「應無所住而生其心」的「無住」兩字相通。《金剛經》中的這句話，是六祖慧能悟道的句子，意義當然很精深。大意是指我們的心是永遠的作用，但不停留在某一個現象上。所以「無住」，在佛學上，就是「無執」。老子這裡的「無止」，必須本於「無執」，才有深刻的意義，因為老子「無之以為用」，就是指點我們在用「有」時，須時時能守一個「無」字。所以「無止」，也就是我們的心不停留在任何一個欲念上。

「飂」是高風，這個「高」字很重要，是工夫語。如果風不高的話，吹入了市區，為密密麻麻的屋舍、器物所擋，便不得不停，豈能「無止」？所以「風」必須在高空中吹，才能自由往來，不為物所阻。老子這話是指我們的心境，如要絕對的自由自在，必須像高風一樣，能超拔於物欲之上，不留一絲執著。

⑮眾人皆有以而我獨頑且鄙

「有以」，王弼注：「以，用也。皆欲有所施用也。」河上公注：「以，有為也。」這是指一般人都以為自己有用、有為。「頑」是冥頑不靈，「鄙」是鄙野不文，這是指修道之士，念念於道、於德，不和別人爭名逐利。在世俗的人眼中，反笑他為頑固、為鄙夫。

⑯我獨異於人而貴食母

「食母」，王弼注：「食母，生之本也。」河上公注：「食，用也；母，道也。」蘇轍注：「譬如嬰兒，無所雜食，食於母而已。」這句話是全文的結語，必須扣緊前文。王純甫便是貫串全文來注的，他說：「蓋所絕者，世俗之學。而所貴者，食母之學也。母者何也？德者，萬物之母。而道，又德之母。則聖人所謂母，兼道德而言之也。食者，味之以自養也。道德而自養則無為而無不為，而其樂不可量矣！又奚暇為彼俗學以自取憂也。」這段話已說得很清楚。但我們還須特別強調的是，絕學之所以無憂，並不是由於不學、或無知，而是由於「貴食母」。因為我們以道德為貴、為本，自然的會超脫於一切俗學之上；我們能孕育於道德之中，自然的會無憂無慮了。本章結尾不直言「道德」，而以「食母」為譬，就是因為「食母」的親切具體，為人人所不能離。談道論德，反而容易被人誤用，而轉為知識之學了。試想，嬰兒躺在母親懷中，吸食母乳的那幅圖片，是多麼的安詳、天真，因為他正在吸食著生命之泉。人和道的關係，正是如此。

第二十一章　孔德之容

孔德之容，惟道是從❶。

道之為物，惟恍惟惚❷。

惚兮恍兮，其中有象❸。

恍兮惚兮，其中有物❹。

窈兮冥兮，其中有精❺。

其精甚真，其中有信❻。

自古及今，其名不去，以閱眾甫❼。

吾何以知眾甫之狀哉！以此❽。

語譯

大德的內容，完全是根據道而來的。道在現象界的作用，是恍惚不定的。在恍惚不定中，它顯現了使我們知所取法的大象；在恍惚不定中，它也呈顯了它創生萬物的體性。這種生物的體性，是甚深而微妙的，在這甚深而微妙中，它含有能生養萬物的元精，這種元精是真實不虛的。它是誠於中，而信於外。使萬物都能據此而信實以行。所以自太古到今天，道的名字，永遠留在世間，和萬物的本源及根源相交感、同發展。我之所以能知萬化的源流與究竟，就是由於這個道的性能和作用。

解義

❶孔德之容惟道是從

「孔德」，王弼注：「孔，空也。惟以空為德，然後乃能動作從道。」河上公注：「孔，大也。有大德之人，無所不容。」照一般的字義，「孔」是大，「容」是容貌。王弼以「空」釋「孔」，是就德的本質來說，河上公以「無所不容」釋「空」，是就德的內容來說。總之，這句話是指大德的表現。

在《老子》第十章中，已提出「玄德」一詞，此處的「孔德」和「玄德」並無差別。唯值得注意的是在此處，「德」和「道」形成了對稱。「道」是指的天之道，「德」是指的人之德。「道」是真常的、普遍的；「德」是變化的，是透過個人而實踐的。「道」是超越有無，而又包含有無的，「德」

是以無用有，由有以歸無的。總之，在天謂之道，在人謂之德。道是主，德是從。所以說大德之容，惟道是從，也就是說「大德」是完全跟著道而走的。

這裡標出「孔德」，可見大德是「惟道是從」，小德就不是如此。因為「德」是現象界的，是屬於個人的，因為由於時空的不同、個人經驗背景的相異，對於「德」的了解和實踐，也有很大的差別，往往會像墨子所說的「一人一義，十人十義」(〈尚同中〉)，也就是說每個人的道德標準不同，這即是相對性的道德觀，是小德、是下德，而不是老子所強調的「德」，因為老子標榜的是孔德、上德、或玄德。它們是以道為內容，完全順著道走的。

❷道之為物惟怳惟惚

「道之為物」並不是說道是物質性的東西，而是指道在現象界的物象。由於道是超越了現象，而又不離現象的。就超現象來說，它是沒有形象的，可是就不離現象來說，它又是似有所存的，所以說「惟怳惟惚」，似有若無、似無卻有的。

❸惚兮怳兮其中有象

「象」是形象、現象。但這個「象」不只是表面的顯現而已。就拿「孔德之容」的「容」來說，是外面的形容，也是裡面的內容。同樣的，這個「象」是外面的顯象，也是內在本質的向外的表現。這一點，老子的思想與佛學不同，佛學上的「象」，就是「相」，因為物本身都是因緣所造，因此所有的「象」或「相」都是幻化的、虛假的。可是老子的思想卻不承認外在的物都是虛假的。老子事實上，也是講「有」的，也是承認宇宙萬物是實有的。既然是實有，那麼這個「象」便不是虛假的。所以老子也說：「執大象，天下往。」(第三十五章)這個「大象」就是「道」的「象」，也就是「道」

在現象界的表現。

老子此處的「象」，和佛學的「相」不同，卻與《易經・十翼》裡講的「象」有關係。〈繫辭傳〉說：「天垂象，見吉凶，聖人象之。」（〈上傳〉第十一章）可見這個「象」不是粗糙的物象，而是與天道有關。當然老子不像《易經》一樣去講占卜之象。但這個「天垂象」，就是「道」的象。如果沒有這個「象」，「孔德」又如何能「惟道是從」？

從外面來看，這個「象」似有若無、似無卻有，是恍恍惚惚的，但正因為如此，卻必須去「觀」象，從這個「象」上，直探上去。

❹恍兮惚兮其中有物

從「象」上再探索，便觸及了「物」。這表示「象」不是虛象，而是實有其「物」的。那麼這個「物」又是什麼？王弼注說：「以無形始物，不繫成物。萬物以始以成，而不知其所以然，故曰：『恍兮惚兮。』」王弼把握住道的始物，但他又從道的不拘繫於萬物上，在「恍兮惚兮」上作文章，對於這個「物」字始終沒有交代清楚。在這點上，河上公比較具體，他說：「道唯怳忽，其中有一經營主化，因氣立質。」他認為在恍惚中，道有一個生物的本體存在。河上公的注解是從王弼的「始物」上立說。有許多注解，把此處的「物」當作萬物，便過於落實了。

在西洋哲學上，柏拉圖和亞里士多德都談到構成現象界存在的兩個元素：一是「形式」(Form)，一是質料 (Matter)。「形式」是指萬物作用的表現，而「質料」乃是構成萬物的物質。如桌子的構造和用處是「形式」，而木料便是它的「質料」。把西哲的這種「形式」和「質料」與老子的「象」和「物」對比，頗有相似之處。但不同的是，西哲是現象界的觀念分析，而老子卻從生化的體用來說的。所以老子此處的「物」並不是質料，而是產生質料的體性。

❺窈兮冥兮其中有精

前面的「象」和「物」都是從現象和體性上來說的，如再進一步去探索，便會觸到更深處的本質了。所以此處說「窈兮冥兮」。前面的「恍兮」、「惚兮」是指的來回搖動的樣子，若有若無，看不清楚。而「窈兮冥兮」卻是深入其中、又遠又暗的意思，如王弼注說：「窈冥，深遠之歎，深遠不可得而見，然而萬物由之。其可得見以定其真。」所謂「萬物由之」就是指生生的本體，它是萬物之所出。老子稱之為「精」。「精」，普通來說，如《易經・繫辭》所說的：「天地絪緼，萬物化醇。男女構精，萬物化生。」（〈下傳〉第五章）這裡的「精」是指男女相交、萬物化生的「精」。再進一步，較為抽象的，便是「精氣」的精，如《易經・繫辭上傳》說的「精氣為物」，及《管子・內業》上說：「精，氣之極也。精也者，氣之精也。凡人之生也，天出其精。」這裡的「精」是指天地生物的精氣。無論男女的媾精、或天地的精氣，總之，這一句裡的「精」是含有生物的本質的。

❻其精甚真其中有信

在西洋哲學中，討論到宇宙萬物的根本，有所謂原子、或元素，它們也是化生萬物的原質，但它們和老子此處的「精」不同的是，它們都偏於物質性的。在印度佛學，尤其唯識宗的哲學，討論到宇宙萬物的根本，是第八識，或稱藏識。但在一般佛學的哲學裡，「識」畢竟是虛妄的，這和老子的「精」又是不同。此處老子特別強調的說：「其精甚真」。這個「真」字寫出了這個「精」不是幻識，而是真實的。接著老子又說：「其中有信」。這個「信」字有兩重意義，一是指「誠信」於內，即是指的「真」，一是指「信驗」於外，就是指它的作用可以徵信，使人確信不疑。

這個「信」字的重要，乃是把「道」從「恍兮惚兮」的物象中超拔了出來，從「窈兮冥兮」的神秘中落實了下來。這個「信」是道與萬物的交感的橋樑。沒有「信」，「孔德之容」又如何能「惟道是從」？

❼自古及今其名不去以閱眾甫

道本無名，可是此處卻說「其名不去」，豈不是矛盾了嗎？王弼試圖解釋這個矛盾而說：「至真之極，不可得名。無名，則是其名也。自古及今，無不由此而成，故曰：自古及今，其名不去也。」王弼以「無名」為名，未免於虛玄。其實「道本無名」，但在語言上，「道」畢竟也是一種稱呼。所謂「其名不去」就是指「道」這個名稱不會離開人間，因為「道」的作用永遠留在人間。

「閱」是閱歷。焦竑注說：「閱，自門出者一一而數之。言道如門，萬物皆自此往也。《漢書》：『此自傳舍，所閱多矣。』」甫，通父和始，王弼注：「物之始也。」俞樾注：「甫與父通，眾甫即眾始也。」所以這句話是說道為萬物之源，也就是說萬物的創生和發展都是通過了道的。

在這裡，我們要注意「閱」和「信」的關係。由於「道」有信於萬物，所以它是永遠的開放自己，永遠的對應於萬物，也就是譬喻它一直張開眼睛，注意著萬物。但我們曾說過「道」不是高高在上，超乎現象界，在那裡冷眼旁觀萬物，「道」的「閱」是把自己納入萬物中，一起發展。因此這個「閱」，又有「歷」的意思，是指「道」從萬物開始，一直和萬物在一起，隨時隨地和萬物交感。

「眾甫」的「甫」，如果只是「始」的意思，那麼此處為什麼不說「眾始」，而說「眾甫」？可見「眾甫」還有它的特別用意。如果按照俞樾的說法，「甫」是父的意思。那麼「眾父」，並不只是指「眾始」，而是有「根源」或「究竟」的意思。所以「道」不只是萬物開始時的「本源」，而且也是萬物發展的「根源」。

❽吾何以知眾甫之狀哉以此

「眾甫之狀」是指萬物的本源和根源。王弼注作「狀」，而河上公注作「眾甫之然」。如果把這句結尾的話，和前面「孔德之容」對應，那麼「眾甫」之狀，便有它的特殊意義。因為「德」是道的作用。「眾甫」是萬物的根源，也就是指的「德」。所以「眾甫之狀」，也就是「孔德之容」。「以此」就是指「道」的作用。

第二十二章　曲則全

曲則全❶，枉則直❷，

窪則盈❸，敝則新❹，

少則得，多則惑❺。

是以聖人抱一為天下式❻。

不自見，故明❼；

不自是，故彰❽；

不自伐，故有功❾；

不自矜，故長❿。

夫唯不爭，故天下莫能與之爭⓫。

古之所謂曲則全者，豈虛言哉！

誠全而歸之⓬。

語譯

能曲折才能周全，能繞彎才能伸直，能虛空才能求滿盈，能敝舊才能有新生。少欲則有得，多求則迷惑。所以聖人懷抱沖虛之氣為一體，作為天下萬物的準則。不自以為有見，你的見識才能顯明；不自以為是真理，你的思想才能昭著。不自誇成就，你的功德才會被肯定；不自驕才能，你的事業才能發展。唯有不爭自我的名利，天下之人才沒有辦法和你去爭。古人所謂「曲則全」的話，並不是空言。實實在在的，你如果真能實踐，必能歸於大德之全。

解義

❶**曲則全**

老子的思想雖然都是講治國和修身的道理，但這些道理並不是來自他一己的想像或研思，而是得自現象界的事實。從這些事實中，他擷取經驗，提鍊成許多理則。本章開端所舉的這些例子，一方面是自然界的現象，另一方面又是人生運用的原則。

就自然界來說，「曲」是曲線。唯有曲線，才能成圓周。就人生運用來說，能知曲，則能繞彎子去想、去做。不和對方正面衝突，因此容易處事周全。

❷**枉則直**

就自然界來說，「枉」是指木的不直，但盤根錯節，枝椏錯綜，這正是樹木的本性，也正是天生的「直」。如果木匠把它刨平了，反而傷害了它的本性。在人生的運用上，「枉」是指的受冤，或懷才不遇，但我們如果能自我檢討、反省，不僅「人不知而不慍」，而且任勞任怨的做自己應該做的事，這樣「枉」反而變成了「直」。

❸**窪則盈**

就自然界來說，「窪」是低凹的地方，正因為低窪之處有空間，所以才能儲水養魚。這低凹之處，如空谷可以孕育萬物，如房舍可以供人使用。就人生的運用來說，低窪之地有兩個象徵，一是指低，一是指空。我們處身低卑的地方，也就是態度謙遜，這樣反而會贏得別人的讚美。我們保持內心的空虛無欲，這樣我們的心將會更加開放，我們的頭腦反而更會清晰。

❹**敝則新**

王弼注本作「敝」，河上公、景龍等注本作「弊」。在觀念上，和「新」相對的，以「敝」為佳。

因為「敝」是舊的意思。

就自然界來說，萬物都離不了新陳代謝的命運。在表面上，是新的淘汰了舊的，而事實上，也是舊的轉化成新的。在整個宇宙的大化來說，無所謂新舊。誠如《莊子》所謂的「其分也，成也；其成也，毀也。凡物無成與毀，復通為一。」（〈齊物論〉）就人生運用來說，我們如果了解宇宙間無所謂新舊，我們便不會喜新而厭舊；我們如果發現新的都從舊的中轉化而來，我們便會在敝舊中多下工夫，所謂「溫故而知新」。

❺少則得多則惑

這兩句話講「得」、講「惑」，不是就自然界來說的，而是就人生運用來說，因為在自然界，無所謂「得」，無所謂「惑」。

「少」和「多」固然可指外在事物的數目，所謂「五色」、「五音」，都是指外物的五光十色，愈多愈令人迷惑。然而真正迷惑的還是自心。「少」和「多」都是來自於欲念的貪執。如果我們擁有不多，但我們不以為少，便能知足常樂；相對的，我們已擁有很多，可是不知足，也就永遠的不滿足。「貧」和「富」，只是自己的感覺，而「得」和「惑」，也是完全在於自己如何自處。

❻是以聖人抱一為天下式

「抱一」兩字已見於第十章，「載營魄抱一，能無離乎？」是指抱道的虛氣，所以此處王弼注說：「一，少之極也，式猶則也。」事實上，「少之極」，就是指的無欲，聖人「抱一為天下式」，也即是以無欲為天下人民的法則，使大家都能以無欲為德。

❼不自見故明

「自見」就是自以為有見識，以自己的看法去衡量一切事物，即是所謂戴著有色的眼鏡，不能真正看清楚外物的實相。

❽不自是故彰

「自是」就是自以為是，認為自己永遠站在真理的一邊，正是莊子所批評的「故有儒墨之是非，以是其所非而非其所是。」(〈齊物論〉)這樣，凡事都以自己的道理為真理，於是真理反而被許多一曲的理論所蒙蔽了。我們試看西洋哲學史上，不知出現了多少的哲學家們，他們都以追求真理為終生的目標，他們都以為自己的方法是正確的，可是真理又在哪裡？讀他們的著作，往往令人愈讀愈迷惑。不僅西洋哲學，印度哲學、中國哲學也有這種毛病，也許是五十步笑百步而已。就拿印度和中國所共有的佛學來說，三藏十二部，不知有多少的理論。這些理論本是幫助我們去知真理、見實相的，可是這些理論卻在半空中，擠在一起，形成了既濃又密的雲層，反而使我們迷失了，看不到真理，看不到實相。這不正是太多的自以為是的理論，反而使真理「不彰」的道理嗎？怪不得，後來，中國的禪宗要「不立文字」。可是到了最後，禪宗自己也犯了同樣的毛病，多少的公案，多少的語錄，又層層的把真理包圍住了。老子這話說得很淺顯，可是以它來反照學術界，卻不能不令人感慨係之呢！

❾不自伐故有功

「伐」，此處作「稱讚」的意思。如《左傳》：「小人伐其技以馮君子。」(〈襄公十三年〉)這裡的「伐」是「自稱其能」。但這個「伐」，原有侵伐的意思。所以這種「自稱其能」，有過度膨脹自己的毛病。本來，你的成就是屬於你的，可是一經自讚，便產生兩種情形，一是你以此自讚，可見你不是真正的為人服務，何功之有。二是你的自讚，引起別人的不滿，反而不把功歸給了你。

⑩不自矜故長

「矜」，有兩個主要的意思，一是憐惜，如《小爾雅．廣言》：「矜，惜也。」一是驕矜，如《正字通》：「矜，驕矜自負貌。」這兩層意思在此處都可以解釋，而且可以相通。自憐就是自愛，但這裡的自愛與第十三章的「愛以身為天下」不同。這裡的「自愛」是一味的愛憐自己，即使自己犯了錯誤，也會找許多藉口，原諒自己。這樣的人永遠不知道自反，而改進自己。所以說「不長」，此處的「長」是動詞，是指生長、發展的意思。由自憐自愛的孤芳自賞，再變為自尊自大的剛愎自用，這樣的心態，做任何事情，都會一意孤行，妨礙了正常的發展。

⑪夫唯不爭故天下莫能與之爭

前面四句話裡的「自見」、「自是」、「自伐」、「自矜」都是以「自」為中心，所謂「自我中心主義」。本來，每個人都有一個「我」，這是必然的。問題在如何運用這個「我」，提昇這個「我」。儒家的方法，乃是正面的發展這個「我」，透過了「忠恕」之德，以達到「己欲立而立人，己欲達而達人」的仁道。道家則不同，以曲折的方法，首先消解了對「我」的欲望執著，透過了「虛」的心境和「無」的運用，把真我呈現出來，和萬物同遊，和大化共存。所以儒家的方法是由小我而變成大我，道家的方法乃是由無我而顯現真我。

這句話裡的「爭」是來自於「自我」的欲望和執著，所爭的是自以為有見解，自以為是真理，所爭的是自以為有功，自以為有能。我們所不爭的，就是這些以自我為中心的觀念。這一點，就老子思想來說，是很明顯的，容易理解。可是重要的是「天下莫能與之爭」。很多學《老子》的人，往往只看到《老子》上半句的「不爭」，而忽略了下半句的「天下莫能與之爭」。流弊之所及，便養成了一般人的以無「見」為不爭見，以無「是」為不爭是，以無「功」為不爭功，以無「能」為不爭能。事實上，單單「不爭」，並不能使「天下莫能與之爭」，往往是天下根本不屑與之爭。所以先要有「天下莫能與之爭」的實質，才是真正的「不爭」。然而在這裡更不能誤會，是使自己的權勢擴張到使別人無法與他爭。因為一擴張權勢便是爭，而自己的權勢也就成為別人爭的對象。所以真正的「不爭」和「天下莫能與之爭」乃是修德。如果自己專心於修德，別人如何與他爭德，因為別人要爭的話，只有他自己去修德。彼此修自己的德，又有什麼可爭的？所以真正「天下莫能與之爭」的是修自己的德性。老子雖然沒有明言，但「抱一」就是「致虛」、「守靜」、「見素抱樸，少私寡欲」的修德。能有這種境界，自然是不爭，也就自然的「天下莫能與之爭」。

⓬古之所謂曲則全者豈虛言哉誠全而歸之

此處老子指明「古之所謂」，可見「曲則全」的這一套思想不是老子個人的發明，乃是中國固有的智慧的結晶。老子思想的偉大，並不是他一個人關起門來，想出一套思維的原則，而是綜合了各學派中有關自然的思想，及世俗流行的人生體驗，再加上他自己的創造精神，而提鍊成的一套處世的智慧。

「誠全而歸之」的「誠」字，只有景龍本作「成」，一般的版本，如王弼、河上公本都作「誠」。這個「誠」字在《老子》書中，只出現了這麼一次，可見在《老子》書中並不是一個重要的術語。其實，這個「誠」字在戰國以前的經典，很少出現，而且都當作助詞用。到了戰國時期的子書，如《中庸》、《孟子》、《莊子》、《荀子》等書中，才變成了一個非常重要的哲學術語（詳見吳怡《中庸誠的哲學》)。儘管在此處「誠」字當作助詞用，但為什麼偏偏在這裡用這個「誠」字呢？顯然是順著上一句的「虛言」而來，表示了「實實在在」的意思。

「全而歸之」的「全」雖然是由前一句的「曲則全」而來，可是它的意義卻不限於「曲則全」的「全」字。老子在此處只是以「曲則全」為例，其實，這裡的「曲則全」是包括了所有「枉則直」、「窪則盈」、「敝則新」、「少則得」以及「不自見故明」等等道理。所以「全而歸之」就是指歸於大德之全。在這裡，我們把「全」解作大德，是因為「曲則全」並非故意用曲道去求全，這是縱橫之術。「曲則全」的本質是一種德，而《老子》本章強調的「抱一」是德，「不爭」是德，「天下莫能與之爭」也是德。所以全章的重心，就在於這個不爭之德，和萬物同歸於全的大德。

第二十三章　希言自然

希言自然❶。

故飄風不終朝，驟雨不終日。

孰為此者？天地❷。

天地尚不能久，而況於人乎❸？故從事於道者，道者同於道❹；德者同於德❺；失者同於失❻。同於道者，道亦樂得之；同於德者，德亦樂得之；同於失者，失亦樂得之❼。信不足焉，有不信焉❽。

語譯

很少用語言聲教來表達的，這是自然的原理。由於自然的作用，所以暴風不能刮上一天，疾雨不能下個整日。是誰產生暴風疾雨呢？是天地。可見天地產生了暴風疾雨的強烈變化，也不能持久。何況人類的許多強烈的暴行呢？所以我們從事於學道的人，有的人真正體道，而能完全的學道的無為；有的人切實修德，而能完全的謹守不爭之德。但也有些人把握不住道德的真義，而走入了與道德相反的路子。由於自然的原理，合於道的人，自然道和他同在。修養德的人，自然德歸向於他。失道德的人，也自然不道不德的結果等著他。這是自然的感應，你自己誠信不夠，別人自然不會相信你的了。

解　義

❶希言自然

各家版本都作「希言」，唯傅奕本作「稀言」。其實「希」可以包括「稀」字的意義，而且《老子》書中還有兩次用過「希」字，都與音聲有關，如：「聽之不聞，名曰希」（第十四章），「大音希聲」（第四十一章）。就這兩次的「希」看來，是指道的聲音是不易聽到的。這並不是說道很少說話，因為道根本是無聲的。聲音是用來表達思想觀念的。道沒有思想觀念，因此不需要藉聲音來表達。道的存在、道的作用本身就是一種表達。從這個道理來看「希言自然」。在第十七章中，我們曾說明《老子》書中的「自然」不只是指環境的自然，而是指萬物自然而然的原則，說得明白點，就是道的作用。這裡的「自然」，一方面包括了「天地」的物理現象，一方面又含有天道自然的原理。就自然現象來說，或天地來說，不是少言，根本是無言的，因為它所呈現的是事實，不需要言辭。而天地運作背後還有一個永恆的原理，它是道，它的作用，就是自然。所以自然以天地來呈顯它的功能，它也是無言的。誠如孔子讚歎的：「天何言哉！四時行焉，百物生焉，天何言哉！」（《論語‧陽貨》）

可是，自然既然無言，為什麼此處不說「無言」，而說「希言」。如果說「無言」，顯然是截斷式的語氣，不容我們再去探討，相反的說「希言」，表示了自然之言是不易聽到的，這卻暗示了我們自然有另一套的語言，也許不是用耳去聽，而可以用心去觀。

❷故飄風不終朝驟雨不終日孰為此者天地

此處是以物理現象來說自然。飄風是暴風，如《詩經》毛傳：「飄風，暴起之風。」〈小雅・何人斯〉驟雨就是突然而來的疾雨。這兩者都是隨起隨滅，不能維持長久的。但它們畢竟都是現象界的事實，所以說是天地所為，也就是天地的自然。

然而在這裡，我們如果仔細的想一想，也許可以發現有兩種自然：一是飄風和驟雨的產生，這是物理現象的自然，這是天地自然之所為。科學家可以解釋它們形成的原因，但這畢竟是屬於物理的現象。至於飄風的不能終朝，驟雨的不能終日，雖然也是屬於物理的現象，但它們之所以不能「終」，卻是由於自然的「理」。這個「理」，科學家稱它為自然界的法則，哲學家稱它為自然的原理。在老子思想來說，就是道的作用。道是永恆的，而道的作用，在現象界卻有生有滅。自然的本質是永恆的，而自然所托以呈顯的物質變化，卻是有久有暫的。

❸天地尚不能久而況於人乎

「天地尚不能久」是順著前面的文句，認為像飄風驟雨都是天地之所為，尚不能持久，何況人為的許多激烈的作法？其實，飄風驟雨雖然也屬於自然界的現象，但不是常態，而是變態。道是以常為體的，自然也是以常為本的。飄風驟雨的變態雖然也存在於自然界，但畢竟違反了自然生生的原則，所以它們不能持久。同樣把飄風驟雨來譬喻人為的作法，在政治上，就像許多苛政酷法，不合人情，不符人心，所以也不能持久。在人生上，就像狂熱的爭名逐利，或過分的延年益壽，這都違反了常態，而變成了病態，所以都不能持久。

❹故從事於道者道者同於道

此處的「故」字，一面是承上一句的「而況於人乎？」說明「人」要能持久，必須「從事」於道。另一面也遠承第一句的「希言自然」，它和「故飄風不終朝」的「故」字相並行，都是說明「自然」，一是物理現象的自然，一是人事行為的自然。

「從事」的「從」，如「孔德之容，惟道是從」（第二十一章）的從。「事」，如「治人事天」（第五十九章）的事，所以「從事」是指人的順從於道。這是說明人和道的關係必須順之於自然。「故從事於道者」這句話是承先啟後的，是總說自然在人和道上的關係。接著老子從「道」、「德」和「失」三方面來解釋。

「道者同於道」的道者，王弼、河上公的版本相同，而俞樾卻說它是衍文：「按王本下『道者』二字，衍文也。本作『從事於道者，同於道』，其下『德者』、『失者』蒙上『從事』之文而省，猶云：『從事於道者，同於道；從事於德者，同於德；從事於失者，同於失也。』《淮南子・道應訓》引《老子》曰：『從事於道者，同於道。』可證古本不疊『道者』二字。」俞氏的用意，是把「從事於」三字，貫串在「道者」、「德者」和「失者」之上。因此以第二個「道者」為衍文，雖然可以講得通，但「從事於失者」一語在意義上畢竟不甚妥貼。因為沒有人是「從事」於「失」的。

如果我們把「從事於道者」一語當作泛指人和道，就像人和自然的關係一樣。接著老子先提到「道者，同於道」，就是說行道的人，他的所作所為都合於道的理路，也就是順著道而走。如何才能順著道而走，老子在這裡沒有特別說明，王弼注說：「道以無形無為成濟萬物，故從事於道者，以無為為君，不言為教，緜緜若存而物得其真，與道同體，故曰：同於道。」其實道的體性在生生，不過道的生物乃是無為的，也就是把生生之理付予萬化，任萬物自生。因此「道者同於道」即同於無為的生物，也就是任萬物的自生。

❺德者同於德

德和道不同，道是自然的本體，是宇宙的法則；德乃是合自然的作用，是個人的修養。總括來說，道是天之道，德是人之德。天道是生生不已、純然無為的。至於人之德不能不有為，但卻有上德、下德之分。如第三十八章上說：「上德不德，是以有德。下德不失德，是以無德。」上德雖然有為，卻不執著於所為。如第十章上說：「生而不有，為而不恃，長而不宰，是謂玄德。」所謂「德者同於德」的德，是指的上德、玄德，也就是說，修德的人，以上德、玄德為主，做到為而無為，也就是德性的自然。

❻失者同於失

這裡的「失」指的是失道和失德，但這裡只用一個「失」字，乃是包括了一切的「失」，如第三十八章：「故失道而後德，失德而後仁，失仁而後義，失義而後禮。」這個「失」字，乃是一直失落下去，「失」到最後，變成了「忠信之薄，而亂之首。」（第三十八章）所謂「失者同於失」就是指失落了道和德的人，他們缺乏了向上提撕的力量，被那股人欲一直往下拉，而走入了「失」的不歸路。魏源說得好：「道者、德者、失者，統言世上從事於學之人，有此三等也。全其自然之謂道，有得於自然之謂德，失之自然之謂失。」這是把「道者」、「德者」、「失者」，都看作學道之人的三個等次，但為什麼學道之人會變成了「失者」？這是因為他們雖然有心學道，卻不了解道和德的真義，而走入了相反的路子。譬如後代道教中的神仙鍊丹之學，他們的本意未嘗不是求道，可是誤解了老子的自然之義，而走入了違反自然的路子，如辟穀和鍊精等方術，這是學道反而失道的明證。

❼同於道者道亦樂得之同於德者德亦樂得之同於失者失亦樂得之

這三句話表面上好像是前面三句話的重複強調，其實它們是另有深意的。前三句話的主詞是學道之人，是指他們的合自然、或反自然的行為。而此處卻是以自然為主體，說明人們如果合道德，道德便樂於和他們同在，如果失道德，那麼失道德的結果便會跟隨他們。這是自然的力量。為什麼這三句話有特殊的深意？因為前面三句話，只是說明我們要合乎自然，一切是順乎自然。這只是肯定我們的努力。而這裡三句話卻是點出了自然本身的動力，它能使「飄風」不終朝，「驟雨」不終日。這種動力來自於自然，也就是說並不來自於一個外在的上帝，或超自然的存在，而是來自於萬物本身的發展，產生了這種動力。也就是說在「道者同於道，德者同於德，失者同於失」的同時，即已種下了「道亦樂得之」、「德亦樂得之」、「失亦樂得之」的結果。在佛家的理論上，往往於其間，創造了一個「業」的說法，來說明因果的相連。可是老子此處只用「自然」來解釋，似乎比較簡單而直截。因為佛教中「業」的理論是非常複雜的，而且當我們製造了「業」之後，這個「業」往往控制了我們。譬如此生我們雖然修道，但前世的「業」，卻仍然使我們痛苦，但老子的「同於道者，道亦樂得之」的自然卻沒有這許多枝節，只要我們一念合道，這便是道；一心修德，這便是德；否則便是失道失德，這種感應是非常自然的。

❽信不足焉有不信焉

這句話重見於第十七章中。在該章中是指最低層次的君主，胡作亂為，不能以誠信待民，而人民也報之以不信。我們如果把這兩句話與第十七章和本章連接在一起，那麼本章的旨趣則更為明顯。試看：

㈠第十七章最後一句是「皆謂我自然」，而本章第一句是「希言自然」，可見這兩章都是以「自然」為中心思想。

㈡第十七章的「太上下知有之」相似於「道者同於道」；「其次親而譽之」相似於「德者同於德」；而「其次畏之，其次侮之」相似於「失者同於失」。

㈢第十七章說：「悠兮其貴言」，而本章則說：「希言自然」，可見對「言」的態度是一致的。由這些相似之處，我們更確信本章是以「自然」之道，來批評「飄風」、「驟雨」的暴政是不能持久的。

第二十四章　企者不立

企者不立❶，

跨者不行❷。

自見者不明，

自是者不彰，
自伐者無功，
自矜者不長❸。
其於道也，曰：餘食贅行❹，
物或惡之，故有道者不處❺。

語譯

墊起腳跟，有所企求，是站不穩的；大步而走，以求速達，是走不遠的。這兩者都是由於自我欲望的作祟。所以自以為有見解的人，反而沒有真知；自以為什麼都對的人，反而不能彰明真理；自己顯耀功勞的人，反而無功；自己誇大成就的人，反而不長進。這四種自我觀念，對於道來說，都是多餘的食物，不該有的行為。人們都會討厭別人的「自見」、「自是」、「自伐」、「自矜」，而自己又會常犯這種毛病。所以修道的人，特別留心，而不犯這種毛病。

解義

❶企者不立

「企」，《說文解字》：「舉踵也。」也就是提起足跟。當然提起了足跟，腳便站得不穩，這是現象的事實。老子在這裡只是借譬來說明。因為提起足跟，就是為了抬高我們的頭，可以看得更高更遠。所以「企」從提足跟變到了企望、或企求的意思。如果我們心中有所企望、或企求，我們的心便不能立得穩、立得安。正如王弼說：「物尚進，則失安。」

❷跨者不行

「跨」，是闊步的意思。大著步子走，本為了求速，但卻走得不遠，甚之，走不到目的地，所謂「欲速則不達」。《老子》的哲學重在一個「徐」字，即使講「靜」，也要「徐清」；即使講「動」，也要「徐生」（第十五章）。因為求「靜」太快，便會「躁」（第二十六章），求「生」太速，便會「益生」，反而早死（第五十五章）。以上兩句話，一求高，一求速，都是就現象上的例子來說明「自我意識」的過分膨脹，反而使自己不能立、不能行。因為在人生的行為上，「企者」是理想太高，「跨者」是野心太大。這兩者都是由於對自己的肯定太過，所以才接著下面四句的「自我」誇大，而不合大道。

❸自見者不明自是者不彰自伐者無功自矜者不長

這幾句話和第二十二章的「不自見故明」等四句話相似。但「不自見故明」是講的「曲則全」的道理，而此處的「自見者不明」是直接批評「自見者」的不對，要我們戒絕「自我」的膨脹。接著下面的三句：「自是」、「自伐」、「自矜」都是同樣的毛病。

❹其於道也曰餘食贅行

「贅行」的「行」，有許多注本都當作「形」字，如王道注說：「行當作形，『贅形』，形之附贅者，駢拇之類。」「行」和「形」，古書本可通用，而《莊子・駢拇》也說：「附贅縣疣，出乎形哉，而侈於性。」所以把「贅行」當作「贅形」，就文字的意義上來說，也是講得通的。然而就「行」字來說，可能更附和老子的原意，如王弼的注：「本雖有功，而自伐之，故更為肬贅者也。」這幾句話是直接從本章的主旨和老子的思想來說的，此章和第二十二章的「自見」、「自是」、「自伐」、「自矜」，以及第二章、第十章的「生而不有，為而不恃」等，都是講的有功而不自以為功。否則便是「贅行」，也就是多餘的行動，不必要的言行。因為我們有能力，就盡我們的能力去做，如果做了之後，更加以自誇、自恃，即使有一些成就，這種自以為成就的行為也是多餘的。

在這裡，我們從「贅行」和「贅形」，來談談老子的注解工作。把「贅行」解作「贅形」，雖然就《老子》的文義並沒有多大不同，但「贅形」，只是一個譬喻，而「贅行」卻是老子自創的語言。很多注疏家花了精神，把「贅行」解作「贅形」，非但沒有發掘出老子的深意，相反的，卻把老子的思路支離了。所以這樣的注疏，可說是多此一舉，不是以老子的語意去解《老子》，而是以注疏家的考證去解《老子》。結果是考證了那麼多，意義卻並無不同，甚至有時還變得不倫不類，如高亨把「贅行」當作「贅衣」，這是為了遷就「衣」和「食」的對稱，而說「行」和「衣」是形近而譌。這完全是拿自己的想法去更改老子的原意了。試想老子只是寫他自己所想寫的，哪裡有興趣去為「考證家」們寫一本可以推敲語言文字的作品。

❺物或惡之故有道者不處

「物」指萬物，當然包括了人。這個「或」字頗有文章，因為如果說「萬物惡之」，為什麼要加一個疑惑、或不定之詞。這個「或」字，在第四章「道沖而用之，或不盈」中，我們曾討論過。但這裡的「或」字也有文章，呂吉甫注說：「夫道處眾人之所惡，而曰：『物或惡之，故有道者不處』，何也？蓋卑虛柔弱者，眾人之所惡而去之者也，故有道者處之。見是矜伐者，眾人之所惡而爭之者也，是以不處。則或處或不處，其為不爭一也。」

這段話已抓住了這個問題，不過「眾人之所惡」與「物或惡之」似有不同。「眾人之所惡」是指一般人的心理，都不喜歡卑下的地方。而「物或惡之」的「物」卻是泛指一般的萬物，都不喜歡別人的「自見」、「自是」、「自伐」、「自矜」。誠如《易經・謙卦・彖辭》說：「天道虧盈而益謙，地道變盈而流謙，鬼神害盈而福謙，人道惡盈而好謙。」此處特別用一個「或」字，指出兩種不同的現象，人或爭之，物或惡之，所以有道者，不與人爭，而與物一致。因為人之所爭是反自然，而物之所歸是自然。另外還有一種現象，人們雖然喜歡「自見」、「自是」、「自伐」、「自矜」，卻討厭別人的「自見」、「自是」、「自伐」、「自矜」，所以這個「或」字，也寫出了人的矛盾心理。所以有道者，不處這種為眾人所討厭的行為。

第二十五章　有物混成

有物混成❶，先天地生❷。

寂兮寥兮❸，獨立不改❹，

周行而不殆❺。

可以為天下母❻。

吾不知其名，字之曰道，強為之名曰大❼。

大曰逝❽，逝曰遠❾，遠曰反❿。

故道大、天大、地大、王亦大⓫。

域中有四大，而王居其一焉⓬。

人法地⓭，地法天⓮，

天法道⓯，道法自然⓰。

語譯

有一個混然一體的東西，它在天地產生之前就早已存在。它是如此的空寂無形，它的本體超然於萬物，而不與萬物遷變；它的作用又是周流宇宙，而生生不息。它對萬物的孕育之功，可以比為萬物之母。我不知道如何稱呼它，就叫它為「道」吧！勉強的形容它，就稱它為「大」。它的「大」是一直往前的。它的一直往前是沒有止境的。它的沒有止境不是一去不返，而是永遠的周流在大化之中。所以說道是大的，天是大的，地是大的，聖王之道也是大的。在這宇宙中，有四大，聖王之道是其中之一。我們人，應以「地」的謙卑為法，「地」也以「天」的智慧為法，「天」也以「道」的生化為法，而「道」乃是以它所流行的自然原則為法的。

解義

❶有物混成

「有物」的「物」，並不是指物質性的東西，而是描寫宇宙間有一個生化的本體。說它「有」，卻看不見它的形體；說它「無」，卻又和我們息息相關。所以它是「有」、「無」的「混成」。「混」是指的不可分，如第十四章的「混而為一」。「一」是混然的整體，是「有」、「無」的合璧。「成」是完成。一方面是指這個整體的完成，一方面也是指成就萬物，如王弼注說：「混然不可得而知，而萬物由之以成，故曰混成。」所以「混成」不只是指生化本體的完成，而是和萬物共化的完成。

❷先天地生

這個「混成」的生化本體，是存在於天地創生之前的，正如第四章所謂「象帝之先」。「帝」是天地之始，所以這個生化的本體乃是在天地之始的前面，換句話說，也就是天地的創造主。「天地」是有形的，但在現象世界中，「天地」是最早的一象。有天地，然後有萬物。如《易經・繫辭》上說：「天尊地卑，乾坤定矣。卑高以陳，貴賤位矣，剛柔斷矣。方以類聚，物以群分，吉凶生矣。」

在天成象，在地成形，變化見矣。」（〈上傳〉第一章）可見萬物聚合和變化，都在天地的成象成形之中。

這個生化的本體，不只是「先天地生」，而且是天地賴它而立，萬物因它而成。所以在天地的成象成形之後，這個生化的本體，仍然一直發展下去。

❸寂兮寥兮

河上公注：「寂者，無音聲；寥者，空無形。」王弼注：「寂寥，無形體也。」「寂」是無聲，但有空寂無形的意思；「寥」是無形，但有空洞無邊的意思。合起來，這兩字，一面是指這個生化本體的空虛無形，另一面也是指它的永恆不絕。如「萬古長空」（大珠慧海禪師）一語，一面是「空」，一面又是「長」。所以「寂寥」並非只限於無聲無形，而是在無聲無形中，那個生化的本體卻在那裡造化、那裡綿延。

❹獨立不改

河上公等注本作：「獨立而不改。」王弼注說：「無物之匹，故曰獨立也。返化始終不失其常，故曰不改也。」「無物之匹」是指不與物相對待，也就是不依靠物。由於不依靠物，它便不會隨物而變遷。「返化始終」是指由萬物的變化去看這個生化的本源，是永恆不變的真常。

然而所謂「生化」，它所生所化的是萬物，它必然與萬物一起變化，又怎能「獨立」於物之外？又怎能不改它的真常呢？要回答這個問題，讓我們再轉到前面兩句，老子之所以要強調「先天地生」，並不只是從邏輯上來論，先有理，然後再有物。而是因為天地也是物，天地不能直接生物，而且天地也不能自生。所以必然有一個東西超然在物質之外，它才能維持萬物的生生化化。否則它自己在生化之中，它自己便有生有滅，如母親以她的形質生育兒女，她自己的形質便受生滅的限制，不能永生。所以道的「獨立不改」是說道的超乎萬物生滅的現象之上，是永恆不滅的。

❺周行而不殆

「周行」，王弼注：「周行無所不至。」這是指生化的作用，是普遍周延、無所不達的。這就同《周易》的「周」字，除了周朝的意思外，另一個意義就是「周遍」。但「周」字還有一個意義是「周而復始」，如憨山注說：「且流行四時，終古不窮，故曰周行而不殆。」四時之所以不窮，就是因為四時的變化是周而復始的，《易經》的道理是如此，老子所談生化的作用也是如此。

「殆」是危險的意思，如《釋文》：「殆，危也。」但「殆」又借為「怠」的意思，如馬敘倫說：「殆，借為怠。《論語・為政》：『思而不學則殆。』《釋文》：『殆，本作怠。』此殆、怠通假之證。」此處的「殆」字，如解作「危」，不甚妥貼，因為生化的作用，沒有危險可言，因此宜解作「怠」，指它的生生不已，而不會倦怠、或休息。梁武帝時的傅大士有一首偈子便是完全根據以上四句話而寫的：「有物先天地，無形更寂寥；能為萬象主，不逐四時凋。」

❻可以為天下母

「天下」是指的萬物。「可以」為天下母，可見不是真正像母親誕生嬰兒一樣的直接關係，或上帝創造萬物一樣的主客關係。從上面四句話，我們只看到這個生化本體自身的「獨立」和「周行」，這與萬物的母子關係又是如何建立的？這是因為生化本體的「周行」，就像大氣的流行，為萬物培養了一個溫床，使它們能夠滋長、發育。所以說它可以作為天下萬物之母。

❼吾不知其名字之曰道強為之名曰大

這個生化的本體既然是先天地生，當然沒有名字。聖人們稱它為「道」，可見「道」也是一個稱呼，是用來表顯這個生化的本體。為什麼不稱它為上帝或神呢？因為上帝或神都是人格化了的創造主，都與萬物的生命有控制的關係，而「道」卻沒有這種特色，它顯示的是一種無為的造化作用。然而既然稱之為「道」，為什麼又名之為「大」，豈不是畫蛇又添了足？的確，這是有點多餘的，所以老子說「強為之名」。也就是說不得已，勉強的來描寫它。為什麼不得已？因為在現象界我們總需要用文字來形容它。所以只能稱它為大。

❽大曰逝

這裡的「大」，是「獨立」的「大」，是「周行」的「大」，而不是與「小」對待的「大」。因為與「小」對待的「大」，這個「大」反而被「小」所限定了，變成一個相對性的觀念。而此處用來形容生化本體的「大」，卻是絕對的「大」。

「逝」，一般都作消逝解，但就生化的作用來說，卻沒有消逝的意思，尤其老子用這個「逝」去描寫「大」，王弼注得好：「逝，行也。不守一大體而已。周行無所不至，故曰逝也。」王弼把「逝」解作「行」甚合原意。「逝」是我們普通用語中的「去」字，「去」有過去的意思，但也有前去的意思。最好的例子是《論語》中孔子臨川而歎：「逝者如斯夫，不舍晝夜。」（〈子罕〉）有些學者把此處的「逝」解作光陰的消失，以為這是孔子的傷感之歎。其實孔子樂以忘憂，不知老之將至，而且「七十而從心所欲而不踰矩」，又哪有這種傷時的感歎。所以伊川和朱子都把這個「逝」，解作道的奮進。老子此處的「逝」正是描寫這個生化作用的「大」，乃是生生不已的。以「逝」去釋「大」，正如王弼所注的「不守一大體而已」。因為如果只說一個「大」字，這個「大」便會固定化，變成了一個形象，有了形象，便會落入相對，而不是真正的「大」。所以「大曰逝」的「大」，是不留滯於一處。

❾逝曰遠

「逝」是不留滯於一體，其實就是變的意思。但這個變不是亂變，不是短暫的變，所以說一個「遠」字，王弼注說：「遠，極也。周無所不窮極，不偏於一逝，故曰遠也。」什麼叫「不偏於一逝」，王弼的注不夠清楚，意思應該是不執著一個方面的變，因為執著一個方面的變，必然是有限的、有盡的，譬如我們肉體的生命是隨時在變，如果我們只執著這一段的生命，那麼這段生命是有限的、有盡的，因此這段生命的「逝」，便是消失的「逝」，而不是向前發展的「逝」。所以這個「遠」字把「逝」擴延到無窮極，便成為永遠的發展，譬如《易經》講的「生生」，不是肉體的一個方面的生，而是包括了生死、死生所構成的無窮盡的生。

❿遠曰反

這個「反」字，有二義，一是相反的「反」；也包括了反復的「反」；另一是回歸的「返」。就現象界的變化來說，任何事情的變化都會從這一面變到相反的一面，這是相反的「反」。那麼，什麼又是反復的「反」呢？就現象的一個方面的變化，必然會變成相反的一面，如由小變到大，由生變到死。但就這相反的兩面來說，又是反復的變化，這在佛家，說是無常，在易理，說是循環。不過在這裡我們須注意的是，一般我們聽到循環兩字，就會錯覺的認為這是周而復始，又回到原來的狀態，好像四時的更替一樣，由春到冬，最後又由冬回到春。其實，循環只是一氣的周流，只是日月的交替而已。在其間活動的萬物，卻是永遠向前的發展。

這一永遠發展的流變，是不隨個體物的消逝而消逝。而這些個體物雖然有個體的生死，但最後又都歸入這永遠發展的大化中，這就是回歸的「返」。誠如王弼所注：「不隨於所適，其體獨立，故曰反也。」這個「返」於獨立的「返」，就是返於自然、返於生化的本體。

⓫**故道大天大地大王亦大**

道大、天大、地大，這是容易了解的，因為道是生化的本體，而天、地正是生化作用的場域。至於王為什麼也大呢？王弼注說：「王是人之主也，雖不職大，亦復為大，與三匹，故曰王亦大也。」這裡的「王」字，傅奕、范應元等注本，都為了下面的「人法地」而改為「人大」。當然人是天地之靈，說「人大」，並無不妥。但這個「大」是承襲了前面的「獨立不改，周行而不殆」的，因此說「人大」和前文不甚對照，所以還不如「王大」為妥貼。當然此處「王大」並不只是指「人之主也」，因為單單是「人之主」，反而把意思變得狹窄了，和前文的「獨立」、「周行」不類。這裡的「王」和第十六章的「王」應該是同一意思。它是指的「聖王之道」，是指王道的周普的意思。而王道的周普乃是來自於聖王的無私心，能夠「生而不有，為而不恃，長而不宰」（第十章），似地大、天大、道大。

⓬**域中有四大而王居其一焉**

「域」，王弼解作「無稱不可得名曰域也」，這是把「域」當作「無」之境。其實「域」是有，應該是「有」之境，也就是說「域」是萬物流行的場所。「天」、「地」、「王」固然是屬於現象界，而「道」的作用，也必然是在於現象界。所以「域」是指宇宙之內。

⓭**人法地**

李約等注本為了對應前文，把「人法地」改成了「王法地」。當然這裡的「人」也包括了「王」。不過前文指的「王」是為了寫「大」，所以用含有周普意思的「王」來作代表。而此處是強調這個「法」字，所以用較基本、較普遍的「人」來概括，也是順理成章的。

「人」為什麼要「法地」？這個「法」字，如果照一般語意解作取法或學習，在「人法地」上可以解得通，但在「地法天，天法道，道法自然」上，便不甚妥貼。尤其在「道法自然」上，可能還產生矛盾。王弼為了避免這一層困難，把「法」解作「不違」，他說：「法謂法則也。人不違地，乃得全安，法地也。」「法」是法則，「法地」是以「地」的特性為法則。但王弼把這個動詞的「法」解為「不違」，頗費心思。因為這樣一面可以避免把「法」解作取法或學習，另一面更進一步寫出了「人」和「地」的自然相和相合。

「地」的特性是什麼？在《老子》書中，除了天地連言外，另有兩次單獨提到「地」字的，如：「居善地」（第八章），「地得一以寧」（第三十九章）。前者是指「地」的謙卑居下，後者是指「地」的安靜柔和。當然「地」還有其他的特色，如滋養萬物，但這個特性，和「天」和「道」是共有的，所以還是以前面兩個特色「謙卑」和「安靜」較為妥切。《易經・繫辭》上也說「卑法地」（〈上傳〉第七）。就這兩個特色來說，「地」的謙卑、安靜代表謙虛不爭之德。這正是聖王的無為之道，和人的能與萬物和諧相處的德行。

⑭地法天

有很多注本，認為「人法地，地法天，天法道，道法自然」，即是「人法地，人法天，人法道，人法自然」的意思。當然就意思來說，並無不妥。但老子之所以說「地法天」，而不說「人法天」，也許有他的用意，我們不能想當然耳的一筆帶過。

「人法天」與「地法天」的不同，是前者是直接的法天，而後者是透過了「地」的法天而法天。「地」的法天是因為「地」的謙卑而順承天。王弼說：「地不違天，乃得全載，法天也。」這是說「地」以謙卑載物，必有得於「天」的特性，才能「全」載，而不致於窮竭。譬如「地」的養物之所以能無盡，就是有得於「天」的健行不息。

那麼什麼又是「天」的特性呢？在《老子》書中除了「天地」連言，表示宇宙，「天下」連言，代表萬物外，提到這個「天」字的有以下各章（除了本章）：「功遂，身退，天之道。」（第九章），「天門開闔，能無雌乎？」（第十章），「王乃天，天乃道。」（第十六章），「天得一以清……天無以清將恐裂。」（第三十九章），「不闚牖，見天道。」（第四十七章），「治人事天莫若嗇。」（第五十九章），「天將救之，以慈衛之。」（第六十七章），「是謂配天古之極。」（第六十八章），「天之所惡，孰知其故？……天之道，不爭而善勝。……天網恢恢，疏而不失。」（第七十三章），「天之道，其猶張弓與！……天之道損有餘，而補不足；……」（第七十七章），「天道無親，常與善人。」（第七十九章），「天之道，利而不害。」（第八十一章）從以上各章中的「天」字看來，我們可以綜合成兩個特色：

㈠天和道連言：在《老子》書中不說地道，卻常說天道。為什麼「天」和「道」連在一起。這一點，我們在下文「天法道」中再談。

㈡天具有智性、動力和標準的特色。如天之「清」、「所惡」、「善勝」、「無親」、「疏而不失」、「利而不害」、「損有餘而補不足」，都是智慧的作用。如「天將救之」、「天門開闔」都是動力的表現。

如「事天」、「天綱」、「配天古之極」都代表最高的標準。由這一分析，可以看出《老子》書中的「天」，象徵智慧性的動的作用。「地」的法天，就是以謙卑而順承智慧以發展。《易經・謙卦・彖辭》說得好：「謙尊而光，卑而不可踰。」唯有「地」之能法「天」，才能「尊而光」，才能「不可踰」。

❺天法道

「天」在一般的用語上，除了指和地相對的天空外，它也被用來當作上帝、或神明的代稱。在哲學上，它也代表自然和理則。就老子思想來說，如前文的分析「天」是象徵智慧、動力和標準。由於老子的「天」和一般信仰的「上帝」或「神明」是同一個「天」字；同時，又和一般用語的「天空」是同一個「天」字，於是這個「天」便容易「過」或「不及」。所謂「過」就是權力過度膨脹，而變成了無所不能、無所不管的「神」；所謂「不及」就是失去了任何性能，只是一具空空洞洞的蒼空。老子為了避免這種偏差，才特別強調「天法道」。王弼注說：「天不違道，乃得全覆，法道也。」王弼用這個「覆」字去寫「天」的作用，可見這個「天」乃是從天空的覆蓋萬物而取象。但唯有「天」不違離道的原則，才能「全」覆萬物，這個「全」字寫「天」的覆育萬物而不遺。否則像第二十三章所說的「飄風」、「驟雨」雖然也是天地之所為，卻不是「法道」的，所以「天法道」就是以道去詮釋「天」，使「天」負有道的作用，成為生化中最重要的一環。

❻道法自然

「道」是生化的本體，已是最高的境界。如果在「道」之上，再按一個「自然」，說「道」是取法自然的，顯然是說不通的，所以歷來注《老子》者，都把「自然」當作「道」的自身的法則，如：

「道性自然，無所法也。」（河上公注）「道不違自然，乃得其性。法自然者，在方而法方，在圓而法圓，於自然無所違也。」（王弼注）「道之所以大，以其自然，故曰法自然。非道之外，別有自然也。」（吳澄注）「道法自然」一語有三層意思：第一，對上而言，道是「自本自根」（《莊子》語），在它之上，更沒有另外一個存在指使它、發動它。所以它是以自己為法。第二，就道自身來說，它是以虛無為用，它沒有意識，沒有欲念，它只是生化的流衍，是自然而然的。第三，對萬物而言，它絕不干涉萬物、控制萬物，它是任萬物的自然發展。

事實上，道即自然，為什麼卻說「道法自然」？關於「自然」兩字，我們在第十七章中曾分析過。由於一般人提到「自然」就會想到外界的自然環境。但自然環境是在天地之間的，因此必然是有了天地之後的。可是本章一開始就說「有物混成，先天地生」。可見這個道是先天地而生的，那麼「道」所法的「自然」，必定在天地之先，而不是物理現象的自然。所以從「道法自然」一語，可以看出「自然」就是生化本體的法則，這個法則是先天地的，可是有了天地之後，這個法則，又通貫天、地、人，而及於萬物。但當自然的法則通貫到萬物之後，表現出來的乃是萬物的物理現象。由於萬物有形氣的拘限，因此表現出的自然現象有時不免有缺陷，如生死等。我們不能由此去論斷自然原則的不夠周延，人之所以要「法地」，再由「地法天」、「天法道」而「道法自然」，就是人要從物理現象的一步步提昇中，去體驗「道」的那個自然原則。唯有這樣，人才能真正的「法道」、「法自然」而和天、地、道同其大。

第二十六章　重為輕根

重為輕根❶，靜為躁君❷。

是以聖人終日行不離輜重❸。

雖有榮觀，燕處超然❹。

奈何萬乘之主而以身輕天下❺？

輕則失本，躁則失君❻。

語譯

「重」可以作為「輕」的根本，「靜」可以作為「躁」的主宰。所以聖人在整天的行旅中，必然不離開那載有衣物器用的輜重之車。他雖住在極為富麗的宮殿中，但平居生活，他的心卻恬淡無欲，萬乘大國的君主，又豈可逞一己的欲望或才能，而輕率的操縱天下萬物？因為這樣的輕率而為，就會失去你自己的德性，這樣的急躁而動，就會失去你無為而治天下的智慧。

解義

❶重為輕根

就物理現象來說，重的物質往下沉，輕的物質在上浮。所以重可以作為輕的根。「根」也是本。所以在人事運用上，「重」是本，「輕」是末。中國人的心理往往推崇「重」，而貶抑「輕」，如穩重象徵有德，輕浮象徵失態。

❷靜為躁君

「躁」是動的意思，但此處不言「動」，而言「躁」，是因為「躁」的動，是急速的動、不安的動。這個「君」字含有能為主、能管束的意思。也就是說唯有靜才能使「動」不流於「躁」。關於前面兩句話，韓非曾注說：「制在己曰重，不離位曰靜。重則能使輕，靜則能制躁，此之謂也。」韓非的話雖然是從法家運用之術來說的，但卻指出了「重為輕根」，並不是重能生出輕來，而是重可以運用輕。同樣「靜為躁君」，並不是說躁來自於靜，而是說靜能約束躁。

❸是以聖人終日行不離輜重

「輜重」指載重的貨車，焦竑注說：「古者凡吉行乘乘車，師行乘兵車，皆有輜車在後。輜車衣車，前後有蔽，所以載行者之衣食器械；以其累重，故稱輜重。」此處「輜重」的重雖然是對照第一句中的「重」，但「輜重」的真正意義不在重，而在於它所載的是衣食等用品，這也就是說生命所需的東西。所以這句話是描寫做任何事情都不要離開根本，這個根本是德性，也是道。

❹雖有榮觀燕處超然

「榮觀」，是指美麗的景觀，但在這裡是指榮華的宮殿，因為本章的聖人，也就是指聖王。「燕處」是指安居。這句話是描寫聖王雖然所住的是富麗的宮殿，可是他生活起居，卻平淡簡樸，不沉迷於物質享受。

❺奈何萬乘之主而以身輕天下

古代戰車，四馬拉一車叫一乘，萬乘就有一萬戰車，這是指的大國。大國的君主如何治天下，《老子》在第六十章中曾說：「治大國若烹小鮮。」就是說治大國不能大動干戈，急於求進。更不能自逞才知，一意孤行。所謂「以身輕天下」就是呈顯一身之能，輕率的去治天下。《老子》在第十三章中也說：「貴以身為天下，若可寄天下。」也就是說要貴重自己的身體，就同貴重天下一樣，相反的，自己的身體輕率躁動，也就是視天下為輕率易為。在第十三章中，我們也強調過，此處的貴身，並非執著己身，而是保養此身，不把己身寄託於外面的寵辱。否則自己就沒有重心，就是「輕」。因別人的寵而喜，因別人的辱而怒，這就是「躁」。所以真正的「不以身輕天下」，說淺了，就是穩重；說深一點，就是無為。

❻輕則失本躁則失君

此處「失本」兩字為王弼注本。河上公作「失臣」，永樂大典王弼本作「失根」。焦竑注本改作「失根」，近代學者都從之，如俞樾說：「竊謂兩本（王弼、河上公）均誤。永樂大典作『輕則失根』，當從之。蓋此章首云：『重為輕根，靜為躁君。』故終之曰：『輕則失根，躁則失君。』言不重則無根，不靜則無君也。王弼所據作失本者，本與根一義耳；而弼不曉其義，以失本為喪身；則曲為之說矣。至河上公作失臣，殆因下句失君之文而臆改耳。」

這段話，就考據注疏來說，四平八穩，毫無問題。尤其「根」和「本」兩字，根本相通，把根寫成本，不算錯，再把本改成根，也絕不會錯。可是問題就在這表面上似乎沒有差別時，卻有微妙的不同。先看王弼的注：「輕不鎮重也，失本為喪身也，失君為失君位也。」這足證王弼所注的版本是「失本」，俞樾說：「本與根一義耳，而弼不曉其義，以失本為喪身。」這話未免太欺侮王弼了，試想又有哪一位敢於注疏的學者，不知道「根」與「本」意義相通。我們說相通，而不說相同，因為其間仍然是有差別的，王弼在下注時，早已有此意識，譬如他在「重為輕根」的注中是以「根」來注「重」，在「不離輜重」的注中便說：「以重為本故不離」，便顯然是以「本」來注「重」了。在本章中「根」和「本」的細微差別，乃是第一句「重為輕根」是以物理現象為喻，譬如樹木，根重而枝輕。而最後的「輕則失本」，很明顯的是以人事運用來作結論，而且是承接了前面一句「以身輕天下」的，所以這裡的「本」不是指「身」便是指「天下」。王弼的注，一點也不錯。王弼所看到的版本，就是「輕則失本」，他沒有理由去把「失本」改成「失根」，反而變得不夠通順，今天馬王堆的小篆本，也作「輕則失本」，足證王弼也沒有看錯。

這一場「根」、「本」之爭，本來是不必要的。尤其如果依照俞樾把「本」改作「根」，那麼最後兩句話只是前面兩句的重複強調，「根」即是指的「重」，「君」即是指的「靜」，並沒有什麼深意。可是如果我們依照「輕則失本，躁則失君」，那麼這兩句結論，便和最前面兩句的譬喻稍有不同。因為「失本」的「本」便有很多寓意，不只是「重」而已。王弼注為「身」，是合理的，但這個「本」也可象徵德性或天下。如第五十一章：「萬物莫不尊道而貴德」，所以德也是貴重的。又如第二十九章「天下神器，不可為也。」可見天下也是貴重的，不可以輕為。至於「躁則失君」一語雖然是

「靜為躁君」的反面說法。但即使是同一「君」字，意義卻有廣狹的不同，「靜為躁君」的「君」字被「靜」所限定了，所以這個「君」字是「靜」能為「躁」的主宰，可是「躁則失君」的「君」字，卻沒有被「靜」所限定，因此它可以有較多的含義，王弼注為「君位」，即是一例。但注作「君位」，又落實在政治上。試想老子的「聖人」又豈為「君位」而在意？如果我們順著「以身輕天下」的前文，那麼「失本」的本可解作「修身之德」，而「失君」的君可解作「治天下的王道」，這樣與老子整個思想也是一致的。

第二十七章　善行無轍迹

善行無轍迹❶，
善言無瑕讁❷，
善數不用籌策❸，
善閉無關楗而不可開❹，
善結無繩約而不可解❺。

是以聖人常善救人，故無棄人❻；
常善救物，故無棄物❼。
是謂襲明❽。
故善人者，不善人之師❾，
不善人者，善人之資❿，
不貴其師，不愛其資，雖智大迷，是謂要妙⓫。

語譯

一個善於處事的人，順事理的必然，因此不會留下一點扞格不達的痕跡。一個善於說話的人，把握事情的要點，因此不會留下可以挑剔的語病。一個善於了解萬象理數的人，不用算盤籌碼等去計謀一切。一個善於防邪杜奸的人，不用那些外在的門閂重鎖，惡人也不得其門而入。一個善於和萬物相交的人，即使不用繩索契約，萬物也不會和他分離。所以說：聖人的善於救人，能順人之性，而沒有一人被遺漏；他的善於救物，能任物之性，而沒有一物被遺棄。這是在於他能承順天道的明智。由於這種明智使他知道，善人是不善之人的師法，而不善之人，也是善人關懷的對象，如果不能重視善人以為師，不能關懷不善之人以為用，那麼他空有其智，也是離道失德的，這就是道的精要微妙之處。

解義

❶善行無轍迹

「行」字有二義：一是行路的行；一是行事的行。「轍」是車行過所留下的痕跡。關於這句話，前人的注，都有點玄，如河上公注：「善行道者，求之於身，不下堂，不出門，故無轍迹。」王弼注：「順自然而行，不造不始，故物得至而無轍迹。」其實這句話的道理很明顯，先拿行路來說，善行的人，順著正路，當然不留痕跡，相反的，一個不善行的人，常常走岔路、踩泥濘，如普明禪師的〈牧牛圖頌〉說：「一片黑雲橫谷口，誰知步步犯佳苗。」這樣的人，哪有不留轍迹的？再就行事來說，一個善於行事的人，把握要點，以簡馭繁，自然行所無事；相反的，一個不善於行事的人，一味蠻幹，弄得焦頭爛額，到處留下痕跡。

❷善言無瑕謫

「瑕」是玉的毛病，「謫」是責難的意思。這個「言」字，在《老子》書中都有負面的意思，如：「行不言之教」（第二章），「多言數窮」（第五章），「希言自然」（第二十三章），「知者不言，言者不知」（第五十六章），「美言可以市」（第六十二章），「必以言下之」（第六十六章），「不言而善應」（第七十三章），「信言不美，美言不信」（第八十一章），從這幾處的「言」字看來，都是指語言和聲教，都是勸我們盡量少言，另外有幾處雖然沒有直接批評「言」，卻另有所指，如：「言善信」（第八章），「悠兮其貴言」（第十七章），「言有宗」（第七十章），「正言若反」（第七十八章），從這幾處，可見《老子》的「善言」不是無言，而是「慎言」（貴言），而是「言」對內表達心中的誠信，對外合於事理的必然（言有宗），而是以柔弱謙卑，達到正面的目的。所以老子的「善言」，是由內在的真誠，合外在的真理的。由於是發乎至真，當然是沒有毛病，別人也無法責備了。

❸善數不用籌策

「數」，是計數。「籌」和「策」是籌碼，都是用來計數的。這句話的表面意義是指善於計數的人，了解數字間的訣竅，可以用心算，不必用有形的籌碼。但這句話的深一層意思是，這個「數」字也指理數，一個真正了解宇宙人生間的理則的人，他不必存計算之心，便能順理而行，迎刃而解。

❹善閉無關楗而不可開

「楗」，傅奕、景龍等版本作「鍵」。其實這是指門上的木閂，所以用木旁的「楗」字為妥。《說文解字》門部：「關，以木橫持門戶也。」木部：「楗，距門也。」范應元說：「橫曰關，豎曰楗。」所以關楗乃是鎖門的木閂。

這句話的表面意思是指一個善於關閉門戶的人，可以不用門閂，別人也無法打開。這個說法有點費解，因為在現象界，好像沒有這個事實。如果我們進一步推敲，一個真正「善閉」的人，使得門沒有縫隙。既然沒有縫隙，當然不需要門閂，外人也不得其門而入。但如何才能「善閉」呢？「門」是用來通內外，也是別內外的，「關楗」卻是用來防盜賊的，如果我們能做到內無引誘偷盜之物，外無賊亂之行，那麼門雖設而常開，正如《禮記》所說：「盜竊亂賊而不作，故外戶而不閉。」（〈禮運〉）所以這句話的重點，乃是指明「關楗」不是善閉的方法。「關楗」愈求牢固，代表外面的問題愈嚴重，這個防盜的「門」也愈危險。

❺善結無繩約而不可解

「結」是綑結。用繩束來綑一件東西，最牢固的結也會被人打開。其實我們為一件東西打繩結的時候，早就意味著，當我們任務完成後，會解開這個結。即使打的是死結，也只是為了增加牢固而已，最後還是需要解開的。再說，如果把兩件東西綑結在一起，無論繩束如何牢固，這兩件東西仍然是可分的。所以真正使兩件物體結合，必須使它們自然的融合，不能依賴繩束來勉強的撮合。

在人事上來說，這個「結」正代表了人與人之間的關係。如果這個關係，只靠外在的金錢、權勢來維繫，只是暫時的，最後必然會破裂。再進一步說，這個關係如果單靠制度、禮教來約束，也是表面的，終究會產生問題。所以這個「結」，必須繫在至性上，如父母與兒女的關係是天生的，永遠也無法分割。因此最好的「結」，就是沒有外在的「結」，順任自然，也就永遠無法分解了。

❻是以聖人常善救人故無棄人

在本章中，這句話是重點，前面五句都是譬喻。這句話中老子說「救人」，卻沒有說出如何救人，因此我們必須從前面五句話中去探求這個答案，王弼對於前面五句的注解都是指「順自然」、「順物之性」、「因物之數」、「因物自然」。其實「順自然」，就是「順物性」。能夠順物之性，與萬物合一，所以才不會有「轍迹」、「瑕讁」，才不用計算的「籌策」，不用外在約束的「關楗」和「繩約」。因此真正的「救人」，乃是從「人性」上著手。在這點上，儒家和道家是相同的，不過，在方法上卻有差別。無論孟子講性善，荀子講性惡，但他們都是用道德禮教來改善人性，他們都是著重在善和惡的分辨。在老子的眼中，儒家的方法，都離不了用「籌策」、「關楗」和「繩約」，都是不夠根本的。依照老子的看法，真正的「救人」，不要先樹立一個標準去救他們，因為一有了標準，便有了善惡好壞的分別，這樣，無形中已把很多人打入了「惡」和「壞」的牢獄，這已在人性的根本上用外在的標準加以分割了，又如何能一視同仁的去救所有的人，王弼注得好：「聖人不立形名以檢於物，不造進向以殊棄不肖，輔萬物之自然而不為始，故曰無棄人也。不尚賢能，則民不爭；不貴難得之貨，則民不為盜；不見可欲，則民心不亂；常使民心無欲無惑，則無棄人矣！」

王弼這段話有兩部分，第一部分是強調聖人不建立道德標準、刑名制度來約束人民；第二部分是引證第三章所說以無為的方法，使人心歸於無知無欲。總結起來，聖人的「救人」，不是救某些人，而是救所有的人，要救所有的人，首先便不該有分別觀念，去強調誰是誰非；誰善誰惡；誰窮誰富。這樣的話，只能救一部分人。救一部分人，相對的，就遺棄了另一部分人。譬如佛學上有三種布施：一是財施，二是法施，三是無畏施。以財物作布施是有限的，所以它的層次最低。用佛法去布施，雖然比較深入，但仍不免有文字語言的執著。至於無畏施乃是使人在精神上達到無畏的境界，這才是真正超脫生死的徹悟。同樣老子的「救人」，也是救人的「精神」，所謂「虛其心」、「弱其志」。這種方法是適合於所有的人，而沒有一個人是例外的。因為無論是善人、惡人，富人、窮人，都需要「虛其心」、「弱其志」。這正是王弼以第三章來注釋這一句話的精到處。

❼常善救物故無棄物

在《老子》書中常提「萬物」兩字，當然是包括了「人」的。不過在這裡，老子卻把「人」和「物」分開，不僅要「救人」，而且要「救物」。一般的理論，為了「救人」，常常犧牲「物」、利用「物」。但在老子，人和物同屬於自然的一部分，因此聖人也必須「救物」。如何「救物」，老子沒有明言，王弼沒有注釋。河上公說：「聖人所以教民順四時，以救萬物之殘傷。」這是說順乎自然，使萬物都能生生的發展。這正是老子思想的主旨，如第十章：「長而不宰」，第三十四章：「萬物恃之而生而不辭」，都是這個意思。

然而在理論上，順自然而救物，似乎很簡單，但在現象界、在事實上，老子的「救物」，卻遇到兩個難題。先說第一個難題，當我們走到野外，看見一片美好的風光，山高水深，花紅草綠，一切都順乎自然。可是突然跑來一隻兔子，吃掉了一片綠草，但我們並不介意，覺得這也是自然。但是突然間闖進了一隻野狼，撲殺了兔子。對於這一血淋淋的現象，我們不能不吃驚，因為它打破了萬物生生的美麗的畫面。對於這一事實，我們可以解說，那只是物理的自然界，就像飄風、驟雨一樣，不是和諧的自然、德性的自然。《老子》書中沒有明言這種事實，但依據老子的「救物」，我們可以想像，老子是希望萬物都能和諧的共存，絕不能殺生以自養。

於是在這裡又遇到了第二個難題。犧牲萬物以自養，這本是人類生存的一種方法。人類播種五穀，就是為了要食用五穀。五穀沒有意識的生命，因此還可以說得過去。但人類畜養家禽，最後又都烹殺而食之。這豈不是「生之」、「畜之」，而又「殺之」、「食之」了嗎？又豈能說是「長而不宰」呢？在《老子》書中雖然沒有討論這個問題，而道家也沒有素食的要求。但就整個老子思想來看，老子是主張人和萬物共存共長的，如第五十五章說：「含德之厚，比於赤子。蜂蠆虺蛇不螫，猛獸不據，攫鳥不搏。」毒蟲猛獸攫鳥的不害人，是因為人不害牠們，所以才能和平共處。這是老子的理想境界。現實社會做不到，因此他才說：「常善救物，故無棄物。」真正能救所有的物，就必須使得物與物之間沒有殘酷的爭奪之心，而回歸於德性的自然。

❽是謂襲明

「襲」字有二解：一是遮蔽，一是承繼。就遮蔽來說，這個「明」是指個人的才智。一個真正善於救人救物的聖人，是順物自化的，所以他們要「絕聖棄智」，遮蔽了自己的光芒。這種解釋和老子的思想並無不合。不過這個「明」字在《老子》書中多作正面意義，如：「知常曰明」（第十六章），「是謂微明」（第三十六章），「明道若昧」（第四十一章），「見小曰明」（第五十二章）。這些「明」都是指一種徹悟的智慧。所以「襲明」的「襲」字當作承繼解。可是承繼個什麼呢？所謂「知常曰明」，就是承繼自然的常道，也就是天道。這一點，也可以從《莊子》書中得到旁證。在〈齊物論〉中，莊子強調是非不用，一連有三處說「以明」。這個「明」字，用莊子的話，就是「照之於天」，即是說不要執著是非的相對觀念，而一本於天道之明。這正同老子所謂的「襲明」，即順承天道之明。天道之明是光照大千，而無一人遺漏，無一物遺棄的。這是老子用「襲明」兩字點出了本章的眼目。使我們了解這一切的「善行」、「善言」、「善計」、「善閉」、「善結」都是歸本於自然的常道，都來自於天道的明徹。

在這裡，我們還須對這個「襲」字多說幾句話。如果「襲」是承繼的意思，為什麼不直說順承，偏偏要用這個「襲」字？而且「襲」字畢竟有遮蔽和暗地的意思。老子之所以用「襲」字可能有二層作用：第一層是遮蔽的意思，這和第三十六章中的「微明」是相似的，因為這種智慧的光明來自於希言的自然，它不像陽光那樣強烈、是非分明；它的作用是微妙的、曲折的，因此唯有善體自然的曲成之道，才能證得這種智慧。把這個「襲」字和前面的「無轍迹」等語作一對照，更可看出這個「襲」字寫出了冥冥中暗合天道的那種自然的、天衣無縫的作用。第二層是藏的意思。《易經．繫辭傳》中有「藏諸用」（〈上傳〉第五章）一語極為精要，這個「藏」字是寫道體深藏於萬物之中，默默的發揮作用。同樣老子此處的「明」，也不是高掛在天上的，而是蘊藏在萬物之中。任何人、任何物都可以受到照被。統括以上兩層作用，前者是由暗致明，去深體天道；後者是由明入暗，去善用天道。

❾故善人者不善人之師

這是由暗致明，去深體天道。這裡所謂「善人」，應和第八章的「上善」一致，是指「利萬物」，而「不爭」的上德。所以老子所謂「善人」是指真正有道德的人，而不是以道德自耀的人。不善之人的師法善人，事實上，是師法善人的行道。

❿不善人者善人之資

這是由明入暗，去善用天道。天道是沒有分別心，它的照顧萬物，是不分善惡的。因為善惡的觀念是人為的標準。當我們用了善惡去分類之後，往往會推崇善的，捨棄不善的。這樣的話，不善之人便永遠流於不善，而無法改變，所以老子說：「不善人者，善人之資。」「資」字，王弼注作「取」，河上公注作「用」，也就是說取以為用的。這句話正是勸我們不要厭棄不善之人。不善之人正是我們關心的對象。如果天下都是善人，那麼也就無所謂善了，正由於有很多不善之人，才使我們的善有對象去發揮。

在這裡，老子並不是強調「善人」和「不善人」的對立，或「不善之人」的重要，相反的，卻藉著不要捨棄「不善之人」，而求超越善惡的相對觀念。

⓫不貴其師不愛其資雖智大迷是謂要妙

「雖智大迷」，王弼注說：「雖有其智，自任其智，不因物於其道，必失。」河上公注說：「雖自以為智，言此人乃大迷惑。」這裡的「智」和「絕聖棄智」的智是一樣的，是指的聰明才智。具有聰明才智，並不為過，但如果不能謙沖自牧、師法善人，這個「智」便不能提昇上來，而化為德。同時，如果自逞其智，不能關懷不善之人，這個「智」，便成了傷人的利器，反而變成了惡。所以這樣的「智」，是完全和道背離的。

最後，總結為「要妙」兩字。「要」是精要，「妙」是微妙。這是指道的精要微妙。「要妙」兩字對應「襲明」兩字。「襲明」指天道之明的光被萬物而無遺漏，「要妙」是指聖人在實事上的對「善人」與「不善之人」的一視同仁，照顧無遺。

第二十八章　知其雄守其雌

知其雄，守其雌❶，為天下谿❷。

為天下谿，常德不離❸，復歸於嬰兒❹。

知其白，守其黑❺，為天下式❻。

為天下式，常德不忒❼，復歸於無極❽。

知其榮，守其辱❾，為天下谷❿。為天下谷，常德乃足⓫，復歸於樸⓬。樸散則為器⓭。聖人用之，則為官長⓮。故大制不割⓯。

語譯

知道雄強的一面，把握雌柔的一面。能作天下最幽靜的小溪，這樣才不致離失了真常之德，也才能回歸於嬰兒的無欲境界。知道純白的一面，把握玄黑的一面，能作天下最謙卑的模式，這樣便不會和真常之德有差別，也才能回歸於無極的虛曠境界。知道光榮的一面，把握垢辱的一面，能作天下最低窪的山谷，這樣才能使真常之德圓滿充足，也才能回歸於素樸的自然境界。當素樸的自然境界被割裂之後，才形成了許多器物。聖人能善用這個素樸的自然，才能為萬民的領袖。所以說治國的大法，就是要用樸，而不流於支離割裂的治術。

解義

❶**知其雄守其雌**

雄和雌是指性別的不同，但老子此處卻另有所指，王弼注說：「雄，先之屬；雌，後之屬也。知為天下之先也，必後也。是以聖人後其身而身先也。」這是用雄來象徵「先導」，用雌來象徵「後順」。事實上，雄的特性是剛強，雌的特性是柔弱。在《老子》書中，都不談「雄」，卻一再的強調雌，如「天門開闔，能無雌乎？」（第十章）其餘如「母」（第一章）、「玄牝」（第六章）都是「雌之屬」。不過老子用「母」字、用「雌」字，自有其不同的意義，尤其此處把雌雄對待來論。很顯然，它們是象徵了相對性，如雄是先、是強、是動；而雌是後、是弱、是靜。但在這裡值得我們注意的是一個「知」字，一個「守」字。「知」是了解，「守」是運用。一般的注解，都忽略了這個「知」字，尤其老子一再強調「無知」，使人誤解老子根本否定了「知」。其實這句話裡的「知」字很重要，必須「知」雄的特質，才能「守」雌的特性。如果不能知雄，而一味的守雌，這是天生的衰弱，而不是勝剛強的柔弱。由於老子講「守其雌」或守弱，好像是不用智，其實老子的不用智，是智性發展到最高的境界，而變成了德，一切順乎自然，而不用智。所以「知其雄」和「守其雌」是同樣的重要。真正能「知其雄」，才能「守其雌」。

❷為天下谿

「谿」字景福本作「溪」，景龍本作「蹊」，敦煌本作「奚」。朱謙之注說：「作奚是也。奚乃古僕之稱。為天下奚，猶今言公僕，與知雄守雌之旨正合。」意雖不錯，但《老子》書中並無為「僕」的觀念。而守雌也不是為僕的意思。至於「溪」是山澗的小水，「蹊」是山澗的小路，都可以包括在「谿」字中。因為「谿」乃是指山澗的谷底，當然是有小溪和小路。不過老子此處「為天下谿」，是指處天下最低、最不受人注目的地方。在《老子》書中，描寫低下的地方常以雌為喻，如第六十一章：「大國者下流，天下之交，天下之牝。牝常以靜勝牡，以靜為下。」可見這裡的「谿」，無論是有水的「溪」也好，小路的「蹊」也好，總之，是象徵了「低下」和「寂靜」。

❸為天下谿常德不離

《老子》第一章講常道，此處講常德。「常」字具有真實、永恆和自然三義。老子用「常德」兩字，就是為了有別於一般的道德。因為一般的道德是觀念的、相對的、和人為的，所以不是真實、永恆和自然的「常德」。由於這個「常德」是內在於己的，是天生自然的，因此老子用「不離」兩字，表示這是本有的。為什麼「為天下谿」而「常德不離」呢？「谿」和「常德」又有什麼關連呢？試想這山澗中的一溪流水，及那一條默默的小徑，是那麼的悠然自得，不為人知。這正是「常德」的最佳寫照。

❹復歸於嬰兒

「嬰兒」兩字在第十章中曾強調過，主要有兩層意思：一是指的柔弱，一是指的無欲。這兩層意思都是常德的特色，也是守雌的要點。如果把「雌」、「谿」、「常德」和「嬰兒」等四個觀念結合起來，我們可以看出這幾句話的重心是講「意」和「氣」的修養。我們說「意」和「氣」並不像後代道教修鍊上所講的那套「行炁」的方法，而是《老子》第十章中「專氣致柔，能嬰兒乎」，這是把嬰兒和氣連在一起，又同一章「天門開闔，能無雌乎」，這是把雌和意識連在一起。所以我們認為這幾句話所講的修養，是從沖虛之氣著手，使我們的意念達到柔順的境地，如嬰兒一樣的柔和無欲。

❺知其白守其黑

一般來說，「白」是指的光亮、純白；「黑」是指的黑暗、污濁。總之，前者是大家所喜愛的，後者是大家所厭棄的。老子此處卻給予「黑」一個正面的意義，是指的玄深和混融。雖然《老子》書中沒有再提到這個「黑」字，但有關「黑」的意思，卻俯拾即是，如：「玄之又玄」（第一章），「同其塵」（第四章），「其上不皦」（第十四章），「深不可識」（第十五章），「沌沌兮」（第二十章），「混兮，其若濁」（第十五章），這些都是「守其黑」的意思。

在這裡，仍然有一個關鍵不能忽略，就是「知其白」，才能「守其黑」。如果沒有「知其白」的了解，而一味的「守其黑」，便是十足糊塗，真正的無知。再進一步來說「知其白」是知識的追求，而「守其黑」是修養的工夫。這兩者並不是邏輯上的相矛盾，而是老子把知識轉化為修養的工夫。

❻為天下式

「式」是法式、模式的意思。如王弼注：「式，模則也。」河上公注：「可為天下法式。」但老子的思想是強調「不敢為天下先」的，如果為天下模則、法式的話，豈不成了天下之人的標準和效法的對象？這樣又違反了老子謙沖無為的主旨。所以這裡的「式」，是緊扣了「守其黑」，是指這種「守其黑」的工夫為「天下式」。所以為「天下式」，實際上是指為天下之「黑」，如第七十八章所謂：「受國之垢，是謂社稷主。」「垢」就是以黑為「式」了。

❼為天下式常德不忒

「忒」，王弼注：「忒，差也。」這是指和常德沒有差失。為什麼「守其黑」的「為天下式」而能和常德不差呢？在前面，我們曾說過「守其黑」，並非是真正的糊塗無知，而是遮蔽自己的光芒，以免傷害別人；或了解知能之不可恃，而以混融的德性化解之。當然這只是個人的修養。但這種修養如能「為天下式」，也就是成為天下人共同的法式，那麼這種個人的修養，便提昇成為宇宙的常德了。

❽復歸於無極

「無極」兩字是中國哲學裡的一個重要術語，尤其周濂溪在《太極圖說》的「無極而太極」一語，曾引起陸象山和朱子之間的一段爭論，由於朱子推崇太極圖，而被陸象山批評周濂溪和朱子在太極之上加了一個「無極」，是受了道家思想的影響。現在我們且不論這段爭執的是非曲直，很顯然的，周濂溪的《太極圖說》是和陳摶的太極圖相似，所以「無極」兩字，乃是脫胎於道家思想的。

「無極」兩字不見於《莊子》一書，但《莊子・逍遙遊》中：「其遠而無所至極邪」一語正可作「無極」兩字的注解。在《老子》書中，「無極」兩字也只出現了一次。但「無極」的意義卻和老子的「無」字、「玄」字相通的。如果我們把「無極」和「太極」作一比較，它們的關係和老子的「常無」、「常有」正好相似。「無極」就同「常無」，是「觀其妙」，是從萬物本源處的回歸。而「太極」就同「常有」，是「觀其徼」，是從萬物始生處來看發展。

此處的「復歸於無極」，就是指回歸於道的境界。「無極」兩字乃是對應於前面的「白」、「黑」和「式」，因為這三個術語都是和認識作用有關，所以「無極」也就是指不是思辨意想所能達到的境界。

❾知其榮守其辱

「榮」和「辱」是很強烈的對比，不像「雌雄」雖屬異性，但異性相吸；不像「白黑」雖然顏色不同，但可以調配。可是「榮」和「辱」卻是兩個不能相容的極端，沒有一個人不喜「榮」，而自取其「辱」的。由於榮辱觀念的不易調和，近代許多學者，如易順鼎、馬敘倫和高亨等認為從「守其黑」到「知其榮」等二十三字為後人所加，應該刪除。其理由不外《老子》有「大白若辱」（第四十一章）句，而沒有「白」、「黑」對待之說，及「式」和「谿」、「谷」不相類；「無極」與「嬰兒」、「樸」不相似等。然而令我們更加懷疑的是，既然為後人所加，理應更注重文意的順適，為何反而製造不相類似的詞語？事實上，最早的版本，如王弼、河上公，以及近年發現的馬王堆的帛書本，都有這二十三字，而且王弼、河上公都有注，那麼所謂「後人」又是後到什麼時代？總之，要刪除這二十三字也沒有那麼簡單，所以我們還是依照所有的舊版本。因為保存了這二十三字，並無礙於老子的整個思想。

那麼，為什麼「知其榮」而要「守其辱」呢？「榮」是榮耀，是一般人所追求的。「辱」，是「恥辱」，卻是一般人所規避的。不過，老子此處所謂的「辱」並不是做了敗德的事情，有辱自己的人格。而是指在低陋、卑下之處，為一般人感覺羞辱。所以「守其辱」，就是處低下之處，所謂「和其光」、「同其塵」的意思。

❿為天下谷

「谷」在《老子》書中是象徵「虛」的意思。可是「辱」和「谷」又怎麼能連在一起呢？因為真正能做到「守其辱」，必須能「虛其心」。唯有心能虛，才不會逞知逞能，與別人爭榮爭寵，唯有這樣，才能自處於大家所厭棄的境地。如菩薩的自願入地獄，如儒家的君子固窮及動心忍性等。

⓫為天下谷常德乃足

「谷」是指的虛谷，但「谷神不死」（第六章），這種「虛」的作用是綿延不斷，而且是和「有」同存的，因為能「虛」才能生「有」，才能用「有」，也才能使常德完滿具足。「常德」是指德性的永恆不息，也是指道的作用生生不已。

⓬ **復歸於樸**

「樸」字已見於第十五、第十九章，原字是指未曾雕琢的素木，老子用以譬喻純樸的本性。能夠守「辱」，就是不追逐外在的聲譽，能夠為「谷」，就是空掉內心的意念貪執。唯有這樣才能使心地純淨有如樸木。

⓭ **樸散則為器**

純一的素木被砍伐而雕琢成各種器皿，這是譬喻自然的現象被破壞而成人為的製作。就政治的發展來說，人類社會的原始本來是素樸，可是由於人智的發達，於是各種名器制度便產生了。這正如王弼所注的：「樸，真也。散則百行出，殊類生，若器也。」

⓮ **聖人用之則為官長**

這句話裡的「之」字有兩解，一是指的器，如王弼注：「聖人因其分散，故為之立官長，以善為師，不善為資，移風易俗，復使歸於一也。」一是指的樸，如近代學者：高亨、王淮、余培林，都認為「之」字是指的樸言。比較這兩種解釋，就義理言，自以後者為佳。因為就前文來看，「守雌」、「守黑」、「守辱」，和用「樸」是一致的。就後文的「大制不割」來看，也正是用「樸」的意思。「官長」是指百官之長，也就是君主。「為官長」，是知雄、知白、知榮的一面。但真正要做一個無為之君，卻必須能守雌、守黑、守辱的一面。至於本章最後歸結到一個「樸」字，因為這個「樸」字在心性修養上，固然是純淨素樸的意思，但在政治運用上，卻是無為簡樸的意思。

⓯ **大制不割**

「制」是治的意思，蔣錫昌注：「大制猶云大治。」大制有兩種解釋，一是指的治大國，如第六十章：「治大國若烹小鮮。」「烹小鮮」正是用樸、不割的意思。一是指的以道為治，因為《老子》書中以道為大，如第六十七章：「天下皆謂我道大，似不肖。」不肖是不器，也是樸的意思。

「割」有兩種意思，一是本身的割裂。如「樸散而為器」就是一種割裂。治道的割裂就是指只知頭痛醫頭、腳痛醫腳的治術。一是指的宰割，如第十章所謂「長而不宰」，宰就是割的意思，也就是以智治國，以自己的意念來控制人民。

第二十九章　將欲取天下而為之

將欲取天下而為之，吾見其不得已❶。

天下神器，不可為也❷。

為者敗之，執者失之❸。

故物或行或隨❹，或歔或吹❺，

或強或羸❻，或載或隳❼。

是以聖人去甚，去奢，去泰❽。

語譯

如果我們將會有天下來治理的話，我看我們不應太高興，而要有「不得已」的心情才好。因為天下萬物是自然的神妙之物，是不可以憑一己之意去施為，逞一己之欲去控制的。如刻意去施為，便會壞事，執意去控制，便會失誤。所謂自然界的萬物，有的是行於前，有的是跟於後；有的緩緩噓氣如陽春，有的急急吐氣如狂風；有的稟性剛強，有的賦性柔弱；有的尖銳能挫物，有的脆弱不能自持。總之這是自然現象，不可偏執。所以聖人要順自然之理，做事不走極端；生活不求奢華，欲望卻忌太多。

解義

❶將欲取天下而為之吾見其不得已

「取天下」是有天下，「為之」是憑一己的意念加以施為。這是有為之治，違反了老子無為之教。《老子》書中一再說：「取天下常以無事」（第四十八章），「以無事取天下」（第五十七章），都是說明真正的治天下必須把握上章的一個「樸」字，能順民性之自然，而不加施為干涉。「不得已」有兩解，一是指的達不到目的，即辦不通。一是指的出於無奈，別無選擇，只好任其自然。前人注解，都從後者，如蘇子由：「聖人之有天下，非取之也。萬物歸之，不得已而受之。其治天下非為之也，因萬物之自然而除其害耳。」李息齋：「由天下不得聖人則不治，故不得已取天下而為之。」如從第一種解釋，只是否定了「取天下而為之」，意義明顯卻也淺顯。如從第二種解釋，文意卻較為轉折，寫出了聖人不欲取天下，卻不能不有天下；不欲為之，卻又不能不治天下。這種解釋正和下一章「果而不得已」的「不得已」相合，所以本文從後者。

❷天下神器不可為也

「神器」，王弼注說：「神，無形無方也。器，合成也。無形以合，故謂之神器。」王氏的解說玄味太重，但他所以這樣去注的用意，卻是要把器提昇上來。因為天下是指的人和物，是屬於器世界。既然是器，當然可以「為」了。所以老子用一個「神」字加在「器」上，就是為了表明這是神妙的，或神性的器物。其實人和物都是自然的產物，不是人為可以斧鑿的。因此治天下必須順人性、物性之自然，不可憑自己的意念加以改造。

❸為者敗之執者失之

「為者」是有意於施為，這樣便會砍傷了自然，破壞了民性，就像樸散以為器一樣。表面上看來，好像是有作為，實際上，卻傷害了純樸的人性。「執者」是有意於控制，事實上，天下萬物乃自然的產品，由自然而成，人為的干擾，都會阻礙了它們的發展。王弼注說：「萬物以自然為性，故可因而不可為也。可通而不可執也。物有常性，而造為之，故必敗也。物有往來，而執之，故必失矣。」

❹故物或行或隨

這裡的「物」是指萬物，當然也包括了人。以下數句老子借萬物變化的無定性，來說明它們的不可為、不可執。「或行或隨」是指的有時行於前，有時隨於後，或有的行於前，有的隨於後。這是譬喻物性，陽居前，陰隨後。

❺或歔或吹

歔即是噓。高亨注：「緩吐氣以溫物謂之噓，急吐氣以寒物謂之吹。義正相反。」這是指同為吐氣，但前者求暖，後者求寒，目的卻不同。可是就自然現象來說，「大塊噫氣」（《莊子・齊物論》），緩緩而行，這叫做噓氣。氣息變化激烈而成風，這叫做吹。所以噓和吹的不同，也象徵了慢和快的差別。總之，「或歔或吹」是譬喻物性，有暖、有寒、有緩、有急。

❻**或強或羸**

「羸」是弱的意思。就不同的物體來說，有的強，有的弱。如火性剛強，水性柔弱；大樹堅強，小草柔弱。就同一物體來說，有時強，有時弱。如壯年時候剛強，衰老時候脆弱。再就不同的角度來說，這一面來看是強，另一面來看卻是弱，如尺有所短，寸有所長。總之，物性的強弱自有其作用，不是我們人為的力量可以控制的。

❼**或載或隳**

王弼注本作「挫」，而河上公、御注、景福等本作「載」。俞樾考證說：「挫，河上本作載，注曰：『載，安也。隳，危也。』是載與隳相對為文；與上句『或強或羸』一律。而王弼本乃作挫，則與隳不分二義矣。」當然把「挫」改成「載」字，解釋起來容易得多了，如河上公注：「有所安，必有所危。明人君不可以有為治國與治身也。」但這也是就人為法治來講的，而老子這話是就物性之自然來作譬。「載」是載車而成的意思，隳是墜車而毀的意思，所以此處可解作有成有毀。也就是說有時發展得好，有時發展得不好。或有時處順境，有時遇逆境。至於就王弼注本的「挫」和「隳」來說，也是解得通的。「挫」是挫物的挫，指有的尖銳，能挫物，「隳」是自隳的毀，指有的衰敗而被毀。

❽是以聖人去甚去奢去泰

這幾句結語是聖人修養的工夫，與前面的萬物的變化又有什麼關係呢？就萬物的變化來說，「行」與「隨」、「歔」與「吹」、「強」與「弱」、「挫」與「隳」都是物理現象，自然而然。可是由於人的欲望和知性的作祟，而有意為之、執之。於是大家競於行前，而不願隨後，大家計較於寒與暖之不同；大家要強而不甘弱，要尖銳而不願落伍。因此也就由人欲而破壞了物性的自然。所以老子才說：「去甚，去奢，去泰。」

「甚」是極端。「奢」是奢侈。「泰」同太字，《說文通訓定聲》：「泰亦作汰。疑泰、太、汏、汰四形實同字。」又「泰」也有自持其安泰的意思，因此多作驕泰之意，如《論語・子罕》：「拜下，禮也。今拜乎上，泰也。」所以這裡的「泰」作過多或驕泰的意思。所以「去甚，去奢，去泰」，就是不要做事極端、生活浪費、欲望太多、態度驕傲。這正符合了《老子》在第六十七章中所說的三寶：「一曰慈，二曰儉，三曰不敢為天下先。」

第三十章　以道佐人主者

以道佐人主者，不以兵強天下❶，

其事好還❷。師之所處，荊棘生焉，大軍之後，必有凶年❸。善有果而已，不敢以取強❹。果而勿矜，果而勿伐，果而勿驕❺。果而不得已，果而勿強❻。物壯則老，是謂不道，不道早已❼。

語譯

以道來輔佐君主治國的人，不會用軍事武力來雄霸天下。因為戰爭之事往往是有報應的。凡是師旅所處的地方，都會變成廢墟，荊棘雜草叢生。凡是大戰役之後，必然破壞了農耕，緊跟著的便是饑荒連年。善於輔佐君主以道治國的人，自會因行道而達到救國救民的成果，絕不敢以軍事武力來爭強。他們得到成果後，卻不自以為了不起；他們得到成果後，也不自誇功勞；他們得到成果後，更不會因而驕狂。因為他們得到成果是順乎自然的，即使有時要用兵，但為了衛國衛民，也是不得已的，所以他們不會以這種成果為強大。這樣的強壯，便會快速的使他們衰老，因為這種欲望的好強是不合乎自然之道的，不合自然之道，便會很快的就衰亡了。

解　義

❶以道佐人主者不以兵強天下

這句話的主詞，王弼當作人臣，如他說：「以道佐人主，尚不可以兵強於天下，況人主躬於道者乎？」河上公則解作君主，如他說：「謂人主能以道自輔佐也。」總之，這是指以道來治理天下的人，不強調用軍事力量來威鎮天下。

❷其事好還

王弼與河上公似乎都把「其事好還」當作正面的意義，如王弼注：「為始者務欲立功生事，而有道者務欲還反無為，故云其事好還也。」河上公注：「其舉事好還自責，不怨於人也。」李息齋及近代學者，都是把這句話當作負面意義，指報復或報應。如李息齋說：「殺人之父，人亦殺其父；殺人之兄，人亦殺其兄，是謂好還。」比較這兩種解釋，當以後者為佳，因為下文便是「好還」的例子。

❸師之所處荊棘生焉大軍之後必有凶年

這是寫用兵之事「好還」的事實。《墨子》書中有一篇〈非攻〉即是描寫戰爭之後，一片廢墟，即使戰勝，所得也不如所失。梁啟超先生曾以為這種「非戰」的思想乃是戰國時期的特色。因為戰國時期才有激烈的戰爭，如長平等戰役。其實任何戰爭都有後患，任何戰爭都是慘劇。人們對戰爭的反思與怨責又何需等待到大殺戮之後才產生。

❹善有果而已不敢以取強

「善」，王弼、河上公的注都作「善於用兵」，而「果」，王弼作「濟難」，河上公作「果敢」，蘇轍作「以兵決之」，呂吉甫作「克敵」，高亨據《爾雅‧釋詁》：「果，勝也。」雖然把「善」字當作善於用兵在《老子》書中是於文有據，如第六十八章便屢言「善戰者」、「善勝敵者」，但我們不能忽略此處之「善」也是上貫於第一句的「以道佐人主者」，可以解作善於用道佐人主者，這樣，雖然也包括了治軍之事，但卻不局限於善於用師的兵家。「果」雖然以王弼的注作「濟難」之果為較好，但「果」本身是指的成果，「善有果」正好和「其事好還」相對，暗示了善惡的因果關係。所以這個「果」也是善於佐人主者的自然的成果，就是使天下治平、人民安定的成果。當然用兵防衛國土，保衛人民也包括在其中。這是自然的包括其中，而不能特別強調，所以說「不敢以取強」。「取強」就是以兵力雄霸天下，這正是老子思想的大忌。

❺果而勿矜果而勿伐果而勿驕

「矜」是自恃，「伐」是自誇，「驕」是自傲。這三者正對應了前一章的「甚」、「奢」與「泰」，都是滿盈的大患。

❻果而不得已果而勿強

一般的解釋都是就克敵制勝之果，是出於不得已的。也就是說戰爭是出於無奈的。因此不能強調這個成果，如王弼所注：「言用兵雖趣功果濟難，然時故不得已。當復用者，但當以除暴亂，不遂用果以為強也。」但就善佐人主而成就的果，這也是道的自然成果。不可以此為強，不可為而持之，應「功成，身退」，這才是天之道。

❼物壯則老是謂不道不道早已

前面老子舉用兵好強的例子，最後歸結到「物壯則老」的普遍原則。但物之壯，物之老，這也是自然的現象，為什麼又說「不道」呢？在這裡，我們必須再檢討「自然」一義。在第十七章中，我們曾分析過一般的所謂「自然」之義，萬物由生、到壯、到老，這是物理現象的自然，這也是必然的，我們無法加以阻止。如果橫加阻止，卻正違反了自然。那麼，為什麼又說「物壯則老」是「不道」呢？因為這裡的「物壯」不是自然現象的物壯，而是人類欲念的求強，譬如吃丹藥以求長生不老，這正違反了自然的發展，也就是道的作用，因此反而早衰、早死。

第三十一章 夫佳兵者不祥之器

夫佳兵者不祥之器，
物或惡之，故有道者不處❶。
君子居則貴左，用兵則貴右❷，

兵者不祥之器，非君子之器，
不得已而用之，恬淡為上❸。
勝而不美，而美之者，是樂殺人。
夫樂殺人者，則不可以得志於天下矣❹。
吉事尚左，凶事尚右。
偏將軍居左，上將軍居右。言以喪禮處之❺。
殺人之眾，以悲哀泣之，戰勝以喪禮處之❻。

語譯

精銳的兵器或軍隊是不祥的東西，萬物似乎都厭惡它們，所以有道之士都不依靠它們。君子在平常生活上是以左邊的位置為高貴，可是在用兵的時候，卻相反的，以右邊的位置為高貴。可見兵器或軍隊是不祥的東西，而不是君子所使用的。在萬不得已的時候，如果使用了它們，仍然以恬淡無欲的心情為尚。即使戰勝了，也不以為美好。如果讚美戰勝的成果，便是喜愛殺人。一個喜愛殺人的人，是不可能達到平治天下的心願。吉慶之事是以左邊位置為高貴，喪葬之事是以右邊的位置為高貴。在軍隊中，副將是在左邊，上將軍是在右邊。這是說以喪禮來對待軍事。殺人甚多的戰爭，應以悲哀的心情來哀傷它，在戰勝之後更應以喪禮的態度來對待它。

解　義

❶夫佳兵者不祥之器物或惡之故有道者不處

本章王弼和河上公的注本相同，而與傅奕本及景龍本卻頗多出入，歷來學者都認為在《老子》書中，本章文句是最錯雜的。但就文義來說，本章意義明顯而淺近，所以王弼根本沒有加注。

「佳」字，王念孫認為是「唯」字之誤，因為《老子》書中常用「夫惟」兩字。但「佳兵」是指兵器之佳美，意義本無不通。同時傅奕本正作「美兵者不祥之器」。所以沒有必要把「佳」字改作「唯」字。這是考證家之吃力，卻並不討好處。因為用一個「佳」字特別顯出「兵」愈好，愈為不祥的意義。

「物」是指的萬物，當然包括了人。但為什麼要用一個「物或惡之」的「或」字，而不用「必」字呢？這是因為前面的一個「佳」字而來，因為大家都喜歡佳美的東西，即使兵器或軍隊，一般人都以為兵器愈銳愈好，軍隊愈強愈佳。而痛惡「佳兵」畢竟是深一層的說法，所以此句用一個「或」字，以表示不是人人都如此。

❷君子居則貴左用兵則貴右

中國古代風俗制度，左陽而右陰，陽是生長之氣，陰是肅殺之氣，所以一般禮制左貴而右賤。君子平居以左為尚，是表示生長的和氣，可是在軍隊裡，卻相反的，以右為貴，因為這是代表了肅殺之氣。

❸兵者不祥之器非君子之器不得已而用之恬淡為上

軍旅之事不是君子所從事的，只是由於保國衛民，不得已才運用。在運用時，必須本於恬淡的心情。也就是不為了滿足私欲，而爭強鬥狠。同時在運用之後，更必須歸於恬淡的情操，而不驕誇戰果，擁兵自豪。

❹勝而不美而美之者是樂殺人夫樂殺人者則不可以得志於天下矣

如果是出於自衛的戰爭，這是不得已的。即使戰勝，也是不得已的勝利，不值得讚美。這個「美」字表示了對戰爭的歌頌，也顯示了好殺的殘酷性格，所謂「得志於天下」就是達到治天下的意願，這種好殺的個性，顯然違反了天地好生之德，又如何能得到天下人的推崇，而成就天下和平的理想。

❺吉事尚左凶事尚右偏將軍居左上將軍居右言以喪禮處之

「吉事」是指喜慶之事，這是大家所樂意的，所以在這些慶典中，以左邊的座位為高，因為這代表了正常的禮儀。「凶事」是指喪葬之事，這是大家所規避的，所以在這些喪禮中，以右邊的座位為高，因為這代表了處變的禮儀。「偏將軍」是副將，「上將軍」是總司令。依照正常的禮儀，應該地位高的居左，地位低的居右，可是由於軍隊是代表了肅殺之氣，是凶事，所以一反正常的禮儀，偏將軍反而居左，而上將軍居右。

❻殺人之眾以悲哀泣之戰勝以喪禮處之

「泣」字，近人考據以為是蒞字，如羅運賢說：「泣者，蒞之譌（第六十章，以道蒞天下。）字當作逮，《說文》：『臨也。』『逮之』與下『處之』正同。」這樣的改字為注，表面上似乎也解得通，好像與下一句文辭相疊。其實意味上反不如「泣之」為傳神。同時「泣之」是對「殺人之眾」來說，這與戰勝之後的慶祝不同。因為一般對戰爭的勝利都以慶典來祝賀。而老子卻主張以喪禮的方式來處理。而對於戰爭的殺人之眾，這不是什麼慶典，而是一種感受，所以說以悲哀的心情來哭泣之。這是一種情感深度的反應，遠比硬梆梆的「莅之」兩字為傳神，我不知道為什麼考據家們如此的遷就形式的文句，而忽視了活生生的情感？「悲哀泣之」一語，使我們感受到的是一片對戰爭死亡的哭泣之聲。

第三十二章　道常無名樸

道常無名樸❶，

雖小，天下莫能臣也❷。

侯王若能守之，萬物將自賓❸。

天地相合，以降甘露，民莫之令而自均❹。

始制有名，名亦既有，夫亦將知止，知止可以不殆❺。譬道之在天下，猶川谷之與江海❻。

語譯

道常用無名之樸，這個樸看起來雖然似乎很微小，可是天下卻沒有一人能夠臣服它。侯王如果好好的把握這個「樸」，天下萬物便自然的如客人似的順從他們。天地陰陽之氣和合，自然地降下了萬物所需要的甘露，同樣君主不必多加政令於人民，人民也會自然的均平的發展。在創始萬物或制度時，必然需要名稱、或職位。但當名稱或職位有了之後，我們必須知道靜止，不可貪婪執著。能夠做到靜止，便不會有被欲望驅使的危險了。這種知止的工夫，正如道之無心於天下萬物，天下萬物卻自歸於道；又如江海的無求於山谷流水，而山谷流水卻不期然的流入江海。

解義

❶道常無名樸

這句話中有四個重要的術語，即：「道」、「常」、「無名」和「樸」。如何把這四個術語連在一起，通常有三種斷句法：一是把「道常無名樸」當作一句（如胡適、高亨等），一是把「道常無名」當作一句，而「樸」字連在下一句為「樸雖小」（如王弼、河上公），三是把「無名」和「樸」並列在一起來描寫道，如「道常無名，樸，雖小」（如張揚明、余培林）。其實這些不同的斷句，並沒有在意義上產生多大的不同，因為無名和樸都是描寫同一個「道」。所以把「無名」和「樸」當作兩個形容詞來描寫「道」也可以；把「無名」當作形容詞來寫「樸」也無不可。但就本章的思想旨趣來看，是講的「道」之用，是以「樸」為主詞。而且和第三十七章的文意是相似的。該章講「道常無為」，又講「鎮之以無名之樸」，正可作為本章「道常無名樸」的最佳詮釋。事實上，本句較為費解的是這個「常」字，一般把「常」當作永遠的意思，似乎很容易的把這個「常」字打發了，可是「常」畢竟是老子思想中的一個重要術語，在第一章中便特別標出了「常道」，所以這個「常」字還有較深的意義。在第一章中我們曾說「常」是指道的自然、真實而永恆。就本體來說是永恆不變，就運用來說是永恆不息。本章的主詞是「樸」，是道之用，所以這裡的「常」是指「常行於」、「常用於」解，也就是指道的作用是生生不已的寓存於無名的樸之中。《老子》書中用「無名」和用「樸」兩詞自有其不同的意義。用「無名」時，是一種歸本的方法，所謂「道隱無名」（第四十一章），也即是第一章「常無，欲以觀其妙。」而用「樸」卻是一種由體發用的方法，所謂「鎮之以無名之樸」（第三十七章），就是一種運用。所以老子從這句話開始，提出了這個「樸」字，接著前半章談守樸，後半章談用樸。

❷雖小天下莫能臣也

這裡的「小」是指「樸」的無名，因為它的無名無字、無相無象，是極為精微的，所以看起來似乎很小，不足輕重；可是我們卻無法控御它。王弼注說：「樸之為物，以無為心也，亦無名。故將得道，莫若守樸。夫智者可以能臣也；勇者可以武使也；巧者可以事役也，力者可以重任也。樸之為物憒然不偏，近於無有，故曰莫能臣也。」這段話寫出了「天下莫能臣」的道理，可是什麼是「樸」呢？王弼的話又未免玄了一點，其實用老子的話來說，「樸」就是無欲，第三十七章說得很明白：「無名之樸，夫亦將無欲。」我們如果無欲，看起來是「小」，是「微不足道」，可是別人卻無法控制我們，所謂「無欲則剛」。「無欲」用老子的話就是「虛其心」、「弱其志」。這也就是道透過了「無名之樸」的一種運用。

❸侯王若能守之萬物將自賓

這裡言「侯王」，而不言「聖人」。因為這裡是指實際的政術。「守之」就是「守樸」。這一個「守」字便說明了此處是講的運用。真正聖人的境界是一切順乎自然，連「守」之一念都沒有。所以這裡是以「侯王」為對象，而言「守樸」。「賓」是指賓客，所謂客從主便，這是指順從的意思。一個做領袖的人，如果能把握住「樸」的原則，也就是無欲的境界，這樣萬物便不會躲避他，相反的，更會親近他、跟隨他。

❹天地相合以降甘露民莫之令而自均

天地相合，是指陰陽的和合，也是指自然的運行。「甘露」是營養萬物的雨露，這句話正寫出了天地的自然，使萬物蒙受雨露而生生不已。同樣，君主如果能善體天地自然之理，不必多施政令，只要把握一個「樸」字，使人民自然的得到平等均衡的發展，如王弼所注：「天地相合，則甘露不求而自降；我守真性無為，則民不令而自均也。」這個「均」字非常重要，它一方面是對應了雨露而言，是指人民的共沾雨露，沒有厚薄的不同；另一方面是指政治的施為，使人民一律平等。我們反觀歷史，任何政治的最高理想，都說是要謀人民的平等，可是卻沒有一個政治真正做到使人民絕對的平等。老子此處從「天地相合」以降雨露來說明任何有為作法的缺失，而暗示出只有還歸於自然的無為之治，才能使人民真正的平等。和老子這種思想無獨有偶而相似的，是《易經・乾卦》的象辭：「大哉乾元，萬物資始，乃統天，雲行雨施，品物流形。」這是「天地相合，以降甘露」。又說：「乾道變化，各正性命，保合太和，乃利貞，首出庶物，萬國咸寧。」這是「民莫之令而自均」。所以只有天道、或自然，才能使萬物自均。那麼前面一段話講「樸」，此處講「自然」，其間又有什麼關聯呢？因為「樸」從本源來說，就是本色自然；從運用來說，就是自然無為。

❺始制有名名亦既有夫亦將知止知止可以不殆

「制」有兩義，一是制度，一通「製」，是製造或創造的意思。所以「始制有名」也有兩解，一是指聖人設立制度，正是所謂「樸散則為器」，這時候設官分職，必須有名分職位，如王弼所注：「始制，謂樸散始為官長之時也，始立官長不可不立名分以定尊卑，故始制有名也。」一是指天地始生萬物，有了萬物之後，便制名以指實。無論是哪一種解釋，這都是從無名到有名的一種發展。雖然老子推崇無名，但對於這種發展，老子卻並沒有完全加以否定。老子所擔心的是有了「名」之後，便有分別，便有爭競，人們往往為了貪取更多的「名」、更好的「名」，而永遠的為欲望所驅使。所以他接著說「知止」。「知止」是中國人生活上的一種很重要、而且很普遍的修養。俗話常說「適可而止」，也就是指任何事情不要過度的發展，如第二十九章所謂：「去甚，去奢，去泰」的意思。

除了這個解釋外，「止」的另一個意思是「靜止」，在老子思想中「靜」就是「無欲」。所謂「不欲以靜」（第三十七章），這正是「無名之樸」（第三十七章）的最佳詮釋，所以「知止」就是知道還歸無欲之靜。再進一步說所謂「守樸」就是要守這個「無欲之靜」。

❻譬道之在天下猶川谷之與江海

這裡說一個「譬」字，可見這兩句話不是寫「道」的，而是譬喻「守樸」和「知止」的工夫，有如「道之在天下」，有如「川谷之與江海」。「道」只是默默的運行，無施無為，而天下萬物卻自均自化。同樣「江海」也是靜靜在那裡，無求無欲，而山谷中的川流，卻自然而然的流向江海。「守樸」和「知止」的工夫，正是如此，無為無欲，而任萬物自均自化。

第三十三章　知人者智

知人者智，自知者明❶。

勝人者有力，自勝者強❷。

知足者富❸。

強行者有志❹。

不失其所者久❺。

死而不亡者壽❻。

語譯

知道別人的人是有才智的，而能知道自己的人才有真切的悟解。能戰勝別人的人是有力量的，而能戰勝自己的人才是真正的強者。知道滿足的人內心必然富有。努力實行的人一定有堅毅的意志。做任何事都不忘深體本源之處才能持之有恆。雖然軀體必死，但能契合生生之道，便是生命真正的不息。

解義

❶知人者智自知者明

這兩句話中，「知人」和「自知」對比，顯然老子是貶「知人」而重「自知」。因為「知人」是用自己的知去了解別人，這在儒家思想上，是被肯定的。如《尚書・皐陶謨》上說：「知人則哲。」「哲」就是有智。這個「哲」字日本學者把它用來翻譯西方的"Philosophy"為哲學，而我們也沿用至今，但西方的哲學是愛智，而且是偏於「知物」。所以無論是「知人」或「知物」，都是向外的探求。老子對於這種「智」，卻給予負面的評價，如他說：「絕聖棄智，民利百倍」（第十九章），「故以智治國，國之賊」（第六十五章）。值得注意的是這個「智」字的本身並沒有不好，問題是只強調「智」，或只知用「智」，便會有過患。老子所謂「棄智」和「以智治國」，都是指用智去探察別人的毛病。可是自老子的批評之後，直到今天，人們仍然樂於「知人」，而疏於「自知」。由於喜歡「知人」，往往自以為「智」，拿自己的尺度來衡量別人。宋代禪師石屋清珙有一首寫裁縫的詩說得好：「手攜刀尺走諸方，線去鍼來日日忙。量盡別人長與短，自家長短幾曾量？」顯然這是樂於「知人」的過患，所以老子強調「自知」，而說「自知者明」。在這裡「明」和「智」又是一個對比。嚴復在《老子》注中說：「智如燭，明如鑑。」可稱為妙喻。但老子的「明」，不只是自知、自鑑而已，還有更深的意義，如：「知常曰明」（第十六章），「見小曰明」（第五十二章），「復歸其明」（第五十二章）。這些「明」字都和佛家所謂的「悟」相當。不是用腦的分析而「智」，而是用心的體證而「明」。由於這樣的不同，我們可以說：「知人曰智」是知識的層面，而「自知曰明」卻是修德的工夫。在近代學術上，心理學可說是一門徹頭徹尾「知人」的學問。心理系學生所咨咨而求的是如何去「知人」，心理學的大師所努力發明的也是一套套「知人」的方法。但一些心理學的學者們當他們自己的心理發生問題，他們卻無法「自知」，而要請別的心理學者來分析。為什麼他們所學的這套方法，只能對付別人，而不能對付自己呢？回答很簡單，因為對付別人可以用「智」，可是對付自己卻必須用「德」。因為當心理學家治療病人時，他的方法是一套「知人」的規則，當這套規則運用到自己時，便變成了一套遊戲的法則，因此自己知道了這套遊戲法則後，這個遊戲便不靈了，所以對於自己，根本不能用「智」，所以真正的「自知」，不是「智」，而是「明」，而是「德」。因為「自知」是一種自反的工夫。由於「自反」，才能使自己的心清明，才能真正了解和應付外在的一切。所以老子在「知人者智」之後，補上一句「自知者明」。

❷勝人者有力自勝者強

勝人者依賴自己比別人的優勢以壓倒對方，所以說是有力。這種力，無論是體力或智力，總之是以爭競取勝。至於「自勝」是克服自己。所謂克服自己當然是指克服自己的缺點或貪欲，這就是修養的工夫，這才是真正的「強」。在《老子》書中，「強」字都和老子推崇的「弱」字相對，都代表強梁或剛強，而具有負面的意思。但此處的「強」，以「自勝」為前提，乃是德性的「強」、「柔弱」的「強」，因為克服缺點是「德」，除去私欲是虛靜的「柔弱」。

❸知足者富

知足是知道滿足，人的滿足與否，不是外物多寡的問題，而是心中欲望強弱的問題。同樣，貧富沒有一定的標準，也在於心中的滿足與否。不滿足的人，如秦始皇雖富有天下，卻還要求長生不老。容易滿足的人，如顏回雖只有一碗飯一瓢飲，卻樂在其中。在這句話中，老子不是強調「富」字，而是強調「知足」。因為心中一有「富」的觀念，你就永遠的貧。同樣，一般人常說「安貧」，但一有「貧」的觀念，自己也就永遠的貧。所謂「知足」，不是「知」的工夫，而是「德」的工夫。中國人都知道做人該知足，也常引老子的話，而說「知足常樂」，可是往往就是不能知足。這是因為他們心中沒有所足，因此便抵擋不住外物的引誘。在這方面，儒家的工夫，是以仁義存心，而老子的工夫，就是以虛靜除欲。

❹強行者有志

「志」字在老子思想上本是負面的意思，如「弱其志」（第三章），但王弼的注卻說：「勤能行之，其志必獲，故曰強行者有志矣。」王弼是根據第四十一章「上士聞道，勤而行之」而說的。如果是這樣的話，那麼「強行者有志」和「弱其志」是否有衝突呢？先就這個「志」字來說，它在中國傳統的教育上是一個非常重要的字，老師教學生最先在「立志」。因為「志」是我們人生的理想，也是我們奮鬥的重心。所以在儒家思想中，「志」是一個非常重要的哲學訓練，如《孟子》上說：「王子墊問曰：『士何事？』孟子曰：『尚志。』」（〈盡心上〉）這裡所謂的「志」，就是「志」於道，「志於仁義」。至於老子所謂「弱其志」的「志」，乃是一種野心、貪執，是「志」於名、「志」於利。所以老子要我們減少這種欲望。再回到本句，這個「志」字並沒有表示好的、或不好的意思。因為本句的重點是強調「強行」兩字。「強行」雖然不如「無為」境界之高妙，但無論為學求道，「強行」仍然有它的需要。很多人讀老子書，看到老子講「無為」，便用「無為」去衡量一切，於是在「無為」與「為」字之間劃了一道不可踰越的鴻溝，把所有的「為」都看作「無為」的相反，都是不好的，這樣非但錯解了「有為」，同時也使「無為」虛脫，變成了毫無意義的無所事事。所以我們對這句話的看法是老子描寫努力的工夫，這是「志」。這是客觀的描寫。至於努力工夫的好不好，就要看「志」個什麼了。

❺不失其所者久

「所」是指的所本，老子並沒有指明什麼是「所」，王弼注：「以明自察，量力而行，不失其所，必獲久長矣！」也沒有點明這個「所」字。當然把這個「所」字直說為「道」，也不會有錯，問題是太籠統了。值得注意的是王弼注中的兩句話把前文連貫了起來，「以明自察」指的是「自知」，「量力而行」指的是「自勝」。因為能「自知」，才能「知足」；能「自勝」，才能「強行」。所以「不失其所」，就是不失去「自知」、「自勝」的智慧和德行。「所」是根本，這個「根本」在自我。當然這裡的「自我」不是指私欲的「自我」，而是指能夠自知、自勝的「自我」。只有能真正操之在我，才能夠「持之有恆」。「久」就是「常」。唯有在「自我」的本源上下工夫，才能轉瞬息為永恆，變「無常」為常道。

❻死而不亡者壽

「死」和「不亡」是相反的觀念。一般的解釋都把「死」當作軀體的消失，把「不亡」解作精神的不滅。這樣的話，這個不亡的精神便變成了靈魂，這似乎不是老子的意旨。因此一般的注解又把「不亡」指的是道，如王弼說：「雖死而以為生之道不亡，乃得全其壽，身沒而道猶存，況身存而道不卒乎！」王弼的話很精彩，他並沒有涉及後代道教拿這句話當作長生不死的依據。王弼的話重點在「全其壽」三字。我們都有必死的身體，但如果深得生生之道，我們便能使生命活得該有的年限，這就是壽。雖然現在我們還沒有死，如果我們的一切能合乎生生之道，我們的生命也能發展至應有的年限，所以「死而不亡」並非指軀體或精神的不滅，而是指生生之道的不被遺亡。

第三十四章　大道氾兮

大道氾兮，其可左右❶。

萬物恃之而生而不辭❷。

功成不名有，衣養萬物而不為主❸。

常無欲，可名於小❹；

萬物歸焉而不為主，可名為大❺。

以其終不自為大，故能成其大❻。

語譯

大道是廣漠無邊，不分左右的。萬物依靠它而生生不已，但它卻永遠和萬物在一起，而不離開。它使萬物滋育化成，卻不占有萬物。它覆育而營養萬物，卻不作萬物的創造主。它永遠的本於無欲的境界，而無任何的意向企圖，所以我們往往稱它為「小」。可是萬物都以它為本，而它卻不為萬物之主，所以我們又稱它為「大」。由於「大道」不以自己為大，所以才能真正為萬物的根本，而成就了它真正的「大」。

解　義

❶大道氾兮其可左右

「氾」不是指水的氾濫，毫無節制，造成災害，而是指道的流行，無所不至。「其可左右」就是不分左右。說流行，有兩個方向，一是向前的，生生不息；一是旁通的，無所不至。前者是時間的，後者是空間的。其實，講前進，講旁通；論時間，論空間，都是相對的、人為的觀念。道如果是永恆常住的話，就沒有前進、旁通、時間、空間的分別。真正使道能如此的，不是「道」本身的流行，也就是說不是道本身在那裡前進或旁通，也不是道創造時間或空間。道之所以為道，那是因為它的生養萬物，由於不斷的生養，所以才能生生不息，而構成了時間；由於沒有分別性的生養，所以才能廣被萬物，而構成了空間。本句說：「其可左右」，只是就流水來取象而已。

❷萬物恃之而生而不辭

這句話和第二章的「萬物作焉而不辭」相似。唯本章是以「道」為主體。這裡的「生」字很重要，說明了「道」之所以氾，並不是道有意如此，因為有意如此，便會干擾萬物；也不是道無意如此，因為無意如此，便會毫無章法。道和萬物之間有一個根本的連繫，就是「生」。道有生養萬物的性能，但「道」之於生物卻並非有意為之，而是萬物須靠「道」而生。因此萬物離不了「道」，而「道」之所在，萬物也就存在，這種關係密切得不需有意為之，而是自然而然的。所謂「不辭」，在第二章中曾解說為「不推辭」的意思，也就是說萬物依它而生，永遠無法離開它。

❸功成不名有衣養萬物而不為主

這兩句話和「功成而弗居」（第二章），「長而不宰」（第十章）的意思相同。但第二章是講聖人的事功，而此處卻是指道的生養萬物。道本無心於萬物，萬物的恃之而生，只是萬物的順道而自生自養，所以道和萬物並沒有被動的、或主僕的關係。

❹常無欲可名於小

「常無欲」三字曾見之於第一章中。由於第一章中「常無欲」和「常有欲」相對，我們為了避免「常有欲」和老子基本思想的不協調，所以我們把「常無欲」和「常有欲」，解作「常無，欲」和「常有，欲」，而此處「常無欲」並沒有「常有欲」的對稱。而且本章是描寫的「道」。所以我們把「常無欲」三字連在一起，解作道是常本於無欲的境界。由於「無欲」，沒有任何意向、野心，既不居功，又不作萬物的主宰，所以它和萬物的關係不是肉眼可以看得到的，因此可以稱之為「小」。事實上，宇宙中，對我們生命最重要的三樣東西——日光、空氣和水，即使我們冷靜想一想，都知道它們的重要，可是在日常生活中，如果我們已擁有它們，而不缺乏之時，卻都漠然視之，這豈不是以「小」對待它們嗎？

❺萬物歸焉而不為主可名為大

「萬物歸焉」是指萬物歸於「道」。但這並不是說「道」高高在上，像上帝或神明似的，萬物向祂膜拜。上面說得很明白「萬物恃之而生」，只要萬物有生命、有生機，就已經有了「道」，已經歸於「道」。所以說「萬物歸焉」就是指萬物都離不了「道」。然而「道」卻不像上帝創造萬物一樣，而為萬物主。「道」和萬物不是主僕的關係，道就是萬物生命的本質。所以「道」不是高高在上的大，而是無所不在的大，而是處在最低，卻為萬物根本的大。

❻以其終不自為大故能成其大

前面「可名於小」、「可名於大」都是一種「名」，都是人所給予的「名」。所以前文所指的「小」和「大」，都是相對的。而本句的「以其終不自為大」的「大」也是一種名相、觀念，也是相對的。如果「道」自以為大的話，那麼它便把自己局限於名相、觀念的樊籠，而變成了「小」。相反的，正因為「道」的不自以為大，才能走出了「大」、「小」的相對，而與萬物同在。這才是真正的無所不至的「大」。

第三十五章 執大象

執大象，天下往❶。

往而不害，安平太❷。

樂與餌，過客止❸。

道之出口，淡乎其無味❹，
視之不足見，聽之不足聞❺，
用之不足既❻。

語譯

把握住生生不已的道的大象，可與天下萬物共發展。在發展的過程中，沒有貪欲的阻礙，便能和天下萬物安處於平靜康泰的和諧之境。貪執美妙的歌樂和美味的食物，都會使我們這些人生寄旅的過客戀棧不前。可是道卻不一樣，它嚐起來，無味；看起來，無象；聽起來，無聲。但是用起來，卻永遠的用不完。

解義

❶執大象天下往

「大象」，王弼注說：「天象之母也。不寒不溫不涼，故能包統萬物，無所犯傷。」這種解說未免過於抽象。因為道的本體固然不寒不溫不涼，可是道的作用卻必須能寒能溫能涼，否則又怎麼能孕育萬物呢？其他的注都直接把「大象」解作「道」，如河上公：「象，道也。」陸希聲：「大象者，道也。」吳澄：「大象喻道也。」雖然「大象」是比喻「大道」，但「大象」與「道」之間仍然是有距離的，否則老子就直言「道」，而不必言「大象」。「大象」是「道」在現象界的「象」，它和「道」不同的是「道」是無形的，所以不可「執」，而它是有「象」的，所以可執。它和其他的小「象」不同的是，其他的小象只有一種固定的象，而它卻是諸象背後，使它們變化的「象」。用王弼的話來說，這些「小象」是寒、溫和涼。但它們拘於一象，能寒就不能溫，能溫就不能涼。而「大象」則是能寒，也能溫；能溫，也能涼。至於「道」之體，卻是無寒無溫無涼的。所以「大象」乃是「道」和萬物之間的橋樑。引用老子第四十二章的話「道生一，一生二，二生三，三生萬物」。萬物是一般的小象，那麼，一、二、三便是大象。關於什麼是「一」、「二」、「三」，容以後再談，我們在這裡所要知道的是什麼是「大象」？如何去執「大象」？第四十一章說：「大象無形。」也就是說「大象」沒有任何形體，因此是抓不住的，這裡的「執」，解作把握、遵守的意思。「道」的作用既然能生養萬物，那麼這個「道」的「大象」當然是生生不已的。萬物也有「生」的作用，如母生子，但萬物的「生」是「有」的生，而「大象」的生化作用，卻是「無」的生，所謂「無」，乃是本之於無形無象。所以這裡「執大象」的意思就是遵循「道」的生化作用，以「無」來助成萬物的生育。這正是所謂「生而不有」（第二章）的意思。「天下往」，一般解作天下萬物的歸向，但更好的解釋是與天下同往。這即是所謂「萬物作焉而不辭」（第二章）的意思，也就是說聖人體道而行，與萬物共生化。持這種解釋的如林希逸注說：「天下往者，執此而往，行之於天下。」不過「行之於天下」猶有儒家以仁義、或道德治天下的味道，而「與天下同往」，則是無為而治，把自己納入萬物之中，與萬物一起發展。萬物並沒有感覺到他的存在，而他的助成之功卻是一直支持了萬物的生化。

❷往而不害安平太

「往」既然是與天下同往，那麼「害」便是指外在的阻礙。因為遵循了道的「大象」，就是以無為無形，來助成萬物的生化，所以萬物的生化便是由道而發展的，因此生生不已，而無阻礙。「安」是安定，「平」是平靜，「太」即泰字，指通達的意思。這三字是描寫他們的發展能安和通順。又「安」字可作「安於」解，即處於的意思，平太即太平的倒文，為了叶韻的緣故。意思是指他們能相處於太平的境界。

❸樂與餌過客止

「樂」是指音樂，能夠悅耳。此處所謂音樂是負面的意思，如「五音令人耳聾」（第十二章）。「餌」是指美味，為了悅口，但這裡為什麼不言「五味」，而說「餌」呢？這是以釣餌為喻，指以欲望引人。「過客」即是旅客，但對應前文，在與天下同往時，如果貪執欲望，便會戀棧不前，這就是阻礙。所以阻礙不是外在的，而是內心的貪欲。

❹道之出口淡乎其無味

「出口」有兩解：一是指嚐之於口。老子此處用「出口」，而不用「入口」，是因為「入口」是指的吃。真正食道者（如第二十章「貴食母」）雖淡，卻有真味。而「出口」乃是指放在嘴邊品嚐，卻是嚐不出味道的。二是指道用言語來描寫，是無法形容的，所以說平淡無味。

❺視之不足見聽之不足聞

這兩句話都是寫「道」的平淡。這個「足」是「足夠」或「能夠」的意思。即所謂：「不夠看」、「不夠聽」。這是因為道的平淡，好像看不出什麼花樣，聽不出什麼玄妙來。

❻用之不足既

「既」是「盡」的意思。這是寫「道」雖然平淡，幾乎是無味、無質、無聲，使我們無法嚐、無法見、無法聽。但它不是真正虛空的，它的用處卻是永遠用不完的，就現象界來說，最平淡無奇的東西，往往卻是最實用，而且可以經常使用的，如水、空氣等。有形質的東西已如此，何況是沒有形質的「道」?!

第三十六章　將欲歙之

將欲歙之，必固張之❶。

將欲弱之，必固強之❷。

將欲廢之，必固興之❸。

將欲奪之，必固與之❹。

是謂微明❺。

柔弱勝剛強❻。

魚不可脫於淵❼。

國之利器不可以示人❽。

語譯

當一件事物將要收縮時，必定會先膨脹；當一件事物將要被削弱時，必定會先強大；當一件事物將要被廢除時，必定會先興起；當一件事物將要被剝奪時，必定會先被賦予。這是自然界極微妙而又非常明確的事實。如果我們明瞭這個微妙的變化，我們便會了解柔弱之道最後能勝過剛強的道理。因此我們要像魚兒一樣自處於莫測的深淵。當我們有利國的器物時，千萬不要以此誇示於人。

解義

❶將欲歙之必固張之

「歙」字，河上公、蘇轍等注本作「噏」，傅奕、景龍等版本作「翕」，都由於音同而通用。《說文解字》：「歙，縮鼻也。」是指向內收縮的意思。這和下面的伸張的「張」字正好對稱。「固」，馬敘倫注說：「固讀為姑且之姑，《韓非子・說林上》：『《周書》曰：「將欲取之，必姑予之。」』是其證。」但韓非的思想重在權術的運用，所以把「固」解作姑，而有權變之意。余培林《新譯老子讀本》不贊同此解，而認為「固」是「定」的意思。

本章常為後代學者所批評，認為是權詐之術，如程明道說：「予奪翕張，理所有也。而老子之言非也。予之之意，乃在乎取之，張之之意，乃在乎翕之，權詐之術也。」（熊賜履《學統・老子》）顯然這是把老子的思想和韓非的權術結合在一起了，但這種結合是後來的事，我們不能以此來論斷老子的思想。雖然這幾句話可以當作「術」來運用，但老子的思想是本之於「道」，本之於「自然」。因此對於這幾句話的意義，我們暫避開「術」的運用，而試從「道」和「自然」中去探索。

再回到這句話來看，關鍵在兩點：一是「將欲」，一是「必固」。如果說「將欲」的主詞是兵家或政客，當然是權術；但如果主詞是道或自然，意義就完全不同了。這句話的「將欲」兩字，當然不是指道的本體，因為「道」的本體並無「歛」、「張」等相對性的作用，所以這句話是談「道」在現象界的作用，也就是「自然」的現象。在現象界中，萬物的收縮與伸張本是物理的作用，有收縮必有伸張，伸張之後必有收縮。雖然老子並不知有現代的物理學，但這種理論早在易經的乾坤、陰陽、剛柔的原理中說得非常明白。所以「歛」和「張」是一種互相作用的自然現象。

❷將欲弱之必固強之

「強」和「弱」本是屬於人類觀念中的兩個判斷字，既然是判斷，當然是相對的，而沒有一定的標準，所謂「尺有所短，寸有所長」。傳統的說法，「弱者」，是女人的名字，但女人比男人容易適應環境，女人比男人活得較長，誰又是真正的弱者？按照達爾文的進化論，弱肉強食，適者生存，但這個「弱」的定義又是什麼？就自然界的現象來說，有很多「強」者，發展到極點，又變成弱者，如古代的恐龍由於太過壯大，反而絕種。人類社會也是如此，羅馬的衰亡，是因為它的強大，這不正是自然界發展的一個軌跡？如果我們說天是有意志的話，那麼未嘗不可說天要使某人或某物衰弱，必先使它們無限的強大？

❸將欲廢之必固興之

如果把這句話用政治運用的事實來詮釋的話，最恰當的例子便是《左傳》中鄭伯克段的故事，段是鄭伯的弟弟，段曾招兵買馬，意圖不軌，鄭伯有意廢之，卻先任其發展，裝作不知，最後一舉而殲滅之。如果鄭伯廢段於前，則史家將批評鄭伯欺負弟弟。所以鄭伯等到段自以為準備完緒，發動兵變，再消滅之，則罪名是段的圖謀不軌。所以一前一後，判斷截然不同。這則故事當然可視為權術之運用。但正因為自然現象有這樣發展的軌跡，才有如此運用的事實。這裡講「興」、「廢」，與前一句講「強」、「弱」是一樣的道理。在自然現象中，當一事一物興起時，它們便會離根本愈來愈遠，因此很容易失去了活泉而衰廢。就拿周公的制禮作樂來說，我們可以想像得出當時禮樂之盛，可是由於這種興盛，變成了文采，而逐漸脫離了精神本質，再加以時代變遷，逐漸形式化、僵硬化，而走入了衰廢之途。所以倒轉來說，或從根本上說，豈不是任何事物的興盛，都早已埋下了日後被廢棄的種子？

❹將欲奪之必固與之

這裡的一個「奪」字非常刺眼，很易被視為權詐之術。在我們社會中，的確經常如此運用的。所謂放長線釣大魚，餌愈大，釣的魚也愈大。可是在自然現象中，我們往往只看到「奪」的一面，或只看到「與」的一面，而沒有把它們連結起來。譬如我們的生命，是自然、或天所賦予，最後自然或天又奪走了它。如果我們從最後的結果來看，天地豈非只是「一奪」，因為它奪去了所有萬物的生命，在這裡，我們不免要抱怨，既然天地賦予生命，為什麼又作出這樣無情的「一奪」？但話又說回來，如果天地不給予萬物生命，它又如何能「奪」？因此反過來看，豈不是也可說它為了致命的「一奪」，卻先賦予萬物以生命。當然這樣的想法或許使我們覺得天地無情。其實，天地的這「一奪」另有它的目的。所謂「落紅不是無情物，化作春泥更護花」（清龔定庵詩句），一朵花兒的凋謝，卻營養了新的花兒的生長。天地雖無情卻有其真意。明瞭這一點，使我們對「奪」、「與」之間的連結更有深一層的體驗。

❺是謂微明

「微明」兩字非常微妙而不易明瞭，前人的注解很多，如王弼：「將欲除強梁，去暴亂，當以此四者，因物之性，令其自戮，不假刑為大，以除將物也。故曰：微明。」河上公：「此四事其道微，其效明也。」韓非：「起事於無形，而要大功於天下，是謂微明。」呂吉甫：「天之道，物之理，人之事，其勢未嘗不如此者也。於張知歙，於強知弱，於興知廢，於與知奪，非知幾者孰能與於此哉，故曰微明。」王純甫：「將然者未形，已然者可見。能據其已然而逆睹其將然，則雖若幽隱，而實至明白矣，故曰微明。」李嘉謨：「此聖人歙心弱志，廢情奪欲之道，微而難見，故曰：是謂微明。」從以上各注來看，有的強調順自然，有的主張運用於微妙處，有的重視心性修養。他們的注都把「微」字當作微妙或深微。把「明」字，或解作事理的明顯，或解作智慧的自明。但我們細察「微明」兩字，在本章中，卻有承先啟後的轉變關鍵。前面幾句話可看作自然的現象，也可看作人為的權術。所以老子此處說「微明」，要我們注意這種作用的微妙。老子在前面幾句話中只是敘述事實的真相，並沒有加以好評，鼓勵我們去這樣做。所謂「微」是指的「歙之」、「弱之」、「廢之」、「奪之」，這是微妙不易覺察的一面；所謂「明」是指「張之」、「強之」、「興之」、「與之」，這是明白清楚，大家所樂於趨向的一面。老子要我們在此處深察「微明」之理，就是要我們了解「反者，道之動」（第四十章）的道理。由自然現象來說，從「歙」而「張」，或從「張」而「歙」，都是一種「反」。而本章中說「將欲歙之，必固張之」，這只是就一面來說，而另一面，也可說為「將欲張之，必固歙之」。事實上，《老子》書中，處處強調柔弱，都是「歙」的意思。那麼老子此處為什麼不說「將欲張之」而說「將欲歙之」呢？老子就是要我們留心這個微妙不易覺察的「歙」字，以及「弱」、「廢」和「奪」字。唯有這樣，我們在「張」、「強」、「興」和「與」的時候，才不致被成就所沖昏了頭，才能深察個中契機，而立於「不弱」、「不廢」、「不奪」之境。所以「微明」兩字在此處是一轉捩，使我們從自然現象、或權術運用中超拔出來，再加以運用，而成為老子的治道。

❻柔弱勝剛強

如果把這句話裡的「弱」和前面「將欲弱之」的弱字對比，則前面的「弱之」的弱字，和「廢之」、「奪之」同一層次，具有負面的意思，而「柔弱」的弱字，卻是《老子》書中一再運用的方法，具有正面的意思。由於天道自然，或人為的運用，在剛強的一面，都會轉向於衰弱，因此我們深契這個道理，便應該在柔弱處好好把握。「衰弱」這是自然淘汰的對象，也是人為鬥爭的結果。但老子告訴我們「微明」的道理，就要在這裡旋轉乾坤，轉「衰弱」為「柔弱」，把負面轉為正面。

在這裡老子給「柔弱」一個特殊的定義，就是「勝剛強」。被「剛強」所擊敗的「弱」是衰弱，而不是老子所謂的「柔弱」。這個「勝」字並不是指用武力的征服，而是指「優於」，大樹堅強，但易招風而折；小草柔弱，卻能保存久長，這就是老子所謂的「勝」。

❼魚不可脫於淵

「淵」是水底，魚必須深藏於水底，才不會被漁人所捕。這道理很淺顯，可是在我們的生活上卻往往忽略了這點。舉個例說，每個人都有他的一得之長，可是人們往往不珍惜這一點，而越出了自己的專長，說了許多外行話，做了許多不該做的事。孔子所謂「我不如老圃，我不如老農」，就是不願說外行話、做外行事。

❽國之利器不可以示人

「利器」表面的意義是銳利的武器。沒有一個國家愚笨得把自己最好的秘密武器拿來展覽的，這種誇耀暴露了自己的特點，這些特點便會變成了弱點，因為對方知道你的優點，針對你的優點而設計，最後你的優點豈非變成了致命的弱點？

關於「利器」兩字，前人都進一步去求解，如王弼：「利器，利國之器也。唯因物之性，不假刑以理物。器不可覩而物各得其所，則國之利器也，示人者，任刑也。」這是把利器解作刑法。河上公：「利器，權道也。治國，權者可以示執事之臣也。」這是把「利器」解作權術。這些注中的「利器」都指負面的意思。再如王純甫：「蓋微明之理，聖人用之則為大道；姦雄竊之則為縱橫捭闔之術，其害有甚於兵刃也。故聖人喻之以利器。」蘇轍：「聖人居於柔弱，而剛強者莫能傷。非徒莫能傷也，又將全制其後，此不亦天下之利器也哉！」這是把「利器」解作「微明」、解作「柔弱」，都是正面的意義。但無論「利器」是指刑法權術也好，微明柔弱也好，真正的要點是「不可以示人」。「不示人」，就是不逞強；不逞強，就是柔弱之用。

統觀全章，前面一段所舉的是自然和人生中正反相因的事實，事實就是事實，並沒有是非好壞的判斷。而後面一段卻是描寫明瞭事實之後的自處或運用。講「柔弱」、講處「淵」、講「不可以示人」，都是要我們處心無為，回歸德本。

第三十七章　道常無為

道常無為，而無不為❶。

侯王若能守之，萬物將自化❷。

化而欲作，吾將鎮之以無名之樸❸。

無名之樸，夫亦將無欲❹。

不欲以靜，天下將自定❺。

語譯

道是恆常地自然無為，而又能自然地作用於萬物，使他們沒有被遺漏的。侯王如果能遵循這個自然無為的道理，便能使萬物自然地化育。然而當萬物自然的化育時，慢慢地產生欲望。我便進一步去用無名的素樸的方法，去釜底抽薪，加以淨除。這個無名的素樸的方法，就是做到「無欲」，也就是君主「不見可欲」，使人民的心歸於寧靜，那麼天下便自然地趨於安定了。

解義

❶道常無為而無不為

「常」和「無為」在第一章和第三章中都已分別討論過。這句話的重點乃在「無不為」。因為能「無不為」，才是真正的「無為」。但如何才能做到真正的「無為」呢？就「道」來說，「常」仍然是一個關鍵字。「常」是「真常」、「恆常」的意思。「道」是真實不假，永遠如此，這才是真正「道」的「無為」。「無為」兩字，我們常解為沒有欲望、沒有目的或順任自然，但這些解釋或作法都是就現象來說的。我們生活中，有時候，我們也會做到沒有欲望、沒有目的或順任自然，難道這樣就能達到「無不為」的境界嗎？答案不是肯定的，因為我們是「有時候」，譬如此刻，我凝視窗外的風景，我心中沒有欲望、沒有目的，也很自然。但這只是片段的，一會兒之後，我又回到了現實。但「道」的「無為」卻不一樣，它是「真常」的、「恆常」的。它的「無為」，就是它的「為」，所以它「無為」，才能「無不為」。譬如孔子曾說：「天何言哉！四時行焉，萬物生焉！」「天」的無言，是「無為」，但使「四時行」、「萬物生」的也是天，所以「天」雖無為，卻仍然在那裡默默的「為」。所以「無為」和「為」並不是截然的毫不相關，事實上卻是一體的兩面，明乎此，我們才能體悟到「道」的「無為」，就是它的「無不為」。

❷侯王若能守之萬物將自化

「守之」就是遵循「無為而無不為」的道理。不過此處是講的運用，和道體的「無為而無不為」意義並無不同，層次卻有高低，道體的「無為而無不為」是因為道把自己納入了萬物，萬物的生長就是道的發展。所以「道」的無為就是自然。而萬物的「自然」就是道的「無不為」。至於此處的「守之」，乃是指侯王的修養和運用工夫。《莊子》曾說：「貴富顯嚴名利，六者勃志也；容動色理氣意，六者繆心也；惡欲喜怒哀樂，六者累德也；去就取與知能，六者塞道也；此四六者，不盪胸中則正，正則靜，靜則明，明則虛，虛則無為而無不為也。」（〈庚桑楚〉）用這個「虛」字來釋「守之」很恰當，因為「守之」就是「守虛」，「虛」就是無欲，也就是在運用上的「無為」。侯王如果能虛其心，無欲於萬物，萬物便能自然的發展。

❸化而欲作吾將鎮之以無名之樸

在《老子》書中，通常講到萬物自化時，便不再接下去談「自化」後又如何。而此處卻不同，老子語氣一轉，而說「化而欲作」。因為我們如果任萬物自化，那麼在萬物自化的過程中，欲望跟著產生，又將如何？在這裡也許我們可以發現道和萬物之間，與侯王和萬物之間的關係有所不同。在道的「無為而無不為」過程中，萬物生生化化是自然的，縱使萬物有「欲」，但這個「欲」是本能的「欲」，自然的融入生化的過程中一起發展。因為這個本能的「欲」也是生化的動力。所以就道、或自然來說，只是一個生生不已的生化過程。雖然這個生生不已，是「天地之大德」（《易經・繫辭下傳》第一章「天地之大德曰生」）是純然至善的，但在生化過程中的變化並沒有是非好壞的道德判斷，只是違反了生化的原則便會衰亡死滅。順應這個生化的原則，便能生存發展。這是道和萬物的關係。可是侯王和萬物的關係卻不一樣。因為侯王和萬物的關係是繫在人的社會中，因此離不了是非好壞的道德判斷。所以當「化而欲作」之後，這個「欲」便會因人欲的加入，而產生了壞的影響。譬如「飢思食」，這在自然界本是生存的本能，可是在人的社會中卻不然，我們不僅是求飽，而且貪五味的悅口，由於這一「貪」，而引出了其他更多的貪和欲。所以人欲一「作」，連環發展，很難停止。所以當侯王遵循無為自化的原則，卻很可能又會面臨「化而欲作」的問題。這是侯王的「守之」和「道常無為」不同的地方。

依照人類社會發展來看，對付這種「欲作」的過患，有兩種解決的方案，一是法律，一是道德。法律的產生就是規定了人類欲望的界限，使一個人的欲望不至於危害了別人的利益。道德的提倡也是從人類的行為上界定了什麼是應該的，什麼是不應該的，使人類能夠自我節制，使欲不至於泛濫。所以法律和道德就像公路上的限速規定和汽車的剎車。前者是法律的規定，後者是自我的制約。但在老子眼中，這兩者還不夠。因為它們都是外在的制約力量。儘管有規定、有剎車，在公路上仍然有人違規，有人開快車。老子有鑑於法律和道德的制約都是外在的，所以他提出釜底抽薪的方法，就是「鎮之以無名之樸」。這裡的「鎮」字應該解作鎮靜，而不是鎮壓，因為鎮壓是來自外在的力量，而鎮靜卻是從內心做工夫的。「無名之樸」在第三十二章中曾討論過，簡單的說就是素樸，也就是一個「虛」字。前面「侯王守之」的守虛是侯王自己的「虛其心」，而此處「鎮之」，乃是使人民「虛其心」。

❹無名之樸夫亦將無欲

這句話承前一句，再進一步界定「無名之樸」，就是「無欲」。「虛其心」，就是虛掉心中的欲。雖然老子以「無欲」去寫「樸」，但「樸」和「無欲」之間有所不同。「樸」是道家思想中一個極有深度的哲學術語。它象徵了道的無為自然、萬物的本性自然、人生的素樸自然，以及政道的簡樸自然。因此無論是修養，無論是運用，「樸」是空靈的，但卻有實質的意義。至於「無欲」卻是一個空泛的普通用語。這是佛家、道家和其他宗教各家都通用的，但究竟什麼是「無欲」，而「無」的又是什麼「欲」？就「無欲」兩字來說並沒有告訴我們具體的意義和方法，所以「樸」是老子、或道家特有的一種修養工夫和運用方法，而「無欲」只是以淺顯的語言來加以描寫而已。

❺不欲以靜天下將自定

有的版本，如河上公的版本「夫亦將無欲」作「夫亦將不欲」，和此處的「不欲」正好相連。另外有的版本，如龍興觀碑，此處的「不欲」作「無欲」，正好和前面的「夫亦將無欲」相連。這一字之改，本無關於義理，可是後人的解釋卻大異其趣。

先從王弼的版本來看，如果咬文嚼字，為什麼王弼版本前面作「無欲」，而此改為「不欲」呢？我們可以從王弼的注中得到消息。前面王弼注「無欲」為「無欲競」，是指人民的爭競之心，可見他是把「無欲」就治道方面來說的，於是接著此處的「不欲」便轉到侯王的治道上，正是第三章所謂「不見可欲」的意思，因為「不見可欲，使民心不亂」，心不亂，便是靜，天下便自歸於安定。這裡「不欲以靜」的「以」字是「因而」的意思。把這裡的「不欲」改作「無欲」，雖和前文相連，卻只是文字的重疊使用，不如王弼「不欲」兩字有治道上的作用。

至於另一種河上公的版本，兩處都作「不欲」，它的解釋就因而不同了。如河上公注說：「言侯王鎮撫以道德，民將不欲，改當以清靜導化之也。」這是把「無名之樸」當作道德，似乎遠離了老子用樸的真義。後來有些學者更進一步注解，如陸希聲注說：「故有無為之心，必有無為之迹，後世將尋其迹而忘其本……故云無名之樸，亦將不欲者，將使心迹兼忘，至於玄之又玄也。」又如蘇轍注說：「聖人中無抱朴之心，外無抱朴之迹，故朴全而用大，苟欲朴之心尚存於胸中，則失之遠矣。」這裡的解釋，造境極高，但卻充滿佛學的色彩，未必是老子「無名之樸」的本意。因為老子既以「無名」來稱「樸」，可見這個「樸」已是最根本了，哪裡還須再造出一個「心」、「迹」出來，把人「玄殺」（禪宗語）了。

第三十八章　上德不德

上德不德，是以有德❶。

下德不失德，是以無德❷。

上德無為而無以為❸。

下德為之而有以為❹。

上仁為之而無以為❺。

上義為之而有以為❻。

上禮為之而莫之應，則攘臂而扔之⑦。

故失道而後德⑧，

失德而後仁⑨，

失仁而後義⑩，

失義而後禮⑪。

夫禮者，忠信之薄，而亂之首⑫。

前識者，道之華，而愚之始⑬。

是以大丈夫處其厚，不居其薄，

處其實，不居其華。

故去彼取此⑭。

語譯

最高的德行，不自以為行德，才是真正的有德。一般的下德，念念不忘道德名相，反而無德。最高的德行，自然無為而沒有任何的意圖和目的；一般的下德希望有所作為卻是有意圖或目的的。最高的仁德，雖然是有所作為，但卻沒有個人的意圖或目的。最高的義行，是有所作為而且更有個人的意圖或目的。最高的禮敬，是有所作為，可是卻得不到別人以同樣的禮敬回應，於是便會捲起衣袖，伸長臂膀企圖把別人拉過來，向自己禮敬。由於這種不同的層次，所以當人們不能生活在「道」中時，便推崇德。可是當他們不能處上德，而流為下德，於是便提倡仁德，希望返於上德。可是當他們連仁德也把握不住，只好大聲疾呼的用「義」來規範人心。然而當「義」也失去力量時，便只有設立「禮」制，去約束人們的行為了。到了只知用「禮」時，這正反映了人們忠信的德行的薄弱，這也就是一切禍亂的開始了。自以為有先知卓識的人，他們自詡他們的才智，其實那只是道的花朵而已，華而不實，這正是人們以此相欺騙的愚行的開始。所以真正有氣概的大丈夫，要處忠信之厚，而不居禮敬之薄，要處道的根本，而不居道的末節，這即是所謂的捨浮華的表面，而守篤實的本質。

解義

❶上德不德是以有德

這裡說「上德」是因為在本章中，老子把「德」分為上下兩個層次。「上德」是指對道的實踐，是老子所推崇的；而「下德」是指一般的道德觀念，是老子所批評的。此處「上德」是指最高的德行，或真正有德之人。有的注解把「上德」當作上德的君主。至於河上公說：「上德謂太古無名號之君，德大無上，故言上德。」這便有點過分高推聖境，而流於虛玄了。其實本章論「德」和第一章論「道」正好對照，所以本章被列為下篇之首。本章所論的，乃是「德」的層次。

對於本章，王弼有一篇長文為注，極為精要，是王弼注中最重要的文獻。因此我們隨文徵引，一方面保存王弼注最精彩的地方，一方面藉王弼的思路以探討本章的義理。

王弼注說：「德者得也。常得而無喪，利而無害。故以德為名焉。何以得德？由乎道也。何以盡德？以無為用。以無為用，則莫不載也。故物無焉，則無物不經；有焉，則不足以免其生。是以天地雖廣，以無為心；聖王雖大，以虛為主。故曰：『以復而視，則天地之心見；至日（按冬至）而思之，則先王之至（按應為志字）覩也。』（按此兩句出自《易經‧復卦》彖辭和象辭）故滅其私而無其身，則四海莫不瞻，遠近莫不至。殊其己而有其心，則一體不能自全，肌骨不能相容。是以上德之人唯道是用。不德其德，無執無用，故能有德而無不為。不求而得，不為而成，故雖有德而無德名也。」在這段話中，王弼一開頭便對「德」字加以定義。這個「德」字在以上各章曾出現過，如「玄德」（第十章）、「孔德」（第二十一章），但王弼在此處特別加以定義，這是因為本章詳論「德」的層次。王弼以「得」釋「德」，而界定「德」是「常得而無喪，利而無害」。這是把「德」提昇到形而上的境界，或內在的心地上。這一界定很重要，因為就老子或道家思想來說，「德」是指內在的德性，這和儒家重視外在的德行不同。當然這樣的二分法未必完全適切。老子也是重德行的，也就是說，實際的慈愛子女，孝養父母，只是老子批評禮制化了的道德行為，或僵化了的道德觀念。同樣儒家也並非不重視內在的德性，如仁義禮智的四端是根之於心的。所以老子的內在之德和儒家的內在之德不同的地方，就是王弼特別加以界定的「以無為用」，也就是說老子所強調的「德」是「虛其心」的德，也就是無欲的德。由於這一界定，才能適切的注出了「上德不德」的精神。因為「上德」的「德」本是以虛無為用的，因此雖有「德」，而無「德」相，或不執著於「德」相。在現實的運用上，譬如一個君主完全順著人民的需要而做，自己心中沒有預設的觀念。一切順乎自然，而心中沒有自己擁有道德、或實行道德的念頭。由於這樣的君主在歷史上很難找到，所以河上公才說是「太古無名號之君」。但這樣的境界並不是人間沒有。老子所謂「上德不德」是一種原則，只要符合這一原則，便是「有德」。所以「上德」並非高得人間鮮有，而是指真正的德性。在社會上，也有很多人做好事而不欲人知、不求人報。雖然他們可稱為有德之人，但尚不能稱為「上德」。正如王弼所注：「上德之人唯道是用，不德其德。」可見「上德」是和「道」有密切關係的，也就是說「上德」，必須完全遵循「道」而行。所以他的「不德」，也是道的自然流露。

❷下德不失德是以無德

這裡的「下德」，針對「上德」而言，是有貶抑的意思。王弼注說：「下德求而得之，為而成之，則立善以治物，故德名有焉。」這是指「下德」不能用無，而執著於有德。有了「德」之名，往往破壞了心中的無欲無求，所以反而無德。這不正是莊子所謂「德蕩乎名」（〈齊物論〉）嗎？老子「不失德」的一個「失」字很傳神，寫出了下德之人的那種患得患失、抓緊不放的樣子。抓緊不放的是什麼？當然是道德的名相了。因為真正實踐道德的人，只是去做就好了，哪裡還擔心有所「失」？

❸上德無為而無以為

此處的「無以為」，河上公、景龍等版本相同，而傅奕、魏源注本作「無不為」。俞樾曾說：「無為與無以為，似無區別。下文云：『上仁為之而無以為』，夫無為與為之，其義迥異，而同言『無以為』，其不可通明矣。《韓非．解老》作『上德無為而無不為也』，蓋古本老子如此。今作『無以為』者，涉下上仁句而誤耳。」其實「上德無為而無以為」，與後面「上仁為之而無以為」，雖一是

「無為」，一是「為之」，但它們同屬「無以為」，這一點並不矛盾，因為「無為」和「為之」是描寫它們的層次，而「無以為」是說明它們的態度、居心和方法，這一點在王弼注中已有解釋，此處不贅。

在這裡，值得我們推敲的是「無為」和「無以為」有什麼不同？「無為」只是描寫自然而然，不用人為的境界；而「無以為」乃是說明達到「無為」的態度或方法。這個「無以為」的「以」字，含有緣由（如所以的以字）、方法（如用以的以字）。這是說上德的人的無為，是純乎自然的，他不是有意去「無為」，也就是說為了什麼原因去「無為」、或運用什麼方法去「無為」，這樣便不是真正的「無為」。

❹下德為之而有以為

這句話後代注家都有不同的意見。有的把「下德為之」改為「下德無為」，如馬其昶說：「案『無為』舊作『為之』誤同上義句，傳本又誤同上仁句。注家強為之說，皆非是，今為之正，德有上下，其無為一也，以其不失德，故雖無為之中，而仍有以為也。」但前面老子明明把「上德」和「下德」分開，直說「下德」之「無德」，既然是「不失德」，既然是「無德」，哪裡還能配稱為「無為」？

真正值得我們注意的是「為之」與「有以為」有什麼不同？「為之」，是指有所作為，凡是一切道德行為都是有所作為。「有以為」乃是進一步描寫這種作為另有道德本身之外的意圖或目的。譬如孝道，如果真正發乎自性地孝養父母，這是「上德」的無為。如果知道孝道的重要，而努力去實行之，這已是「下德」的為之了，但如果為了博取名聲，而去奉行孝道，這就是「下德」的為之，而「有以為」了。王弼注說：「求而得之，必有失焉；為而成之，必有敗焉。善名生則有不善應焉。

故下德為之而有以為也。無以為者，無所偏為也。凡不能無為而為之者，皆下德也。仁義禮節是也。」偏為就是偏於一面，也就是為了局部的原因、或特殊的目的，這樣就割裂了「德」的普遍性，也就破壞了「德」的無為性。王弼把仁義和禮都列為這種「下德」，因為它們都是有所為的。

❺上仁為之而無以為

「德」有上下之分，同樣「仁」、「義」和「禮」也有上下的不同。但《老子》本章只言「上仁」、「上義」和「上禮」，只是舉「仁」、「義」、「禮」的最上者，因為最上者已如此，何況較下者，這一點王弼注得很清楚：「將明德之上下，輒舉下德以對上德，至於無以為，極下德下之量，上仁是也，足及於無以為，而猶為之焉。為之而無以為，故有為，為之患矣！本在無為，母在無名，棄本捨母，而適其子。功雖大焉，必有不濟。名雖美焉，偽亦必生，不能不為而成，不興而治，則乃為之，故有宏普博施仁愛之者，而愛之無所偏私，均上仁為之而無以為也。」雖然在老子的思想中，「上德無為」是最高的道德境界，可是在本章中「上仁」卻是一個極具關鍵性的德行，甚至在本章中，「上仁」是最重要的問題，因為它正在「上德」與「下德」之間，它也兼有了「為之」與「無以為」的似乎是矛盾的特性。王弼在本章的注最精彩的也是「上仁」一詞，他先說：「極下德下（此下字可能為衍文）之量，上仁是也。」這指出了在下德之中，「上仁」是最高的境界，高到甚至跨越了「下德」的界限，而與「上德」共有「無以為」的境界。有如下圖：

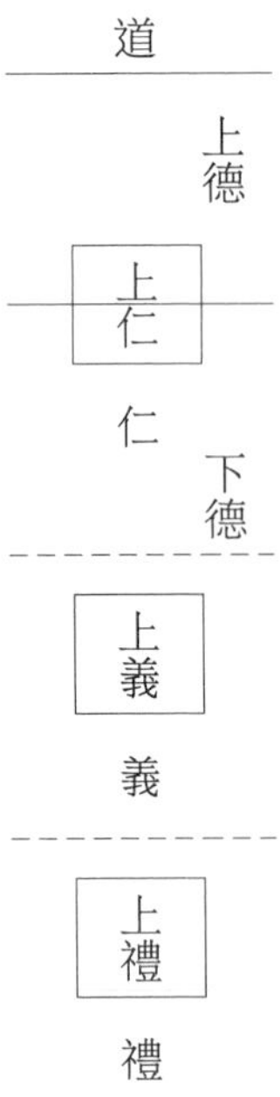

這圖表中顯示了「仁」是屬於「下德」，但「上仁」卻是仁德中的最高境界，已觸及了「上德」。關於這一點，我們可以檢視《老子》全書，對於「仁」字，有時含有負面意思，如「絕仁棄義」（第十九章），但有時卻含有正面的意思，如「與善仁」（第八章）。為什麼如此？就是因為「仁」是一般的道德，是「為之」，但「上仁」卻是很高的道德層次，已達到「無以為」的境界。舉例說「仁」是一種愛，但愛必須有所施為、有所表示，因此是「為之」，可是最高的「上仁」，正如莊子說的「大仁不仁」，卻是無條件的愛、施不望報的愛，所以又是「無以為」的。至於「下仁」，老子沒有提到，但很顯然的，老子「絕仁棄義」所要絕的就是「下仁」，因為它是「為之」，而「有以為」的。譬如孔子對於「仁」的最佳詮釋是「己欲立，而立人；己欲達，而達人」，這種由自己的完成，很自然的推及別人的完成，應該是進入「上仁」之境了。相反的，如果是為了己立，而去立人，為了己達，而去達人，把立人和達人變為成就自己的一種手段，這便是「有以為」的「下仁」了。

❻上義為之而有以為

「義」和「仁」的不同是：「仁」是由全心而發，最高境界可以觸及「無以為」，「義」乃是由內而接於物，因此重在分辨是非曲直。正如王弼所注：「愛不能兼，則有抑抗正真，而義理之者。忿枉祐直，助彼攻此。物事而有以心為矣。故上義為之而有以為也。」由於分辨是非曲直，必有標準，必有判斷，所以是「為之而有以為」的。

❼上禮為之而莫之應則攘臂而扔之

禮是一種社會規範，是維持人與人之間關係的制度。「禮」和「仁」、「義」的不同是：「仁義」是發自於內心的一種道德，而「禮」卻是規定於外的一種制約。在儒家的眼中，「禮」是道德實踐的規範，可是由於「禮」是外在的制約，因此「禮」會因時間的變遷，而僵化；會因人們的誤用，而膚淺化，這也就是「禮」之所以變成了繁文縟節。這便是老子所看到的「禮」、所批評的「禮」。王弼說：「直不能篤，則有游飾修文禮敬之者。尚好修敬，校責往來，則不對之間，忿怒生焉。故上德（按為禮字之誤）為之而莫之應，則攘臂而扔之。」這是說「禮」是人與人之間的謙讓與尊重的禮節，是一種相對性的關係，可是問題出在，我對別人禮敬，別人卻不以禮敬對我，於是不滿之情便產生了。「攘臂而扔之」就是舉臂捲袖，要把別人拉過來。陸德明說：「扔，引也。」「禮」的流弊就是一般人都忽略了反省自己是否合乎「禮」，而一味的要求別人合乎「禮」。所以「禮」本來是一種相對的關係，可是人心失去了自反之德，往往變成了一面的要求。這是王弼注的意思，也是老子所看到的「禮」。老子以「上禮」稱之。至於「下禮」的僵化與膚淺，甚至違反人性，那就更不用談了。

❽故失道而後德

「失道」有兩種解釋，一是指人心失道，也就是社會風氣日下，逐漸離開了道。一是指人君不能遵循無為之道。然而在這裡有一個問題，本章從一開始便是論德，以「上德」和「下德」來區分老子所推崇的「德」及一般的道德。可是寫到這裡，突然又冒出了個「道」字來，究竟是何原因？尤其籠統的說「失道而後德」，那麼這個「德」，是「上德」呢？或「下德」呢？讓我們先看王弼的注：「夫大之極也，其唯道乎？自此以往，豈足尊哉！故雖盛業大富，而有萬物，猶各得其德。雖貴以無為用，不能捨（按捨字宜作舍解）無以為體也。不能捨無以為體，則失其為大矣。所謂失道而後德也。以無為用，德其母，故能己不勞焉，而物無不理，下此以往，則失用之母，不能無為而貴博施，不能博施而貴正直，不能正直而貴飾敬，所謂失德而後仁，失仁而後義，失義而後禮也。」從這段話中可見王弼把「道」解作以無為體，把「德」解作貴以無為用。所以「道」是體，「德」是用。顯然王弼在此處的「德」是指的「上德」，而接著講「博施」的仁，「正直」的義，和「飾敬」的禮，便是「下德」，這與王弼前面的注是思路一貫的。如果依照這種解法，那麼「失道而後德」應該是：失道而後上德，失上德而後下德（仁義禮）。如果這種解法不離老子的原意的話，那麼「失道而後上德」，便不是一種嚴重的失落，因為「道」和「上德」之間並沒有太大的距離。就天來講，固然稱之為「道」，但就人來說，這個「道」就是「上德」。這並不是失落的問題，而是人的遵循「道」或返歸「道」的過程。所以真正稱得上「失落」的，乃是「下德」。

然而老子明明只用了籠統的一句「失道而後德」，因此我們可以這樣的解法：

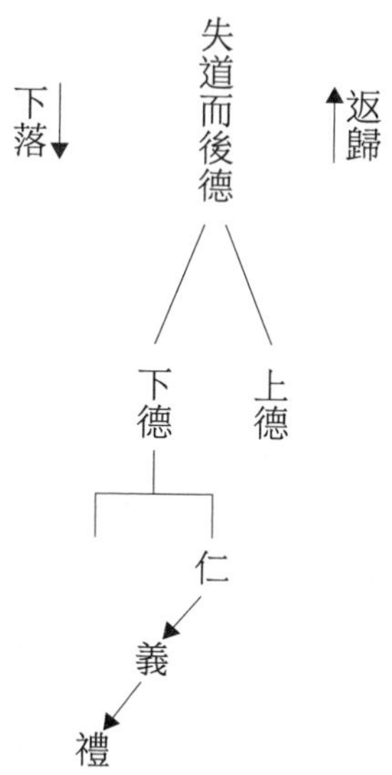

這也就是說「上德」雖然和道不同，但卻是返歸於道，是上行的。而自下德開始，才是逐漸的下落，才是真正的失落。

❾失德而後仁

這裡的「德」，依照《老子》前文，本有「上」、「下」之分，那麼，此處的「失德」，應該是指「失上德」，因為仁是屬於「下德」，如果說失下德而後仁，或失下德而後下德，這是多麼的不通。所以此處的「德」，必然是指的「上德」。王弼把它解成「無為」，正是此意。唯王弼說：「不能無為而貴博施。」把「上仁」直解為「博施」，卻是值得我們去推敲，「博施」兩字見於《論語》，應為王弼之所本。《論語．雍也》：「子貢曰：『如有博施於民而能濟眾，何如？可謂仁乎？』子曰：『何事於仁？必也聖乎？堯舜其猶病諸。』」這段話有兩種不同的解法，有些學者認為孔子的回答是把「博施」看得很高，是聖的境界，是超乎「仁」的。而另有些學者，認為仁是孔子思想最高的境界，「聖」只是聖王，只是事功，所以「博施」只是指政治的功業，尚搆不上「仁」的境界。在這裡，我們無意為這兩種見解而論辯，但從子貢的提出這個問題，可見「博施」和「仁」是有相當關係的。王弼以「博施」釋「上仁」，而說明了「為之而無以為」的境界也是很貼切的。因為無論是仁者或聖者的「博施」，都是一種施為，但卻沒有個人的目的或條件。

那麼，什麼又是「失德而後仁」的真義呢？「失德」是「失上德」，也就是說不能運用無為，順物自然，只好用有為法，去「博施」於民了。「博施」並不一定是指用物質去施捨人民，此處王弼的意思是把愛心推及人民。

❿失仁而後義

「失仁」是指不能無以為，因此「仁愛」之心不能周普，於是只有靠「義」來推行了。「仁」和「義」的不同，我們可以用孟子的強調「義」來詮釋，孟子說：「仁，人心也；義，人路也。」（〈告子上〉）在孟子眼中，「仁」是人性中的惻隱之心，是非常精微，但也容易失落的，而「義」卻是一條有形的「路」，把心中的「仁」發展出來，而成為道德行為。所以孟子強調「義」是為了當代諸侯們都說自己有仁心、行仁道，可是在行為上卻是相反的，只知富國強兵，而不顧人民的生活。所以孟子用一個「義」去制裁他們，如果不行仁政，就是不義，不義就不是人。可見「義」是在「仁」道衰微之後，才特別強調的。「義」比「仁」有力，但卻是一種失落。

⓫失義而後禮

「義」雖然是對外在是非的一種判斷標準，但畢竟是本之於心的，而且是一種原則。真正在行為上去實踐，還須有具體的規矩和制度。「仁義」是理想的，制度是具體的。本來「仁義」和「制度」並沒有孰先孰後的問題。在人類發展了群體生活時，便產生了制度。只是最早的制度也許粗陋，也許不健全。譬如伏羲教人婚嫁，黃帝垂衣裳而治，儘管後代學者認為這是傳說，但婚姻和衣裳的制度必有所始，而且開始得很早，早得在孔孟倡導仁義之前。就這一歷史事實來看，說「失義而後禮」，似乎不合事實。所以老子這句話中的「禮」不應該是指實際上的禮制的「禮」，而是指禮的本質也失落了之後的「禮」，也就是只講繁文縟節而變成虛偽的行為。

⓬夫禮者忠信之薄而亂之首

這裡的「忠信」不是指道德教條，而是指實際上的對人有忠有信的行為。王弼注說：「夫禮也所始，首於忠信不篤，通簡不陽，責備於表，機微爭制。夫仁義發於內，為之猶偽，況務外飾而可久乎。故夫禮者，忠信之薄而亂之首也。」這是指人們忠信不夠的時候，人與人之間的交往便失去了真誠，於是外面在語言態度上粉飾，內面卻在勾心鬥角。所以在老子眼中，忠信薄了，禮便見重，而禮愈多，忠信也就愈來愈迷失了。

⓭前識者道之華而愚之始

「前識」，河上公注：「不知而言知為前識。」魏源說：「於禮之後言前識，以智為下也。」這都是把「前識」當作智，與上面相連，便成為仁義禮智的四德了。雖然《老子》在本章中，不言「智」，也不說「失禮而後智」，但就「識」字來說，是意識或認識的意思，所以「前識」當然是屬於知性的作用。如王弼所注：「前識者，前先而識也。即下德之倫也。竭其聰明以為前識，役其智力以營庶事，雖德其情，姦巧彌密，雖豐其譽，愈喪篤實。勞而事昏，務而治薉，雖竭聖智而民愈害。舍己任物則無為而泰。守夫素樸則不順典制。聽彼所獲，棄此所守，識道之華，而愚之始。」這段話是把「前識者」，當作自以為有識，自以為先知，正是「為之而有以為」的下德。根據王弼所描寫，是指以智治國的不當。所謂「以智治國」有二義：一是指自以為智，而竭自己的智力去考察百姓；一是指以道德禮制為治。這樣道德禮制變為名相，而成為用智的工具了。在老子的眼中，真正以德為治，是順無為之德，現在以道德為治，道德變成了工具，反而成為智慮的產物了。所以老子說是「道之華」。「華」就是表面的文飾，而沒有實質。真正的智慧，是洞燭事理、順應物性、為而無為的。如果誇耀智力，以揭人之短為能，這是以別人之愚來顯出自己的智。結果是愚弄別人，也愚弄了自己，所以老子說這是「愚之始」。這裡的「愚」，不是天生的愚笨，而是自以為聰明的自愚而愚人。

⑭是以大丈夫處其厚不居其薄處其實不居其華故去彼取此

「大丈夫」一語在《老子》書中只出現這一次，《老子》全書多言聖人、聖王，偶然也言修道之士（如「善為士者」（第六十八章）），卻不言「大丈夫」。事實上，其他道家作品，如莊子也不言「大丈夫」。真正用「大丈夫」一語最多的是《孟子》，因為孟子氣勢蓬勃，顯示出的是一種「富貴不能淫，貧賤不能移，威武不能屈」的「大丈夫」（〈滕文公下〉）氣概，而老子此處也言「大丈夫」，也是表現出一種重視真正的德，而不在乎道德虛名的氣概。

什麼是厚、薄？什麼是實、華？對應上文，很清楚的看出，德是厚，禮是薄，道是實，智是華。但老子為什麼用厚薄、實華等字來描寫它們之間的關係呢？王弼在本章注解的結論中，有非常精闢的分析，他說：「故苟得其為功之母，則萬物作焉而不辭也。萬事存焉而不勞也。用不以形，御不以名，故名仁義可顯，禮敬可彰也。夫載之以大道，鎮之以無名，則物無所尚，志無所營，各任其貞。事用其誠，則仁德厚焉，仁義正焉，禮敬清焉。棄其所載，舍其所生，用其成形，役其聰明，仁則誠焉，義其競焉，禮其爭焉，故仁德之厚，非用仁之所能也，行義之正，非用義之所成也，禮敬之清，非用禮之所濟也。載之以道，統之以母，故顯之而無所尚，彰之而無所競，用夫無名，故名以篤焉。用夫無形，故形以成焉。守母以存其子，崇本以舉其末，則形名俱有而邪不生，大美配天而華不作，故母不可遠，本不可失。仁義，母之所生，非可以為母；形器，匠之所成，非可以為匠也。捨其母而用其子，棄其本而適其末。名則有所分，形則有所止，雖極其大，必有不周，雖盛其美，必有患憂。功在為之，豈足處也。」這段話把「厚薄」、「實華」的關係說得極為透闢。雖魏源也有妙喻，他說：「其以厚薄華實為言，蓋道猶木之實，生理在中，胚胎未露。既生之後，則德其根，仁其幹，義其枝，禮其葉，而智其華也。」但並未說明如何自處的態度。王弼則一再的強調「仁」、「義」、「禮」等道德制度並非全然不好，而是它們必須以「道」或「上德」為根本，才是真正的「仁」、「義」和「禮」，否則忘了根本，只強調「仁」、「義」、「禮」。結果「仁」、「義」、「禮」，反而成了爭競的工具、虛偽的託辭了。這一點在第十九章中已有提示，在此處老子和王弼的思想是一致的，如果在這裡把握不住，像後代許多學者，或藉口老子思想，以捐棄仁義，或批評老子思想的反對仁義，他們哪裡知道一代哲人的苦心？

第三十九章　昔之得一者

昔之得一者❶，

天得一以清❷，地得一以寧❸，

神得一以靈❹，谷得一以盈❺，

萬物得一以生❻，侯王得一以為天下貞❼。

其致之❽，

天無以清將恐裂❾，

地無以寧將恐發❿，

神無以靈將恐歇⓫，

谷無以盈將恐竭⓬，

萬物無以生將恐滅⑬，
侯王無以貴高將恐蹶⑭。
故貴以賤為本，高以下為基⑮。
是以侯王自謂孤寡不穀，
此非以賤為本邪？非乎⑯？
故致數輿無輿⑰，
不欲琭琭如玉，珞珞如石⑱。

語譯

在以前，萬化都是「得一」的。「天」能「得一」才能表現它的清明；「地」能「得一」才能顯現它的安寧；「神」能「得一」才能發揮它的靈性；「谷」能「得一」才能滿盈它的生機；「萬物」能「得一」才能維護它們的生存發展；「侯王」能「得一」才能為萬民的楷式。由於這個「一」的作用，「天」如果不能由「一」而清明，那麼它的清明便會被割裂；「地」如果不能由「一」而安寧，那麼它的安寧便會導發了災變。「神」如果不能由「一」而靈明，它的靈明便會趨於枯乾；「谷」如果不能由「一」而豐盈，它的豐盈便會衰竭。「萬物」如果不能由「一」而生長，它的生長便會很快地走向滅亡。「侯王」如果不能由「一」而處於高貴之位，他們便會從高位上隕落。所以說：貴是應該以賤為它的根本；高是應該以下為它的基礎。因此侯王都以孤獨之人、寡德之人、或不能生養之人等名詞來稱呼自己，這不正是以賤為本的例子嗎？不是嗎？越想多求名位，反而得不到名位。所以我們不要貪求外表的光澤像美玉一樣，也不要逞勇好強，像外表堅硬的石塊一樣。

解　義

❶昔之得一者

「昔」是指「以前」，但這裡的「昔」，含有初始或本原的意思，這是和「一」是數之「始」，及萬物之「始」相對稱的。如王弼注：「昔，始也。一，數之始，而物之極也。」這個「一」字，在第十章和第二十二章中，都已見過。它在老子思想中，有著極為微妙的作用，它相當於「道」，但並不等於「道」。它連接了「有」、「無」。它具有「無」的作用，卻不是「無」，它具有「有」的功效，卻沒有「有」之相。在第十章中，我們曾描寫它是一種從無而生化的功能。在本章中，這種「一」的本質是一致的。

❷天得一以清

「清」是清明。天的清明，河上公說是指「垂象清明」。《易經・繫辭》說：「天垂象，見吉凶。」（〈上傳〉第十一章）也就是指天所顯示的宇宙變化的原則是清晰明白的。那麼為什麼「得一」才能清明呢？這個「一」是從無到有之始，是由虛氣而生化的原則，天的清明，是由於「無」或「虛」，所謂天無私心，天無私照；同時又由於顯示出的「生化原則」，使這個宇宙井然有序，而生生不已。

❸地得一以寧

「寧」是安寧。地是有形的，有形的就有障礙；地是能生的，由於萬物生於地，因此紛紛競生，而有爭奪。地之不寧乃是由於各物的爭競，相反的，地之安寧就是使各物的生長都能和諧的發展。地之所以能如此，乃是由於它的無私心，永遠供給萬物生長的能源，而沒有任何私心愛好的選擇。

❹神得一以靈

「靈」是靈明。「神」一般有二義：一是指天地神明，一是指個人精神。但此處「神」字在天地之後，而又在「谷」、「萬物」和「侯王」之前，可見不是純指個人的精神，而是指天地之間的神明，如第二十九章：「天下神器，不可為也。」及第六十章：「以道蒞天下，其鬼不神。」這個「神」是指使天下萬物有精神作用的神靈，如《莊子・齊物論》所謂的「神鬼神帝，生天生地」的「神」字。但為什麼「神」要得「一」，才有靈明呢？因為「神」如果不能以「無」或「虛」而生物的話，祂便會用自己的神識去加予萬物身上，因此這個「神」便成了權威式的「神」、宰制一切的「神」，祂也就充滿了神秘性，哪裡還有靈明之德呢？由於神能「得一」，虛其自體，才能和萬物合一，而祂的靈明才能和萬物同在。

❺谷得一以盈

「谷」是山谷。「盈」是滿盈。這在表面上似乎是兩個相反的概念，因為我們常用虛谷來描寫山谷的空洞，為什麼又說「滿盈」？事實上，山谷之中有溪水、有綠樹、有走獸、有人家，又哪裡是真個空無一物？山谷之中所以能滿盈了生機，就是由於它的「得一」，也就是它的「虛懷」，使萬物都能自由的生長，所以才能使虛谷滿盈。

❻萬物得一以生

萬物的生存和發展，當然有很多物質的因素和客觀的條件，為什麼老子此處要強調「得一」呢？如果把這個「一」直接解作「道」，問題似乎很簡單，因為沒有道，便沒有生存。可是這裡老子卻說的是「一」，而不是「道」。「一」是老子所講的生生的原則，不過這個原則是通過了「無」和「虛」的作用而發展的。我們如果與佛家的理論作一比較，問題卻變得更為有趣，佛家認為四大皆空，萬物都是由地、水、火、風的四大聚合，而無自性，所以萬物的體性、或生命都是空的，可是我們換一種看法，這四大之所以能聚合，也正是因為它們的空性，否則它們互不相容，又如何構成這個萬物芸芸的世界？由老子的看法，正因為虛無的作用，生命才能形成，這一點在第四十二章「沖氣以為和」中，我們再分析；更因為我們時時能運用這個虛無，才使我們自己有更多的空間可以生長，也使他人有更多的空間可以發展，這就是萬物之所以能把握這個「一」而生存發展。

❼侯王得一以為天下貞

「貞」是貞正和貞定的意思，「貞」字最早見於《易經・乾卦辭》：「元亨利貞。」指的是「正」的意思，《廣雅・釋詁》：「貞，正也。」至於「貞」和「一」字的關係，最好的例子是《易經・繫辭》上的「吉凶者，貞勝者也。天地之道，貞觀者也。日月之道，貞明者也。天下之動，貞夫一者也。」（〈下傳〉第一章）這裡的「一」可以解作「太極」或「乾元」之氣，但就整個《易經》哲學的精神來說，則是這不變而又變化無窮的「生生」。再就和《易傳》相表裡的《中庸》來說，卻是一個「誠」字，而這個「誠」字在《易經》哲學中，也是乾元的化身。所以《易傳》中的「貞夫一」，可說是以至誠的生生原則為正道。回過頭來再看老子的「得一以為貞」，雖然老子不談「誠」字，而講「虛」字，但使萬物生生不已的精神卻是老子和《易經》共同的。至於這個「虛」字和「誠」字在表面上是兩極化的，因為一是「無」，一是「有」，但兩極到根源處又是一致的，因為「虛」也是誠的方法和表現，所以老子此處「侯王得一以為天下貞」，乃是指侯王以「沖虛」之德使萬物化育，而為治天下的正道。

❽其致之

「其致之」，王弼、河上公等版本相同，而傅奕、范應元版本作「其致之一也」。馬敘倫認為這幾字是古注混入，宜刪。一般來說都把這幾個字連上面來讀，似乎是一結句。高亨把這三字連下文而讀，他說：「按：致猶推也，推而言之如下文也。」把「其致之」三字連接下文，這個意見很好，但「致」字並非只是行文的推字而已，「致」字含有運用的意思。前文第一句講「昔之得一者」，而引出六個例子，而此處「其致之」，講這六者的如何用「一」，而引出下面的六個例子。

❾天無以清將恐裂

這句話，王弼的解釋非常精到，他說：「用一以致清耳，非用清以清也。守一則清不失，用清則恐裂也。故為功之母不可舍也。是以皆無用其功，恐喪其本也。」可惜後人都未能把握和發揮王弼這幾句話的精神。從王弼的話中，可以看出老子這句話的真義是指「天無一以清將恐裂」，也就是說天如果不能由此「一」以達到清的境界，而拼命的去求清，便會有破裂的結果。舉個例來說，此處有一盆泥沙和濁水，如果我們要使它清，拼命的用網子去撈泥沙，結果是愈撈愈濁，反不如放在那裡，不動不擾，使它自然地澄清。天的能清也是由於它的虛心無私，而自然清明，否則天有意清明，天便有意、有欲，非但不能清，反而破壞了清。事實上，天本無意求清，因為天就是自然。我們說天無「一」有兩種情形，一是天有突變的現象，如飄風、驟雨，這是天的不能「得一」而有不和諧的現象產生；一是人的意志加在天上，說天是如何清，這即是一般人都以自己的立場，或欲求而談天，結果天便沒有真正的清明了。

❿地無以寧將恐發

「發」，河上公解作「發泄」，即吳澄所謂「發泄震動」。郭慶藩解作「廢」，如《莊子集釋》：「發，司馬作廢，發廢古同聲通用字。」就意義來說，兩解均可通，因為都是指「地」的失去了作用。不過推求老子「得一」的原意是沖虛的生生之德。那麼「地」的沖虛就是它的完全開放，而沒有成見。種瓜，它就使瓜生長；種豆，它就使豆發芽。萬物因「地」的虛，都能順性而發展，這是「地」之所以能生養萬物，卻仍然保持它的寧靜自然。相反的，「地」如果不能虛，而要寧靜。這是有意於為靜。有意於為靜，一方面顯示了意求，一方面逼萬物以歸靜，這便破壞了萬物的生生。「發」，就是爆發的意思。所爆發的是地氣的不平衡。在物理界，便有火山、地震及水旱之災；在生物界，便有生態的被破壞。最後是一片死寂。

⓫神無以靈將恐歇

「神」是神性，是使萬物具有精神力量的原動力。神靈兩字常連在一起，是指神的靈明作用。在老子眼中，這種靈明作用必須發自於沖虛之德，才能大用無方，永恆不已。否則執著這種靈明，有意為之，這種精神的靈源便會枯乾。所謂「歇」就是指枯乾衰歇的意思。舉個例說，人的精神也是一樣的，人自稱為萬物之靈，如果我們自恃聰明才知，而濫用聰明才知，我們的精神便會逐漸枯乾的。試看今日的世界，人類的聰明才知不能不說已發展到登峰造極，可是人類的精神卻相對的空虛到了極點。這就是由於人類不能善用沖虛之德的「一」去用我們的精神，就像蠟燭一樣，加強了它的亮度，也加速了它的灰燼煙滅。

⓬谷無以盈將恐竭

「谷」是空的，「谷」之所以能盈，並非它有意於為盈，而是它的「虛」，給予萬物的生長以更多的空間與自由。然而「谷」是自然物，如果我們說「谷」有意於為盈，好像不合邏輯。其實說谷無「一」以盈，乃是指谷不能保持沖虛以使萬物和諧的生長。有很多山谷之所以不能生物，乃是由於它先天具有某種因素，或缺少某種條件，然而無論它的「具有」或「缺少」，都是不能真正的以沖虛之德，使萬物各以其所具有的特性生長。「谷」的虛和「萬物」的有，這就是萬物生長的條件。所以說「谷」的「得一」，就是以沖虛之德，使萬物自化。這樣才能使其盈，不致因過度發展而致乾竭。所謂「竭」就是指能源的用盡。

⓭萬物無以生將恐滅

萬物有生便有滅，這本是自然的現象。按照前面「萬物得一以生」，那麼，我們也可說「萬物失一以滅」。由於這種理論，所以後來的道教便修鍊要「得一」，他們的「一」是至精、是元氣，他們要以此而保持此身長生不滅。但這不是老子所講的，甚至違反了老子的旨趣，因為老子的「一」是沖虛之德，而不是那個實有的至精或元氣。後代道教神仙之學的鍊丹，大多不能「得一」以生，而是執著於生，這是老子所批評的「自生」（第七章）及「益生」（第五十五章），所以像許多古代帝王吃丹藥為了長生，反而速死。

⓮**侯王無以貴高將恐蹶**

此處「貴高」似與前文的用詞句法不一致，所以有的學者認為是「貞」之誤，如劉師培說：「當作『侯王無以貞將恐蹶』。此承上『侯王得一以為天下貞』而言。『貞』誤為『貴』，後人因下文增『高』字。」其實把「貴高」兩字改成「貞」字固然講得通，但此處「貴高」兩字，和下文的「貴以賤為本，高以下為基」卻是有轉折上的關係，否則由前文「得一」，和後文的講謙虛無欲便無法相連。

侯王的地位本來就是「貴」和「高」的，但要維持這個「貴」和「高」卻不是只求「貴」、求「高」就可以達到的，而是要透過沖虛之德，使人民能夠生生自化。這樣人民才「樂推而不厭」（第六十六章）。否則愈貴愈高，則愈容易顛覆。「蹶」本意摔跤，此處喻權位顛覆。

⓯**故貴以賤為本高以下為基**

本章行文到這裡，語氣一轉，由形而上的「一」，而轉入了政治和人生。初看起來這句話的「故」字好像是總結前文的，可是照文意來說卻是不甚相關的。因為天地萬物的「得一」和「貴以賤為本，高以下為基」，似乎是沒有什麼關係的。然而我們仔細研究這個「一」字，卻仍然可以發現這個轉變的關鍵。因為這個「一」，在形而上來講，是沖虛的生化的動力，而落入了現象界，便是謙虛之德。所以侯王的「得一」，而以「賤為本」，以「下為基」。這裡的「賤」是指的低賤，「下」是指的卑下。這兩者是一般人所不喜歡的，可是卻是萬物化生的基礎。譬如這個「一」在形而上是「道」生化的開始，可是到了現象界真正衍生萬物時，卻都在最低最下的地方萌芽的、誕生的。

⓰**是以侯王自謂孤寡不穀此非以賤為本邪非乎**

「孤」是孤獨，古代君主自稱孤家。《禮記・玉藻》：「凡自稱小國之君曰孤。」也指自己是孤獨不受擁戴之人。「寡」是寡小。古代君主自稱寡人。《禮記・曲禮》：「諸侯見天子，曰臣某侯某；其與民言，自稱曰寡人。」疏：「寡人者，言己是寡德之人。」即不執著自己的道德。「不穀」，指不善。《禮記・曲禮》：「於內自稱曰不穀。」鄭注：「穀，善也。」又「穀」能養人，所以「不穀」，也就是指不能生養萬物的意思。這些句子都是表示君主的謙遜，以「賤為本」，以「下為基」，正符合了老子的「上德不德，是以有德」（第三十八章）。

⓱故致數輿無輿

王弼及司馬光、蘇轍等版本作「輿」；河上公及景龍等版本作「車」；而傅奕及吳澄等注本作「譽」。「輿」和「車」意義相似，古人以「輿」和「車」代表地位之高貴。如《論語・先進》：「顏淵死，顏路請子之車以為椁。子曰：『……吾不徒行以為之椁，以吾從大夫之後不可徒行也。』」可見「車」也是身分地位的表現。至於「譽」字是以《莊子・知北遊》所謂「致譽無譽」為據的，也是《孟子》所謂「有不虞之譽，有求全之毀」（〈離婁上〉）的意思。總之，「輿」、「車」和「譽」字意思都可通，都是指名利、地位和欲望。

⓲不欲琭琭如玉珞珞如石

這句話河上公的注是：「琭琭喻少，落落喻多，玉少故見貴，石多故見賤，言不欲如玉為人所貴；如石為人所賤，當處其中也。」後代有許多學者採河上公的說法，但老子前文明明說「以賤為本」。此處又說不願「為人所賤」，可見和老子的文意不合。近代有些注家認為本句應作「不欲琭琭如玉，而欲珞珞如石」。如張揚明、王淮、余培林等。當然這種說法和前文的意旨沒有衝突。但憑空加了

「不欲」兩字在「珞珞如石」之上，總令人覺得有加字為注的毛病。其實王弼的注本很清楚，他說：「玉石琭琭珞珞，體盡於形，故不欲也。」玉的琭琭是指玉的顏澤美麗，那麼石的珞珞應該是指石的堅硬，擊之有聲。而且用石來代表堅硬，遠比代表低賤為合情合理，所以王弼說玉和石都是指的外形的美好和堅硬，而不是內在的虛和柔。

在這裡值得我們推敲的是：為什麼老子在前面說「得一」，到了結語卻說「不欲琭琭如玉，珞珞如石」？這是因為在形而上，老子的「一」是生生的作用，而這種「生」是來自於沖虛之氣。到了現象世界，這種沖虛之氣便變成了謙柔之德。由於這種謙柔之德，君主才能以無為，而使人民自化。由於人民能自化，萬物才不互相妨礙，而能欣欣向榮，生機盎然。由於萬物生生，則谷能盈，神能靈，地能安，天也就清明了。

第四十章　反者道之動

反者，道之動❶。

弱者，道之用❷。

天下萬物生於有，

有生於無❸。

語譯

相反相成，或返本歸源，這是我們所觀「道的動變」。運用柔弱或自處柔弱，這是我們所行「道的作用」。我們之所以如此，實是因為天下萬物都是生成於「有」，可是這個「有」離不了「無」，所以又必然會歸本於「無」的。

解義

❶反者道之動

「道」本是永恆的，應該沒有所謂的「動」，也沒有所謂的「反」。就像佛學裡講「涅槃」的境界，因為它是永恆的，所以必然是不生不滅、無始無終的。但「道」和「涅槃」不同的是：「涅槃」是超現象的，而「道」卻是在現象界中作用的。事實上，《老子》書中的「道」也是一個名字，是去稱呼宇宙中那個生生不已的變化的原則。也就是說「道」是從動用中去顯現永恆的，這和「涅槃」的離動用而為本體卻是不同的。

由於「道」不離動用，所以《老子》在本章中先說「道」的動是一個「反」的作用。這個「反」字，一般來說是相反的反。相反的「反」，多半是指空間上的不同位置，如高下，或在時間上所造成的不同，如生死，但這種空間或時間上的相反，只是相對。而事實上，把「相對」變成了「相反」，是人的觀念。我們站在高處，便會說低處是相反，我們此刻擁有生命，便會說死亡是相反。其實就宇宙或道體來說，無所謂高下或生死。這是人的觀念執著一面的空間、或時間而形成的。

由這一分析，再來看「反者，道之動」。前面我們已講過這句話是就現象界來說的，因為在本體上，說「動」已有問題，說「反」更是講不通的。那麼就現象界來說，這個「反」又是如何成為「道之動」的？萬物由生到死，這是變，由小到大，也是變；萬事由好到壞或由壞到好，這是變，由禍到福或由福到禍，也是變。所以真正來說，這個「變」，才是「道之動」。那麼老子為什麼又說一個「反」字呢？前面我們已說過，「反」是一種觀念。由生到死是一種「反」，因為人們執著於「生」，而把「死」看作「生」之「反」；由「福」到「禍」是一種「反」，因為人們貪戀「福」，而以「禍」為「福」之「反」。所以「反」是人們的觀念、心理和情感加入之後的一種「動」。由於這種「動」是人為的，因此可以人的智慧加以運用，使我們在由生到死的發展中，盡量避免「死」的威脅，或不為「死」所苦，使我們在禍福相依相伏的變化中，能盡量避免災禍，或轉禍為福。因此這個「反」，乃是道的一種運用的「動」。再具體的說，也即是人體法道的原則而加以運用的「動」。

本來，在中國文字上或《老子》書中的「道」就有兩種意思，一是指本體的那個「道」，如「道可道，非常道」（第一章）的常道，一是指人的運用的「道」，如「聖人之道，為而不爭」（第八十一章）的聖人之「道」。所以此處的「反者，道之動」是指人生運用的「道」。而這個「反」字，便是一種運用的方法。這種方法有二：一是把握相反相成而加以運用，如王弼的注：「高以下為基，貴以賤為本，有以無為用，此其反也，動皆知其所無，則物通矣，故曰反者道之動也。」一是指歸於常道的「反」，如《老子》說：「用其光，復歸其明。無遺身殃，是為習常。」（第五十二章）又：

「玄德深矣，遠矣！與物反矣，然後乃至大順。」（第六十五章）前者是政術的運用，後者則是修養的工夫。

❷弱者道之用

「弱」是與「強」相對的觀念，是表達人們的意欲較為強烈的字，因為一般人都是喜歡「強」，而不願「弱」的。由於前面「反者，道之動」的原理，所以此處拈出一個「弱」字來作具體的「反」的運用。

其實「弱者道之用」已經包括在「反者道之動」中，但這兩句話的不同是，前一句話講的是原則，而本句卻是講具體的運用。必須有前一句的「反」，本句的「弱」才有依據，才有正面的歸向。否則這個「弱」，便沒有意義，不為人所接受。《老子》書中用這個「弱」字的次數不少，但有更多的地方，不用「弱」字，卻正是「弱」的意思，如「高以下為基」的「下」，「貴以賤為本」的「賤」，其他如「嬰兒」、如「水」，都含有「弱」的表徵。老子特別強調這個「弱」字，是針對人們好強的心理的一劑相當強烈的藥方。在世界哲學家中，講這個「弱」字，而構成了一套體系的，恐怕只有老子一家，而別無分號了。

所謂「弱者道之用」，明明是講的運用，而不是本體，而不是目的。也就是說此處的「道」不是指「常道」或「天道」，而是指人生運用之道。因為「常道」或「天道」，並沒有去用「弱」。儘管大樹招風，小草反易保全；儘管堅強易折，柔弱反而較有彈性，這是自然現象，並非「道」有意如此而要用「弱」。而是老子為了勸人不要好強鬥狠，故意用這個「弱」字逆轉人們的觀念，所以這個「弱」字真正的用意乃是第三章所謂的「弱其志」。也就是降低欲望，由沖虛之氣以合道。

❸天下萬物生於有有生於無

這兩句話並不是前面兩句的結語，而是和前面兩句並立的。可以視作前面兩句的例證或依據。這兩句話有兩種解釋，第一種解釋是一般的，都是認為從萬物向上推，萬物生於「有」，「有」又生於「無」，簡言之，即萬物生於「無」。這個「無」也就等於「道」。這種解釋可以用第一章的「無，名天地之始：有，名萬物之母」的話來佐證，說明「無」是「有」的本源。所以這種解釋也是有根據的。但如果刻意的把老子這話看作宇宙發生論，這樣便會自陷於「無如何能生有」的難題。其實老子的「無」不是指什麼都沒有的「空無」，而是指不可名相的原始狀態而已。第二種解釋，是呼應「反者道之動」而來，指「有」、「無」相生的作用。所以這裡的「有」、「無」，不是形而上的「有」、「無」，而是現象界的「有」、「無」，如第二章中的「有無相生」。

對於以上兩種解釋，各有勝義。就後者來說，這個「無」，相當於「弱」，也是前一章的「賤」、「下」的意思。因為萬物既然「有」、「無」相生，所以我們不要執著於「有」，而應自處於「無」，才能生「有」。就前者來說，「有」生於「無」，「無」是本源，所以我們應該體「無」、歸「無」，所以這是「返」本歸道的「反」。王弼所注：「天下之物皆以有為生，有之所始，以無為本。將欲全有，必反於無也。」就是勸我們從「有」以歸「無」。

第四十一章　上士聞道

上士聞道，勤而行之❶；

中士聞道，若存若亡❷；

下士聞道，大笑之。

不笑，不足以為道❸。

故建言有之❹：

明道若昧❺，

進道若退❻，

夷道若纇❼，

上德若谷❽，

大白若辱❾，廣德若不足❿，建德若偷⓫，質真若渝⓬，大方無隅⓭，大器晚成⓮，大音希聲⓯，大象無形⓰，道隱無名⓱。夫唯道善貸且成⓲。

語譯

第一等的人士聽到了「道」，便努力不懈的從實踐中去體驗。中等的人士聽到了「道」，由於徒逞知解，缺乏行證，因此對「道」的認識是似有若無，不夠真切。最下一等的人士聽到了「道」，由於他們的淺薄無知，而又自以為知，反而大笑「道」的迂闊。其實，「道」如果不為他們所笑，反而顯不出它的深不可識了。所以相傳的許多有卓見的話說得好：光明之道，不顯耀於外，看起來好像暗淡無光。前進之道，是依照自然的循環而發展，看起來好像落後退步。平坦之道，是存在於物性的參差不齊，看起來好像崎嶇不平。最高的德行，謙沖自牧，有如虛谷。最純潔的心靈，常處污泥之中，好像負恥辱之行。為德求廣，永遠的似乎感覺不足。質地真純，沒有成見，好像賦性多變。最大的方，近乎圓，而無稜角。最大的器皿，需要時間的磨鍊，精雕細琢而成。最大的音籟乃自然之聲，是人間不易聽到的。最大的垂象，乃天道的作用，不留有形的痕跡。「道」是常處於無名無狀的境地。正因為「道」能善於貸養萬物，而把自己的生命寄託於萬物，所以「道」才能成就自己，常住而不遷。

解　義

❶上士聞道勤而行之

「士」在古代是一種階級，所謂「士農工商」，此處指一般有知識的人士。「上士」就是指第一等的讀書人，他們讀書是為了求道，所以他們特別重視實踐。在次序上，是先聞道，然後再實行；而在實質上，卻是從實踐中，去體驗道，這才是真正的聞道或真正的了解道。

❷中士聞道若存若亡

「中士」雖然是指中等的讀書人，但卻並不是指今天所謂一般的讀書人。今天教育非常普遍，可是在古代沒有那麼多人受教育，所以「中士」，實際上也只是少數的讀書人，相當於今天所謂的學者之流。「若存若亡」是指對「道」的認識，好像有「道」的存在，又好像沒有「道」的存在。這是因為他們都是從外面去探索「道」，從理論去分析「道」。這就像哲學家們的研究真理，有時，他們所建立體系的精妙，使我們認識了「道」的偉大；可是有時，他們所建立體系的玄虛，又使我們掉入了迷霧中，永遠在跟自設的理論捉迷藏，根本就看不到「道」。事實上，「若存」是指他們從知識概念上去研究「道」，即使他們能證實，也只是知識概念。所以「若存」，實際上，卻是「若亡」。那麼說「若亡」吧！他們也可以用很多的理論去批評「道」的不存在，如印度斷滅論的看法，認為一切不存在；或西方存在論的看法，以為「上帝死了」，然而這些都是他們在知識概念上的推衍，與那個真實的道體了不相關，所以他們的「若亡」，實際上，並不能證明其「無」。相反的，也許是實有。總之，很多的學者們，都在自己設立的棋賽規則上玩這場遊戲而已。

❸下士聞道大笑之不笑不足以為道

「下士」指一般淺陋的讀書人，當然這也包括了大多數的人。他們只看到有形的器物，只以實利的標準衡量一切。他們非但不知「無」，也不能見「有」，因為他們所見的「有」，都是以自我為中心的片面的「有」。所以當他們聽到了「道」，便覺得虛玄不實，而要大笑「道」的迂闊了。

「不笑不足以為道」的「不笑」，雖然是連接上面的「大笑」而來的，但這句話卻是一個轉語，轉出了下面的一大段話。在這裡，老子是幽默的，也是感慨的說，不要怕愚昧的人，或唯利是圖的人笑我們所談的「道」的「大而無當」，如果，我們真要把「道」包裝得讓大家相信，讓大家崇拜，讓大家追求，那就只是香火鼎盛的廟宇內的鍍金的佛像，而不是真正的大道了。所以人們之所以會大笑，正由於「道」往往顯露在和他們知解相反的一面。

❹故建言有之

「建」，王弼解作「立」，河上公解作「設」，都是指造成的意思，用今天的話，就是所謂成語。奚侗、高亨等卻認為是古書名，如高亨說：「建言，殆老子所稱書名也。《莊子・人間世》篇引《法言》；《鶡冠子・天權》篇引《逸言》；《鬼谷子・謀》篇引《陰言》；《漢書・藝文志》有《讕言》，可證書名曰言，古人之通例也。」如果「建言」是一本書，我們試看下面的一大堆話，完全是老子思想的精粹，那麼豈不是「建言」為老子所本，也就是說在老子以前，已有老子思想的作品。可是今天只有此處有「建言」，而在其他古籍中都沒有這個書名。所以把「建言」看作書名，反而把問題弄複雜了。我們不妨把「建言」看作前人的立言，因為老子的思想不是憑空產生的，也不是他一個人創造的，他是根據前人所留下的智慧，再加上個人的體驗發展而成的。所以老子此處的「建言」有前人的成語，也有他自己的立言。總之，這些話都是老子「反者道之動」思想中的這個「反」字，是老子根據前人的思想、人生的經驗、物象的變化所提鍊出來的智慧。

❺明道若昧

「道」本身並無明昧可言。講明昧，乃是就「道」在現象界的作用，和人們對「道」的認識來說的。在現象界，「道」是以「無」為用的，雖「存」似「虛」，所以說「若昧」。「若昧」，就字面的解釋，是對應前文，指「道」的深不可識，不為一般人所了解。但有智慧的人深入的體驗而加以運用，卻可以分為兩方面。一是指德性的修養。王弼曾注說：「光而不耀」。「光」是指永恆之光，是內在的光明。而「耀」是指外在的明亮，使人暈目的光彩。「道」的光是為萬物照明，而不為自我顯耀。取法於這種境界，而用之於人生修養上，就是大智若愚，如憨山大師所謂：「小人用智，恃智以為能。聖人光而不耀，以有智而不用，故明道若昧。」一是指人生的運用。這句話的關鍵在「若昧」兩字。「若昧」不是真正的昧，而是藉「若昧」的作用，使我們打破偏見執著，自以為「明」。因為大多數的人都自以為聰明，自以為見道，把自己的偏見執著當作「明道」。所以「若昧」兩字正是這種毛病的一劑針砭。唯有能懂得「若昧」的道理，才能避免用自己觀念構搭的「明道」，這樣才能見到真正的「明道」。

白雲守端禪師有一天看見一隻飛蟲從門縫中進來，接著企圖從紙窗飛出。由於紙窗有光亮，使牠認為是光明之路，可是隔了一層紙，始終飛不出去。最後這隻小蟲試從較暗的門縫中又飛了出去。看到了這一幕，他便寫了一首詩說：「為愛尋光紙上鑽，不能透處幾多難，忽然撞著來時路，始知平生被眼瞞。」禪師所談雖然是另有所指，批評那些執著文字的人，不知從自知心源中去體證。但古往今來不知有多少人以自己的識見構搭理論，以紙窗為「明道」呢！

❻進道若退

就「道」本身來說，也沒有進退的觀念。如果「道」是永恆的發展的話，就不可能「退」。如果「道」是永恆常在的話，也就無所謂「進」。因為說「進退」必定是依據某一標準來衡量的，可是這一標準是人定的，又豈能用它來範圍「道」？所以，說「進退」也是就人的觀念來描寫「道」在現象界的作用的。這種作用可以分兩方面來看。第一就自然界來說，晝夜和四季的變化，週而復始，使我們有返復循環的感覺。可是我們往往把復當作「進」，把返當作「退」。譬如，從秋到冬，好像是「退」；從黃昏到深夜，好像是「退」；從老到死，好像是「退」。其實這種循環乃是人們用時間的觀念去劃分罷了。就自然界的現象來說，循環是一個歷程，並沒有進退的觀念。譬如春天樹葉生長、冬天樹葉凋零。我們往往把樹葉生長當作「進」，把樹葉凋零當作「退」。其實就整個自然界的大化流行來說，葉生葉落都是一段段不同的歷程，都是一種種不同的存在。「若退」只是人的感受罷了。第二就人對道的運用來說，進退是循環的，進之後必退，退之後必進。因此我們的工夫要用在「退」上，因為「退」是「進」的一種準備。王弼注說：「後其身而身先，外其身而身存。」這是以「退」為「進」。這正符合了老子「反者，道之動」的原則。《易經．繫辭傳》上也有相同的看法：「尺蠖之屈，以求信也。龍蛇之蟄，以存身也。」（〈下傳〉第五章）這都說明了「若退」不是真正的退，而是為了「進」。

❼夷道若纇

「夷」字，《老子》書中曾用過，在第十四章中說：「視之不見，名曰夷。」這裡的「夷」雖然可注作無形，但真正的意思是指深遠得看不清楚。而本句的「夷」字，河上公注為「平」，王弼沒有直接注明，只說：「大夷」。綜合以上各義，我們可以說「夷」字是指遼遠寬大平坦的意思。「纇」字，河上公注本作「類」。易順鼎說：「按夷，平也。昭二十八年《左傳》：『刑之頗類。』服注：『類讀為纇，纇不平也。』纇與夷正相反，故曰夷道若纇。」按「纇」字，《說文解字》解為「絲節也」。也就是指錯綜複雜、混淆不清的意思。所以「夷道若纇」可解作寬平之道好像崎嶇不平的意思。然而「道」本身並無平與不平的不同，所以這句話也是就「道」在現象界的作用，和人對「道」的感覺來說的。在現象界，道是不自生，以萬物的生為生，所以「道」是寄存於萬物之中的。由於萬物是參差不齊的，所以「道」的平正乃是透顯自萬物的「不平」。王弼便是從這方面來注的，他說：「大夷之道，因物之性，不執平以割物，其平不見，更反若纇坍也。」這就是說物性本來不平。

因物之性，山高水深，這才是真正的「平」。

依據王弼的注解對人們求道來說，也就是用「若纇」，即「不平」的認識，以打破自以為「平」的執著。譬如莊子的齊物，並不是用一個標準去把萬事萬物都壓平了，這是孫中山先生所謂的平頭的平等，而不是立足點上的平等。大道的平是立足點上的平等，使得萬物都能在基本權利上平等，然後再根據各自的才分發展，基於這種認識，所以求道者必須了解萬物千差萬別的殊相，而以平等的態度去對待它們，這才是真正重視萬物性體上的平等。

❽上德若谷

「谷」有兩解，一是指的虛，一是指的低。合起來正是「虛懷若谷」的謙遜的意思。但《老子》書中不談「謙遜」兩字，因為謙虛已被大家慣用為一種禮貌態度，而流於客套或虛偽。老子以「谷」寫上德，乃是指「上德不德」的極高境界，是真正無欲的「虛」，是真正以下為基的「低」，而不是普通用語「謙遜」兩字所能範圍的。

❾大白若辱

「大白」指純粹至白，王弼注：「知其白，守其黑，大白然後乃得。」河上公注：「大潔白之人，若污辱，不自彰顯。」前者就認識作用而言，後者就修養工夫而言。這句話高亨認為夾在「上德」、「廣德」之間，不甚相類，所以把它移到後面，和「大方」、「大器」、「大音」等列在一起，他說：「此句疑當在大方無隅句上，用德字諸句相依，其證一也。用大字諸句相依，其證二也。《莊子・寓言》引《老子》曰：『大白若辱，盛德若不足。』蓋讀者依《莊子》移此句，而不知《莊子》引《老子》固時有變動也。」把這句話往後移，固然在文句上好像較為順適，但「大白」和「大方」、

「大器」等並不相類，因為「大白」並不是指顏色的潔白，而是指心靈的純白。尤其這「若辱」的「若」字，所描寫的是一種修養，和「若谷」、「若不足」是一致的。所以莊子的引證自有其依據。

「若辱」並不是真正的做敗德之事，遭受污辱和恥辱，而是為了某一正大的目標，負污辱之行，置於恥辱之地。所以最好的解釋應是《孟子》所謂：「故天將降大任於是人也，必先苦其心志，勞其筋骨，餓其體膚，……然後知生於憂患，而死於安樂也。」（〈告子下〉）雖然老子的思想不像孟子那樣的積極、昂揚，但此處的「若辱」兩字乃是透過了自處污辱的心情，不自以為潔白，而保全了真正的純白。

❿廣德若不足

「廣」是廣大的意思。以「廣」來稱呼德，這是指德的無限發展，而不拘於一體一相。王弼注：「廣德不盈，廓然無形，不可滿也。」王弼以「不盈」解「不足」頗為精到。因為「不足」並不是「不滿足」，「不滿足」是欲，愈不滿足則愈感覺少，又怎能是廣德？所以「不足」乃是指不自以為多，因此永遠的注不滿，這才是真正的廣德。

⓫建德若偷

「建」是建立的意思，猶前文所謂「建言」。俞樾注說：「『建』當讀為『健』，《釋名・釋言語》曰：『健，建也。能有所建為也。』是『建』、『健』音同，而義亦得通。『建德若偷』，言剛健之德，反若偷惰也。」「建」字可以通「健」字，雖然是依據同音通假的文字條例。但此處「建」字已可以解釋得通，就不必再多此一舉，通到了別一字，而得別一解。尤其把「建德」解為「剛健之德」，這個「剛健」之義和老子的講「柔弱」似乎正好相反。所以還不如用「建」字來得妥切。「建德」，就是立德，也就是指修德或成德的意思。「偷」字，有苟且偷惰義，如《禮記・表記》：「安肆日偷」。有德行澆薄義，如《論語・泰伯》：「則民不偷」。所以綜合起來，這個「偷」字有苟且求安、懶散無德的意思。又高亨說：「偷與嬬、懦古通用。」可惜他所舉的例子，都是轉折的旁證，但懦弱的意思已包含在苟且偷惰之中。因此「建德若偷」可解為有成之德，好像苟且懦弱無德的樣子。事實上，這句話的要點在「若偷」兩字，「偷」是負面的意思，而「若偷」卻是轉負面為正面。最好的例子，如《莊子・德充符》一文中勸我們不要「臨人以德」，要「支離其德」，也就是說雖然有德，不要向人誇耀其德，而要掩蓋其德，好像無德之人。然而這個意思還是表面的，「若偷」兩字的真正意思乃是有成德之人，看得遠，想得深，做得周全，他絕不憑一時之勇，逞一己之見，因此在表面上看起來，反而是畏畏縮縮、懦弱無能。所以「若偷」兩字表達的正面意義乃是深沉、溫和、小心。

⓬質真若渝

王弼、河上公注本都作「質真」，傅奕等注本作「質直若輸」。劉師培說：「疑『真』亦當作『德』。蓋德字正文作悳，與真相似也。『質德』與『廣德』、『建德』一律。」「真」和「直」意義相似，可以相通。把「真」字改為「德」，是因為「德」的正文「悳」與「真」相似，這便有點勉強。雖然高亨說：「蓋老子原書德字悉作悳，後人改作德，此句誤作真或直，不然，亦必被改作德矣。」但這也是臆測之言。事實上近代學者之所以要多方求證去把「真」改為「德」，只是為了與「上德」、「廣德」、「建德」等一致罷了，並沒有就意義上去討論。如果只求文句之整齊，筆者倒認為把「大白若辱」當作「上德若谷」的注語，把「質真若渝」當作「建德若偷」的注語，這樣豈非使全章更行文當然是就思路的發展，又豈會斤斤計較字句的整齊劃一？不是「建德若偷」的注語，但它的意義卻是順著「建德若偷」而來的。老子是一位大哲學家，他的為乾淨俐落了嗎？但證據呢？沒有，所以這也是臆測之言，不足取也。還歸原文「質真若渝」即使

「若渝」的「渝」，高亨說：「渝借為窬，《說文解字》：『窬，空中也。』《淮南子・氾論》：『乃為窬木方版以為舟航。』高注：『窬，空也。』質德若渝，猶言實德若虛耳。」這個「渝」字本身已有很好的意思，實在不必借別的字來作解。《說文解字》：「渝，變汙也。」所以「若渝」是指好像容易改變的意思。一般的觀念都以為不變是「真」、是「直」、是「正」，是好的。而老子卻告訴我們性地真純的人，就像天真的兒童，沒有主觀，沒有成見，因此反而常隨客觀環境而變。所以這句話中的「若渝」，正面的意思是要我們不可「自是」、「自見」，而應隨緣常變。

⑬大方無隅

前面講「道」、論「德」，自此以後似乎是談「器」。但老子不是科學家，他並沒有興趣去研究物理現象，他的談「器」，實際上是談「用」，是就「器」上來談「用」。「方」是方形，「隅」是邊角。方當然有隅，大方豈能沒有隅，可是就幾何學來說，多角形如果增至最多或無限的話，那麼它就近於圓周，圓周便沒有角了。當然老子所談不是無限的多角形，而是德性的運用。王弼注：「方而不割，故無隅也。」河上公注：「大方正之人，無委曲廉隅。」這兩者都是就德之用來說的。「方」是方正，也就是規矩或道義。因此「方」往往是一種標準，用來評量人物的。而大方，就是要把「方」超昇到圓的境界，所以真正的大方，沒有邊隅，而能與萬物相融相合。（就德性來說，真正大方之人，心胸開闊，沒有定見。能容人，而不苛責於人。）

⑭大器晚成

「器」是指有形的器物，也指載物的器皿。由此，也譬喻人的才識，如《論語》：「君子不器」，便指君子的才識不像器皿一樣小，只能容一物。所以此處「大器」，指器之大，大到無所不載，也指人的才識之大，能容納一切。「晚成」，指很遲才能成就。王弼注：「器成天下，不恃全別，故必晚成也。」河上公注：「大器之人，若九鼎瑚璉，不可率成也。」這個「器」無論是指物或人，「晚成」前人注解都作時間上的「遲晚」。可是陳柱在選注中說：「『晚』者，『免』之借。『免成』，猶無成，與上文之『無隅』，下文之『希聲』、『無形』一例。」固然把「晚成」改為「無成」，在文句上和義理上，都不錯，但把「晚」字通作「免」，又通作「無」，作了太多的假借。恐怕老子沒有那麼窮困，要如此的去週轉。如果我們細細的體會這個「晚」字，也是極有深意的。先就器物來說，小的容器，容易滿盈，大的容器，不易滿盈。當然製造大的容器要比小的容器需要更多的時間和工夫，這是表面上很明顯的推理。

不過老子的哲學不在物質的大小，而在易盈和不易盈上面。雖然是很小的容器，如能把握這個「不盈」的道理，而不求速成，也就是「大器」，所以「大器」之晚成，乃在於不速成，正如第十五章所說：「保此道者，不欲盈。夫唯不盈，故能蔽不新成。」再就「道」生萬物的程序來說，道是先生天地，再由天地而生萬物的，「天地」當然是大器，萬物乃是小器，這豈不是先成天地的大器，豈不是與「大器晚成」一語相矛盾嗎？其實不然，始生萬物的天地，只是道在現象界的作用，有形的天地是宇宙的架構，無形的天地是萬化的動力，但都是一種過程，談不上「成」。如果空有天地，而無萬物，天地也就不存在了。如果天地只生一時一地的萬物，而不能生生發展，那麼這個天地也就有盡，而不是永恆的天地。所以天地之能為「大器」，乃在於天地的不自生（第七章），保有「不盈」的道理，使萬物生生不已。所以天地之大器乃在無限的「晚成」。這個「晚」字點出了不求速成的深義。最後，再就人的器識來說，真正偉大的人才，絕不是「小時了了」之輩，而是經過了時間的錘鍊、經驗的琢磨而成的。老子和孔子如果只活到五十歲，恐怕一個只是沒沒無聞的史官，一個只是不得志的政治家而已。然而問題的重點不只是在時間上，而是在精神上，他們都能了解不求盈的道理，才能使他們經驗永遠的開放，知識永遠的翻新，生命永遠的提昇。因為他們絕不局限於「小器」，而能日新又新。

⑮大音希聲

「音」、「聲」兩字在《老子》第二章中便提到「音聲相和」。「音」是指的發音，「聲」是指音觸物、或音入耳而成聲。所以有音的未必能成聲。再說這個「音」字，也是指一切的音籟，在《莊子・齊物論》中，便提到天籟、地籟和人籟。天籟是指宇宙造化之音，地籟是指自然界的音響，而人籟，即是指人類的語言和樂音。人籟都是人類情感欲望的表達，表達得婉轉的，令人陶醉；表達得粗俗的，使人生厭。總之，這都是大家耳熟能詳，每天所聽得到的。地籟是自然界的音響，也有粗有細，粗的有如風嘯雨泣，令人生懼；細的有如溪吟花語，使人忘我。就我們的生活上來說，時常聽到粗俗的人籟，至於精妙一點的人籟，卻不容易聽到，如偉大的樂曲，所謂：「此曲只應天上有，人間能得幾回聞。」再說自然的地籟，那細微一點的，如花開草長之聲、魚蟲悠遊之聲，又有幾個人注意去聽。至於天籟的造化之聲，是一種近乎無聲的消息，這在《易經》叫做「幾」，在《莊子》和禪宗叫做「機」，已經不是用耳所能聞，而是用心才能聽得到的了。今天科學上告訴我們人類的耳朵聽不到最高和最低的頻率，當然我們不必把老子的話附會到科學上去，但哲學的智慧，有時卻可作科學的先導，因為哲學的慧心往往帶我們去聽「希聲」之音呢！這個「希」字，即《老子》第十四章的「聽之不聞，名曰希」的希字，不是無的意思，而是指音的微妙，不能用耳去聞，必須用心去聽。

⑯**大象無形**

如果把「大象」解作道，那麼「大象無形」便很容易了解，因為道本來就是無形的。不過，大象和道之間有一點不同是「道」是以體而言，大象乃是道在現象界的作用。道體本是無形的，而道在現象界的作用也是無形的。照理說，在現象界的一切都是有形的，為什麼道的作用又是無形的呢？這是因為在現象界，道的作用乃是透過萬物的形體而變化發展的。以天和地來譬喻，地雖大，地象仍然有形，而天之大，天象卻幾近無形。因為天象的作用是透過了萬物來表達的，如四時的代謝，是呈顯於萬物的榮衰上的。

⑰**道隱無名**

道是無形的，無形就不能名。以「道」為稱，也是不得已的。如果執著「道」的名稱，而大加渲染，這便會談得愈多，離道也就愈遠了。所以「道」要退隱於「無名」之地。但「道」之退隱，並不是像一般所謂的隱居出世。相反的，道只是隱於無名而已。由於隱於無名，才不為「名」所限，也才不會限於一名。

⑱**夫唯道善貸且成**

「貸」字，敦煌本作「始」字，于省吾說：「按敦煌本『貸』作『始』，當從之。始從台聲，與貸聲近。且貸始並之部字，成終互訓，義同。然則『善始且成』，即善始且終。六十四章『愼終如始』，終始對文，猶此文以成始對文也。」其實這個「貸」字意義深長，非常重要，王弼、河上公和很多版本都作「貸」字，把「貸」字解作「始」字，非但把「貸」字的意義變狹窄了，而且把整章的意義變得不相貫了。

「貸」，在《說文解字》上是「施」也，即施與的意思。今言貸款正合此意。所以「貸」是借的意思。此處「貸」有兩義：一是「道」把自己借給萬物，王弼有很好的注說：「貸之非唯供其乏而已。一貸之，則足以永終其德，故曰善貸也。成之不如機匠之裁，無物而不濟其形，故曰善成。」這是說「道」的施貸萬物，不是暫時的，不是要取回的，而是永恆的，也就是說「道」把生命貸給了萬物。萬物「持之而生」之後，便自我的發展。就像母親生產了兒女之後，兒女便有自己的生命，便自形了另一個整體。事實上，「道」把生命貸給萬物時，也把它自己的生命貸給了萬物，因此萬物的生生也就是「道」的生生。另一義是「道」借貸萬物而成，也就是說「道」雖然隱於無名，不可見，不可聞，但它卻是假借萬物的生成為它的生成。只要萬物的生化無已，道的生命也就生生無已。

第四十二章　道生一

道生一❶，
一生二❷，
二生三❸，
三生萬物❹。
萬物負陰而抱陽❺，
沖氣以為和❻。
人之所惡，唯孤寡不穀，而王公以為稱❼。
故物或損之而益，或益之而損❽。
人之所教，我亦教之，

強梁者不得其死，
吾將以為教父❾。

語譯

道的生生，先形成混然一氣，由一氣而形成陰陽二種作用，由陰陽兩種作用而形成陰陽及陰陽調和之氣的三，再由三而助成萬物的變化。萬物的變化中，都是背著陰，抱著陽的，再由沖虛之氣，使它們能和諧的發展。人們不喜歡的，乃是孤獨、寡少和不能生養，可是王公自謙，卻以「孤家」、「寡人」和「不穀」來稱呼自己。把自己置於低卑之地，這是由於在萬物的變化中，減損了反而能增益，求增益反而遭減損。一般人所教的道理，我也以它來教人。就是前人的那句話「強悍的人不得好死」，我就奉它為教人的主旨。

解義

❶道生一

這句話只有三個字，都很要緊，也都很難解。「道」字前面已談過，「道」是無形無象，不是感官所能及、語言所能描寫，但勉強而說，它是宇宙造化的總稱。這個「生」字，一般都解作創生或生產。就創生來說，必然有一個造物主，如上帝在那兒創生，這不合老子之「道」的精神；就生產來說，如母親生產兒女，這又落實在形體上，而分成了兩個個體，不是老子之「道」的作用。所以這個「生」字，應該指生生的發展，也就是說「道」本身的變化。「一」，在《老子》第十章中曾提到過「抱一」，此處的「一」，前人的注解都就生化來說，都是指的「一氣」。這是根據《莊子・知北遊》上所謂：「通天下一氣耳，聖人故貴一。」如果「一」是「通天下一氣」，那麼「一」便是宇宙生化永恆的原質，它和「道」沒有差別，但「道」和「一」之間必然有所不同，否則「道生一」便是廢話。我們試著作分別，「道」是宇宙生化的本體，而「一」便是宇宙生化的形氣。由「道」而「一」，乃是「道」在現象界的作用的開端，是從「無」到「有」的發展。我們說一個「道」字，它是包括了「有」、「無」，也超越了「有」、「無」，而我們說一個「一」字，它是「有」，也是「無」，所以「道」不可言，不可執，而這個「一」卻是可守、可抱的。總之，這裡的「道生一」，乃是「道」在生化的發展中，寄形於「一」，垂象於「一」，這是萬化生生的開始。

❷一生二

「二」指陰陽，這可以從下文「負陰而抱陽」得到證明。在《老子》書中，「陰陽」兩字只在本章出現過一次，可見老子對陰陽沒有詳論。倒是「無有」兩字經常出現。王弼便是根據「無」、「有」來注解「二」的，如他說：「萬物萬形其歸一也。何由致一，由於無也。由無乃一，一可謂無。已謂之一，豈得無言乎？有言有一，非二如何？」王弼的注顯然是根據《莊子・齊物論》的由無、而一、而二、而三的觀念推衍而來的。事實上「無，名天地之始；有，名萬物之母」（第一章），「無」和「有」也與萬物的生成發展有關。所以就理念上說，把「二」，解作「有」和「無」，也是可通的。不過本章由於出現了陰陽兩字，陰陽是氣化的作用，所以就物象上說，把「二」解作「陰」和「陽」是較為具體而易懂的。

❸二生三

什麼是「三」，王弼仍就觀念上說是由一加二，而為三。河上公則就陰陽而注說：「陰陽生和氣，濁三氣分為天地人也。」這是把「三」解作和氣。也是根據本章下文的「沖氣以為和」來說的。

歸納以上兩種說法，我們可以用圖表來描述如下：

道 → 一 → 二 → 三

道（有無不分）→ 有（由無到有）→ 有、無（有無相對）→ 有、無、有無相生（有無相用）

道（混融之體）→ 氣（一氣化生）→ 陰、陽（陰陽之判）→ 陰、陽、沖氣（陰陽相和）

❹三生萬物

所謂「三生萬物」並不是說萬物直接從「三」而生，而是指萬物的生化必須有這「三」者的和合。先從「理」上說，「無」如果沒有「有」，便是空無，便不能生「有」。同樣，「有」如果沒有「無」，便沒有演化的空間，也就不能產生相續的「有」。所以「有」、「無」是相關的，不能分離。如果只說「一生二」的「二」字，往往會被誤作對立的兩個觀念。因此說「三生萬物」的「三」字，這個「三」乃是「有無」的相用。譬如第十一章說房室的存在是「有」，房室內的空間是「無」。但單有房室和空間還不夠，必須這兩者和合之後，能供人所住，才發揮了它的大用。再就「氣化」來說，

「陰」、「陽」並不是兩種不同的氣，而是一氣的兩種不同的表現。因此從一氣的變化來說，也就是順著時間來說，陰陽是相續的，陰動而後陽，陽動而後陰。但一氣進入了現象界，落入了空間，因此陰陽便托顯於物象，而有相對性，如男女、雌雄。但以男女雌雄去分陰分陽，乃是以相對性的觀念去劃分，實際上，男女雌雄也是陰陽和合而生的。所以由「一生二」的一氣生陰陽是一氣相續的陰陽作用，由「二生三」的陰陽生陰陽的「沖氣」以後，陰陽便相和，陰中有陽，陽中有陰，於是萬物便由此而發展。

❺**萬物負陰而抱陽**

自「三生萬物」之後，萬物由陰陽相和而生，因此萬物便同具陰陽兩種性能。但這兩種性能的分配，卻有顯或隱、多或少的不同。譬如雌者是以陰為顯性，陽為隱性，雄者則相反。同時也可說雌者，陰多而陽少，雄者卻相反。

❻**沖氣以為和**

「沖氣」的沖字在第四章中曾用過，都是指「沖虛」，也就是使它虛的意思。就氣化來說，氣是「有」。必須能虛其氣，才能使氣產生轉化，才能使陽轉化為陰，陰轉化為陽，否則氣不能虛，陰陽便會偏鋒發展，而破壞了陰陽連續的和諧性。再就萬物來說，各稟陰陽不同的性能，如果不能調之以「虛氣」，在個體來說，便會陰陽不和，而有病，在男女、在家庭、在社會國家，也會因陰陽不和，而有各種流弊。

❼**人之所惡唯孤寡不穀而王公以為稱**

「孤寡不穀」四字已見於第三十九章。陳柱以為這幾句話是第三十九章的錯簡。其實這幾句話有承先啟後的作用。因為本章很顯然的可分作兩部分，第一部分從「道生一」到「沖氣以為和」，是談的天道變化，而後面部分自此開始卻是談柔弱之教，是屬於人生哲學。其間的轉折就是由「孤寡不穀」的謙讓去承接「沖氣」的「虛」的意思。陰陽能虛才能致萬物之和，同樣，王公能虛才能致天下之和。

❽故物或損之而益或益之而損

這兩句話是寫現象界的變化。就自然作用來說，「損之而益」，「益之而損」本是物理上的均衡作用，如《易經》上所謂：「損益盈虛，與時偕行。」（〈損卦・彖辭〉）也是老子所謂「反者，道之動」。如果沒有前面「孤寡不穀」的一段話，這兩句承接了「沖氣以為和」，便是指陰陽的相替的自然作用。可是夾了「孤寡不穀」的一段話之後，這兩句話雖寫自然現象，卻寓有人生運用。因為我們不欲「益之而損」，而希望「損之而益」，這個「損」字就是「沖氣」在人生的運用。「損」並非損害，如第四十八章的：「為道日損。損之又損，以至於無為。」第七十七章的：「損有餘而補不足。」都是減損人欲，不求滿盈的意思。

❾人之所教我亦教之強梁者不得其死吾將以為教父

「強梁者不得其死」這句話見於《說苑・敬慎》所引周代的金人銘。其實講柔謙、不爭，也屢見於《尚書》中，如：「汝惟不矜，天下莫能與汝爭能」（〈大禹謨〉），「滿招損，謙受益，時乃天道」（〈大禹謨〉），「柔遠能邇」（〈舜典〉），可見以強梁為戒也是當時一般的教訓。所以老子說：「人之所教，我亦教之。」可見老子的思想是把周代傳統的一般信念加以提鍊的，所不同的是周代一般思想，雖講柔、重謙、戒強梁，但只是一般的德行，而老子卻把它們系統化，而歸結在天道思想上是一個「虛」字，人生哲學上是一個「弱」字。老子稱它為「教父」，乃指他奉這句話為教人的主旨。

第四十三章　天下之至柔

天下之至柔，馳騁天下之至堅❶。
無有入無間❷。
吾是以知無為之有益❸。
不言之教，
無為之益，
天下希及之❹。

語譯

天下最柔軟的東西，可以駕馭天下最堅強的東西。沒有形質的東西，才能穿透沒有縫隙的銅牆鐵壁。由此，我才真正體驗到「無為」的益處。在施政上的這種不重政令言教的無為之治的好處，天下又有幾個人能夠了解、能夠實行的啊！

解　義

❶天下之至柔馳騁天下之至堅

「馳騁」指奔馳，也作駕御的意思，這是指天下最柔弱的東西，可以遊走於天下最堅強的境地，或天下最柔弱的東西，可以駕御天下最堅強的東西。河上公注說：「至柔者，水。至堅，金石。水能貫堅入剛，無所不通。」這是以水為喻。王弼注說：「氣無所不入，水無所不（出於）經。」這是以氣為譬。

❷無有入無間

這句話王弼、河上公注本相同，唯傅奕和《淮南子》作「出於無有，入於無間」。劉師培曾說：「《淮南子．原道》引作『出於無有，入於無間』，此《老子》古本也。王本亦有『出於』二字。王弼上文注云：『氣無所不入，水無所不出於經。』注文：『無所不出於經』，當作『無所不經』，與上『無所不入』對立。『出於』二字必『無有』上之正文。」這段話言之鑿鑿。但「出於無有，入於無間」，必有主詞。按文氣，這個主詞必然是「天下之至柔」，但說「天下之至柔」出於無有並不貼切。如把「至柔」當作水，說水出於無有，也不可通。只有王弼注為「氣」，可以出無有，入無間。但按《老子》全書，都以水寫至柔，如第七十八章：「天下莫柔弱於水。」只有第十章說「專氣致柔」，這是寫養氣的境界，而不是描寫至柔。總之，我們認為「無有入無間」乃是前一句話的進一步發揮。「至柔」是就現象界來說的，「無有」卻是就形而上來說的。河上公注：「無有謂道也，道無形質，故能出入無間，通神群生也。」雖然「道」和「無有」之間有所不同，但「無有」可以當作「道」的一種描寫，就像以「無」來表達「道」一樣。所以這裡的「無有」，就是指的「無」。唯有「無」才能進入任何沒有間隙的存在。其實「無間」是「有」，唯有「無」才能穿透「有」的鐵壁，和「有」相融。

❸吾是以知無為之有益

這句話是歸結前面兩句話而來的。前面兩句話是說的理，而此處講無為，乃是明其用。無為之有益，乃是一面它像至柔的馳騁至堅一樣，能夠駕御有為；另一面它又像無有入無間一樣，能夠無所不為。總括來說，也就是無為而無不為。

❹不言之教無為之益天下希及之

老子在前後兩句「無為」之益中，插入了這句「不言之教」，可見「不言之教」是無為之益的具體詮釋，最後幾句話可以當作「不言之教」的「無為之益」來看。「不言之教」的教，是指的教化，可見這是就君主的無為之治來說的。因此「不言」對外來說，就是不尚政令，如第十七章：「悠兮其貴言。」對內來說，就是無欲而靜，如第三十七章：「不欲以靜，天下將自定。」歸結起來，也就是一個「虛」字。從前一章「沖氣」的「虛」，說到「孤寡不穀」的「虛」，說到戒強梁的「虛」，再說到這一章「至柔」的「虛」、「無有」的「虛」、「無為」的「虛」，而到「不言」的「虛」。「虛」就是虛氣、虛心、虛己。唯有虛己，才能有他，才能藉不言之教、無為之治，而使天下萬物自化、自定。這種智慧，又豈是一般人所能了解、所能運用的？

第四十四章　名與身孰親

名與身孰親❶？
身與貨孰多❷？
得與亡孰病❸？
是故甚愛必大費❹，
多藏必厚亡❺。
知足不辱，
知止不殆，
可以長久❻。

語譯

虛名和自己的身體哪一個與我們親切？我們的身體和財貨哪一個比較重要？得到名利和損害身體哪一個是我們的禍患？明白這點，我們才了解愛名太過必致於耗損生命精神；希望占有太多必致於犧牲更多。所以心中能知道滿足，便不會引致外來的羞辱；行為上能知道適可而止，便不會有無妄的災害，這樣的話才能延年益壽，使生命久長。

解義

❶名與身孰親

「名」是「身」之名。「身」是體、是實。「名」只是用來稱呼自己的身體，代表自己的身體而已。可是世人往往誤以為名就是身，妄逐外在的名，無限的膨脹自己的名，無限的虛構自己的名。結果是逐名愈大，離自己也就愈遠。正如王弼的注：「尚名好高，其身必疏。」洞山良价禪師有一次經過河邊，看見自己的倒影而有所悟，寫了一首詩，其中前兩句是「切忌從他覓，迢迢與我疏」。「從他覓」就如老子說的為名。「與我疏」，就像王弼注的「其身必疏」。後來洞山寫了五首詩描述求道的步驟，叫做「五位功勳」，其中第二首詩的前兩句是：「洗淨濃妝為阿誰，子規聲裡勸人歸。」「洗淨濃妝」就是要擺脫名韁，「勸人歸」就是回歸自身。這不正是老子提出「名與身孰親」的用意嗎？

❷身與貨孰多

「多」是多少的多，在古語中「多」也指重要的意思。「貨」是財貨，是用來維持生存的。可是很多人起初追求貨財是為了保身，可是後來，卻把追求貨財當作目的，甚至變成了一種嗜好。最後是「人為財死」，反因財貨而犧牲了自己的身體。如王弼注說：「貪貨無厭，其身必少。」

❸得與亡孰病

「得」字，王弼注：「得多利。」河上公注：「好得利。」顯然他們所指的「利」是包括了前面的「名」和「貨」。「亡」是指的亡身，「病」是指的禍患，這種解釋是把這句話當作前面兩句話的一個比較。這是指得名貨的「得」，與亡身的「亡」，哪一個是禍患？大家都知道「亡身」是禍患，可是大家往往忽略了這個得名貨的「得」卻是亡身的「亡」的原因。老子故意把「得」和「亡」放在一起來問人「孰病」，這問題在表面上淺顯得誰都會答，事實上，老子的這一問乃是另有深意的。

❹是故甚愛必大費

為什麼「得」會變成「亡」呢？單純的得名、得貨，這也是無可厚非的，問題是這個「得」字常和「欲」字連成一氣，而成為心中的欲求，這樣便有「亡」的危險，如老子說：「咎莫大於欲得。」（第四十六章）由於「欲得」，所以愛名愛貨便會過度，這就叫做「甚愛」。「大費」就是貪愛過度，以致於犧牲生命，浪費精神。

❺多藏必厚亡

「藏」是藏於己，為己所有，而不願和人分享。貨物的價值是在於它的效用。能有多少的用、多廣的用，就是它多大的價值。因此藏而不用，就等於沒有價值。藏得愈多，也就失得愈多。關於這兩句話，王弼注說：「甚愛不與物通，多藏不與物散，求之者多，攻之者眾，為物所病，故大費厚亡也。」這就是說愛名過度，引起別人的嫉妒；藏貨過多，引起別人的爭奪，這都是禍患的來源。

❻知足不辱知止不殆可以長久

知足和知止意義相同，老子此處是為了承接上文，因為「甚愛必大費」，所以講知足，這是從心中除欲；因為「多藏必厚亡」，所以講知止，這是從行為上節欲。「可以長久」，就是指保身長久。

第四十五章　大成若缺

大成若缺，其用不弊❶；
大盈若沖，其用不窮❷。
大直若屈❸，
大巧若拙❹，
大辯若訥❺。
躁勝寒，靜勝熱，
清靜為天下正❻。

語譯

最大的成就好像有缺陷似的，這樣，它的作用才不會破弊。最大的充盈好像是空虛似的，這樣，它的作用才不會窮盡。因此，最大的正直好像屈曲似的，最大的技巧好像笨拙似的，最大的辯才好像口齒結巴似的。由於躁動可以克服寒冷，虛靜又可以克服躁熱，所以修心清靜才是處天下的正道。

解義

❶大成若缺其用不弊

「成」是指的成就或完滿。「弊」字，王弼、河上公本作「弊」，傅奕本作「敝」，兩者的意思都是指破舊。最大的成就或完滿應該是天道的創造萬物。「若缺」是指似有所缺憾。所謂「天地之大，猶有所憾」。其實這個缺憾是就人的眼光來看的，所以說「似缺」。就天道來講，卻有它的作用，只是我們的知見有所不及而已。如果上天造人，所造的都是百分之百的聖人；造物，所造的都是成色十足的完滿之物，那麼人間又哪有這許多可歌可泣的故事、奮鬥追求的功業。正因為上天所造的，都是有情有欲的普通人，都是未經雕琢的礦石，這是不完善，這是「似缺」，因此才使人和物都有發展的餘地。所以「似缺」，乃是預留發展的空間，這正是「無」之以為用。對於這句話，王弼的注是：「隨物而成，不為一象，故若缺也。」這是指道體的沒有自己的存在，而「善貸且成」以萬物的存在為存在，因此萬物的成就正是道的成就。因為萬物永遠是在生生發展中，所以道的大成，也永遠在生生不已，似缺而成。把這句話用之於人生修養上，就是當我們追求大成的過程中，不要一味的執著大成，要了解天地有所憾，人生有所缺，要能在缺憾中求完滿，六祖慧能所謂「煩惱即菩提」，不正是這個意思嗎？所謂「其用不弊」，是指「有」之用的不會破舊。一般來說，任何的「有」，都會有破舊的時候，但如果能把握「若缺」，以「無」來用「有」，則「有」就不會破舊，而能日新又新。

❷大盈若沖其用不窮

「盈」是指充滿。傅奕版本便作「大滿若盅」。這是指天地間充滿了萬物。但這個「盈」，並非是過多的滿溢。所謂「大盈」，乃是大豐滿，乃是生機的洋溢，而不是萬物多得互相推擠，所以說「若沖」，沖是沖虛，由於沖虛才能使生機洋溢而不互相妨礙。王弼注說：「大盈充足，隨物而與，無所愛矜，故若沖也。」這是指道的任物而化，沒有私心，禪門的龐蘊居士有兩句詩說：「吾自無心於萬物，何妨萬物常環繞。」所以這個「沖」字在宇宙來說，是「沖氣以為和」，使萬物能和諧發展；在人生來說，就是「虛其心」，這樣才能和萬物共化。「其用不窮」，就是指這個「若沖」之用的無窮。

❸大直若屈

「直」有兩義，一是指直線的發展；一是指正直的行為。通常我們說「直」，都是就片段的標準、或相對的比較來看的。這是小直。所謂「大直」不是片段的直線，而是無限的直線；不是相對的正直，而是絕對的正直。所謂無限的直線，就是永遠的發展。這只有兩種可能，一是形而上的道體，它已是超越了直或屈，無所謂直與不直，一是現象界的循環，因為在現象界唯有循環，才能永恆。

而循環則必須「屈」其所直。如四時的交替、萬物的代謝，這都是由屈而直，依循環而無限的前進。所謂絕對的正直，就是放之天下而皆準的義理。要達到這種境界，首先須把道德形而上化，也就是把生活上的信念或規範提昇成普遍的原則。這種昇華的工夫，就在於不以自己主觀的正直為正直，不以這種自以為的正直去要求別人、強制別人，相反的，能從別人的立場思考，這就是儒家的恕道，也是《中庸》上所謂的「其次致曲，曲能有誠」。這個「曲」就是屈。能曲才能有誠，能屈才能大直。王弼注說：「隨物而直，直不在一，故若屈也。」這個「隨物而直」，在儒家是恕、是曲，在老子，就是不自生，故能長生，這都是「大直若屈」的真義。

❹大巧若拙

「巧」，是技巧。技巧是人為的，也是老子所反對的。技巧到達最高的境界，即所謂巧奪天工，也就是巧到和自然一致了。王弼注說：「大巧因自然以成器，不為異端，故若拙也。」由於巧到順於自然，因此沒有一點斧鑿痕跡，也就沒有一點巧的形象。於是看起來，反顯得有點「拙」了。老子此處若拙，不是真正的拙，而是用拙字把「巧」提昇到無為自然的境界。很多藝術家，如畫家、書法家、音樂家等，他們在最初時，都是學習技巧，以技巧為師，到了他們有成就或成名時，他們都把技巧運用得非常成熟，以自創的技巧名師。可是最後，他們成為不朽的藝術家時，他們都揚棄了技巧，順任自然，有時候好像「拙」得像小孩子的習字或習畫。舉一首蘇東坡的詩來說：「廬山煙雨浙江潮，未到千般恨不消；到得原來無一物，廬山煙雨浙江潮。」就我們學習寫詩的技巧來說，由於詩是用最精簡的文字來表達最多的意象的，因此一首詩中最忌字句的雷同。可是這首詩卻第一第四句完全相同，所以就技巧來說，豈不是「拙」嗎？我們可以想像當蘇東坡寫到第三句「到得原來無一物」時，既然是「無一物」，還有什麼可寫的，因此寫不下去了，所以只有「見山只是山，見水只是水」的，把「廬山煙雨浙江潮」又重複了一次。這是無話可說了，這在技巧上是「若拙」，可是也就由於這個「若拙」，使得這重複的一句話，把整篇詩活轉了過來，成為天下絕唱，這豈不是由「若拙」又變成了「大巧」！因為蘇東坡這首詩絕不是以普通的技巧取勝，而是以「大巧」取勝。這個「大巧」不在詩本身，而在蘇氏心中的禪趣上。所以真正的「大巧」，似巧而非巧，若拙而不拙。因為它是自然本身的流露，是道的本來面目。

❺大辯若訥

「辯」是口才犀利，「訥」是言語遲鈍。「辯」有多種：有強詞奪理的強辯；有爭強好勝的好辯；有善於措詞的善辯。在這些辯中，無論是有理無理，但都離不了靠口才的犀利以取勝。靠口才以取勝是勝在口才，而不是勝在真理或事實。老子所謂「大辯」，是為了顯露真理或事實，所以不寄託於口才的犀利與否。王弼注說：「大辯因物而言，已無所造，故若訥也。」因物而言，就是自己不言說，而完全由事物本身來表露，孔子所謂：「天何言哉，四時育焉，萬物生焉。」蘇東坡詩句所謂：「溪聲便是廣長舌。」這都說明了天和自然都是「大辯」。「若訥」不是真正的「言語不清」，而是不靠言語，試想我們多少人都抱怨「老天無眼」、「老天不公平」，可是老天卻從來也沒有說一句話來辯駁，祂只是顯露事實，讓我們自己領悟。

❻躁勝寒靜勝熱清靜為天下正

這幾句話王弼、河上公及其他古注都相同，唯近人如蔣錫昌認為：「此文疑作『靜勝躁，寒勝熱』。」理由是靜躁對言，也就是說靜和躁兩字是同一個範疇的相對字。寒和熱也是一樣的。當然把原文改為「靜勝躁，寒勝熱」，於義未嘗不通。不過舊注本都是「躁勝寒，靜勝熱」，我們仍然依照原文來索解。這幾句話是全章的結論，其中要點就在「清靜為天下正」一語，「躁勝寒，靜勝熱」只是托出「清靜」兩字的一個借譬、一個推論。「寒」和「熱」，在《老子》書中僅出現一次，只是自然現象，並無哲學意義。在此處「寒」和「熱」的作用只是一種媒介，把躁和靜拉在一起，所以「躁勝寒，靜勝熱」一語，實際上，即是說「靜」勝「躁」。「躁」是動、是為，如果用前面的文句格式，也可寫作「大動若靜」、「大為若靜」，這與老子「為無為」（第六十三章），「無為而無不為」（第四十八章）的旨趣是一致的。不過此處不說「大動若靜」、「大為若靜」，因為在結論中的「清靜」，不是和「若缺」、「若沖」、「若屈」、「若拙」、「若訥」並列的「若靜」，而是總括了以前的各個「若」字的基本工夫。譬如「若缺」、「若沖」、「若屈」、「若拙」、「若訥」，並不是真的缺、沖、屈、拙、訥，也不是刻意的去求缺、沖、屈、拙、訥；而是處心清靜，而自然的有此表現。所以全章的重點乃是「清靜」二字。

第四十六章　天下有道

天下有道，卻走馬以糞❶；

天下無道，戎馬生於郊❷，
罪莫大於可欲❸；
禍莫大於不知足❹；
咎莫大於欲得❺。
故知足之足，常足矣❻。

語譯

當天下有道，人們安居的時候，大家都停止馳馬奔競，而把馬兒養在農場，用牠的糞便來肥田。當天下無道，烽火四起的時候，所有的馬兒都訓練成戰馬，養在城郊外，隨時待戰。一切的罪惡沒有比可欲之念更大。一切的禍患，沒有比不知足更大，一切的過咎，沒有比貪求占有的欲望更大，所以說只有知足的滿足，才是永恆的滿足。

解義

❶天下有道卻走馬以糞

「卻」是停止或卻退的意思。「走馬」是奔跑之馬。「糞」作動詞，指以馬糞來施肥。這句話是寫當天下有道的時候，大家安居樂業，不需要騎馬去到處奔競。所以馬兒都養在農村，以馬糞來肥田。

❷天下無道戎馬生於郊

「戎馬」是戰馬。「郊」是城郊。馬兒本來是養在家中，供勞役的，可是現在卻養在城郊為了待戰。這正是天下無道之時，四方征戰，兵臨城郊，人民豈能安居樂業？

❸罪莫大於可欲

這句話不見於王弼注本，可是在河上公及其他注本中都有此句。「可欲」，《韓詩外傳・九》引作「多欲」。孫詒讓、高亨都認為「多欲」較「可欲」易解。但「多欲」與下文的「不知足」有點重複。所以仍從多數版本的「可欲」為解。「罪」按照前文是指天下無道，人們互相爭奪的罪惡，這種罪惡最大的根源就是「可欲」。「可欲」並非是指事物之可欲，而是人對「可欲」事物的追求。如第三章：「不見可欲，使民心不亂」，就是指不顯示君主對物欲的追求。貪求別人的土地，便有戰爭，貪求別人的財產，便有盜奪。這種欲望和下文的「不知足」不同的是：前者是向外追求物欲，後者是內在欲望的不能滿足。

❹禍莫大於不知足

前面的罪，是指一切的罪惡。罪由心造，欲為罪端。此處的「禍」是指災禍。災有天然的，也有人為的，這裡的「禍」指人為的禍患，這種禍患的根源是罪惡，沒有罪惡就沒有禍患。也就是說沒有欲望就沒有禍患，第十三章上不是說嗎？「吾所以有大患者，為吾有身，及吾無身，吾有何患？」「有身」就是執著自身，形成了自我主義的私心。自我的欲望是無厭的，永遠也不知滿足。這就是人類禍患的最大的源頭。

❺咎莫大於欲得

「咎」是責難和過錯的意思。雖然也是外來的，但咎由自取，所以也是自找的。「欲得」就是要達到滿足自己欲望的行為。從心中的「可欲」，到向外貪求的「不知足」，而最後到滿足私念，占有欲的「欲得」，這一方面是人們追求欲望，為了得到快樂，而另一方面卻是愈追求，欲望愈多，愈得不到永恆的快樂。這就是人類之所以自陷於痛苦煩惱的原因。

❻故知足之足常足矣

《老子》書中雖然也提到「無欲」兩字，如第三章：「常使民無知、無欲」，第三十四章：「常無欲，可名於小」，第三十七章：「夫亦將無欲。不欲以靜」，第五十七章：「我無欲而民自樸」，但老子的「無欲」不是絕對地滅盡所有的欲望，而是相對地減少貪欲之心，所謂「少私寡欲」（第十九章）。其入手工夫就在「知足」兩字。能「知足」，就「不見所欲」，不求「欲得」。所以老子的「無欲」和「知足」是一體的兩面。講「無欲」，通向「無為」，境界很高，不是一般人能夠達到；講「知足」，步驟很低，人人可行。尤其「知足」而「常足」，具有正面的意義。「常足」，是經常的滿足、永恆的滿足。一個經常滿足的人，自然是「少私寡欲」，一個永恆滿足的人，自然是無欲無為。真可說「知足」之妙用大也哉！

第四十七章　不出戶知天下

不出戶，知天下❶；
不闚牖，見天道❷。
其出彌遠，其知彌少❸。
是以，聖人
不行而知❹，
不見而名❺，
不為而成❻。

語譯

不出大門，能知天下的事物；不看窗外，便能見到天道。如不能如此，他走得愈遠，反而所知愈少。所以說，聖人的境界是：不需出外追求，便有真知徹照；不必見物形象，便能識物真體；不用有意作為，便能任物性而大成。

解　義

❶不出戶知天下

近代許多信奉馬克思主義的學者，常以本章為例，批評老子為唯心論。其實唯心唯物之爭是西洋哲學上的一個褪了色的舊論題。用它們來扣在中國哲學身上，是完全不適合的。老子的思想是從經驗出發，提昇成智慧，再回頭去指導人生，又哪有興趣去討論空洞的觀念？

首先我們要了解老子在這裡所說的對象是君主，而不是剛啟蒙的幼童。其實《老子》全書的對象幾乎都是君主，而不是無知的百姓。對幼童或常人來說，當然足不出門，不能知天下事物。可是對君主來說，他們早已有相當的知識，所以老子勸他們要把知識提昇為智慧，要把握事物的原則，雖然不出門戶，也能知天下萬物的變化和發展。誠如王弼所注：「事有宗，而物有主，途雖殊而同歸也，慮雖百而其致一也。」這不是唯心論者的抹煞外物的存在，相反的，卻是了解萬物的存在、依順萬物的發展。事實上，老子這話是工夫語，能有「不出戶，知天下」的工夫，那麼治天下，豈不是易如反掌嗎？

❷不闚牖見天道

「闚」是從門縫中探視。「牖」是窗子。這是說不必向窗外看天，而能知天道。因為向窗外看天，只看到天的形象，而見不到天的道理。天的道理，不在那空洞的蒼穹，而在萬物芸芸的現象界。尤其天在現象界的作用，可以驗之於身，證之於心。如《中庸》上所謂：「唯天下至誠，為能盡其性；能盡其性，則能盡人之性；能盡人之性，則能盡物之性；能盡物之性，則可以贊天地之化育。可以贊天地之化育，則可以與天地參矣。」（第二十二章）不僅是《中庸》、《老子》，即使在整個中國哲學裡，所論的天道，與西方所謂的外在的宇宙論不同，中國的天道，是透過人的心性來了解的、來實證的。所以要見天道，不在向外探索，而在反躬自證。

❸**其出彌遠其知彌少**

這句話承接前面兩句，是說假使沒有「不出戶知天下，不闚牖見天道」的工夫，而一味向外追求，那麼，走得愈遠，反而知得愈少了。在禪宗，佛性就是自性，如不能返觀自心，識取自性，而向外追求，當然是愈追離自性愈遠。同樣在道家，這個道就在眼前，如不能當下體認，而向外探求，當然是愈求離道也就愈遠了。

❹**是以聖人不行而知**

「不行」是指的不遠行，這是承接了前文的「不出戶」而說的。那麼這裡的「知」當然就是指的「知天下」了。而這句話正是前文的結語，這是從文字結構來說的。但就思想內容來說，「不出戶，知天下」是指的工夫，而「不行而知」是指的境界。前者是勸君主要把握事物的原則，而後者卻是寫聖人的真知。這種真知無所不至，又哪裡需要靠「行」去探求？但在這裡我們不能誤解所謂「不行」，是勸人不行，也就是說聖人只關起門來打坐，而毫無外在的經驗基礎，這是錯誤的。聖人當然要「出戶」，要「行」，當然更要有經驗，只是當聖人把這些靠「行」得來的經驗知識，提昇成智慧和德性後，這種智慧德性產生的真知，便能看透萬事萬物發展的契機，因此聖人不需要「行」，便能了解萬事萬物發展的原則。也許有人會問，為什麼前面把德性和真知連在一起呢？其實智慧本身便是知識和德性的融合。「知」發展到最高的境界，自然會提昇成德性。舉一個具體的例子來說，《易經》的作者寫《易經》時，是觀天文、察地理，需要「行」而知的，可是寫成了易理之後，這些易理是真知、是原則。我們只要能領悟這些原理，便能運用它們於萬事萬物。但原始《易經》是附在占卜上，大家都由占卜去運用這些原理。只有聖人把易理的精神歸結在一個「誠」字，只要能做到至誠，即使不用占卜，也能運用自如。這即是孔子說的「不占而已矣」。所以《易經》的真知發展到最高境界，便是德性的「誠」。達到這一境界，所謂「至誠如神」，才是真的「不行而知」了。

❺不見而名

這話初看起來，也不甚合邏輯。因為「名」是事物的名稱，不見事物的實體，又如何能知道它們的名稱，這豈不是在玩弄神通嗎？其實這句話所描寫的也是一種聖人修養工夫達到至高的境界，這時，聖人不是用肉眼去見物，而是用精神去體物；不是見物的名相，而是證物的真體。《老子》第一章上說：「名可名，非常名。」有名是物的名相，常名是物的真體。聖人「不見而名」的就是物的常名、物的真體。如何才能見真體，這是工夫成熟所達到的境界，不是這裡用語言文字所能描寫的，但工夫修養卻在「不見」兩字，「不見」並非閉眼不看，而是不以名相去見，不以觀念去見。我們常人慣用名相觀念去見物，見椅子，便知它可為我所坐；見穀米，便知它可為我所食。同時，當我們見物而用名時，都是用前人已創之名，而不自覺的為這些名詞所牽。如用「好人」去稱呼和自己觀念相合的人，用「廢物」去稱呼和自己利益不合之物。沿用了這些名詞，使我們常為偏差的觀念所左右，而不能深體萬物的本性。所以「不見而名」，真正所寫的，乃是聖人擺脫自己的觀念的判斷，和世俗相沿的名相的束縛，而能見萬物的真常。

❻**不為而成**

「不為」是不用人為造作的意思，即一任萬物的自然。但「不為」如何能有「成」？這裡的「成」，不是指一己之「成」；也不是指有目的的「成」。因為這種「成」，都是有為的。「不為而成」的乃是萬物的「成」。孔子所謂：「天何言哉，四時行焉，百物生焉。」就是「不為而成」。這也是《老子》第四十五章所謂的「大成若缺」的大成。「不為」似「若缺」，結果卻使萬物都能順其條理而生生。

第四十八章　為學日益

為學日益❶，

為道日損❷。

損之又損，以至於無為❸，

無為而無不為❹。

取天下常以無事，

及其有事，不足以取天下❺。

語譯

為學的方法，是日日增加所知。為道的工夫，是日日減除人欲。減除之後又再減除，以至於達到自然無為的境地，自然無為便能無所不為。贏取天下人心在於任自然而無人為之事，如果多事造作，便贏取不了天下的人心。

解義

❶為學日益

為學在求知，而知識是累積的，所以每日都有增益。如王弼的注：「務欲進其所能，益其所習。」這對於「為學」尚沒有太多貶抑。至於河上公的注說：「學謂政教禮樂之學也，日益者，情欲文飾日以益多。」這便把「為學」看作與「為道」相違背，完全是負面的意思。把「為學」當作負面意思，在《老子》書中曾有過例子，如第二十章：「絕學無憂。」但在這裡我們要注意的是，「為學」是學知識，知識的追求如果不能善於運用或消解，當然會帶來欲望的增多、憂慮的產生。但我們不能把所有的禍患都一筆的算在「為學」上，以至於根本否定了「為學」的努力。就這一章來說，第一句話「為學日益」，只是一種襯托的作用，以襯出下一句「為道日損」來，而全章所論則是在「為道日損」。儘管如此，我們卻不能完全抹煞了「為學」的功能，而予以揚棄。「為學」和「為道」並不是互相矛盾、互相排斥的。也不是否定了「為學」，才能「為道」。事實上，兩者是可以並行的，而且必須並行，才能相得益彰。如果只知「為學」，而無「為道」的工夫，知識的累積最多只能使人變成一位博學的學者，像一個圖書館，對於他自己的人生全無受用。相反的，只講「為道」，而沒有「為學」的努力，便會陷於虛無、懵然無知，與村野愚夫無異，又豈能「取天下」、「治天下」？然而究竟要如何使「為學」與「為道」並行而不悖，且看「老子」的「為道日損」。

❷為道日損

「日損」，王弼的注是：「務欲反虛無也。」這話是就形而上來論，不免有點虛玄。河上公的注是：「情欲文飾日以消損。」這是直指修養工夫而言，較為易懂。所以「日損」可以解作日日減少人欲。此處「人欲」並非指人類的基本欲求，如飢思食，渴思飲。而是指人為欲望，「人為」指反自然的，「欲望」指無厭的貪欲。如果把「為學日益」的日益，解作日日增加人欲，那麼「為學」與「為道」便完全牴觸。可是強調「為道」必否定「為學」，這也是解不通的。我們如果把「為學日益」的日益解作日日增加知識，那麼「為學」與「為道」，非但不牴觸，而且可以相輔。就是說一面「為學日益」，一面「為道日損」。在我們為學求知的過程中，同時，必須作為道損欲的工夫。因為知識是工具，它可以為善，也可以為惡，所以必須時時消除人欲，這樣才能使日益的知識不為貪欲所用，而提昇成純淨的智慧。

❸損之又損以至於無為

「損之又損」，一般語言的意思就是一再的減少人欲，這和「日損」是同一個意義。但真正在修養上用功，卻並不如此簡單。分析起來，可能有兩種情形：一是人欲很多，今天損一件，明天損一件，就像宋明理學家的格物，今日格一件，明日格一件。但問題是，如果不從根本上著手，今日損掉的人欲，明日又產生，這樣永遠也損不完，真是疲於奔命。二是人欲的根本只是一個，也就是前面幾章所謂的「不知足」或「欲得」，所以對準這個根本的欲念去損，今天損一點，明天再損一點。這兩種「損」法，前者是針對外面的引誘的物欲來說，而後者乃是就內在的貪欲來說。總之在實際修養上，可能這兩方面都需同時兼顧。除了以上兩種「損」欲的方法，還有一種層次更高的方法，就是一層層的揚棄，而向上昇華。譬如最先是「損」外在的物欲，其次是「損」內心的貪欲，最後是連「損」欲之念也要損掉，這種方法是佛家、或中國禪宗所常用的，也即《莊子》書中所謂「忘適之適也」(〈達生〉)。在《老子》書中，第一章的「玄之又玄」，也是以後面的「玄」字，揚棄了前面的「玄」字。同樣「損之又損」，也是以第二個「損」字，損去了第一個「損」字。譬如我們屏除外在物欲是「損」，但我們如果這樣做只是為了堅強自己的意志，使我們能達到更高的目的，這也是一種貪欲。接著，我們除去這種貪欲也是「損」，但我們這樣做如果又是為了成就道德、或變為聖人，這也是一種欲，也必須「損」之，所謂「上德不德」(第三十八章)、「絕聖棄智」(第十九章)正是這種工夫。「損」到了最後，以至於「無為」。「無為」兩字在這裡的作用非常重要。它一面說明了這種「損之又損」的結果，損到一絲欲念都沒有，非常徹底；但另一面又意味這種境界不是向下的降落，使人沒有一點心念，如同木石，「無為」是最高的境界，所以這種「損之又損」是表面上減損，實際上卻是人格、德性或智慧的節節上昇。

❹無為而無不為

「無為」，王弼注說：「有為則有所失，故無為乃無所不為也。」這是以「不為」來「無為」。河上公的注：「情欲斷絕，德與道合，則無所不施，無所不為也。」這是以無欲來釋「無為」。關於「無為」的意義，我們在第二章中曾分析過。這裡綜合王、河兩注，可概括的說是沒有意欲、沒有人為的自然境界，但值得我們注意的乃是「無為」又如何能「無不為」？這可以從兩方面來看，一是就個人來說，損除貪念到達無欲的地步，這時自己的心身不受外物的繫縛，精神進入了大清明、大自在的境界，所謂「德與道合」，此心與宇宙合流，這是我的「無為」，而使自己「無不為」。一是就外物來說，損除人為的執著，到達無心於外物時，便不會以自己的觀念判斷萬物，不會以自己的意念干擾萬物，則萬物便能各順其性而發展，這是我的「無為」，而使萬物「無不為」。

❺取天下常以無事及其有事不足以取天下

「取」，河上公解作「治」。但「治」有「為」的意味，不如原字的「取」。「取」是「得」、是「有」。「取」天下就是指贏得天下人心的意思。「無事」和「有事」相對。「無事」，並不是指什麼事情都沒有，王弼注：「動常因也。」是指順物自然，好像無所事事。「有事」並非指有這現象界的一切事業，王弼注：「自己造也。」是指天下本無事，自己無事而生事的意思。試想一個無事生事的人，專門製造事端，干擾人民，又如何能贏得天下的人心？

第四十九章　聖人無常心

聖人無常心，以百姓心為心❶。

善者，吾善之，

不善者，吾亦善之，德善❷。

信者，吾信之，

不信者，吾亦信之，德信❸。

聖人在天下，歙歙為天下渾其心❹。

百姓皆注其耳目，

聖人皆孩之❺。

語譯

聖人沒有固定不變的自我心，他是以百姓的心為他自己的心。他以「善」對待那些善良的人，同時，也以同樣的「善」對待那些不善的人，這才是真正善之德。他以「信」對待那些可信的人；同時，也以同樣的「信」對待那些不可信的人，這才是真正的信之德。聖人處天下，和萬物相合而渾然一心。百姓都用他們的耳目，講聽講明，可是聖人卻以對待孩童的方法對待他們。

解義

❶聖人無常心以百姓心為心

「常」字在《老子》書中是個重要的術語，如第一章中的「常道」。唯獨此處的「常心」卻具有負面的意義。可能的原因是這個「心」字在《老子》書中，代表意志、欲望等意思，而這個「常」字也因和「心」字相連而具有負面的意思。即指固執不變，以自我為中心。所以「無常心」就是指沒有自我觀念而言。這和一般佛家和道家所謂「無心」或「無我」有點相似，卻又不同。因為他們往往是閉起門來靜坐，只求達到「無心」、「無我」的境界。《老子》書中的聖人先把心中的欲望虛掉，這一點像「無心」和「無我」，可是接著又把心打開來，容納萬物，這一點正是老子在這裡接著而說：「以百姓心為心」。這句話非常緊要、非常特殊，也最容易誤解。這句話為什麼緊要？因為「無常心」的真正精神和方法乃在「以百姓心為心」。前者是「若虛」，後者是「大盈」。所謂「大盈若沖」（第四十五章）；前者是「不自生」，後者是「長生」，所謂「以其不自生，故能長生」（第七章）。所以《老子》書中聖人的工夫乃是在於「百姓心為心」，這樣才能做到「無常心」。否則只講「無常心」，便會流於虛寂了。這句話為什麼特殊？因為在一般道家思想總偏於離世，或凸顯個人主義的色彩，即使莊子也在所難免。在道家中只有老子時時談到「百姓」、「人民」，充分顯出了他的入世的運用。這句話為什麼又最容易被誤解呢？因為這個「心」本來就有意志、欲望，百姓心也是如此，如果「以百姓心為心」，百姓有逞強之心，百姓有貪欲之心，豈不是聖人也和百姓一樣嗎？所以這句話的解釋不是這樣的。這句話合理的解法約有三種：一是順物自然的意思。王弼注說：「動常因也」，所謂「因」就是因順百姓，任其自化。這是在前提上把「百姓心」看作自然現象，百姓心的要求都是自然的需要。尤其在過去農業社會，百姓心代表了素樸的農村生活。二是照顧全面的意思，百姓心是象徵所有的人心。這是指聖人的心超脫了他自己的形軀，而擴大到所有的百姓，即所謂「無為而無不為」。三是無私的修養工夫。這是把「以百姓心為心」，作為「虛其心」的入手方法，以化除一己的私欲。正所謂「非以其無私邪？故能成其私」（第七章）。

❷善者吾善之不善者吾亦善之德善

「善者」和「不善者」是指百姓中有善良的人，也有不善良的人。照法家的作法，是賞善者，而罰不善者；照儒家的作法，也是表揚善者，而矯正不善者。前者是以法律為依據，後者是以道德為標準。在老子眼中，他們都是以預設好的制度觀念，對人民好壞的一種判斷。這種預設就是所謂的「常心」。老子認為聖人沒有成見，都一視同仁的對待百姓。前文所謂「以百姓心為心」，也就是這個意思。值得注意的是，這不是說，聖人和善者同一個善心，和不善者同一個不善心；也不是說聖人讓善者自善，讓不善者自不善。而是說聖人都待他們以「善」。這個「善」非常重要，是指的實際行為，是超越了法律制度、道德觀念之上的。聖人並不是不知道百姓中有善、有不善，而是以同樣的善心去對待他們，這個「善心」正是「以百姓心為心」。因為「善者」之心是希望聖人善待他們，同樣「不善者」也希望聖人善待他們，所以希望被善待之心是相同的，聖人「以百姓心為心」者，就是共的這個「善心」。老子稱這個「善心」為「德善」，這裡的「德」不是指道德觀念，而是指內心的「德」。也就是說這種「善德」不是依據外在的，不是有條件的，而是發自內心的，是無條件的。所以老子說能夠一視同仁的對待別人以「善」，才是真正的德善。

❸信者吾信之不信者吾亦信之德信

「信者」和「不信者」是指百姓中，有的人講信用，有的人不講信用；有的人可信，有的人不可信。在一般的觀念上，我們當然是相信那些「信者」，不相信那些「不信者」。但如何去決定一個人是「信者」或「不信者」，以前我們都是要看看他們過去的行為，聽聽別人對他們的意見，今天我們又增加了電腦的信用記錄。然而這種種判斷別人可信與否的方法，在基本上可反映了我們對人性的不可信。這些方法的愈多、愈嚴密，正說明了人的愈不可信，和我們對人的愈不信。正如孫中山先生在三民主義中提到古代的人比較講信用，所以往往只要講口頭上的承諾，而不必立字據。後來人們不講信用，於是便必須立字據。今天，立個人的字據還不夠，有時，必須到法院或特殊機構中去登記和公證。所以這種外在徵信的制度愈多，也代表了人與人之間的信用愈弱。所以老子認為真正的相信別人，不是寄託於別人的可信或不可信，而是在於自己的能否信人。無論別人的可信或不可信，都不能影響自心對人性的相信，這才是自己的內在之德的信。也許很多人以為這樣的「信」之德，在今天的社會中辦不到，也很危險，這也是事實，因為小學老師和父母們都在告誡孩子們不要相信別人，不論他們可信或不可信，這正好是反老子的話而行，但我們了解這是「信」破產後的結果。老師和父母的話是不得已的，因為孩子無知，容易受騙。當孩子們長大，知識增加後，他們便不會一概不相信，而會相信可信的，不相信不可信的。至於聖人，知識提昇成智慧，自然有能力絕對的相信別人。所以老子此處是就最高境界來說的。

❹聖人在天下歙歙為天下渾其心

王弼注本為「歙歙」，河上公注本為「怵怵」。河上公注說：「聖人在天下，怵怵常恐怖，富貴不敢驕奢。」而這個「歙」字，根據《釋文》是「危懼」，因此有些學者認為是聖人自戒貌。但「歙」字在《說文解字》上是「縮鼻」，是指吸氣，也就是收斂的意思，在《老子》第三十六章中，「將欲歙之」，即指收斂或合起來的意思。既然《老子》書中曾用過這個字，因此我們就依據第三十六章中的「歙」字，來說明此處「歙歙」，即指聖人使天下百姓相合的狀態。「渾」是渾同，「為天下渾其心」，是指聖人使天下百姓之心渾然相同。這是承接了前文，不分善與不善，都以善待之；不分信與不信，都以信待之。而這裡的渾同，不是指的不分善與不善、不分信與不信，而是渾同於「善」、渾同於「信」，也就是說以聖人之「德善」、「德信」使他們渾同，使不善者、不信者也自覺地趨於善、趨於信。這是天下渾其心於無為自然的境界。這個「渾」字，用莊子的話來說是「相忘」的意思，即相忘於道的境界。

❺百姓皆注其耳目聖人皆孩之

王弼注本沒有「百姓皆注其耳目」一句，其他注本都有。王弼在最後的注語中也有：「百姓各皆注其耳目焉」一句。尤其王弼在「為天下渾其心」一句下注說：「各用聰明」，這話與「渾其心」毫不相干，顯然是「百姓皆注其耳目」一句的注語。由這種種理由，我們補上了這一句。

王弼在全章最後有一段長注，非常精彩。他說：「皆使和而無欲如嬰兒也。夫天地設位，聖人成能，人謀鬼謀，百姓與能者（按出於《易經．繫辭下傳》第十二章），能者與之，資者取之。能大則大，資貴則貴。物有其宗，事有其主。如此，則可冕旒充目而不懼於欺。黈纊塞耳而無戚於慢，又何為勞一身之聰明，以察百姓之情哉！夫以明察物，物亦競以其明應之，以不信察物，物亦競以其不信應之。夫天下之心不必同，其所應不敢異，則莫肯用其情矣！甚矣，害之大也，莫大於用其明矣！夫在智則人與之訟，在力則人與之爭。智不出於人，而立乎訟地，則窮矣！力不出於人，而立乎爭地，則危矣！未有能使人無用其智力乎己者也。如此，則己以一敵人，而人以千萬敵己也。若乃多其法網，煩其刑罰，塞其徑路，攻其幽宅，則萬物失其自然，百姓喪其手足。鳥亂於上，魚亂於下。是以聖人之於天下，歙歙焉，心無所主也，為天下渾心焉，意無所適莫也。無所察焉，百姓何避？無所求焉，百姓何應？無避無應，則莫不用其情矣！人無為舍其所能而為其所不能；舍其所長而為其所短。如此則言者言其所知，行者行其所能。百姓各皆注其耳目焉，吾皆孩之而已。」

在這段話裡，王弼先借《易經．繫辭上傳》的話：「天地設位，聖人成能。」說明天下萬物，各有它們的功能，聖人只是順它們的功能，任它們發展，絕不加以干擾。舉古代帝王的帽飾為例，「冕旒」是帽前垂下的串串線旒，其作用是象徵遮住帝王的視線。「黈纊」是帽側兩耳旁掛下的綿球，其作用是象徵阻擋帝王的聽覺。這兩者都是指君王絕對的相信人民，而不竭盡自己的智力去探查人民對自己的反應。其實，君王如果做好自己應做的工作，人民便能安居樂業，對政府自無怨言。否則，即使多設法網刑罰，最多只能禁民不說，並不能止民無怨。所以君王處天下，與萬物渾然一心，相忘於自然。

最後再回到結語。「百姓皆注其耳目」的「注」字，是專注的意思。王弼注是：「各用聰明。」河上公注是：「百姓皆用其耳目為聖人視聽也。」前者，有負面的意義，是指百姓都用他們的耳目去聽去看，這是分辨之智的作用。後者是正面的意義，是指百姓的耳目完全仰望於君王。無論是前者或後者，「聖人皆孩之」一語卻把整個問題都消解掉了。前人注解往往捨易求難，把這個「孩」字通作「咳」（傅奕本）、「恢」（敦煌，遂州本）、「閡」（高亨注）。其實這個「孩」字正是老子傳神之筆，在《老子》書中，一再推崇嬰兒，因為嬰兒無欲，如「復歸於嬰兒」（第二十八章）。至於這個「孩」字，第二十章中曾出現過一次「如嬰兒之未孩」。這裡的「孩」，表示從嬰兒發展到孩童，從無欲到意識初開，欲望漸啟時，這正像「百姓皆注其耳目」。「耳目」就表示意識作用。有善有不善，有信有不信。老子此處不說「嬰兒之」，而說「孩之」，因為「嬰兒」是無欲的境界，是修養工夫所復歸的境界，而此處聖人處理的乃是有欲望的百姓，而不是無欲望的嬰兒。這一點有經驗的父母最能了解，對於嬰兒，只要注意他們自然的需要，飢了，給他們食；渴了，給他們飲；排泄了，給他們清理；寒或暖時，給他們增減衣服而已。可是對付孩童卻不一樣，他們有意識欲望，他們會玩花樣。如第三十七章所謂的「化而欲作」。因此不能以對付嬰兒的方法對付他們，必須以對付孩童的方法對付他們。孩童雖有意識欲望，但只是開始，可以導之於正途。無論用哪種方法來開導，最基本的就是肯定他們的人性根本是好的，絕不要因為他們犯了一點錯誤，便把他們列入壞孩子，使他們自暴自棄，結果是一錯再錯，一壞到底。

老子所謂「善者，吾善之，不善者，吾亦善之」正是對付孩童的方法。所謂「以百姓心為心」、「為天下渾其心」，就是要了解孩童的心態，不要以成人的觀念去裁判他們。聖人對付百姓的這種

「孩之」的方法，並不是不知道百姓中有的不善、有的不信，而是知道了，卻不以這種二分法去對付他們。聖人以同樣的「善」去對待不善之人，使他們感受到「善」的熱力，而不自覺的歸於善。聖人以同樣的「信」去對待不信的人，使他們感受到別人對他們的信任，而不期然的歸於信。這就是老子「用樸」、「無為」方法的高明處。

第五十章　出生入死

出生入死❶。

生之徒十有三，

死之徒十有三❷，

人之生，動之死地，亦十有三。

夫何以故？以其生生之厚❸。

蓋聞善攝生者❹，

陸行不遇兕虎，
入軍不被甲兵❺。
兕無所投其角，
虎無所措其爪，
兵無所容其刃，
夫何故？以其無死地❻。

語譯

出生地而有生，入死地而致死。在這生死的現象中，趨於生生之路的人有十分之三，走向死亡之路的人也有十分之三。可是有的人為了求生太過以致躁動，結果反而走向了死亡之路，也有十分之三。為什麼求生反而速死呢？這是因為他們把形體的生命看得太重的緣故。曾聽說真正善於養生的人，在陸地上行走，不會遇到犀牛老虎等猛獸；進入軍伍戰陣，不會遭到兵器的傷害。他們能使犀牛找不到對象刺牠的角，使老虎找不到目標施牠的爪，也使兵器的鋒刃沒有地方可以斬割。為什麼他們能如此？就是因為他們沒有製造死亡的原因。

解義

❶出生入死

王弼注說：「出生地，入死地。」這個注很精到，因為它點出一個「地」字，這個「地」字卻扣緊了全章結尾的「死地」的地字。「出生」，是出而為生，有生之地；「入死」，是入而為死，有死之地。「生之地」、「死之地」，也即「生之路」、「死之路」。因此這句話也可釋作生生死死的現象。韓非注說：「人始於生而卒於死，始謂之出，卒謂之入，故曰出生入死。」這是把這句話解作人的由生到死的過程。比起王弼的注來，意義較淺。因韓非的注是指一人一物的由生到死，而王弼的注是指萬化不同的路子，或趨於生，或走向死。王弼的注和老子下文講「生之徒」和「死之徒」的不同路子文義相合。

❷生之徒十有三死之徒十有三

「徒」，指同一類別，如《韓非子・喻老》：「屬之謂徒也。」《爾雅・釋訓》：「徒，輩者也。」所以「生之徒」、「死之徒」，是指趨於生的人、走向死的人。又「徒」也可作「路途」解，如馬如龍說：「《說文》曰：『徒，步行也，行人之步趨也。』……《說文》無塗途二字，蓋徒即塗途本字也。《莊子・至樂》：『食於道徒。』即道途也。」《老子》此處的「徒」字作路途解較佳。其實「路途」也可兼有同一類別的意思，因為「方以類聚，物以群分」（《易經・繫辭上傳》第一章），每一類物的相聚，也就是它們所趨路向的一致。所以「生之徒」、「死之徒」，也就是指趨於生之路或走向死之途。「十有三」指十分之三，這就是說，在生生死死的現象界，趨向於生之路的有十分之三。什麼是「生之路」呢？就是沒有貪欲，一切順乎自然。譬如在我們的生活中，有些人樂天安命，飲食起居都能知足，因此他們自然能長壽。相反的，「死之途」，就是指有些人縱情聲色，嗜欲無度，所作所為都在斬割自己的生命。

❸人之生動之死地亦十有三夫何以故以其生生之厚

前面兩種情形，一生一死，截然二分，非常清楚。可是第三條路子卻不然。有些人知道生命之可貴，可是他們愛之太過，愛之不得其法，所謂「甚愛必大費，多藏必厚亡」（第四十四章），結果反而違背了自然，走向「死之途」。譬如後代許多崇尚神仙丹鼎的人，他們只求外在的金丹以期不死，而忽略內在的修養工夫，如許多君王反因吃丹藥而暴死。不只是那些多欲的君王，即使神仙煉丹之士，也沒有多少能得長壽，何況不死？再看今天，有很多人護生太過，整天吃補藥，學氣功，或練拳術，或迷運動。目的是為了強身，可是根本上內在的欲望未除，而外在的方法又不合自然，所以求生之厚，反而也走向了死亡之路。注意這句話裡的一個「動」字，「動」是躁動，是欲望之動、有為之動，是違反自然之動，所以結果是由「生」而逆轉，趨於死地。

❹蓋聞善攝生者

「攝生」就是養生。古來「攝生」的方法很多，大多注重「攝形」，也就是指對身體的保養。《莊子》書中有一篇〈養生主〉，是指養生須養「生之主」，即生命的主體，就是精神。形體是生的附屬，精神保養得好，形體自然跟著好，否則只重形體，而忘了精神，結果是求生反而速死。此處老子說「善」攝生者，說明了這種養生方法和一般的不同。

❺陸行不遇兕虎入軍不被甲兵

「兕」是犀牛。「被」是指遭受，如《後漢書‧賈復傳》：「身被十二創。」這兩句話就是描寫老子所謂的這種特殊的「攝生」方法。但在這裡老子沒有指出具體的方法，而是以譬喻的方式去描寫它的境界。這是說養生方法的高明，在陸地上行，不會遇到任何野獸的凶險，即使進入軍隊戰陣，也不會受到任何兵器的傷害。

❻兕無所投其角虎無所措其爪兵無所容其刃夫何故以其無死地

承接了前文，接著說明為什麼沒有凶險和傷害的原因。此處前三句話仍然是比較抽象的描寫，好像是有法術似的變成了隱身人，使犀牛的角找不到對象刺，老虎的爪找不到目標抓，兵器的鋒刃沒有地方可入。如何才能有這種隱身的工夫？老子絕不像一般攝生者一樣講法術、講修鍊。而是簡簡單單、直直截截的說出這個原因就是「無死地」。「無死地」也就是沒有死亡的原因。套句俗話說就是「命不該絕」，用佛學的話來說就是沒有造下死亡的業。那麼老子所謂的「無死地」又是如何的做工夫呢？老子沒有再加以解釋，我們可以從兩方面來補充說明，一是根據莊子的思想，一是依據王弼的注解。

莊子在〈秋水〉篇中說：「知道者必達於理；達於理者必明於權；明於權者不以物害己。至德者，火弗能熱，水弗能溺，寒暑弗能害，禽獸弗能賊。非謂其薄之也，言察乎安危，寧於禍福，謹於去就，莫之能害也。」這段話和老子描寫的「善攝生者」相類似，但莊子說明了方法乃是修養智慧，通達事理，就像〈養生主〉篇中的庖丁解牛，順其條理，因此就不會遭到外物的阻礙與傷害。這是在外的順自然。

王弼的注是：「善攝生者，無以生為生，故無死地也。器之害者，莫甚乎戈兵；獸之害者，莫甚乎兕虎。而令兵戈無所容其鋒刃，虎兕無所措其爪角，斯誠不以欲累其身者也。何死地之有乎？夫蚖蟺以淵為淺而鑿穴其中，鷹鸇以山為卑而增巢其上。矰繳不能及，網罟不能到，可謂處於無死地矣！然而卒以甘餌乃入於無生之地，豈非生生之厚乎？故物苟不以求離其本，不以欲渝其真，雖入軍而不害，陸行而不可犯也。」王弼這個注非常精彩，他首先舉例來說明：像鰻、鱔等躲在深水中，猶怕不夠隱密，更在水底石岩中鑿洞為穴。像鷹鳥等藏在高山上，猶怕不夠安全，更在山上樹岩中築巢。這樣牠們自以為沒有危險了，哪料捕魚者和獵者放下一塊餌便把牠們引誘出了洞巢，而致命。這一塊餌就是牠們真正的「死地」。王弼把老子所謂的「死地」，注得非常清楚，就是內心的貪欲。這點貪欲不只是貪外在的聲色、名利，更會使我們走上「死之路」，就是貪長生而不能順自然，也會使我們失去了「生之路」。

第五十一章　道生之

道生之，德畜之❶，
物形之，勢成之❷。
是以萬物莫不尊道而貴德❸。
道之尊，德之貴，夫莫之命而常自然❹。

故道生之，德畜之，
長之、育之、亭之、毒之、養之、覆之❺。
生而不有，
為而不恃，
長而不宰，
是謂玄德❻。

語譯

道生長萬物，德畜養萬物，物質賦予萬物以形體，氣勢給萬物以發展的環境。由於這一切都生之於道，畜之於德，所以萬物沒有不尊敬道且貴重德的。道之所以受尊敬，德之所以被看重，乃是因為「道」和「德」，絕不主使萬物，而是常任順萬物自然的生成發展。因此道的生長萬物，德的畜養萬物，是使萬物生長，使萬物發育，使萬物盡其形，使萬物發揮其性能，使萬物都得到所需的，使萬物都受到保護。這種生長萬物而不占有，作育萬物而不恃功，使萬物成長而不操縱，正是道的玄妙的至德。

解義

❶道生之德畜之

道的生物並不是直接生產萬物，而是賦予萬物以生生的原理，萬物便是依靠這個原理而生的。這個原理即是道生一的「一」。在第四十二章中，老子曾描寫道的生物是經過了「道生一，一生二，二生三，三生萬物」的過程，所以道的生物不是像母生子一樣的誕生，而是經過「一」、「二」、「三」的歷程。在第四十二章的注中，我們曾說這個「一」是道在現象界的作用的開端，是渾元不可分的「一」，但也是「由一到二」，開始分裂的「一」。就其不可分來說是「一」理，就其能分來說是「一」氣。所以有的學者稱這個「一」為太極，有的學者稱這個「一」為一氣。

就這個「理」來說，直貫萬物，所謂「畜之」、「長之」、「育之」、「亭之」、「毒之」、「養之」、「覆之」，都離不了「一」理。但就「氣」來說，這一氣的生化，由「一」，而「二」，而「三」，而芸芸萬物，卻有許多變化。就「理」來說，在道是總原理，及於物便成為各別的理。在《老子》書中沒有用「理」字。總原理稱為「道」，各別的理就稱為「德」。「德」是內得於己的理，也就是各別的物去表現、去實踐道的理。為什麼說「德畜之」呢？這個「畜」字可以用《易經》的兩個卦：「大畜」和「小畜」的畜字為解。易卦裡的這個「畜」字有兩義，一是制止，一是積聚。前者是制止有欲之氣，是就畜牧的牧字來解的；後者是積聚真誠之氣，是就畜養的養字來解的。所以「德畜之」，就是用理以去其欲，而歸於道的意思。接著我們再就「氣」來說，「道生一」之後，這一氣的生化作用，必須分而為陰陽二氣才能產生萬物。但陰陽並非二種氣，而是一氣的兩種作用。這道理我們可以用《易經》的思想來說明。太極本是生生一理，也是生化一氣。這一氣周流不息，但這一氣如何生物呢？它本身不能生物，必須透過了地道才能生物，當這一氣進入了地之中，這時便有了陰陽二氣的作用，氣的向下收斂是陰，氣的向上發展是陽。所以在地道中含有陰陽兩氣。這個地道的作用就是「德」。因為地道就是使各別的物體，依照它自身所具有的性能而生長，所謂「種瓜得瓜，種豆得豆」，這個地道的作用就是畜道，一方面是畜牧，所謂沖氣使虛；一方面是畜養，所謂沖氣以和，這樣由陰轉陽，是由靜而動，於是陰陽和合，而後萬物化生。所以「德畜之」，就氣化來說，就是地道的「含弘光大」（《易經．坤卦．象辭》），而化生萬物。

❷物形之勢成之

「物」是物質。任何一物都必須有固定性、排他性的物質，才有個體的存在。這個物質的形成有兩個來源，就原始的變化來說，氣化能產生物質，在《莊子》書上曾說：「雜乎芒芴之間，變而有氣，氣變而有形，形變而有生。」（〈至樂〉）但就今天我們所看到萬物的生成，卻是由陰陽兩氣變成陰陽兩性，藉母體的遺傳、或種子的衍生而形成的。無論是氣化成質，或物質自相遞衍，萬物都必須有形質來表現其特殊性。有了形質之後，萬物的生成和發展，還須依靠外在的環境，即所謂「勢成之」。「勢」即是情勢，也是外在的各種助緣。譬如一顆種子在土壤中，除了它本身的性能外，還須有陽光雨露等外在的條件，才能發芽滋長。

❸是以萬物莫不尊道而貴德

這句話是前面四句話的結語。為什麼在這裡單單強調「道」和「德」，而不提「物」和「勢」呢？這是因為「物」和「勢」不是獨立在「道」和「德」之外，與「道」、「德」並列的兩個個體。事實上，「物」和「勢」根本上是「道」和「德」的產物。因為陰陽和合，才能有物之形；陰陽和合也才能眾緣相聚。從「理」來講，「物」和「勢」不能離開「理」；從「氣」來講，「物」是氣的凝結，

「勢」是「氣」的作用。所以萬物的生成發展，完全是「道」和「德」的「生之」和「畜之」。

❹道之尊德之貴夫莫之命而常自然

接著老子再進一步去說明「道」和「德」雖然能「生之」、「畜之」，卻並不有意、或強調這種成就。這句話是一個很重要的轉語。否則「道」和「德」便會變成權威的創造主，雖然為萬物所尊所貴，卻操縱了萬物的生命。「生之」變成了「恃之」；「畜之」變成了「宰之」。為了避免這一誤導，老子便按語說：「莫之命而常自然。」「莫之命」是「莫命之」，就是指「道」和「德」沒有威權似的命令萬物、左右萬物。「常自然」就是常本於萬物的自然。所以這句話特別說明「道」的生之、「德」的畜之乃是自然無為的。

❺故道生之德畜之長之育之亭之毒之養之覆之

這段話再強調「道」和「德」對萬物的生化孕育的功用。「長之」是使萬物生長，「育之」是使萬物發育，這兩者都是指萬物在剛有了形體之後的最初的生長過程。「養之」是使萬物得到需要；「覆之」是使萬物得到保護，這兩者是指萬物在向外發展過程中所需要的外在的支持和輔助。至於「亭之」和「毒之」卻是介於前面「生長」和「發展」之間的過渡地帶。河上公和其他的古本，「亭之」作「成之」；「毒之」作「熟之」。這樣便比較好解釋，因為「成之」是指充實，「熟之」是指豐滿。這兩者是指萬物個體的完成。但王弼的「亭之」、「毒之」則較為費解。「亭」，《說文解字》：「亭，民所安定也。」「毒」，《廣雅．釋詁》：「毒，安也。」這樣一來「亭之」、「毒之」可解作「定之」、「安之」。這與上下文的意思也可配合一致。唯我們進一步分析，「亭之」是指形體的完成，所謂「亭亭玉立」也是指形貌的美好而言。至於「毒之」的毒字，一般都作負面意義的毒物解，而此處卻作正面意義的「安」字解。在《莊子》書中無獨有偶的也出現過一次，如：「無門無毒，一宅而寓於不得已。」（〈人間世〉）此處的「毒」也可解作「求安」解。所以「定之」、「安之」，也即是說「定之以形」，「安之以勢（環境）」的意思。

❻**生而不有為而不恃長而不宰是謂玄德**

這段話曾見之於第十章。在該章也是承接「生之」、「畜之」以說明「道」和「德」雖然生萬物、畜萬物，卻為而無為，不占有萬物，不控制萬物。

第五十二章 天下有始

天下有始，以為天下母❶。

既得其母，以知其子；

既知其子，復守其母，

沒身不殆❷。

塞其兌，閉其門，終身不勤；

開其兌，濟其事，終身不救❸。

見小曰明，守柔曰強❹。

用其光，復歸其明❺。

無遺身殃，是為習常❻。

語譯

天地萬物都有它們的本源，這個本源就是創造天地萬物之母。能夠得到這個天地萬物之母，才能知道由這個母所衍生的一切現象。當我們了解這一切現象的道理後，更必須回到本源處，去守住這個天地萬物之母。這樣的話，我們才能終其一生，不會有危難。守母的方法，就是要杜塞住意欲的漏洞，關閉了向外追求的門路，這樣，我們終生精神便不會勞累枯竭。相反的，如果打開了意欲的漏洞，什麼事都要滿足欲望，這樣，我們終生便無可救藥。須知，能見到事物之精微，才是真正的「明」；能把握柔弱之道，才是真正的「強」。在我們用了知能的光芒後，必須回歸德性的明悟。這樣的使自身遠離災禍，就是所謂的運用「常道」的應變工夫。

解義

❶天下有始以為天下母

「始」是「天地之始」，「母」是「萬物之母」，在第一章中，以「無」名「始」；以「有」名「母」。但「無」和「有」同出於一個道體，所以這句話所指乃是「道」。由於「道」自創生了萬物之後，它仍然活在萬物之中，不斷的生生。因此這個「始」和「母」也有兩種意義，一是指天地萬物剛開始的「始」，這是所謂的「原始」；一是指有了天地萬物之後，不斷的新生的「始」，這是所謂的「更始」。就原始來講，是指先天地生的「道」；就「更始」來講，是為萬物根本的「道」。同樣的，這個「母」，一面是指「道生一」的那個原始的「道」；一面也是指「道生之」的那個一直賦予萬物生生之理，透過了「德畜之」和萬物共存共長的，為萬物根本的「道」。明瞭這兩種意義，我們才能了解老子如何把創生的宇宙論轉變到實踐運用的人生論。

❷既得其母以知其子既知其子復守其母沒身不殆

「母」譬喻「道」。這個「子」有三種解釋：一是指的末，王弼注說：「母，本也；子，末也。」二是指的「一」，河上公注說：「子，一也。」三是指的萬物，如蘇轍注說：「其子則萬物是也。」第一種是以本末的關係來解釋「母」與「子」，也就是講道體和作用的相輔相成。第二種是以「道生一」來釋「母」與「子」。因為「一」是道在現象界作用的開始，「一」是「有」。第三種是以「道生之」來釋「母」與「子」。這個「之」即指萬物。綜合這三種解釋，「母」與「子」可以說是象徵道體與道用的關係。「既得其母，以知其子」，是說必須把握道體，才能知道如何運用萬物之理。「既知其子，復守其母」，是說在知道運用萬物之理後，不可捨本逐末，流於智術，而應時時歸本道體。然而這種道體與道用之間的關係，與「沒身不殆」又有什麼關係？「沒身不殆」也有兩解：一是從外在來講，如果我們不能把握道體，以知萬物生成變化之理，那麼我們便不能役物，而為物所役，因此做任何事情，就會阻隔不通，而遭遇危難；另一是從內在來講，如果我們已知去應付萬物，能夠時時修養心性，歸返道體。也就是說化知為德，那麼我們的心性便能超然於物，而不為物所傷。

❸塞其兌閉其門終身不勤開其兌濟其事終身不救

至於如何「得其母」、「守其母」呢？這個「母」指道體，但卻很抽象，不易說明，所以老子接著把這個得「母」、守「母」具體化而為心身上的修養工夫來作譬。「兌」和「門」，王弼注：「兌，事欲之所由生；門，事欲之所由從也。」河上公注：「兌，目也。」「門，口也。」在《易經》中，「兌」是一卦之名，是象徵喜悅的意思，如〈兌卦．彖辭〉：「兌，說（悅）也。」而在《易經．說卦傳》裡，兌「為口舌」。綜合以上兩義，「兌」是由口舌求悅的意思，引申而為意欲。至於「門」是由內到外的通路，可以釋作五官，也可引申為意欲的向外追求。所以「塞其兌，閉其門」，具體的解釋，固然可以解作像靜坐似的，封閉耳目，止息欲念。但對應前面「得其母」、「守其母」的工夫，可以解作返歸心性，保養精神，而不向外攀緣，追逐物欲。這樣的話，才能「終身不勤」。「勤」字，如第六章的「用之不勤」的「勤」，有兩義，一是勞，一是盡。所以「不勤」是指終生不會勞累，而精神用之無盡了。相反的，如果「開其兌」，向外求欲，「濟其事」，「濟」，河上公注：「濟，益也。益情欲之事。」按《易經》有「既濟」、「未濟」兩卦，都是取象於渡河完成之意。所以「濟其事」，指成其事。也就是意欲向外追求，希望達到目的，也就是把自己的意欲加諸於外物，期望外物能如己所願，這也即是第四十六章所謂的「咎莫大於欲得」，這樣下去，自然是「終身不救」了。

❹見小曰明守柔曰強

一般來說，我們打開意識之門，向外追求，對物，都想求明；對事，都要求強。可是老子卻逆轉來說：「見小曰明，守柔曰強。」這句話，王弼注：「見大不明，見小乃明；守強不強，守柔乃強也。」這是說見大，自以為明，反而不明；守強，自以為強，反而不強。其實，這裡的「小」，不只是形體的「小」，而是指的事物的精微。能夠看得到事物的精微處的，不是肉眼，而是心眼。能夠見小知大，見微知著的，乃是心的慧眼。只用肉眼來看的人，常常囿於形體的大小，而以為大的是好的，小的是不好的。可是當我們關閉了肉眼，我們的心眼才發揮了它的作用，而能從形體透視到事物的真正意義。這樣的「見小」，在《易經・繫辭傳》中，就是所謂的「知幾」，「幾」是動之微，吉凶之先見者。所以「見小」也是承接了前文的「塞其兌，閉其門」而來的，這和第四十七章的「不出戶，知天下；不闚牖，見天道」，也是相互發揮的。「見小」之後，便能「守柔」。因為一般的肉眼，只看到「強」的強，而看不到「柔」的強。只有「見小」的慧眼，才能識「柔」，而守「柔」。講「強」是與外物相比，而守「柔」，卻是內在的工夫。所以老子這兩句話，都是把「明」和「強」轉入內心，而變成德性的修養。

❺用其光復歸其明

光和明之間的關係，如焦竑注說：「光者，明之用；明者，光之體。」這和前面「母」與「子」正好對照。「光」是「子」，是作用，如王弼注說：「顯道以去民迷。」可見「光」自有其用處，它能照破人們的愚癡迷惑。可是「光」是外射的，如果不知「守其母」，便會光能耗損，以致枯竭，或光度太強，而具有破壞力，所以老子一再強調：「和其光」（第四章），「光而不耀」（第五十八章）。

不過在這裡我們須認清老子對「光」並沒有否定。這個「光」是象徵知能。在《老子》書中雖常講「無知」，但他絕不意味所謂無知，就是愚昧的無知。有知而自以為知，才是愚昧。這和無知的愚昧是一樣的。老子的「無知」，是不自以為知，這是用其光，而不誇大其光。「知」是有用的，為君主者，不能沒有知。只是他在用「知」時，知道「守其母」的道理，使「知」不致偏用，甚之能化「知」為「德」。如何化「知」為「德」，就是他說的「復歸其明」。這句話，王弼注說：「不明察也。」王弼注得不清楚，因為他只注了前一截，是指不自以為光的明，而沒有注出復歸於母或道體的「明」。這個「明」字，《老子》書中用得很多，都是指對事理的了解具有很深的境界，如「知常曰明」（第五十五章）。「明」和「光」的不同，「光」是照人的，或為人而照的；而「明」卻是自照的，所謂「自知者明」（第三十三章）。我們曾說過自知是德，所以當「用其光」之後，而返歸於自知之明的德。

❻無遺身殃是為習常

「無遺身殃」，是對照前文的「沒身不殆」。「殆」是「殃」，就是災禍。不要給自己災禍，在於「守其母」，在於「復歸其明」，這叫做習常。「常」，王弼注是：「道之常」，即自然之常道。習有二義，一是修習，如河上公注：「人能行此，是謂習修常道。」二是因襲，如朱謙之注說：「傅、范、王義之、趙孟頫作『襲常』，襲習古通。」這兩者固然各有解釋，但只說一個「修習」、或一個「因襲」，並未能說明老子為什麼在本章末尾突然提出一個「常」字，而這個「常」字和前面「母」、「子」、「見小」、「守柔」及「用光」、「歸明」等觀念又有什麼關係。如果我們進一步去分析這個「常道」的「常」，那麼它的另一面便是變道的變。「常」和「變」正好和前面的「母」與「子」對照。道體是「常」，而道的作用或運用便是「變」。在我們知道了「常」之後，就知道如何去應變。同樣，在我們面臨宇宙人生的變化時，卻必須在變化中去體證常道，這樣才不致被變化所左右。這種由「常」到「變」，或由「體」到「用」，或由「母」到「子」的反覆體驗和運用，就是這個「習」字的真義，所以「習」含有「知」了之後的運用，就像俗語所謂的「演習」、「練習」、「學習」的意思。所以「習常」就是由知「常」而用「常」，由用「常」而順「常」，再由順「常」，而歸於「常」。

第五十三章　使我介然有知

使我介然有知，行於大道，
惟施是畏❶。
大道甚夷，而民好徑❷。
朝甚除，田甚蕪，倉甚虛❸；
服文綵，帶利劍，厭飲食，財貨有餘❹，
是謂盜夸，非道也哉❺！

語譯

假使我有那麼一點獨出的知能的話，我必行之於大道，兢兢業業以好施為為戒。大道本來是平坦易行的，可是一般人的心理都是喜歡走捷徑。正如許多為政者，把宮殿修得很好，卻遠離人民，使朝政不清，使人民的田地荒蕪，使國庫空虛。由此而造成了社會的風氣是：大家追求外在服飾的美麗，帶著利劍，好勇鬥狠，整天沉迷嗜欲之樂，無休止的追求財貨。這種忘本逐末的作法，就叫做盜取來的虛譽，而不是真正的有道的行為。

解義

❶使我介然有知行於大道惟施是畏

「介然」有兩解：一是指忽然，如吳澄注說：「介然與《孟子》：『介然用之而成路』同，謂倏然之頃也。」一是指分別，如趙佑《四書溫故錄》：「介亦分別意。」綜合以上兩解，「介然」似可解為「獨出」貌。因為「獨出」有「忽然」與「分別」的兩種含義。老子的哲學重無為、無知，這是道之體、道之常。而有「知」，卻是道之用、道之變。這句話是假設語氣，是指如果從道的「無」的境界出來，有了用知的需要時，怎麼辦？就佛家思想來說，「智慧」是不分別，「知識」是分別。所以這裡的「知」是分別的知，這也就是前一章所指的「子」和「光」。老子要我們「守其母」，「歸其明」，因此他接著說要把這種「知」，行於大道上。「惟施是畏」，也就是以「施」為戒。什麼是「施」？王弼說：「施為之是畏也。」河上公說：「獨畏有所施為。」兩者都是把「施」當作「施為」。王念孫考釋以為「施讀為迤；迤，袤行也。言行於大道之中，惟懼其入於邪道也。」近代學者很多根據王氏的考釋作解，這是為了和下文的「而民好徑」一致。但這樣語意雖清楚，文意卻重複而淺顯，不如這個「施為」的施字較有深度。這個「施」字不是針對「大道」來說，而是針對「有知」來說的，是指好「施」其知，也就是說喜歡把那點「知」拿來亂用。

❷大道甚夷而民好徑

「夷」是平坦，「徑」是小路。這裡的「大道」雖然承接了前句的「大道」，但前一句的「大道」是指抽象的「道」，而這一句的「大道」，除了抽象的「道」外，也以具體的「大路」來作譬的。人們放著「大路」不走而走小路，是為了貪快，所謂捷徑。但小徑雖快，卻難走，容易摔跤。人們行路如此，行事更是如此。總是喜歡用自己的一點小聰明，去投機取巧。有的情形是占了一些便宜，最後卻是大失敗；有的情形是，在表面上好像成功，但費神勞精，卻並不值得。其實好徑，並不一定是邪路、是罪惡。只是好用「知」而已，老子此處只是舉出人們最普通的心理，來提醒我們。

❸朝甚除田甚蕪倉甚虛

前面「民好徑」，是指一般人的心理，而以下所舉的例子，卻特別指的為政者。「朝」是朝廷、或宮室。「除」有兩解，一是指的清除，如焦竑注說：「除，治也，傳曰：『糞除先人之敝廬』是也。」王弼解為「潔好」，河上公注為「高臺榭，宮室修」都是這個意思。另一是指的塗污，如馬敘倫注說：「除借為污，猶杇之作塗也。諸家以除治解之，非也。」這兩者對字義的解釋完全相反，前者指為政者只為了建設自己宮殿府第的華麗，徵用勞工，挪用公款，使得人民田地荒蕪，國庫空虛。後者指朝政不修，或人民的屋舍污穢不堪。綜合以上兩義，「朝甚除」可以解作朝廷的宮殿修治得很好，卻遠離人民，所以朝政反而污濁。陸希聲說得好：「噫，入其國其政教可知也。觀朝闕甚修除，牆宇甚雕峻，則知其君好土木之功，多嬉遊之娛矣！觀田野甚荒蕪，則知其君好力役，奪民時矣！觀倉廩甚空虛，則知其君好末作，廢本業矣！」這都是君主的好「施」的結果。

❹服文綵帶利劍厭飲食財貨有餘

這裡四句話是指為政者忘本逐末的「好施」，而造成社會風氣的「好徑」。「服文綵」是指講究外觀的文飾；「帶利劍」是指好勇鬥狠；「厭飲食」是指沉醉嗜欲；「財貨有餘」是指貪貨無厭。

❺是謂盜夸非道也哉

「盜夸」有兩解，一作盜誇，如王弼：「夸而不以其道得之，竊位也。」河上公：「君有餘者，是由劫盜以為服飾，持行夸人。」這裡的「夸」都是指誇大的意思，另一解是改作盜竽，如韓非說：「竽也者，五聲之長者也，故竽先則鐘瑟皆隨，竽唱則諸樂皆和。今大姦作則俗之民唱，俗之民唱則小盜必和，故服文采，帶利劍，厭飲食，而資貨有餘者，是之謂盜竽。」韓非雖然離老子的時代較近，但他的思想多講法術，往往不能把握老子在人性上見解的深入一面。這裡我們仍依照王、河兩人之注，解為「誇大」，因為這和前面的好「施」和好「徑」相應。《老子》全書批評君主之「有為」，並非是指他們真正為人民做事，而是為自己做事，而是好大喜功。所謂「盜」是指自己本來沒有，竊取而以為己有。所以這個「夸」並非真正的「大」，而是不以正道而為的「誇大」，也就是虛譽。

第五十四章　善建者不拔

善建者不拔❶，

善抱者不脫❷，

子孫以祭祀不輟❸。

修之於身，其德乃真❹；

修之於家，其德乃餘❺；

修之於鄉，其德乃長❻；

修之於國，其德乃豐❼；

修之於天下，其德乃普❽。

故以身觀身，以家觀家，以鄉觀鄉，

以國觀國，以天下觀天下⑨。

吾何以知天下然哉？以此⑩。

語譯

真正善於以無為建德的人，和道合一，他們所立的德永遠也不會被拔除；真正善於抱一而生的人，和萬物共化，他們所行的道永遠也不會被分離。唯有這樣，他們的精神不朽，萬代子孫對他們的祭祀也永無休止。能夠以這種「無為」、「抱一」來修養自己的身心，他們的德性便會至真；能夠把這種「無為」、「抱一」實行於家庭中，他們的德性便會寬裕。能夠把這種「無為」、「抱一」推行到鄉里，他們的德性便會發展。能夠把這種「無為」、「抱一」用之於治國，他們的德性便充實豐滿。能夠把這種「無為」、「抱一」放之於天下，他們的德性便普及萬物。所以我們要以這種「無為」、「抱一」修身，以觀自身德性之真；以這種「無為」、「抱一」持家，以觀這種德性的美化家庭；以這種「無為」、「抱一」來行之於鄉里，以觀這種德性的和睦親鄰；以這種「無為」、「抱一」來處理國事，以觀這種德性的澤及人民；以這種「無為」、「抱一」來對待天下，以觀這種德性的廣被萬物。所以我能夠了解天下萬物生存發展的道理，就是由於能把握住以這種「無為」、「抱一」，去發展這種至真的德性。

解義

❶善建者不拔

「善建」所建的是什麼？用《老子》書中的話來說，就是建「德」。因為《老子》第四十一章曾說：「建德若偷。」但這個「德」字在《老子》書中不是指普通的道德，而是指「玄德」。玄德乃是「生而不有，為而不恃，長而不宰」（第十章），事實上，也就是無為。所以「善建」就是建於「無為」。凡事有所建，便會有所拔，因為「建」是有為、有欲。真正善建者，乃是以無為、無欲，而自然的成其事，因此也就不會有被拔之虞。常言道：「有意栽花花不開，無心插柳柳成蔭。」也是這個意思。

❷善抱者不脫

「善抱」所抱的是什麼？前一句說建德，這一句理應講抱道，但道不可抱，所以說抱一。《老子》第十章便說過：「載營魄抱一，能無離乎？」「抱一」，其實等於「行道」。「一」是道在現象界作用的開始，是從無到有的發端。在第十章注中，我們曾說「抱一」乃是抱虛氣以生物。這和本章後面所講從身、家、鄉、國、天下的發展是一致的。普通把「抱一」釋作「歸元」，但這個「元」乃是萬物之始化，所以「歸元」乃是歸於萬物之始化，而不是死守這個「一」。趙州禪師曾問：「道法歸一，一歸何處？」這一問極為重要，因為已把這個死守的「一」，轉化為生生的「一」，使這個「一」和宇宙萬化同生同長。能抱此和宇宙萬化同生同長的「一」，也就和宇宙萬化合一，所以他們追隨的道也就永遠和他們不分離。

❸子孫以祭祀不輟

在《老子》書中，並沒有強調孝和禮制。雖然在第十八、第十九章提到孝字，但老子不重孝的道德觀念，而重孝的實際行為。至於禮制，在第三十八章中曾提到禮字，卻是負面的意義。所以老子這句話並不是在討論祭祀的孝道的禮制，而是一個譬喻，說明如果做到前面所謂的「善建」、「善抱」，你的精神便能傳之永恆。而老子之所以用「子孫」和「祭祀」為譬，這是因為本章的內容很特殊，它是把德從個人、家庭、鄉里、國家，而推到天下，這和儒家《大學》一書中的修身、齊家、治國、平天下的條目似乎相合，因此用了儒家「子孫」、「祭祀」的文字為譬。

❹修之於身其德乃真

「修之」的「之」字，王弼無解，河上公解為「道」。其實這個「之」字承前文而來，是指的「善建」、「善抱」，也就是以「善建」、「善抱」來修身。再說得具體一點就是以「無為」和「抱一」來修身。在儒家，講「修身」，就《大學》一書來說，先決的條件，還必須有「格物」、「致知」、「誠意」、「正心」的工夫。至於修身的內容，如「智、仁、勇」、「忠恕」等就更多了。可是在老子卻非常簡單，只有「無為」和「抱一」。「無為」，簡單的說，就是無欲，「無欲」則真。「抱一」是抱虛氣以生，虛氣也是無欲之氣。所以「修之於身」也就是以無為無欲修身，使自己的心中保持虛靜，再由虛靜以參與萬物的生化。為什麼我們講無為無欲或虛靜，還嫌不夠，而總要連接到萬物的生化呢？這一點極關重要，因為很多人常把「無為」、「無欲」或「虛靜」，解作斷除一切觀念，放棄一切行為，以致於走入了寂滅的路子，而忽略了老子的自然是生化的自然，老子的無為，是為的無為。所以在老子思想中，我們不能忽略了這個「生」字。這一點，還可以從「其德乃真」的「真」字中看出。這個「真」不只是原來具有的「真實」，而且是向外感應的「誠信」，如第二十一章上說：「其精甚真，其中有信。」「信」是徵信，也就是說這個「真」是可以徵信於外的。老子所說「德」的至真，就是能生物或輔助萬物的生化。因為以中國哲學的觀點，如果不能生物，不能參與萬物的生化，又有什麼「真」之可言。

❺修之於家其德乃餘

承前文，這裡的「修之」，和後文的「修之」都是指同樣的「無為」和「抱一」。在儒學，講「齊家」更有很多詳細的德目、或禮制。可是在老子思想中卻仍然只有一個簡單的觀念和方法。如何建「無為」之德於家？就是使家中的每一分子都能「少私寡欲」（第十九章）。如何以「抱一」來修之於家？就是使家中每一分子都能以「沖氣以為和」（第四十二章），這樣才能使整個家庭和諧以處，而能平安的發展。那麼為何又稱之為「其德乃餘」，這裡的「餘」，就是「裕」的意思。這代表德的「寬裕」，能夠使彼此融洽相處。

❻修之於鄉其德乃長

中國文化是以家為單位，也就是說視家庭為自己。而鄉在家之外，是由內向外發展的第一步。這裡說「其德乃長」，就是指的向外發展。中國古代的鄉里像一個大家族，「修之於鄉」，就是以「無為」，來保持鄉里之純樸，因此「抱一」等於抱樸，從純樸以求和諧的發展。

❼修之於國其德乃豐

此處，王弼、河上公注本作「國」，其餘如韓非、傅奕、吳澄、魏源作「邦」。就意義來說，「國」、「邦」並無不同。用「無為」和「抱一」於國，就是我無為無欲，而助物自化。在這裡我們不說「任物自化」，因為這個「任」字往往使很多人以為完全不理萬物，讓他們去自生自滅。其實所以要「無為」是不干涉萬物，不干涉就是一種特殊的照顧。「抱一」也就是抱此陰陽的和氣以生，也就是助成萬物的生化。「其德乃豐」的「豐」是豐富、豐滿的意思。對自己的德來說，是豐滿，即發展到圓滿。對這種德的廣被於人來說，就是豐富，即豐富國人的生活。

❽修之於天下其德乃普

「天下」超越了國家的界限，也超出了自我的界限，是代表向外發展的極致。說「天下」已意味著它是外於我身之外物，所謂「天下神器，不可為也」（第二十九章）。也就是說天下是公器，不能為我所有，因此必須待之以「無為」。但天下與我是二，又如何能「抱一」？這是說我抱此沖虛之氣，以與萬物共生化，因此自然的「萬物與我為一」（《莊子・齊物論》）。所以「抱一」並非抱我之一，而是抱與萬物為一之一。這樣的話，其德才能「普」。「普」是普遍、周普，也就是無所不在的意思。

❾故以身觀身以家觀家以鄉觀鄉以國觀國以天下觀天下

這幾句話，用詞極簡單，古代注家都沒有令人滿意的解釋。如河上公在「以身觀身」下注：「以修道之身，觀不修道之身，孰亡孰存也？」在「以天下觀天下」下注：「以修道之主觀不修道之主也。」王弼在「以身觀身」到「以國觀國」下僅注「彼皆然也。」在「以天下觀天下」下注「以天下百姓心，觀天下之道也。天下之道也，逆順吉凶，亦皆如人之道也。」河上公的注，把「身」、「家」、「鄉」、「國」、「天下」等劃分為二，成為正負兩面，似非老子原意，至於王弼的解釋不夠清楚，與前文也欠承接。依我們的看法，這幾句話必須和前文相承，而本章直貫全文的一個重點就是「善建」和「善抱」，所以這幾句話應該是順著這個重點來說的。「以身觀身」的「以身」就是以「善建」、「善抱」或「無為」、「抱一」修身。「觀身」，就是觀吾身之德的真的意思。這個「觀」字在第一章中已用過，它和普通肉眼的「看」不同，它是經過了內心體驗的一種智慧的洞察，所以「觀身」，就如同第一章的「觀其妙」、「觀其徼」一樣，是「觀其德之真」。譬如在我們以「無為」或「抱一」來修身，我們仍須深入了解內在德性之真，使這種「無為」和「抱一」是基於德性而發的，如果「無為」是另有目的的「無為」，就不是真的「無為」；「抱一」是有意識或意欲的，就不是真的由虛氣而生的抱一，所以「觀身」是把「善建」、「善抱」連接在「德」上的一種工夫。如果這樣的解釋合理的話，那麼接著「以家觀家」，到「以天下觀天下」的意義是一樣的，就是要觀這種「德」在家庭、鄉里、國家、天下的作用。

⑩吾何以知天下然哉以此

前文由身、家、鄉、國、天下的發展和儒家講的修身、齊家、治國、平天下好像是一樣的。其實它們只是表面相似，骨子裡卻完全不同。就儒家來說，修身有修身的德目，齊家有齊家的道理，治國有治國的方法，平天下更有平天下的理想。可是在老子思想中，從身、家、鄉、國到天下，卻只有一個「善建」、「善抱」而已。事實上，老子連「善建」、「善抱」都沒有說明，把「善建」解作「無為」，「善抱」解作「抱一」，還是我們根據老子整個思想的旨趣而加以詮釋的。所以老子處理身、家、鄉、國、天下，只有一個方法，就是「無為」，不過「無為」不是什麼都不做，而是以無欲的心境，輔助萬物的自然發展，使自己和萬物共生共化，這又叫做「抱一」。《老子》在本章所論的，就是這個觀念，也就是他所謂的「德」。這個「德」貫串了身、家、鄉、國，以至於天下。所以老子說：我所以能知天下的一切道理、一切發展，就在於這個「善建」、「善抱」所修之「德」。

第五十五章　含德之厚

含德之厚，比於赤子❶。

蜂蠆虺蛇不螫，猛獸不據，攫鳥不搏❷。

骨弱筋柔而握固❸。

未知牝牡之合而全作，精之至也❹。

終日號而不嗄，和之至也❺。

知和曰常❻。

知常曰明❼。

益生曰祥❽。

心使氣曰強❾。

物壯則老，謂之不道。不道早已⑩。

語譯

內含德性最深厚的人，可以比之於嬰兒。由於嬰兒的無求無欲，有毒的蜂蛇不會傷他，凶猛的野獸不會抓他，強悍的鷹鳥不會撲他。他的筋骨柔軟，可是小手握物卻很緊固。他不知道男女交合之事，但他的小生殖器卻能十足的挺起，這是他的「精」達到至純的境界。他雖終日號哭，卻不傷他的咽喉，這是「和」達到最高的境界。知道這種「和」的境界就能知道道的常理。知道道的常理，內心便能明悟。否則只講生命的延長是只求外在的機祥。用心去控制呼吸的氣是只求外力的強悍。事實上，任何事物發展到強壯，便會衰老，這是不合自然之道的。不合自然之道，便會早死。

解義

❶含德之厚比於赤子

這個「含」字和「厚」字是取象於地的，在《易經・坤卦・象辭》便以「含弘光大」、「厚德載物」來寫地道。老子的思想也是取法於地的，所謂「人法地」（第二十五章）。「含德」是指德的內斂，「比於赤子」，是以嬰兒的「無求無欲」為喻。

❷**蜂蠆虺蛇不螫猛獸不據攫鳥不搏**

「蜂蠆虺蛇」在河上公版本是注文，而原文是「毒蟲不螫」。其餘如嚴遵、顧歡、吳澄、焦竑、魏源等注本都作「毒蟲不螫」。所以近代注家都依河上公本而改正。「蠆」是毒蟲，「虺」是毒蛇之類，「攫」是強奪的意思，「攫鳥」為凶鷙的鳥類。焦竑解說：「毒蟲，蜂蠆之類，以尾端肆毒曰螫。猛獸，虎豹之類，以爪按拏曰據。攫鳥，鵰鶚之類，以羽距擊觸曰搏。」這三句話只是比喻，並非真的如此。虎豹之類，肉食動物，常搏殺弱小動物，這是自然界的現象。但大多數的草食動物卻是和平相處的，這也是自然界的現象。老子此處的比喻是就自然界和平的一面來說的，正如王弼所注：「赤子無求無欲，不犯眾物，故毒蟲之物無犯之人也。含德之厚者，不犯於物，故無物以損其全也。」這些話的重點都只是在強調「不犯於物」，而不是愚笨得拿嬰兒作實驗，放在森林中去和野獸共存。我們處世也是如此，縱使社會上也有許多傷人的虎狼，但我們應有不犯物、不傷人的無求無欲，這樣也可避免了許多不必要的傷害。正如第五十章的「陸行不遇兕虎，入軍不被甲兵」，都是在強調一個「無欲」。

❸**骨弱筋柔而握固**

這句話是借嬰兒的骨弱筋柔，但小手卻握拳很牢固為譬喻，來說明我們如果無求無欲，便不會好強鬥狠，這樣反而容易和萬物相融。「握固」可作神凝（《莊子．逍遙遊》）或神全解，也可以引申為與萬物的關係密切，而不易分割。

❹**未知牝牡之合而全作精之至也**

「全作」，河上公作「峻作」，傅奕本作「朘作」。峻與朘字相通，《說文解字》：「朘，赤子陰也。」

所以本句以嬰兒為喻，是指嬰兒尚不知男女交合之事，但他的小生殖器卻能勃起，這是寫他的純陽之氣的充足，也是寫無欲的自然之氣的周全。王弼的注避開了這個「朘」字，而注說：「作，長也，無物以損其身，故能全長也。」這注有點含糊。但從嬰兒引申到成人，所謂「未知牝牡之合」，就是不涉男女性慾之事，「全作」，可喻精神的飽滿。在這裡，似乎有一個問題，嬰兒未知「牝牡之合」，是精之至，那麼成人有了男女之合，是否精有所虧，也就是說老子是否有否定男女之欲的傾向？通觀《老子》全書，老子並沒有絕欲的暗示。老子只說：「少私寡欲。」（第十九章）雖然他也常提到「無欲」，但那只是指無貪欲，並不是指斷掉一切本能之欲。否則老子思想又如何能法自然？老子在本章後面又如何去講這個「和」字？可是問題到這裡又遇到了難題，老子既不講斷欲，但由嬰兒到成人，又是自然的成長，究竟我們應如何由精之將虧，而回復到「精之至」呢？的確，老子曾有「復歸於嬰兒」的話，但絕不像後代道教神仙之學中，用各種特殊的寶精的方法而達到返老還童的境界。老子在本章一開端便說「含德之厚」，因此這個「德」字仍然是解決這一問題的唯一方法。也就是說以「德」轉化欲，以達到「精之至」。正如第二十八章所謂：「常德不離，復歸於嬰兒。」所以講「無欲」，不是斷欲，而是用德以化欲，這是老子思想的正途。

❺終日號而不嗄和之至也

「嗄」，河上公本作「啞」。這是指嬰兒即使終日啼號而聲音不啞。為什麼？老子並沒有說明原因，只說這是「和」之至。這裡的「和」是指這種啼號乃出於自然的反應，而不是人為的求和。但我們如果進一步去分析，嬰兒的啼號，主要有兩個原因，一是飢餓，一是排泄，這都是生理的自然反應，所以啼號也是自然的反應，沒有欲念摻雜其中，因此雖啼號而不傷咽喉。相反的，成人的啼號乃是欲望得不到時的痛苦的哀泣，所以經常聲嘶力竭。

❻知和曰常

本章文字到這裡突然有了變化，前面所敘述的都是以嬰兒為譬喻，都是寫自然的「和」。而此處「知和曰常」的主體，卻不是嬰兒，因為嬰兒是無知的自然之和，這裡講「知」，當然是成人、是修道之士了。「知和」是知，而「常」是指自然的常道，這兩者不相等，所以這裡的「常」字上似省略了一個「知」字，原意應是「知和」則能「知常」。如河上公的注：「人能知和氣之柔弱有益於人者，則為知道之常也。」

❼知常曰明

這句話已出現於第十六章，是指能知道「常」，心中便能「明」。「明」是智慧的洞見。從「知和」、「知常」到「明」，都是表示我們不是嬰兒，不能自然的和，而必須從修養工夫著手，使我們從「知和」，而趨於和；從「知常」而順於常，以達到明悟的境地。

❽益生曰祥

「益生」是增益生命，這是不自然的，如莊子說：「常因自然而不益生。」所以「益生」乃是刻意的要求生命的延長。可是這個「祥」字表面上是吉祥的意思，卻與「益生」的意思相反，所以王弼直接注「祥」作「夭」說：「生不可益，益之則夭也。」於是後代學者便設法把這個「祥」字解作「不祥」，如易順鼎：「祥即不祥，〈書序〉曰：『有祥桑共生於朝。』與此祥字同義。」張揚明：「《左傳・昭公十八年》：『里析曰：將有大祥。』杜注：『祥，變異之氣。』《前漢書・五行志》：『妖孽自外來，謂之祥。』」余培林：「《說文解字》：『祥，福也。』段注：『凡統言則災亦謂之祥，析言則善者謂之祥。』《左傳・僖公十六年》：『是何祥也？』杜注：『祥，吉凶之先見者。』是善惡禍福皆可稱『祥』，此處的『祥』字當指災禍。」這些證據都可以有理由把「祥」解作「不祥」。但老子此處不直接說「災」，而用「祥」字仍然有他的用意。這句話的「祥」字，和下文的「強」字一樣，在一般的觀念都是好的，值得追求的。所以「益生曰祥」，就字面來說是正面的意思。因為能延長生命，當然是吉祥的。問題是這個「祥」是「機祥」的「祥」，是禍福災異的「祥」，是決定於外在的「祥」，而不是老子講柔、講和、講常的自然，所以也不是老子強調的。在這裡老子只是說能夠增益生命是一般人所謂的吉祥，這句話變成負面的意義是隨著下文而發展的。

❾心使氣曰強

就一般來說，我們的心能運氣而為強力。但在老子來說，這種強是肌肉的強、意志的強，而不是真正自然的強。心必須順乎自然。心要虛，氣才能虛，這樣的虛氣，才能陶融萬有，才是真正的強。

❿物壯則老謂之不道不道早已

物壯則老，這也是自然的現象，因為任何有生命的物體，都會由弱而強，由強而老，由老而死。如果我們要規避這一路程，要求不老，要求不死，反而違背了自然，以至於速老、速死。這是後代道教之士，煉長生不老之藥，讓那些貪心的君主吃了，非但不能立地成仙，反而即刻暴斃。所以這句話中的「壯」，是承著前面的「心使氣」而來，是有意的、勉強的求壯，這樣的壯是暴力，是違反了自然的，所以不合於道，以致於早死。

第五十六章　知者不言

知者不言，言者不知❶。

塞其兌，閉其門❷，

挫其銳，解其分，

和其光，同其塵❸。

是謂玄同❹。

故不可得而親，不可得而疏❺；

不可得而利，不可得而害❻；

不可得而貴，不可得而賤❼。

故為天下貴❽。

語譯

真正有智慧的人不喜言說，喜歡言說的往往不是真正的有智慧。閉塞意識之念，關住五官之門。挫掉銳利的鋒刃，解除紛爭之欲，緩和自己的光芒，與世俗相和而處。這種境界叫做「玄同」。達到這種境界，別人無由而親近你，也無法疏遠你；別人無由利用你，也無法傷害你；別人無由尊寵你，也無法作賤你。所以這種「玄同」，才是天下最寶貴的境界。

解義

❶知者不言言者不知

「知者」是指的知「道」的人。但「道」是不可知的。我們對於「道」的了解，只能從現象界的「道」的作用，去體驗、去力行，所謂「上士聞道，勤而行之」(第四十一章)。所以「知者」的不言，是因為「道」不是言談之可及，而且他們也不願意把時間浪費在言談上。王弼注說：「因自然也。」這是根據第二十三章的「希言自然」而來的，因為自然的常道是無言的，因此知「道」者，與「道」相合，自然也是無言的。「言者」有二義，一是指好言「道」者，一是指好言說者。前者是指只知用語言文字來談「道」，談來談去，都是在觀念上作遊戲，都是在外面來摸「道」。談得愈多，離道也愈遠。因為《老子》第一章第一句便說：「道可道，非常道。」所以好談「道」者，不是真正的知「道」而行「道」。至於後者是指一般好說話，而自以為知的，王弼注：「告事端也。」就是指他們的好談論，製造問題，譬如為政者，要實際的了解人民的需要，解決人民的疾苦。「為政不在多言」，如果只知言說，不僅使人民增加迷惑，而且「多言數窮」（第五章），也使自己變得不切實際。說得愈多，反而做得愈少。然而是否真如老子所說：知者絕對不言，言者完全不知呢？事實又不然，白居易曾有詩說：「言者不知知者默，此言吾聞於老聃，若果老聃是知者，何為著書五千言？」其實「知者」雖然不言，有時候卻不得不言。此老子之所以因關令尹的請求，為了悲憫人們，在他退休隱遯時，還留下了五千言。如果沒有這五千言，我們又哪裡能知道老子所講的「道」呢？所以這兩句話要活看、要活用。否則拘泥文字，反而陷老子於「不知」了。

❷塞其兌閉其門

這二句見於第五十二章。

❸挫其銳解其分和其光同其塵

這四句見於第四章。

❹是謂玄同

前面六句，是對「不言」的進一步詮釋，說明「不言」不只是外在形式上的閉口不講話而已。而是一種內心的修養，首先關閉向外追求的意識，如「塞其兌，閉其門」，其次，除去好勇鬥狠的心理，如「挫其銳，解其分」，最後，和光同塵，與萬物相融，即所謂「和其光，同其塵」。所以最後兩句話中的「和」與「同」字乃是本章的要旨，「知者不言」，是因為知者要「和其光」，不願他的光芒外露，眩人眼目；「言者不知」是告誡修道者，不要從人群中獨出，以示不同於眾。

此處「玄同」是承接前面的「同」字，再往上提昇來說的。因為「同其塵」是指與世俗相處，而無所別異，很容易被誤解為與俗浮沉、同流合污，所以老子在「同」字上加個「玄」字，就像在「德」

字上加個「玄」字一樣。「玄德」和普通的德不同，它助成萬物之生化，卻不自以為對萬物有德，同樣「玄同」和萬物相融，卻不要求萬物與自己相同，也不勉強自己與萬物相同，而是在我們「塞兌」、「閉門」、「挫銳」、「解分」之後，自然地與萬物和諧相處，渾同一體，這才是真正的「玄同」。

❺故不可得而親不可得而疏

自此以下幾句話都是描寫「玄同」的。這兩句話可以看作平行的兩句，是指這個「玄同」是不可得而親的，也是不可得而疏的，可是王弼的注卻把它們連成了一句話：「可得而親，則可得而疏也。」也就是說由於「玄同」的不可得而親，所以也就不可得而疏。為什麼「不可得而親」？因為「玄同」是渾同萬物，沒有差別觀念的，所以沒有一個物體可以得到它的特別愛顧，它是一視同仁的，因此也沒有一個物體能夠和它疏遠。因為「玄同」是真正在性體上和萬物相和相同，它們的關係不是親疏所能描寫的。舉個例來說，人和自然的關係，說「親」嗎？我們看不見那親親密密的現象；說「疏」嗎？人又怎能和自然分得開？這種關係，就是「玄同」。王弼的注除了表達「玄同」的境界外，也指出了修養上的工夫。就是我們處心無為，順物自然，不求人或物之親我，也不有意製造一點效果使人或物親我，這樣的話，人或物便自然地圍繞著我，而不致遠離。譬如父母子女間的親情，是天屬、是自然的，因此兒女也永遠不會與父母疏遠，反之，以金錢、權勢、美色，使別人親我，當金錢、權勢、美色不在時，人便會疏遠於我。這是王弼的注從運用上，反襯出「玄同」的自然境界。

❻不可得而利不可得而害

這兩句話描寫「玄同」是與萬物自然的和同，這是超乎利害的境界，因此萬物不能因「玄同」而得利，也不會因「玄同」而受害。第五章中說：「天地不仁，以萬物為芻狗。」「玄同」就像天地的「不仁」，完全無心於萬物，所以萬物不能在「玄同」中去講利或害。譬如自然的真正和諧的境界是「玄同」。我們不能在這一自然的境界中去求利，因為一求利，便以人為砍傷了自然，有利於人，便有害於物；有利於目前，便有害於未來。因為這個「利」字便破壞了自然的均衡，使「玄同」不再是在玄深處相同，而變成和個人利益的相同了。因此王弼注說：「可得而利，則可得而害也。」這是告訴人們有利可圖處，害也跟著而來，所以在修養工夫上，不要強調你的銳利，不要誇耀你的光芒，這樣才能不為利所惑，不為害所及。

❼不可得而貴不可得而賤

「貴」和「賤」是兩個從外面來的判斷，因為物本身在宇宙中都有其存在的意義，即使有大小之別、高下之分，卻沒有「貴」、「賤」之等。既然說是「玄同」，就不該有「貴」、「賤」。所以「玄同」不能使我們「貴」，也不能使我們「賤」。王弼注說：「可得而貴，則可得而賤也。」這是告訴我們，不要求別人的看重你，所謂「寵辱若驚」（第十三章），跟著「寵」之後的往往是「辱」，同樣「貴」、「賤」之權操在別人，別人可以「貴」你，同樣，也可以「賤」你。有一念求別人的「貴」你，已是你在作「賤」自己了。

❽故為天下貴

這裡的「貴」，雖然在文字上是依前面的一個「貴」字而來，但意義卻不同。前面的「貴」是與「賤」相待的，是指的榮位，而此處的「貴」是指它本身的價值。王弼注：「無物可以加之也。」就是指它是天下最有價值的東西。因為它是超乎「親疏」、「利害」、「貴賤」之上的。我們試觀王弼的注都是從反面來說「不可得而疏」、「不可得而害」、「不可得而賤」，這正透示了最後的這個「貴」，就是貴在永遠也不可能被「疏」、被「害」、被「賤」。這才是「玄同」的真正可貴之處。

第五十七章　以正治國

以正治國，以奇用兵，

以無事取天下❶。

吾何以知其然哉？以此❷。

天下多忌諱，而民彌貧❸；

民多利器，國家滋昏❹；

人多伎巧，奇物滋起❺；

法令滋彰，盜賊多有❻。

故聖人云：

我無為而民自化❼；

我好靜而民自正❽；

我無事而民自富❾；

我無欲而民自樸❿。

語譯

以正道治國，以奇術用兵，但以無事才能擁有天下。我怎麼知道這個道理呢？是因為以下的事實。治天下如果多立政法禁忌，人民反而愈窮困。如果使人民有更多的知識利器，國家反而愈昏亂。如果使人民學得更多的技巧藝能，那麼奇異的玩物便會大量產生。如果法律的條文愈細愈苛，那麼盜賊反而大為增加。所以聖人說，我無為而治，則人民便能自化於道；我喜歡安靜，則人民便能風俗純正；我不喜歡製造事端，則人民便會自趨富足；我不現可欲之心，則人民便能自歸於素樸的生活。

解義

❶以正治國以奇用兵以無事取天下

傅奕等版本「正」字作「政」字，本來「政者，正也」（《論語・顏淵》）。「正」字可解作「政」，但由於「正」字與下文之「奇」字對稱，所以仍用「正」字為佳。尤其王弼的注著重正奇相仍，如他說：「以正治國，則奇正起也。」「以正治國則不足以取天下而以奇用兵也。」這是認為用「正」道治國，最後會導致以「奇」術相爭的結果，王弼這注的特色是與下文所論思路一致。什麼是「正」？老子沒有明言。但就傳統的治道來說，即是禮法的政治，用老子的話就是「有為」之治。儒家雖然崇尚正道，而批評兵家為詭術，但在老子眼中，兩者都是有為，都不足以取天下。這裡的「取」不是占取的意思，而是指的「有」天下。以「無事取天下」並不是君主無所事事，疏於政治，而能享有天下。而是指君主不多其政令，繁其禮制。否則，事愈多，而民愈不安，又如何能使天下人民和樂生活呢？事實上，「無事取天下」的真正用意，是無事於取天下，或無意於取天下，也即是不取天下，讓天下萬物都能順性發展。

❷吾何以知其然哉以此

「以此」就是指以下「天下多忌諱而民彌貧」等幾個例子，這是說明為什麼「以正治國」、「以奇用兵」不好，反不如「以無事」能有天下。

❸天下多忌諱而民彌貧

「忌諱」有正負兩義，正面的意思是指政法禮制，這些政制本來都是為了治國所需，可是政制過於苛細，或不能因時變通，而成為呆板的條文，這樣的話就會妨礙了人民的生活，使他們不能安於耕種。負面的意義是指君主欲望太多，好憑己意，胡亂設施，而創立了許多禁忌。譬如君主廣建宮苑或喜好畋獵，不僅侵占了耕種的土地，也影響了人民的耕種時間。所以這種忌諱愈多，人民愈不能工作，也就變得愈貧窮。

❹民多利器國家滋昏

「利器」，王弼注：「利己之器。」河上公注：「權也。」蘇轍注說：「權謀也。」這些注解意義不差，但交代尚不夠清楚。因為本章一開頭即討論君主如何處理政治問題。而全章的重點，乃是君主的有為，反而製造了許多社會的亂象。可是這句話的主詞卻是人民。為什麼君主的「有為」，使人民多「利己之器」或「權謀」呢？難道君主的「有為」，是有意給予人民「利己之器」或「權謀」嗎？當然不是。就「以正治國」來說，這裡的「利器」似應指的「知識」，君主強調知識，本意是使人民有了知識，容易治理，可是「知出乎爭」（《莊子・人間世》），人民有了知識之後，如無德性來運用，那麼知識便成為他們保護自己、攻擊別人的利器，於是知識也就一變而為權謀。所以人民知識愈多，國家反而愈昏亂了。

❺人多伎巧奇物滋起

「伎巧」字面的意義是技術，但引申可為才能。這句話和前面一句一樣，是指君主「以正治國」，如果過分強調技藝才能，則人民便多學技藝，誇示才能，結果是許多怪誕不經、標新立異的東西都產生了。正是所謂：「五色令人目盲；五音令人耳聾；五味令人口爽。」（第十二章）這句話正可對應第三章的話，「賢」是才能，「難得之貨」是奇物，「見可欲」，就是這些奇物對人心的刺激。老子勸君主不要誇大這些事物，因為這些事物會引起人們爭奪之欲。也許有人會反問，不正是因為人的伎巧，我們才有那些偉大的藝術創作，和有益於人類的科學發明？的確如此，即使老子生在今天，他也不能不讚歎許多不朽的繪畫、樂曲、舞蹈、小說，以及衛星征空的壯舉、醫學技術的高明，但這只是「伎巧」發展的好的一面，而另一面，工業技術的製作，煽起了人們對物欲的無厭追求，今天大多數的人，根本無暇，也不懂得去欣賞真正偉大的繪畫、樂曲、舞蹈和小說。幾千萬元一幅的名畫，都被有錢的人購買去，放在他們的客廳、或儲藏室內以充闊了，大多數人反而無緣欣賞。所以伎巧被誇大的結果，是物欲的膨脹，而人類心靈的極度空虛。

❻法令滋彰盜賊多有

法令的設立，原是為了防止盜賊的。但法令畢竟是治標的方法，治本之處在儒家來講是德行，在老子來講是降低欲望，使人民知足。如果君主忽略了根本，而拼命去製作法令，這不正顯示出法令之多，就證明了盜賊之多嗎？如果沒有那麼多盜賊，又何需有那麼多法令？

❼故聖人云我無為而民自化

以下四句話，主要意旨相同，而「無為」兩字本來也可包括下面的「好靜」、「無事」、「無欲」。但此處所以分開來論，除了加強文意的力量外，當然也有重點的不同。

「無為」是不施為，也就是不用人為的施政而干擾人民，這樣人民才能順性而發展。

❽我好靜而民自正

「好靜」是不躁動，也就是喜歡安定的意思，這和人民的自正又有什麼關係呢？「正」是正定，也是指民風的純正的意思。由於君主喜歡安靜，不標新立異干擾人民的生活，所以民風自然純正。

❾我無事而民自富

「無事」是指不製造事端。也就是說君主不應憑著己意多做事情，勞役人民，使得人民無暇耕種。因為古代是一個農業社會，土地之中便是人民財富的淵源。

❿我無欲而民自樸

君主無欲，就會「不見可欲」（第三章），而人民的心也就自歸於素樸。這四句話中，「無欲」才是根本，所以王弼僅在本句下作一總結說：「上之所欲，民從之速也，我之所欲唯無欲，而民亦無欲而自樸也，此四者崇本以息末也。」「本」就是無欲的素樸，這才是使天下安定的根本。

第五十八章　其政悶悶

其政悶悶，其民淳淳❶；
其政察察，其民缺缺❷。
禍兮福之所倚，
福兮禍之所伏。
孰知其極？其無正❸。
正復為奇，善復為妖。
人之迷，其日固久❹。

是以聖人方而不割❺，
廉而不劌❻，
直而不肆❼，
光而不耀❽。

語譯

為政者無為無事，悶然不語，人民反能德行淳厚。為政者善於考察，精於制物，人民反而德行欠缺。災禍往往是幸福的階梯，幸福之中也含有災禍的因子。誰能知道禍福的究竟？禍福實在沒有一定的標準。往往正面的事物，會變成反面的結果。本來是善行，最後卻變成了邪孽。這是由於人們自古以來都是迷失了真相，只執著於一面的看法。所以聖人不一樣，他們雖然方正，卻不以此而宰割別人；他們雖然清廉，卻不以此去貶抑別人；他們雖然誠直，卻不會毫無顧忌的傷及別人；他們雖然有光芒，卻並不誇耀自己，使別人目眩。

解義

❶其政悶悶其民淳淳

「悶悶」是指沉默無言，「淳淳」，河上公、景龍等注本作「醇醇」，都是指德行寬厚。王弼注說：

「言善治政者，無形無名無事，無政可舉，悶悶然卒至於大治，故曰其政悶悶也。其民無所爭競，寬大淳淳，故曰其民淳淳也。」其實這一章承接了前一章，「悶悶」即是描寫「無為」、「好靜」、「無事」、「無欲」的表現。

❷其政察察其民缺缺

「察察」是指善於別析，「缺缺」是指德行有缺失。王弼注說：「立刑名、明賞罰以檢姦偽故曰察察也。殊類分析，民懷爭競，故曰其民缺缺。」「其政察察」就是前章所謂的「法令滋彰」。如果我們深入的去研究這兩句話，我們會發現並不是「其政悶悶」，就會使得「其民淳淳」；「其政察察」，就會導致「其民缺缺」。為政治民之道並非如此簡單，在「悶悶」的背後，自有一番工夫。即是君主以高度智慧的運用，使有形、有名、有事的治術化成無形、無名、無事的無為之治。所以「悶悶」事實上是代表了一種不需言教、君民之間絕對信任的政治。相反的「察察」是代表君主對人民的不信任，而好用自己的聰明才知，希望控制人民的治術。

❸禍兮福之所倚福兮禍之所伏孰知其極其無正

前面兩句講政治，而這兩句卻講禍福。顯然這兩句不是前兩句的結論，而是並行的例子。因為「其政悶悶」不是福，「其政察察」也不是禍，所以此處所談的禍福與前文無關。不過老子把它們放在一起乃是表明另一種關係，就是正和反的相生。

就禍福相倚相伏的關係來說，有兩種情形，一是時間的變遷，變動了禍福的結果；一是禍中有福的因，福中也有禍的因。「生於憂患，而死於安樂」（《孟子・告子下》）便是例證。這種禍福相生的關係，非常微妙，不是一般人所能了解，所以說「孰知其極」。因為禍中有福的因，而這個禍中的福的因又潛伏了禍的子，總之，它們的變化雖說是相倚相伏，但卻不是依照禍、福、禍、福這樣機械而單純的方式發展的。所以說「其無正」，也就是沒有一定的標準。不僅是沒有「禍」永遠是禍，「福」永遠是福的標準，而且也沒有「禍」一定變福，「福」一定變禍的模式。

❹正復為奇善復為妖人之迷其日固久

這句話的「正」固然是承接前一句的「正」字而來，但這幾句話卻是進一步說明了人們不知「其極」，把握不住而產生的結果，本是求正道，卻變成了詭術，本是為了行善，卻變成了邪路，這是由於人心的迷惑，不能了解真正相反相成的道理，執著表面是非、禍福、善惡，而不知如何運用。

❺是以聖人方而不割

自此以下幾句話是本章的結論，以說明聖人如何的運用。「方」是方正，是指的正道，「割」是宰割，是指的割傷萬物。王弼注說：「以方導物，舍去其邪。不以方割物，所謂大方無隅。」這是說聖人雖然以方正之道去輔助萬物，使萬物走向正道，但他的方法不是從外面去批判萬物、宰制萬物，就像用刀去把萬物割得方方正正一樣。聖人是順萬物之性，使萬物走向它們自己的正道。也就是說聖人有聖人之「方」，萬物有萬物之「方」。聖人不是以自己的「方」為模式，去把萬物雕刻得像自己的「方」，而是以自己的「方」，使自己走在正道上，以無為而治，萬物也就自然的走出它們的「方」來。

❻廉而不劌

這句話曾出現在《禮記・聘儀》：「君子比德如玉……廉而不劌。」疏：「廉，稜也。劌，傷也。言玉體雖有廉稜而不傷於物。」這是指聖人之德，雖也有稜角，有所為，有所不為，但其為與不為，都合於自然，而不致傷及萬物。王弼以治道而注說：「廉，清廉也，劌，傷也。以清廉清民（令去其邪），令去其汙，不以清廉劌傷於物也。」這是說聖人的清廉，是要使人民都歸於清廉，但聖人的方法卻不是標榜自己的清廉，而凸顯人民的污穢。相反的，聖人的清廉不是自我的清廉，而是以萬物的清廉為清廉，與萬物同歸於清廉。

❼直而不肆

「直」是正直，「肆」是放肆。「直」和「方」不同的是：「方」是指外在的規矩、標準，而「直」卻是指內心的誠信、坦直，佛家所謂：「直心是道場。」（《維摩詰經》）也是這個意思。王弼注說：「以直導物，令去其僻，而不以直激沸於物也。所謂大直若屈也。」這是說以坦誠無私之心來引導萬物，使我與萬物相處以無私，但絕不可因自己的無私、直言無忌，而傷及別人的隱私。「直」也指有理，也絕不可因為自己有理，便可放言無忌，而使別人難堪。所以能委曲周全，以恕待人，才是真正的誠直和正直。

❽光而不耀

「光」是光芒，也指人的智能、才識。「耀」，河上公注本作「曜」，《韓非子・解老》作「耀」，都是同樣的意思，是指的耀人眼目。王弼注說：「以光鑑其所以迷，不以光照求其隱慝也。所謂明道若昧也。」聖人雖然「絕聖棄智」（第十九章），但並不是說他沒有聖智，而是他不自以為聖、自以為智。同樣的，聖人當然是有智能、有才識的，但他的智能、才識，不在為自己爭名求利。相反的他卻是「和其光」，用他的智能、才識去為別人開路。甚至於他為別人開了路，而自己卻站在別人後面，使別人不知道是他的功勞。

總括以上四句，王弼注說：「此皆崇本以息末，不攻而使復之也。」「不攻」就是不以自己的德行、知識為武器，去把萬物當作對象，去控制它們。相反的，卻是放下了這些有利之器，使萬物順性而行，自復於道。所以這樣的「方」，是「大方無隅」（第四十一章），這樣的「廉」是「廉而不劌」（第五十八章），這樣的「直」是「大直若屈」（第四十五章），這樣的「光」是「明道若昧」（第四十一章）。這四種工夫才是本章開端「其政悶悶」的真正方法。

第五十九章　治人事天莫若嗇

治人事天莫若嗇❶。
夫唯嗇，是謂早服❷；
早服謂之重積德❸；
重積德則無不克❹；
無不克則莫知其極❺；
莫知其極，可以有國❻；

有國之母，可以長久❼。

是謂深根固柢，長生久視之道❽。

語譯

治理人事，順奉天時最好的方法莫過於一個節省的「嗇」字。唯有能「嗇」才能早日降服我們的欲念，能早日降服我們的欲念，就是使我們深深的培養無欲無為之德。能培養無欲無為之德，便能達到無所不為的境地。能達到無所不為的境地，便能使我們進入無所不達的無窮的境界。進入這種無所不達的無窮的境界，便可以真正為人之君，治理國家。治國之道唯有能把握這個使萬物生化不已之母，才能使萬物生生不已。這才是真正根深柢固的長生久存之道。

解義

❶治人事天莫若嗇

「治人」是指治理人事，可解作為政，也可解作修身。「事天」是指事奉天然，可解作養生，也可解作修道。但這裡天人合言，可以廣義的說是指處理人事、因應天然的一切問題。「嗇」本是指吝嗇，而此處是正面的意思，是指儉省。就為政來說，除刑令，是守樸；就修身來說，少言辭，是寡欲；就養生來說，省精神，是寶精；就修道來說，捨人為，是歸常。這都是一個「嗇」字的運用。

❷夫唯嗇是謂早服

「服」字，一說作「復」。如易順鼎說：「陸德明作『復』。又《釋文》出『復』字云：『音服。』是王本原作早復也。」其實「服」和「復」意義略有不同，「服」是指順服，「復」是指回返。此處用「服」字較見特色，因為「嗇」是一種工夫，就「儉省」的意義來說，這種工夫必然是對欲望有所節制減損。因此這個「服」字有降服的意思，但歷來各注都作順服來解，如韓非作：「從於道而服於理也。」（〈解老〉）河上公作：「服，得也。……則能先得天道也。」王弼作：「早服常也。」其實這個「服」字本有「降服」和「順服」兩義。必先降服了欲，才能順服於道，然後才能回歸於道。尤其這個「服」字，前面和「嗇」相接，後面和「德」相連，因此只是在「工夫」的階段，尚沒有達到順於道的境界，所以仍以「降服」為恰當。所謂「早服」就是指先降服了欲望。因為「嗇」必須先降服欲望，否則便無法儉省精神。

❸早服謂之重積德

「重」字有二義，一是指多的意思，一是指深的意思。「積」，是累積的意思。「重積」兩字給予人的印象，好像是這個「德」是每天都在增加。其實我們要了解老子的這個「德」字，是無為的，而不是有為的。有為的「德」，如儒家所謂的德行，可以今天積一點，明天增一點，如朱子說：「重積德者，先已有所積，後養以嗇，是又加積之也。」無為的「德」乃是無欲，卻是走消損的路子，所謂「為道日損。損之又損，以至於無為。」（第四十八章）所以此處「重積德」，卻是「損之又損」的意思。「嗇」是「損」，「服」也是損。老子修德的工夫是一貫的。

❹重積德則無不克

如果把「重積德」解作德行累積得多、累積得厚，而產生了無事不能克服的力量，這樣便把「德」解作了有為之力，如西方學者有把《道德經》的這個「德」字譯作「力」(Power) 的 Arthur Waley。不論內容如何，總給人一個假象，是一種「力」去無不克的。其實，這句話正是「無為而不為」的意思，「重積德」是「損之又損，以至於無為」，「無不克」就是「無不為」。

❺無不克則莫知其極

「有為」的力量再大，也有它的極限，因為它畢竟是一種力，有力就有用盡的時候。「無為」則不然，它根本不是用自己的力量去為，它是讓萬物自為，所以永遠也用不完。以「無為」去「無不克」，根本上是不用去克。既不用去克，哪還有力量用盡的時候？所謂「莫知其極」，按韓非的注是：「體道則智深；其智深，則其會遠；其會遠，眾人莫能見其所極。」(〈解老〉) 體道雖然不錯，可是由智深而發展下去，便易流於用術之途。王弼則注說：「道無窮也。」體道就是要體道之無窮，而去實踐這種「體道之無窮」，就是無為。由於「無為」就能像道一樣無窮，所以「莫知其極」，字面意義是別人不能知道你的究竟，而真正的意義是指「無為」的作用是無窮極的。

❻莫知其極可以有國

「可以有國」就像「可以有天下」一樣，並不是指可以占有一個國家，而是指可以為君主，治理這個國家。但老子的治國是「無為而治」，不像韓非的治國，要「不見其事極」，這種有意於深藏不露，也是一種「有為」。老子所謂「莫知其極」是自然的無為、是完全的開放，而不是故意地讓人們「不知其事極」。

❼有國之母可以長久

這裡再強調「有國之母」，就是為了避免「有國」的有為之治，所以這裡提出這個「母」字來，說明「治國」的根本，如王弼所注：「國之所以安謂之母，重積德是唯圖其根，然後營其末，乃得其終也。」這是就政治方面來說的，可是河上公則就養生來說：「國身同也。母道也。人能保身中之道，使精氣不勞，五神不苦，則可以長久。」當然這裡的「長久」可以同時適合於政治和養生兩方面來說的。不過這句話的重點是在一個「母」字。在《老子》書中「母」是代表了「生」的意思。單單「有其國」是不夠的，還必須能使其生生的發展。正如第十五章所說的：「孰能安以久，動之徐生。」把握住這個生化之母，才能使國家或自身長久。

❽是謂深根固柢長生久視之道

本章從「治人事天」，到「有國之母」，似乎都可以解作為政之道。只有這最後一句，似乎是用在養生上，所以許多注解都就養生來說，甚至混入了後代道教煉丹的概念。其實就這一章和前後數章合起來看，前後數章都是論為政的，所以這一章似乎也以為政為主。《老子》全書雖然沒有那麼明顯的編定次序，但往往幾章連在一起都是談某一問題的。但老子論為政並不是談術，而是談道，因此很自然的從術超脫出來，而進入道的境界。這是他之所以在「有國」之母後，接著說：「有國之母可以長久。」

至於這最後一句話，在表面上，固然可當作養生的思想，但這是指「道」的作用，也是指無為的功效。如果我們把第十六章末尾的一段話來比較，則我們將有趣的發現：「公乃王」，正是「有國」的意思，「道乃久」正是「有國之母可以長久」，而「沒身不殆」豈不就是「長生久視」了嗎？但問題的重點，還不是這種相同的描述，還不是在「長久」而已。而是在於如何去把握這個「母」，以達到長久。很多注家只說「母」是指的「道」，這樣似乎又用一個較為抽象的「道」把較為具體的「母」擋了回去，說了等於沒說，所以在這裡我們必須再追根究底的再問下去，把「嗇」、「服」、「德」、「母」及「長久」連成一貫。前面我們已把「嗇」、「服」、「德」字，從節省精神、降服欲望，歸結到無為上，現在我們再倒過來從「長久」，即「長生久視」追溯上去。什麼是老子真正所謂的「長久」呢？試看第七章所謂：「天長地久。天地所以能長且久者，以其不自生，故能長生。」這個「不自生」豈不是「長生久視之道」的最好注腳嗎？如果我們承認以老解老是最直接而可靠的話，那麼這一注腳，一方面可以使我們擺脫把老子的「長生久視」與後代的神仙丹道混成一談的附會，而另一方面則使我們能用更為空靈而又具體的方法去突破「母即道」的注語，去了解這個「母」又如何能使我們長生。因為天地之長久，是由於它們不以自己的存在為存在，而是以萬物的存在為存在，因此只要萬物存在，就等於它們的存在。同樣，這個「母」在老子的哲學中，是生化的原動力。它的生化乃是以虛無為體，而助萬物的生化。所以「母」不是有「質」的生育，而是「虛」氣的生化，這是無為的大用。這樣一來本章的整個思想脈絡便可貫串在無欲無為的生化法則上。修身如此，為政如此，養生如此，修道也是如此。

第六十章 治大國若烹小鮮

治大國若烹小鮮❶。

以道蒞天下，其鬼不神❷；

非其鬼不神，其神不傷人❸；

非其神不傷人，聖人亦不傷人❹。

夫兩不相傷，故德交歸焉❺。

語譯

治理大國的方法，就像烹調小魚鮮一樣，要能清靜無為。以這清靜無為之道處天下，便會使代表惡勢力的「鬼」也沒有魔力神通。並不是「鬼」真的沒有魔力神通，而是它的魔力神通不會傷人。並不是它的魔力神通不能傷人，而是由於聖人的不傷人。聖人和「鬼」互不相傷，他們都一起回歸於無欲無為的「德」。

解　義

❶治大國若烹小鮮

「鮮」是指生魚。「小鮮」即小魚。此句歷來注解都不錯，如韓非：「烹小鮮而數撓之，則賊其澤。治大國而數變法，則民苦之。是以有道之君，貴清靜而重變法，故曰治大國若烹小鮮。」河上公：「烹小魚，不去腸、不去鱗、不敢撓，恐其糜也。治國煩則下亂。」王弼：「不擾也。躁則多害，靜則全真。故其國彌大，而其主彌靜。然後乃能廣得眾心矣。」以上三注大致都是認為治大國不應用有為的方法，大肆改革、興建，這樣便會擾民。因此「烹小鮮」的方法就是清靜。但「清靜」並不是指國君一個人圖個清靜，什麼事都不聞不問。而是指用「烹小鮮」的方法，使國家走向清靜。那麼什麼又是「烹小鮮」的方法呢？除了「不去腸、不去鱗、不敢撓」之外，還必須注意火候，要用小火；還必須在旁邊耐心的等候，不可大意。所以「烹小鮮」的方法，除了「靜」字訣外，還有「徐」字訣，還有「慎」字訣。如第十五章：「孰能濁以止，靜之徐清，孰能安以久，動之徐生。」這裡便是強調「靜」字、「徐」字。又如第二十六章：「奈何萬乘之主而以身輕天下？輕則失本，躁則失君。」這裡便是強調一個「慎」字。

❷以道蒞天下其鬼不神

前面講「烹小鮮」是說的方法。無論是「靜」也好，「徐」也好，「慎」也好，都是講的「用」。這個「用」的背後必須有「德」、有「道」，否則「用」便流於小用，「烹小鮮」永遠只能適於小鮮，又如何能處理大魚？所以「烹小鮮」只是一個譬喻而已，「治大國」，必然還有它的大精神、大原則，這就是老子所以在「烹小鮮」後，沒有詳談如何「烹」小鮮，卻突然話題一轉，而談「以道蒞天下」。「蒞」是「臨」的意思，是指以道來處天下。「其鬼不神」的這個「鬼」，不是實指鬼魄的「鬼」，因為《老子》書中其他處都沒有談這個「鬼」，而《老子》全書也不談宗教的鬼神之說。所以這裡的「鬼」是一個比喻，是指惡人或邪惡的勢力。「神」在這裡也不是指神性的「神」，而是指精神作用。這是說真正能以「道」處天下的話，也就是以無為之德對待人民的話，縱使國家有惡人或邪惡的勢力，也產生不了他們的作用了。

❸非其鬼不神其神不傷人

這句話進一步說明，並不是「鬼」沒有精神或魔力。也就是說，並不是惡人或邪惡的勢力沒有力量、沒有作用。而是他們的力量、他們的作用不會傷人。

❹非其神不傷人聖人亦不傷人

這是順著前面的話來說的，並不是「鬼」的力量或作用不會傷人，而是聖人的不傷人。全文發展到「聖人亦不傷人」，才是本章的重心，聖人本不傷人。事實上這裡「不傷人」正包含了不傷「鬼」，這可以從下面一句「兩不傷」得到證明。由於聖人處無為之道，因此不把「鬼」看作除惡的對象，使得人不以「鬼」為鬼，而「鬼」也不自以為「鬼」，這樣，雖然它有力量、有作用，也就無從發揮了。

❺夫兩不相傷故德交歸焉

前面老子不說「聖人不傷鬼」，而說「聖人亦不傷人」，這是因為「不傷鬼」是指局部，而「不傷人」是指的全部。由於聖人無為而治，自然不傷萬物。由於聖人的不傷萬物，而化解了「鬼」的暴戾之氣，使「鬼」和聖人同遊於不傷人的自然境界。所謂「德交歸焉」，就是交歸於「德」，也就是在「德」上，聖人和「鬼」相互融合。試想代表惡勢力的「鬼」都被聖人之德感化了，何況是尋常的百姓？這裡的「德」和前一章「重積德」的德都是一樣的，是無為，而又無不為。由於「無為」，雖治大國，而不致把自己忙得焦頭爛額，不知所措；由於「無不為」，雖治大國，卻能照顧全面，使得萬物自化，不善之人也自然而化於善。

第六十一章　大國者下流

大國者下流，

天下之交，天下之牝❶。

牝常以靜勝牡，以靜為下❷。

故大國以下小國，則取小國；

小國以下大國，則取大國。

故或下以取，或下而取❸。

大國不過欲兼畜人，
小國不過欲入事人❹。
夫兩者各得其所欲，
大者宜為下❺。

語譯

大國應該像水的往下流一樣，處於最低下的地方，因為那是萬川之所交會，也是萬國之所歸趨的地方。它也就是天下之「牝」。牝是雌的，她卻能以虛靜的特性勝過剛強的雄。這個虛靜就是所謂最低下的地方。在國際上，大國能自居小國之下，便能贏得小國的附庸；小國能自處於大國之下，便可獲得大國的庇護。所以前者是居下以取，後者是處下而取。大國最大的目的不過多庇護一些小國；而小國最大的目的，也無非是事奉大國，得到庇護。兩者都因處下而得到所希望的，但大國高高在上更應自處低下。

解義

❶大國者下流天下之交天下之牝

這一章是繼前一章而發展的，前一章「治大國」，似乎是指的處理國內的問題，而此一章不言「治大國」，而言「大國者下流」是指「大國者」所處國際的問題。所謂「下流」是指的向下流，也就是以謙虛的態度，處於最低的地方。如王弼所注：「江海居大而處下，則百川流之；大國居大而處下，則天下流之，故曰大國下流也。」王弼的注很清楚，但卻不能忽略最具精神的兩個字就是「居大」，因為「大」才特別要處「下」，而就是因為能「處下」，才能夠成其為「大」。因為這最低的地方就像大海一樣，是萬川所共同流注的。但大海必須真「大」，才能容納百川，否則早就脹破了。如《莊子》所描寫的「注焉而不滿，酌焉而不竭。」〈〈齊物論〉〉然而為什麼突然從「天下之交」轉接到「天下之牝」？「天下之交」有兩個特質，就是「低」和「大」。而「天下之牝」也有兩個特質，就是「虛靜」和「能生」。第六章所謂「谷神不死，是謂玄牝。」這是指的「虛靜」；「玄牝之門，是謂天地根。」這是指的「能生」。本章此處是強調「虛靜」。能「虛」則能「大」；能「靜」則能「低」。由於本章此處是強調這個「靜」，所以接著下文便講這個「靜」字，而王弼在「天下之牝」下注說：「靜而不求，物自歸之也。」其實這個「靜」是指「虛靜」，是含有「虛」的意思，「虛」是虛其心，虛其欲，這樣才能下流於最低之處。

❷牝常以靜勝牡以靜為下

「牝」是雌，「牡」是雄。一般的觀念，雌較柔弱，雄較剛強。「雌」又如何能勝雄？王弼注說：「雄，躁動貪欲，雌常以靜，故能勝雄也。」所以雌不是和雄決鬥，以力量勝雄，相反的，雌乃是不以力量決鬥而勝雄。這就是老子強調的「靜」字，因為「雄」好動，一動就消耗能量，而「雌」好靜，靜則始終保持能量，所以最後當「雄」的能量用盡時，「雌」的能量仍然沒有一點減損，這不是「勝」是什麼？接著老子又強調說：「以靜為下。」這是把「靜」和「大國下流」的「下」連接在一起，認為能夠「靜」才能自處低下，如王弼注說：「以其靜，復能為下，故物歸之也。」事實上，「靜」未必就是「下」。這乃是說能「靜」，則能「虛」；能「虛」，則能自處低下，而為萬物所樂於歸趨。

❸故大國以下小國則取小國小國以下大國則取大國故或下以取或下而取

這幾句話是寫大國與小國之間的關係，「取」是取得。這是說大國如能謙遜以下自居，那麼便能取得小國的擁戴。同樣，小國如果卑順以下自處，也就能取得大國的相助。「下以取」指大國的取小國。「下而取」是指小國的取大國。

❹大國不過欲兼畜人小國不過欲入事人

「兼畜人」是指大國希望多得小國的歸附。「入事人」是指小國希望事奉大國以得到大國的庇護。

❺夫兩者各得其所欲大者宜為下

這是指大國和小國如果謙順處下便都能達到它們的希望。可是小國本來是居下的，它的卑順是自然的。而大國卻是高高在上，容易驕矜自大，所以更應自處下流。

第六十二章　道者萬物之奧

道者，萬物之奧❶，
善人之寶，不善人之所保❷。
美言可以市，尊行可以加人，
人之不善，何棄之有❸？
故立天子，置三公，
雖有拱璧以先駟馬，
不如坐進此道❹。
古之所以貴此道者，何？
不曰以求得，

有罪以免邪？故為天下貴❺。

語譯

道的深妙是萬物所托庇的。善人知道如何寶貝這個道，不善之人也能因道而保全他們性命之真。世上，美麗的言辭可以買到別人的重視，尊崇的行為可以贏得別人的敬仰。道的重要遠超過美言尊行，不善的人，又怎麼可以棄它而不顧呢？所以說：如果貴為天子，有統率三公的權位，有雙手合抱那麼大的璧玉的財富，及以駟馬為車的尊榮，但還不如安然靜坐，修德以求「道」。自古以來的人為什麼特別看重這個「道」呢？那不是因為善人求道而萬事亨通；不善的人，雖有過錯，卻因立心修德進道，而解除了他們因罪行所得的病苦。所以說道是天下最可貴的。

解義

❶道者萬物之奧

「奧」，王弼注：「奧，猶曖也。可得庇蔭之辭。」吳澄注：「奧，室之西南隅……尊者所居，故奧為貴。」前者是指道的深妙，後者是指道的尊貴。但這都只是外在的描述，真正道為萬物之「奧」的，還是在於它的虛而生物。由於它的用「虛」，所以是「深妙」；由於它的生物，所以為萬物所尊貴。

❷**善人之寶不善人之所保**

「寶」，王弼注：「寶以為用也。」「保」，王弼注：「保以全也。」這是指善人之所以尊道為寶，是因為「道」之用無窮；而不善之人所以求「道」為保，是因為他們雖有不善，但如能復返於「道」，仍然可以因「道」而保全性命之真。

❸**美言可以市尊行可以加人人之不善何棄之有**

王弼、河上公及其他各注本都作：「美言可以市，尊行可以加人。」唯《淮南子・道應》及〈人間〉都作：「美言可以市尊，美行可以加人。」「市」是市場，此處作動詞用，指可以在市場上拍賣以獲利。「加人」指自己的才能行為可以超越別人。這兩句話在這裡並無特殊意義，只是用來反襯下面句子。意思是美麗的言辭尚可以銷售獲利，尊崇的行為猶可以使自己超過別人。何況不善之人又怎能遺棄比「美言」、「尊行」更重要的「道」呢？

❹**故立天子置三公雖有拱璧以先駟馬不如坐進此道**

「三公」，周代官名，指太師、太傅、太保。「拱璧」指兩手合抱之璧玉，形容大璧。這是指有天子之尊，有拱璧之富，有駟馬之勢。還不如安靜的坐在那裡，勤修大道。注意「坐進」兩字，「坐」是相對於「行」，表示安於靜，而不向外追求；「進」是指德的日進於道。

❺**古之所以貴此道者何不曰以求得有罪以免邪故為天下貴**

這裡所謂「古之」人，並非指聖人。雖然聖人也貴道，但全章以善人和不善人為喻，所以這裡是指自古以來的人。「以求得」，是指求道而有得。這裡的「求」，不能解作向外追求，有求必得，因為這是欲望，不是老子所鼓勵的。所以這裡的「求」，是指修德以求合道。第二十一章所謂：「其精甚真，其中有信。」這說明了道對萬物所作所為的反應是真實不虛的。第二十三章又說：「同於道者，道亦樂得之；同於德者，德亦樂得之。」這不正說明了，善者之為善，善「亦樂得之」嗎？至於「有罪以免」，是指不善之人，雖然他們曾犯下了錯誤，做過不善之事，但如果他們能幡然而悟，誠心修德以順道，則他們也可以免除了他們的罪過。但在這裡千萬不可把老子此話與宗教裡的赦罪觀念混為一談。譬如西方宗教上的赦罪權是在高高於上的上帝，能否被赦，除了取決於你的行善外，還要靠你的信仰，這是寄託於外在的。在中國道教形成的一般的世俗宗教裡，人的為善為惡都被記在功德簿中，為善多了則可以抵消以前的罪行，這也是依據外在的記錄。至於佛家的思想，人的行為是一種業力，為善有善業，為惡有惡業。有罪的人如果專心行善，自然便能得善報。雖然這個「業」是由自己所造的，但「業」本身仍然是一種存在。可是老子此處「有罪以免」卻不是那麼的複雜，摻雜了上帝的判斷、神的功德簿和甚深的業力說。老子此處只是說雖有罪過，但只要一心向道，由於「道」是無為無作的，因此此心立刻因「道」而變得清心寡欲，整個人格也就煥然一新。但這並不是說以前所做的罪惡沒有報應於你身。如果是這樣的話，豈不是「道」幫我們賴帳，助我們不負責了嗎？要報的還是要報，但如果能修德順道，此心的清明安靜，使我們能坦然接受應該有的報應，而不致再有「求道」後的痛苦。「有罪以免」，所免的是這種痛苦，而不是把以前的罪行一筆勾消。

第六十三章　為無為

為無為❶，

事無事❷，

味無味❸。

大小多少❹，

報怨以德❺。

圖難於其易，為大於其細。

天下難事必作於易，天下大事必作於細。

是以聖人終不為大，故能成其大❻。

夫輕諾必寡信，多易必多難。

是以聖人猶難之，故終無難矣❼。

語譯

有為於無為之境，處事於無事之處，品味於無味之中。以小治大，以少應多，以德來化除怨尤。解決困難之事於其容易的地方；有所大作為始於其細微的處所。天下最難的事往往由容易的事發展而來，天下最偉大的事往往造端於最細微的地方。所以聖人不好高騖大，反而能成就大事。輕易的應諾往往到後來變成了失信。把任何事情看得太容易往往結果造成了更多的困難。所以聖人以對付難事的態度謹慎處理容易和細微之事，最後便毫無困難，於是看起來他是無所為、無所事。

解義

❶為無為

這句話有兩解：一是為而無為，一是為於無為。前者是說「為了」，但由於充分了解，事前防範，合於自然，所以「為」得輕鬆簡易，好像無為。這就像《莊子．養生主》中所描寫的「庖丁解牛」，由於他的技術達到了「道」的境界，他能看透牛的各種關節，因此刀子進入了牛身中的空隙，而遊刃有餘，得來全不費氣力。再說後者是指以「無為」而「為」。這裡的「無為」，是「無欲」、「無執」的意思。用在個人身上，就是做任何事情都能沒有私心，而能順其自然。用在政治上，就是不以私見，干擾人民。順著民性，自然的發展。

❷事無事

在表面上，這句話與前一句話意思相似，可以包括在前一句話中，但此處特別加以強調，仍然有它的原因。前面的「為無為」，儘管「為」是施為，但「無為」畢竟是心的一種工夫。而此處「事無事」卻是就外在的「事」來講的。這裡第一個「事」和前面第一個「為」字一樣，都作動詞用，是指的「處事」。這句話也有兩解：一是處事以「無事」；一是處事於「無事」。前者是指以無事的心境來處事，這是說即使遇到困難之事，也應抱著「無事」般的寧靜的心情來處理，也就是所謂以「平常心」來處事。後者是指處事的工夫要用在「無事」上。這可能有兩種方法，一是所謂「為之於未有」（第六十四章），一是指不在有形的地方做事，而在無形的地方解決問題。

❸味無味

前面兩句是談政治、是談處事，可是本句突然跳到飲食的「味」字上，似乎有點不搭題、不連貫。其實在《老子》書中，對於飲食的基本需要是非常重視的，如「實其腹」（第三章），「為腹不為目」（第十二章），「貴食母」（第二十章），「甘其食」（第八十章）。但對於「味」，卻是貶抑的，如「五味令人口爽」（第十二章），「道之出口，淡乎其無味」（第三十五章）。所以老子雖談飲食的「味」，卻是有關於「欲」和「道」的。先就「味」本身來說，我們品嘗食物的味道，應在無味處得其真味，而不是醬油糖醋或味精等外加的味素。但講食物的味道只是譬喻，老子在這裡還有較深的一層意義。本章從「為」，到「事」、到「味」，自應有其理路上的發展，王弼注說：「以無為為居，以不言為教，以恬淡為味，治之極也。」王弼把這個「無味」，解為「恬淡」，而歸結在治道上，是有道理的，因為本章和前後各章都是講治道的問題。所以此處的「味無味」和下一章的「欲不欲，不貴難得之貨」一樣，是指的「無欲」，這樣，「無為」、「無事」、「無欲」，便形成了一貫。

❹大小多少

如果前面的話都是談治道，那麼這句話易解多了。「大小」，就是「治大國若烹小鮮」（第六十章），所謂治大若小。同樣「多少」也即「治人事天莫若嗇」（第五十九章），就是以「少」應付「多」，以「簡」御「繁」的意思。這和老子「多則惑，少則得」的思想也是一致的。

❺報怨以德

這句話也可順著前一句的「大小多少」而來，以小對付大，以少應付多，也就能以德化除怨，因為以怨對付怨，怨便愈來愈大、愈來愈多。相反的，以德來報怨，注意這裡的德是老子之所謂「德」，是「無為」、「無事」、「無味」的「無」。由於是以「無」為用的，所以才能化大怨為無怨。「怨」在政治上是代表反對的勢力，即第六十章裡的「鬼」。聖人「以道蒞天下，其鬼不神」，就是以德報怨，所以是「德交歸焉」。

❻圖難於其易為大於其細天下難事必作於易天下大事必作於細是以聖人終不為大故能成其大

任何困難的事情，開始的時候，都是容易的；任何鉅大的工作，開始的時候，都是微細的。這是很普通的道理，可是常為人所忽略。人們往往好高騖遠，野心勃勃，反而一事無成。聖人之所以「終不為大」，並不是「大」的不好，而「大」的關鍵處往往在細微之處，只要把握這些細微之處，「見小曰明」（第五十二章）便能成就「大」的事情。

❼夫輕諾必寡信多易必多難是以聖人猶難之故終無難矣

「輕諾」所以寡信，是由於好「言談」，而不重實際。「多易」之所以多難，因為在容易的地方不注意，逐漸的、容易的便變成了困難的。聖人「難之」的「難」，並不是說聖人以為困難。一般的觀念，聖人無為，應該處事容易，何「難」之有？事實上，這個「難」字，有兩種，一是外在事物上的「難」，一是心理上的「難」，然而這兩種「難」，都沒有一定標準。由於沒有一定標準，也就是沒有其必然性，所以我們可以轉難為易。聖人「難」之的「難」，就是預見事物的從易變難，而在容易的地方，謹慎處理，而轉難為易，也就是使易不變為難。這個「難之」的「難」字正寫出了聖人的雖無為卻有為，雖無事卻有事。

第六十四章　其安易持

其安易持，其未兆易謀❶，

其脆易泮，其微易散❷。

為之於未有，治之於未亂❸。

合抱之木生於毫末；

九層之臺起於累土；
千里之行始於足下❹。
為者敗之，執者失之。
是以聖人無為故無敗，無執故無失❺。
民之從事常於幾成而敗之。
慎終如始，則無敗事❻。
是以聖人欲不欲，不貴難得之貨❼；
學不學，復眾人之所過❽。
以輔萬物之自然，而不敢為❾。

語譯

事物在安定的時候容易把握，問題在沒有發生端兆的時候容易安排。事物在脆弱的時候容易消融，問題在微細的時候容易打發。要在問題沒有形成之前去對付，要在事情沒有變成動亂之前去處理。因為兩人合抱的大樹是發芽於毫末的細小處。九層高的樓臺是建基於一筐筐的泥土。千里之遠的行旅也是始於足下的第一步。因此胡亂施為便會敗事，固執成見便會失誤，所以聖人不胡亂施為，便不會敗事，不固執成見，便不會失誤。一般人做事，往往在快要完成時，不幸功敗垂成。因此我們如能謹慎事情的結果，就像我們在一開始時，便謹慎小心一樣，這樣便不會失敗。所以聖人之所希求的乃是超乎欲望的智慧境界，他們重智慧而不重視那些難得稀有的物品。聖人所要學的乃是不靠學習知識所能達到的至德境界，只有至德才能救人改過而向道。唯有這樣，才能順應萬物的自性發展，而不敢憑己意胡亂施為。

解 義

❶其安易持其未兆易謀

「其」指事物，「安」指安定，「持」指把握。當事物在安定的時候，一切都依照理路而行，因此容易把握。「兆」是預兆，「謀」是圖謀。當問題還沒有預兆顯現時，問題根本還不成問題，因此很容易便能解決，而使其不會發生。

❷其脆易泮其微易散

「脆」是指脆薄。「泮」字，河上公等注本作「破」，傅奕等注本作「判」。此處仍依王弼本作「泮」。「泮」是冰雪溶解的意思，這是描寫事物的發展，在起初很脆薄的時候，正像冰雪積得未厚，很容易把它溶解掉。「微」是微細，「散」是解散，也就是問題在微細的時候，很容易把它打散掉。我們比較這兩句和前面兩句，前面講「安」、講「未兆」，是在問題還沒有發生之前，所以王弼注說：「以其安不忘危，持之；不忘亡，謀之。無功之勢，故曰易也。」也就是指居安思危，防患於未然。至於此處講「脆」、講「微」，乃是在問題剛開始露出端倪之時，所以王弼注說：「雖失無入有，以其微脆之故，未足以興大功，故易也。」所謂「失無入有」，就是由無到有，問題已開始發生了。但在剛發生之時，如冰之始凝，容易融解。

❸為之於未有治之於未亂

這兩句話可以看作前面四句的結語。「為之於未有」，是無為，這是指「其安」、「其未兆」來說的。「治之於未亂」，是無事，這是指「其脆」、「其微」來說的。這也可看出《老子》書中提到「無為」、「無事」的微細差別。老子在單講「無為」時，「無為」可以包括「無事」。如果「無為」、「無事」並列時，像第六十三章，那麼「無為」是在「無」之時，而「無事」已進入了「有」之時。「無為」是「心」上的工夫，「無事」是「事」上的工夫。「無為」是處「無」而為「有」，使「無」到「有」的發展，自然而然，沒有一點阻礙。「無事」是處「有」而歸「無」，使有了問題時，能知幾知微，把它消解掉，化為無事。

❹合抱之木生於毫末九層之臺起於累土千里之行始於足下

這三句話是譬喻：大生於小，高基於低，遠始於近。這是物理的自然現象，也是事物的自然發展。我們不可能拋棄這「毫末」，放棄這「累土」，打消這「足下」的第一步，否則雖然是「無事」，卻是死寂沒有生氣的，卻是違反自然的。所以老子的思想並不是把所有的發展都否定了，變成了一種虛無主義。「道生一，一生二，二生三，三生萬物。」（第四十二章）這是道的變化，這也是自然的現象。我們所要努力的不是去打斷這一發展，使其不變不化，而是體察這變化的原理，順著這生生的歷程而發展。而我們體察的地方，乃是在「毫末」、「累土」、「足下」的細微發端之處。

❺為者敗之執者失之是以聖人無為故無敗無執故無失

這裡的「為者」是對應於前面的「為之」而來，但這兩個「為」字，卻正好相反。前面的「為」是「為之於未有」的無為，而此處的「為」，乃是為之於已有的施為，是指好大喜功，憑一己之意而妄為。同樣，「執之」也是對應於前面的「治之」而來，但「治之」是「治之於未亂」的消散政道，而「執之」卻是治之於已亂之後的刑法之治。王弼注說：「當以慎終除微，慎微除亂。而以施為治之，形名執之，反生事原，巧辟滋作，故敗失也。」所謂「慎終除微」，就是以恬淡無為，從根本上化除欲望，使人們自化，這是無為的境界；所謂「慎微除亂」，就是在「化而欲作」時「鎮之以無名之樸」（第三十七章），使問題很容易的打消掉，而不致成為大麻煩。反之，不能從細微處解決問題，等到嚴重時，再動刀動斧，大肆改革，或徒執外在的刑法，來壓制人心，自然是成事不足，敗事有餘了。

❻民之從事常於幾成而敗之慎終如始則無敗事

「民之從事」，這是借譬一般人的做事，由於只看到大的、遠的，而忽略了開始時的細微處，因此根基不固，當然是功敗於垂成了。照理說，老子前文都在強調開始的細微之處，應該是重「慎始」的，為什麼此處又講「慎終如始」。其實這裡，正是強調想要慎終，必須慎始。真正能夠慎始，必然能由慎始而慎終，一路慎到底。這裡的「慎」字和前一章的「難」字意義相同，可是常為讀者所忽略。因為一般人喜歡老子的自然無為，乃是由於他們憧憬那種飄逸的生活，這種心理便會使他們只往簡易方便去想、去求，而忽略了自然無為的後面，卻有一個「慎」字、「難」字。他們看到「慎」、看到「難」，好像這樣便不自然，而失去了那種大而化之的超逸的風格。其實治國之道，並不是紙上談兵，那麼容易。聖人知道其「難」，而慎其始、慎其終，才能化難為易、迎刃而解。所以這個「慎」字才真正寫出老子「無為之治」的用心。

❼是以聖人欲不欲不貴難得之貨

從這一句以下，是本章的結語。正寫出如何慎始、慎終，如何「為之於未有」、「治之於未亂」。這裡首先揭出的是「欲不欲」。第一個「欲」字當作動詞用，只是說明心理上的欲求，並非不好的欲望。「不欲」雖然可解作「無欲」，但在此處乃指不是欲望的東西。這個「不欲」的「不」，含有超越的意思，如「天地不仁」的「不」。也就是指聖人所欲的，不是可欲的東西，如「難得之貨」等。這和第三章的「不貴難得之貨」、「不見可欲」意旨相通。

❽學不學復眾人之所過

第一個「學」是學習的學。第二個「不學」的「學」乃是「絕學無憂」（第二十章）的「學」。所謂「不學」並不是真的放棄學習，而變得無知無識。而是所學的，超乎一般的知識之學，達到至德的境界。這在佛學上，也有類似的境地，叫做「無學」，即指覺行圓滿，不須再修學的意思。所以在這裡的「不學」，已由知識轉化成德行，於是老子才接著說：「復眾人之過」，即由至德以幫助人們改過而向道。

❾以輔萬物之自然而不敢為

前面，通過了「不欲」，聖人把自己的欲淨化了，使他所想所見的，已不受欲的污染，而對任何問題的解決，都能從精神的層面來著眼。通過了「不學」，聖人把自己所得的知識轉化為智慧或至德，而能感化人心，發露了人們心性中的至德良知。這樣，聖人才真能順著萬物的本性，輔助萬物生生不已的發展。所以說聖人的「無為」、「無執」，就是聖人不以自己的意見去加於萬物，憑一己的欲望、知識而施為。聖人之所以「慎」，就是謹慎於不把一己的私見來看問題，這樣，在源頭上便無欲無私，問題自然能迎刃而解了。

第六十五章　古之善為道者

古之善為道者，非以明民，將以愚之❶。
民之難治，以其智多❷。
故以智治國，國之賊；
不以智治國，國之福❸。
知此兩者，亦稽式。
常知稽式，是謂玄德❹。
玄德深矣，遠矣！

與物反矣，

然後乃至大順❺。

語譯

古代善於運用道的人，他們不強調小聰小明，使人民競求智巧。相反的，卻使人民掩其聰明，謙退如愚。人民之所以不容易治理，乃是因為他們那種勾心鬥角的智巧太多。所以國君如果強調以「智」治國，使人民競求智巧，而自己又專任智巧，這樣便會給國家帶來禍害。相反的，不以這種智巧來治國，便會給國家帶來幸福。知道這一禍一福的現象，便能深體到捨智重愚的原理。能夠永恆的了解這個原理，便會達到「玄德」的境界。「玄德」是深不可識的，卻又是無遠弗屆的。「玄德」，是超離一般物欲之知，而能與萬物真性共返於大道的自然之境。

解義

❶古之善為道者非以明民將以愚之

首先，我們必須對這個「善為道」的善字特別注意。因為這個「善」字是指善於運用，那麼這裡的「道」就不是道體的道，而是指運用的「道」。就道體來說，是超於「善」與「不善」、「明」與「愚」的，但在道的運用上，卻必須透過了相對法，而超越了相對法。但老子對於相對法的運用，乃是由「反」面來著手的，所謂「反者，道之動。弱者，道之用」（第四十章）。因此在「明」和「愚」的相對中，老子便抓住了這個「愚」字。在《老子》書中「明」字出現了幾次，都作正面的解釋，而且境界很高，有如佛家的智慧或覺悟。如「明白四達」（第十章），「知常曰明」（第十六章、第五十五章），「不自見，故明」（第二十二章），「自見者不明」（第二十四章），「是謂微明」（第三十六章），「見小曰明」（第五十二章）。可是在這裡「明」與「愚」的相對，使這個「明」變成了負面意義的「明」，如王弼所注：「明，謂多見巧詐，蔽其樸也。」這是指知識伎巧的「明」，相反的，這個「愚」，由於是老子所運用的，因此也就被賦予了正面的意義，如王弼所注：「愚謂無知守真，順自然也。」這是王弼就整個老子思想來注這句話，所以才不至於把「愚之」當作愚民政策。可是後代的法術之士，卻以這句話為藉口，故意使民無知愚昧，易於控制，甚至演成了焚書坑儒的慘劇，這豈是老子的本意？

❷民之難治以其智多

這裡的「智」和前面的「明」對照，是指的知巧，人民的智巧愈多，國家愈不容易治理，這是一個事實，也是一個歷史的發展。因為古代社會生活簡樸，人民思想單純，當然容易治理。可是後來，人口增加了，社會複雜了，各種智巧也應運而生。國君以一人之智，要想對付那麼多人的智巧，當然是愈加不易的。然而這畢竟是一個歷史發展的事實，要如何才能化難為易，這便是老子政治思想的主旨。

❸故以智治國國之賊不以智治國國之福

當人民生活素樸，社會平安時，國君當然沒有理由以「智」治國，憑添事端。可是當人民「化而欲作」，知巧滋生時，國君如果以「智」治國，是否能解決問題呢？老子的答案是否定的，他稱這種作法是「國之賊」，也就是國家的禍患。這裡用一個「賊」字，正寫出了為政者偷去了人民素樸之心，以「智」賊亂了社會。王弼注說：「當務塞兌，閉門，令無知無欲。而以智術動民，邪心既動，復以巧術防民之偽。民知其術，防隨而避之。思惟密巧，奸偽益滋。」這裡寫出了國君和人民相鬥以「智」的現象。莊子說：「知出乎爭。」（〈人間世〉）正是此意。

❹知此兩者亦稽式常知稽式是謂玄德

「稽」，王弼注為「同」，「式」是規則。河上公與其他很多注本作「楷式」。「稽」與「楷」字雖異，但意義並無不同。這是指前面兩者，一為「賊」、一為「福」。雖然禍福不同，但我們深體所以有此不同，卻可以發現一個共同的原則，就是「古之善為道者，非以明民，將以愚之。」可是為什麼老子又接著說：「常知稽式，是謂玄德」，把前面談論治國之事又歸結到「玄德」上面呢？我們如果不經心的讀這段話，往往忽略了這一轉語的重要性，因為它一方面，把「智」提昇到「德」上來，另一方面寫出了「非以明民，將以愚之」的真意義。因為這說明了「愚之」並非真正使人民愚昧無知，而是以「玄德」為境界的一種無為之治。「玄德」的意義，據第五十一章的解釋是「生而不有，為而不恃，長而不宰」，在這一前提下，所謂「愚之」，決不是君主有意要使人民愚昧，易於控制。而是君主不強調「智」，不用自己的「智」，所以「使民愚之」，也是君主的自愚，正是所謂「絕聖棄智」（第十九章）的意思。老子在這裡提出了「玄德」，可以說替「使民愚之」作了最好的注腳。

❺玄德深矣遠矣與物反矣然後乃至大順

「玄德」的深，是因為它的「微妙玄通，深不可識」（第十五章），所以不是一般知識所能了解；「玄德」的遠，是因為它的「大曰逝，逝曰遠」（第二十五章），所以不是以名相可以執著的。「與物反矣」的「反」，正和「反者，道之動」（第四十章）的「反」相同。約有兩義：一是相反的反，如司馬光的注：「物情莫不貴智，而有玄德者獨賤之。雖反於物，乃順於道。」一是復返的反，如莊子所說：「性修反德，德至同於初。同乃虛，虛乃大。合喙鳴，喙鳴合，與天地為合，其合緡緡，若愚若昏，是謂玄德，同乎大順。」（〈天地〉）王弼也注為：「反其真也。」這兩層意思前後銜接，與物相反的反，是指與一般世俗的「智」相反；與物共返的反，是指任順物性，而不以「智」去宰制。總之，這是指「玄德」的「絕聖棄智」，而「同於大通」（《莊子．大宗師》），所以老子接著說：「然後乃至大順」，「大順」即「大通」，也就是道的自然。這是說「玄德」不以「智」去對付人民，而與人民歸真返樸，合於大道的自然。

第六十六章　江海所以能為百谷王者

江海所以能為百谷王者，以其善下之，
故能為百谷王❶。

是以欲上民，必以言下之；

欲先民，必以身後之❷。

是以聖人處上，而民不重；

處前，而民不害。

是以天下樂推而不厭❸。

以其不爭，故天下莫能與之爭❹。

語譯

江海之所以能為百谷之王，為萬川所歸趨，就是因為它的善於自處於最低下的地方，所以才能為百谷之王。因此要能在人民之上為君主，必須在言語上謙下於民。要能在人民的前面為先導，必須設身處地在人民之後。這樣一來，聖人雖然實際上在人民的上面，但人民不感覺他的負荷之重；雖然在人民的前面，但人民卻不會感覺到他擋住了前路，因此天下萬物都樂於推崇他，而不會厭棄他。這就是由於他不和人民爭，天下萬物也不會和他爭了。

解義

❶江海所以能為百谷王者以其善下之故能為百谷王

「百谷王」是指百谷都以它為歸趨。以江海來說，就是指百谷中的溪流都流向江海。而它們之所以能如此，就是因為江海所處的是最低的地方。老子在這裡強調這個「下」字，也就是謙下的意思。

❷是以欲上民必以言下之欲先民必以身後之

「上民」是指在人民之上，為人民的君主。「以言下之」並不是真正的在人民之下，而是在言語上謙虛，自置於下。如自稱「孤寡不穀」（第四十二章）和「愚人之心」（第二十章）。「先民」是指在人民之前，為人民的先導。「以身後之」，並不是指真正的不知不覺、後知後覺，而是設身處地在人民之後。如「進道若退」（第四十一章）。這不是真正的退，而是不自以為是、自以為有見。

❸是以聖人處上而民不重處前而民不害是以天下樂推而不厭

實際上，聖人有人君之位，是處人民之上，處人民之前。可是由於他言語上的謙讓，沒有作威作福，使人民沒有感覺有任何在上的負擔。由於聖人以無為而治，雖然他為人民在事前解決了問題，但人民不感覺他的所作，反而好像是他們自己作的，這樣人民便不會感覺有任何阻礙在他們的前面。

❹以其不爭故天下莫能與之爭

「爭」是爭名之好、利之豐、位之高。如果我們自處低下，不與人爭，因此也就沒有人與我們爭。試想我們處低下，又有誰與我們爭處低下？我們自稱愚昧，又有誰與我們爭愚昧？我們「生而不有，為而不恃，長而不宰」，又有誰與我們爭「不有」、「不恃」、「不宰」。所以唯其不爭，才是置身無可爭之地，對己身來說，是最安全之地；對萬物來講，卻是不爭不競，同歸於大順。

第六十七章　天下皆謂我道大

天下皆謂我道大，似不肖。

夫唯大，故似不肖。

若肖，久矣其細也夫❶。

我有三寶，持而保之。

一曰慈，二曰儉，三曰不敢為天下先❷。

慈故能勇❸，

儉故能廣❹，

不敢為天下先，故能成器長❺。

今舍慈且勇，舍儉且廣，舍後且先，死矣❻！

夫慈以戰則勝，以守則固。天將救之，以慈衛之❼。

語譯

天下之人都說我所求的道太大，好像什麼都不像似的。其實正因為它的大，才什麼都不像。如果它像什麼，它早就是小東西了。我的道有三個法寶，我善守而不失。第一個是慈心，第二個是儉德，第三個是不敢爭取為天下人的先導。因為有慈心才能有大勇；有儉德才能運用得廣大；不敢為天下人的先導，才能成就萬物而被它們視為尊長。現在如果我們捨棄了慈心，而只講勇鬥；捨棄了儉德，而想運用得廣；捨棄了謙退於後，而要爭先，這是走上了死路。三寶之中慈心最重要，在戰鬥中有慈心，便能贏得最後的勝利。在保國安家中有慈心，便能使家國安固不搖。天道如要救人，必定給予他慈愛之心，使他能自救。

解義

❶天下皆謂我道大似不肖夫唯大故似不肖若肖久矣其細也夫

河上公、景龍等注本，第一句為「天下皆謂我大」，意義不如王弼注本的「天下皆謂我道大」。因為沒有這個「道」字，這句話成為讚美老子本人之大了，這與老子的思想不合。所謂「我道大」，是指我所求所行的道「大」。這與第二十五章：「字之曰道，強為之名曰大。」的「大」相同。先就這個「道」來說，因為這個「道」的大，是「大曰逝，逝曰遠，遠曰反」（第二十五章）。所謂「反」是反於物的，當然與物不肖。「肖」是像的意思，「不肖」就是不像物，也就是沒有物的形相，因為有了形相，便滯於一形一相。最高的山、最深的海，都是有形有相的，都不足以語道之「大」。因為有形有相之大，都是在時空之內，而「道」卻是超時空的。再就「我道」來說，老子在此處不只言「道」，而說「我道」，多加了這個「我」字，仍然是有用意的。前代學者魏源、姚鼐等忽略了這個「我」字，以為這幾句話與下文的「我有三寶」等思想不連貫，因此，把這幾句話合在上章之後（魏源），或獨立成一章。殊不知「我道」的「我」字與下文「我有三寶」的「我」字卻是文義相貫的。因為「我道」是講我對道的運用，這是就現象界來說的，而「不肖」也就是指被一般人看作退縮不前、不夠氣派。所以這幾句話與下文的意思也是連貫的。

❷我有三寶持而保之一曰慈二曰儉三曰不敢為天下先

這三寶中，「儉」和「不敢為天下先」與前文的「不肖」意義相承。「儉」，即「治人事天莫若嗇」（第五十九章）的「嗇」，看起來是吝嗇，如「廣德若不足」（第四十一章），因此似「不肖」。「不敢為天下先」，即不和別人爭賢爭能，也即第四十一章所謂「進道若退」、「大白若辱」、「建德若偷」的意思，所以看起來更是「不肖」。至於「慈」卻和「不肖」似乎不合。這個「慈」字在《老子》書中共出現在三章中，其他兩章為：「六親不和，有孝慈」（第十八章），「絕仁棄義，民復孝慈」（第十九章）。這兩章中的「慈」都是指倫理上父母對兒女的「愛」的意思。而此處的「慈」，顯然超出了倫理的範圍，河上公的注是：「愛百姓如赤子。」也就是把父慈，推到國君的愛民。但這種愛民的「慈」不可能被視為「不肖」。我們推求老子此處用「慈」字可能有兩種意思，一是指慈愛萬物，被一般人視為太過軟弱，而譏為婦人之仁。如《左傳》「子魚論戰」上記載的臨陣的三原則：「君子不重傷，不禽二毛。古之為軍也，不以阻隘也。」另一是《莊子》所謂的「大仁不仁」（《齊物論》）。「大仁」即是「慈」，這和《老子》第五章的「天地不仁，以萬物為芻狗，聖人不仁，以百姓為芻狗」相通。這兩種現象都顯示了「慈」雖大，但正因其大，所以不像一般人所想像，而被誤為「不肖」。

這三寶不只是老子的理想，實際上，在中國歷史上卻時常被運用在政術上。最顯明而有成效的，就是漢文帝的「黃老之治」。首先他廢除秦的酷法，如連坐等，這是慈；他常穿草履上殿，他的慎夫人裙不拖地，這是儉；他以一封信，極為婉轉，而舒解了南越王趙佗之亂，這是「不敢為天下先」。可見老子的這三寶，看似平淡無奇，卻為漢初帝王所實踐，創造了漢初黃老之治的偉業。

❸慈故能勇

《老子》全書戒強梁，主張柔弱勝剛強，所以這裡的「勇」決不是好強鬥狠的小勇，而是「仁者無敵」的大勇。「仁者」的無敵，不是以武力制人，而是以道德化人。老子的「慈」是大仁，是自己對萬物的無欲，卻又能真正的關懷萬物、生養萬物，這是老子講的「慈」，由於這種「慈」的無欲，才是真正的大勇，這在佛學稱為「無畏」，佛陀被尊稱為「大慈」，又為「大勇」，也就是這種意思。

❹儉故能廣

「儉」，是節省、節約，一般都是指金錢或物資。但老子的「儉」，正如第五十九章中的「嗇」，除了節省金錢、物資外，還有不浪費精神的意思。所以「儉」是收斂之德。在《易經・否卦・象辭》

便說：「否，君子以儉德辟難。」而伊川注為：「以儉損其德，辟免禍難。」可見這個「儉」也正是老子「損之又損以至於無為」的意思。唯有能儉損，「無為而無不為」，才能用廣、德廣。

❺不敢為天下先故能成器長

「不敢為天下先」，就是「謙」。也就是前一章所謂的「善下之」、「以言下之」、「以身後之」。關於「成器長」三字，前人注說不一，河上公注：「成器長謂得道人也。」似嫌附會。王弼注：「能立成器為天下利，為物之長也。」這是把成器與長分開，他注出了成就萬物的意思，頗有深度。至於考據家計較在「成器長」上加一「為」字，如俞樾、馬敘倫等，便無關乎老子的思想內容。不過近人的注解，都把「器長」合成一詞，當作官長或萬物之長。但如參照後文「舍後且先」，那麼「器長」，應解作萬物的先導。另外有一解，如果我們引用第四十一章「大器晚成」一語，「不敢為天下先」是「後其身」，是能「晚」，那麼「成器長」就是成「大器」。這樣一來「能勇」、「能廣」、「能大」也是文義相貫的。

❻今舍慈且勇舍儉且廣舍後且先死矣

沒有慈的勇是匹夫之勇，因為他沒有仁心，不是為了救人，只憑一時的意氣用事。這正是老子一再告誡的「強梁者不得其死」（第四十二章），沒有儉的廣是好大喜功的廣，是「厭飲食，財貨有餘」的「盜夸」（第五十三章），這正是老子告誡的「開其兌，濟其事，終身不救」（第五十二章）。不知後的先，是爭名爭利的爭先恐後，知進而不知退、知強而不知弱，這正是老子告誡的「物壯則老，謂之不道，不道早已」（第五十五章）。所以這三條路都是「死路」。

❼夫慈以戰則勝以守則固天將救之以慈衛之

前面談三寶，最後卻獨重一個「慈」字，細體老子的用意，並非無由。先就字義來說，「慈」可以涵蓋「儉」和「不敢為天下先」。因為慈於物，當能「儉」；慈於人，自能「不爭」，而「不敢為天下先」。再從文義的對應來說，本章開首說吾道大似不肖，這個「慈」正可代表吾道大的特色，而「儉」和「不敢為天下先」卻似不肖，所以在結論中以「慈」來強調吾道之大。最後，就老子的言論來說，他講無為自然，天地不仁，因此常給人的感覺是「太上忘情」，好像老子是主張無情的，而忽略了老子內心深處對天地萬物的關懷之情。這個「慈」字才真正寫出了老子思想的精神。所以本章以「慈」為總結，實在是有道理的。

然而為什麼老子說「慈」，卻用「以戰則勝，以守則固」的戰爭術語來譬喻呢？這個原因，無獨有偶的，可以在《易經》中找到，《易經・謙卦》本是講謙讓的，可是在六爻中卻兩次大談侵伐與用兵，如〈謙六五〉：「利用侵伐，無不利。」〈謙上六〉：「利用行師，征邑國。」這並不是《易經》鼓勵侵伐和用兵，而是表明「謙」並不是退的，而是進的。即使在戰爭中，謙更能發揮其作用。同理，此處「慈」用之於戰事，無論以戰以守，都是無不利的。其實我們深體老子的苦心，「慈以戰則勝」，並不是鼓勵去殺人，以武力制勝。而是用「慈」去化解了暴戾之氣，而達到止戰的目的，這是「慈」的偉大力量。慈應付戰爭有如此功效，對於保衛自己的家國，使人民安居樂業，更是最重要的安定力量。最後老子說：「天將救之，以慈衛之。」河上公注得好：「天將救助善人，必與慈仁之性，使能自當助也。」這是說並不是天道以它的慈愛去救人，而是說天道把這個慈愛之心交給他們，使他們通過了慈愛而自救。

第六十八章　善為士者不武

善為士者不武❶，
善戰者不怒❷，
善勝敵者不與❸，
善用人者為之下❹。
是謂不爭之德❺，
是謂用人之力❻，
是謂配天古之極❼。

語譯

一個善於修道的人，絕不表現出好武的樣子；一個善於處理戰事的人，絕不輕易的衝動而發怒；一個善於克敵致勝的人，絕不和對方往來爭競；一個善於運用人才的人，往往謙卑自牧。這叫做不和別人爭鬥的德行，也叫做能運用別人的力量。這即是順天道的自然，也是古代善於修道的人的最高境界。

解 義

❶善為士者不武

王弼注說：「士，卒之帥也；武，尚先陵人也。」焦竑注說：「古者車戰為士，甲士三人，在車上。左執弓，右持矛，中御車掌旗鼓，皆欲其強武。」這兩注都是把「士」當作將帥或武士，單就這一句話，或這一章來說，並不錯。但《老子》第十五章也說：「古之善為士者，微妙玄通。」第四十一章又說：「上士聞道，勤而行之。」可見此二處的士，絕不是將帥武士之流，而是有知識之士的通稱，猶今天所謂知識分子或讀書人。在這一句中，「士」和「武」對稱，固然可解作將士，但通觀《老子》全書，把這個「士」解作上士，或第一等有智慧的人士，更能把本章從戰陣用兵的層面提昇上來，而解作有智慧的人士處理類似戰爭的問題。「不武」，是指不尚武力，不耀武揚威。這與第十五章的「微妙玄通」也是相合的。

❷善戰者不怒

「善戰」字面意義當然是指兵家的善於作戰，但老子根本的思想是反對戰爭的。雖然他在第三十、三十一章中曾提到戰爭，但都是批評的；雖然他也引證兵家之言，但卻是藉兵家的理論以糾正兵家之失。譬如這句話裡的「不怒」，便是對善戰者的一種批評的詮釋。因為一般的戰爭都是意氣用事、好強鬥狠的表現。許多好戰者的訓練士兵就像訓練好鬥的野獸一樣，使他們對敵人易於發怒，這是將帥的善用心理戰術。而將帥本身卻不能衝動，否則便將受制於人，而不能冷靜的運用策略，所以就兵家來談，善戰者，是「不怒」的。然而老子此處強調「不怒」，還有更深一層的意義，因為「不怒」，便能心平氣和。如果大家都能心平氣和解決問題，還有什麼戰爭的可能。所以這「不怒」兩字正寫出了「善戰者」的不好戰，以「不怒」來止戰。

❸善勝敵者不與

「善勝敵」者在字面上也是指戰陣對敵之事。「不與」，王弼注為「不與爭也」。陶鴻慶《讀老子札記》說：「王注本作『與爭也』。後人之不達其義，臆增不字耳。」後人高亨更直解「與」為「鬥」字。其實「與」字本身並無爭鬥之意。在《老子》第八章中曾說：「與善仁。」這裡的「與」是指相交、交往或交際的意思。「善勝敵者」的「不與」，乃是指他的不與敵人相較，也即比較軍力、武器。《老子》書中一再強調「柔弱勝剛強」（第三十六章）。柔弱之所以能勝剛強，絕不是與剛強比較力量。就兵家言，真正的勝利，往往不是決定在兵多、或武器良好，而是決定在將帥的是否能用智、士兵的是否能守律。但老子還不是強調後者，因為這仍是爭鬥之事。老子真正重視的乃是第六十七章的「慈」字，所謂「慈以戰則勝，以守則固」。也就是真正勝敵者，以「慈」去化解敵意。「不與」就是不與對方以仇敵相對。

❹善用人者為之下

「善用人」並不是利用別人，而是指有智慧的領導人士的運用人才。「為之下」就是「欲上民，必以言下之」（第六十六章），即是以謙虛用人。

❺是謂不爭之德

這句話是重點，點出了這個「德」字，使兵家和政治家的權術一轉而為道家的不爭的德行。「不武」是因為不爭，「不怒」、「不與」、「為之下」也都是由於不爭。這不爭乃是來自於德性的自然。

❻是謂用人之力

河上公注：「能身為人下，是謂用人臣之力。」這是把這句話當作「善用人者為之下」一語的注腳。當然就兵家或政治家來說，這也是一種權術。但老子崇尚自然。不爭之德是從自然上來的，同樣，用人之力，也是順萬物之能力。如水之就下，火之燃上。君主之所以能無不為，也就是不自用其力，而充分的運用萬物之力，使它們各依其性能以發展。

❼是謂配天古之極

這句話近代學者都認為「古」是衍文，原句為「配天之極」。如俞樾說：「疑古字衍文也。『是謂配天之極』六字為句，與上文『是謂不爭之德』、『是謂用人之力』文法一律。其衍『古』者，《尚書・堯典》鄭注曰：『古，天也。』此經他本有作『配古之極』者，後人傳寫誤合之耳。」雖然「配天之極」，於義並無不妥，但王弼與河上公本皆作「配天古之極」。尤其河上公注本把這句話分作兩部分來注。在「配天」下注說：「能行此者，德配天地。」在「古之極」下注說：「是乃古之極要道也。」這樣的分注仍然有它的道理，因為「配天」，是總括「是謂不爭之德，是謂用人之力」兩句話，說明它們是順乎自然的。這是把「用人之力」從權術的層面，提昇到自然的境界。至於「古之極」的「古」字，在《老子》書中經常出現，如：「執古之道」（第十四章），「自古及今，其名不去」（第二十一章），「古之所謂」（第二十二章），「古之所以貴此道者」（第六十二章），「古之善為道者」(第六十五章),從這些「古」字來看,除了代表時間外,多半是指修道者來說,這和本章第一句的「善為士者」正好對應。所以「古之極」,可以說是總括全章,指的「古之善為道者」的以此為「極」,即以「配天」為最高修養境界。

第六十九章　用兵有言

用兵有言❶:

吾不敢為主而為客❷,
　不敢進寸而退尺❸。

是謂行無行❹,攘無臂❺,
　扔無敵❻,執無兵❼。

禍莫大於輕敵,
輕敵幾喪吾寶❽。

故抗兵相加，哀者勝矣❾。

語譯

用兵的軍事家曾說過：「我不敢採取主動，而寧願退居被動；我不敢爭那一寸之土，而寧願退讓一尺之地。」這也就叫做用兵行軍，卻沒有行列。擊退敵人，卻不用臂力。使敵人就範，卻不露一點仇敵之意。軍隊所依靠的，卻不是兵器。最大的禍患就是輕敵，因為一有輕敵之心，便失去了前面我們所講的三寶。兩軍對壘之時，往往是有哀矜之心者得到勝利。

解義

❶用兵有言

「用兵」指的兵法，但不一定是指戰國時的兵家。近代學者常以此推論老子引用兵家之言，而斷定《老子》之書寫於戰國末年，這並不合乎事實，因為有戰爭，就有兵法，老子只是引用他當時或前代有關用兵之言而已。

❷吾不敢為主而為客

這在兵家來說，就是不主動出擊，而以逸待勞。「主」是指像主人似的倡於先，「客」是指像客人似的隨於後。老子的哲學不強調雄先，而主張守雌，正和用兵之言相合。至於吳澄所注：「為主，肇兵端以伐人也。為客，不得已而應敵也。」這完全把兵家的戰略一轉而為老子對兵家的看法了。

❸不敢進寸而退尺

「進寸」是指爭一寸之土，「退尺」是指退一尺之地。這是說不願爭一小片土地，而寧願退讓較多的土地。這在兵家來說，是以退為攻，或以退的戰術，使敵方自陷於困境，就像我國二次大戰的抗日策略。但在老子思想來說，卻是強調「不爭」和「退讓」之德。

❹是謂行無行

「行」，王弼注：「行陳」，即軍隊的行陣或行列。第一個「行」是動詞，指的行軍或用兵佈陣。第二個「行」是名詞，指的行列的形式。這是指善於用兵者，其行軍佈陣沒有一定的形式。但我們須注意老子以下數句，是針對前面兩句兵家之言的演繹，它們的意義是雙關的，一方面可作兵家之言來用，而另一方面卻是以道家思想來消融了兵家好戰之病，所以「行無行」的「無行」兩字又是對前面「行」字的否定。它的意思就是行軍而無軍可行，佈陣而無陣需佈。也就是真正道家的行軍卻敵，根本不需動用軍隊。這句話與前一章「善為士者不武」相合。

❺攘無臂

《說文解字》：「攘，推也。」是用手臂推物的意思，引申可為卻敵，如「尊王攘夷」的「攘」字。又《老子》第三十八章「攘臂而扔之」，這個「攘」字指的奮臂。合而言之，「攘」是奮臂以卻敵的意思。在兵家言，就是不用短兵相接，憑肉搏的臂力以卻敵。但老子此處卻暗示了奮臂卻敵而無臂可舉，這正是前一章所謂「善戰者不怒」的意思。

❻扔無敵

近代學者根據傅奕、陸希聲、吳澄、魏源等版本，把這句話移在下一句之後，而為「執無兵，扔無敵」。同時，他們也從王弼的注文認為王弼的版本原來也是如此倒置的。不過這種前後句的對調，與意義並無出入。至於河上公，也和王弼相同，所以本書仍依舊文為注。

「扔」和「攘」相對，「攘」是推之使去；「扔」則是引之使來。「扔」字如第三十八章的「攘臂而扔之」，是指使對方就範，跟隨於我的意思。「無敵」是指沒有敵意，也就是不使對方加深對我的仇恨，嚴加防範。在兵家來言，就是渙散對方的軍心，使敵人的士兵趨向於我。在《老子》來說，就是前一章所謂的「善勝敵者不與」，即不與對方敵意相待，也即第六十七章的「慈」字，「以戰則勝，以守則固」。

❼執無兵

此處「執」字有兩解：一是指自己的執持，即自己軍隊所依靠的。一是指對敵方的執持，即控制對方的軍隊。「無兵」，就是不用兵器。合而言之，就是用兵以克敵制勝而不用兵器。和前文「行無行」相對，此處「執無兵」，也即「兵無兵」。在老子思想來說，「執無兵」即是「無執」，也即是從根本上破除「用兵」的觀點。

❽禍莫大於輕敵輕敵幾喪吾寶

「輕敵」兩字，傅奕本作「無敵」。陶紹學說：「王弼注曰：『非欲以取強，無敵於天下也。』則王本亦作無敵。今作輕字，殆後人所改。」如果此處改為「無敵」兩字，則與前文「扔無敵」的「無敵」意義不相貫，因為前面的「無敵」是正面的意思，而此處的無敵卻是負面的意思。其實這個「輕」字極為緊要，老子一再說：「輕則失本」（第二十六章），「輕諾必寡信」（第六十三章）。因為對萬物一有輕視、輕忽之心，便是自大、自高，便不能以虛待物、以慈對人。這裡所謂「幾喪吾寶」的「寶」就是第六十七章的「三寶」。因為輕視萬物，便會不「慈」、不「儉」；輕視別人，便會爭而為天下先，所以老子特別要指出輕敵之為患。輕敵不僅是兵家的大忌，而輕敵背後的那種驕淫自大，正是一切禍患的根源。

❾故抗兵相加哀者勝矣

王弼注：「抗，舉也；加，當也。」是指兩方面的軍隊相對而戰。「哀」字有三方面的意義，一是和第三十一章的「殺人之眾，以悲哀泣之」相關，以戰爭為不得已之事，為了自衛，為了救人，而以悲哀的心情來應戰。二是直承前面的「輕敵」兩字，說明了心情之凝重。三是和「吾寶」有關，也就是哀矜萬物，而有慈心。綜合這三方面的意義，這裡的「哀」字有「慈」的意思，但不用「慈」而用「哀」，是因為本章借兵家的話來發揮，如果直接用「慈」字，反而顯得不倫不類。事實上，在骨子裡，老子用一個「哀」字正是糾正了用兵者的好戰好殺之性。

第七十章　吾言甚易知

吾言甚易知，甚易行❶。
天下莫能知，莫能行❷。

言有宗，事有君❸。

夫唯無知，是以不我知❹。

知我者希，則我者貴❺。

是以聖人被褐懷玉❻。

語譯

我的話非常易知，非常易行。可是天下的人卻不能知，不能行。我所講的話是有本源的，我所說的事是有原則的。這也就是我所強調的：我能做到無知，便不為人所知。知道我的人愈少，便是對我自己的愈珍惜。所以聖人雖然內懷才德如寶玉，外面卻罩以粗衣，不求人知。

解義

❶吾言甚易知甚易行

老子思想，承繼中國哲學的精神，注重人生的實踐，這與西方哲學的窮索知解，與印度哲學的醉心玄秘完全不同。在《易經・繫辭傳》第一章中，便首揭天地乾坤之道說：「乾以易知，坤以簡能，易知則有易親，簡能則易從。」這說明了天道垂象而易知，地道生物而易從。天道的垂象，四時的運化，一般人都能感受得到，所以易知；地道的生物，種瓜得瓜，種豆得豆，凡夫走卒都能依照而為，所以易從。老子思想取法於天地，所謂「人法地，地法天，天法道，道法自然」（第二十五章），最後又歸於自然，因此也是易知易行的。王弼注說：「可不出戶窺牖而知，故曰甚易知也。無為而成，故曰甚易行也。」如果以知解的方法來窮索天地之道，誠然是難知的，如宗教神學的繁瑣、科學知識的深奧。但老子講天地之道，乃是重在實行，所以從「行」的角度來說，卻是易知易行的。我們試看古代的農夫，順天地之道而種植，他們又何需知道天地存在的奧秘。

❷天下莫能知莫能行

由於老子講的話都重在於行，因此天下之人所以「莫能知，莫能行」的原因，不是出在老子講的話太深奧莫測，而是在於他們自己在「行」上出了問題。這問題就在一個「欲」字上。王弼注得很清楚，他說：「惑於躁欲，故曰莫之能知也。迷於榮利，故曰莫之能行也。」就是這個「欲」，使我們對於易知易行的道理，不願去知，不願去行。譬如老子說：「禍莫大於不知足，咎莫大於欲得。」這話豈有不能知、不能行的，可是天下滔滔，不為名來，即為利往，偏偏就是要向禍咎中鑽，正如莊子所慨歎的：「福輕乎羽，莫之知載；禍重乎地，莫之知避。」（〈人間世〉）福比羽毛還要輕，豈有載不動的？可是人們就是不知道去載。原因也是出在一個「欲」字上。試看，在世界上，又有哪個人不是想要追求幸福？儘管他們所謂幸福的定義不同，可是他們一有「想要」，便有了欲，他們愈想愈要，欲望也愈多，於是幸福反而離他們愈遠了。這不是幸福之難知難行，而是他們的欲望使他們背道而馳，因此愈求，反而愈遠了。

❸言有宗事有君

這兩句話有兩層意義，一是指老子之言和所講的事是有本源的，一是此處所宗所君，乃是引出下一句話。先就第一層意義來說，「宗」是本，「君」是主。王弼注說：「宗，萬物之宗也。君，萬物之主也。」什麼是「萬物之宗」？《老子》在第四章中說：「道沖而用之，或不盈。淵兮似萬物之宗。」可見這個「萬物之宗」就是指的「道」。那麼萬物之主，也是萬物之宗，當然也就是「道」了。不過本句，卻是在講「言」、講「事」。「言」和「事」，都是就「用」上來說的。正如第四章是指「沖而用之，或不盈」的「淵」，像萬物之宗，所以這個「宗」，就「用」來說，是指的沖虛。同樣這個君字，在第二十六章說：「靜為躁君。」所以就「用」來說，是指的虛靜。因此此處「言有宗，事有君」，都是指的虛靜。「虛」是無欲，「靜」是無為，這也正是老子立言之宗、處事之君。至於第二層意義，乃是轉托出下一句話，說明老子講的話是易知易行，但天下卻不能知不能行。

❹夫唯無知是以不我知

先就第一層意義來說，本章第一句講「易知」，此處講「無知」，文義轉變好像不一貫。但如果我們了解前兩句「言有宗，事有君」是說的虛靜，那麼，此處講「無知」便有脈絡可尋了。老子並不是講了許多知識的大道理，卻又說易知。老子之言，直截的就在說「無知」。此處「無知」有兩解：一是不自以為知，也就是「不自見，不自是」（第二十二章），這個「知」和「欲」是孿生的，老子常說「無知無欲」（第三章）。二是不強調知，不追求知，而處身於無為虛靜。所以這個「無知」也和「德」連在一起。所謂「學不學，復眾人之所過」（第六十四章），「不學」就是無知，就是虛靜之德。所以老子此處是說：他所講的話是無為虛靜的「無知」，所以一般好求知解的人，便無法了解他立言的大意。再就第二層意義來說，即是指自認無知，不要有意顯耀，讓別人知我，這本是易行之事，可是大家卻都做不到。

❺知我者希則我者貴

對於這個「則我者貴」的「則」字，前人解釋多有差異，傳統的注解，把這個「則」字當作連接詞用，如王弼：「唯深，故知之者希也。知我益希，我亦無匹。故曰：『知我者希，則我者貴也。』」河上公：「希，少也，唯達道者，乃能知我，故為貴也。」這些注解講「我貴」，以「我為貴」，似與老子虛靜無欲之旨相背，所以近代學者把這個「則」字解作動詞「效法」的意思，如任繼愈：「則我者，取法我的。」接著他們又把「貴」解作「稀少」，如蔣錫昌：「物以稀為貴，則貴亦稀也。」這樣一來便成為「效法我的人很少」了。可是把「則」字當作連接詞用，在《老子》書中很普遍，如第三、第二十八、第三十一各章，而把「則」字當作動詞用，在《老子》書中卻沒有他例。其實我們如果通觀《老子》全書，老子絕沒有以「我」為貴的想法。而本章首說「吾言甚易知」，明明是講老子所說的道，或所論處事的態度。而不是在談論如何有意不讓人知，以達到以「我」為貴。其實老子此處的「貴」，不是負面意義的顯貴的「貴」，而是《老子》書中常用到的貴重的「貴」。如第五十六章、第六十二章一再強調的道「為天下貴」。所以這裡「我者貴」的貴，乃是指不求人知的珍惜自我。這是貴我如貴道，也就是好好的修養自己，以求合道。《老子》第二十章說：「我獨異於人，而貴食母」。「貴食母」就是「貴道」，而該章一再強調「無知」，所呈顯不求人知的思想正可作此處兩句話的注腳。

❻是以聖人被褐懷玉

「被褐」是用粗布衣服遮住自己。在《中庸》裡也引《詩經》所謂「衣錦尚絅」（第三十三章）來說明把粗布衣服加在錦繡之外，以表示「惡其文之著也」，正可和這裡的思想相通。所以「被褐」

是不求人知，也就是「無知」。「無知」並非真正的愚昧無知，而是自己有知而不自以為知，這點在下一章更有充分的發揮。「懷玉」，是身懷珍寶。這即是「我貴」的「貴」。王弼注說：「被褐者，同其塵；懷玉者，寶其真也。聖人之所以難知，以其同其塵而不殊，懷玉而不渝，故難知而為貴也。」以同塵寶真來釋被褐懷玉，雖然很清楚，但以「難知」來說「為貴」，卻易被人所誤解，而在難知上做工夫。其實老子一開頭便說「吾言甚易知，甚易行」。只是老子勸大家要遮蓋一點你的光芒，所謂寶劍要放在刀鞘內。可是大家卻一味的表現自己，深怕別人不知。所以「聖人被褐懷玉」只是不求人知，而不是使人難知。人之所以難知，乃是他們的欲望使他們不願意如此去做，因此變得難知。其「難」在他們自難，而不是聖人言教之難知，聖人行止之難學。

第七十一章　知不知

知，不知，上❶；

不知，知，病❷。

夫唯病病，是以不病❸。

聖人不病，以其病病，是以不病❹。

語譯

有「知」，而不執著這種「知」，乃是最上的境界。相反的，不「知」，卻自以為「知」，乃是一種毛病。只有知道這種毛病是毛病，才能避免犯上這種毛病。聖人之所以沒有這種毛病，是因為他以這種毛病為毛病，所以才能避免這種毛病。

解義

❶知不知上

這句話有兩解，一是指「知」達於「不知」之境，如《莊子・齊物論》：「知，止其所不知，至矣！」這是把「不知」當作玄深無窮的境界，而為「知」的理想。這種說法，和《老子》第六十四章「學不學」的旨趣相同。但這個「不知」即是對「知」的超越，因此在「知」的追求上，如不走向神秘之途，便有所轉化。老子思想便是強調這種轉化的，這也就是把「知」止於「不知」之後，而轉化為實踐的德。如《莊子・大宗師》說：「以其知之所知，以養其知之所不知，終其天年而不中道夭者，是知之盛也。」這裡用「養」字，而不用「知」字很重要，因為「以知其知之所不知」，仍然是靠「知」的推理而發展的，可是「以養其知之所不知」，卻是用修養或德行來進入這「不知」的境界。以上這種解釋顯然比較玄深。另外一解是有所知，卻不自以為知，如河上公說：「知道，言不知，是乃德之上也。」這是把「不知」兩字當作否定詞，這和第三十八章「上德不德」的「不德」是同一旨趣。這種解釋顯然比較清楚易懂，但我們不能忽略了河上公說：「是乃德之上也。」可見這仍然是從知進入了德的範圍。因為就「知」來說，「知」就是知，「不知」就是不知。有知卻自不以為知，這不是知，而是德。前代哲人都有這種思想，如希臘哲人蘇格拉底說：「我只知我的無知。」孔子說：「吾有知乎哉！吾無知也。有鄙夫問於我，空空如也。」（《論語・子罕》）

❷不知知病

這句話承上句，意思很清楚，許多人不知，卻自以為知，當然是一種毛病。《老子》此處不用「下」字如：「不知，知，下」，與前句的「上」字相對，因為「不知知」，根本是一種錯誤，而且是大家常犯的毛病。以「病」字來強調，更顯出這是一種心理上、德行上的病態。

❸夫惟病病是以不病

此處第一個「病」是動詞，指「以為病」的意思，第二個「病」就是前面的「不知，知」的「病」。固然有些人是強不知以為知，但老子真正的用意還不在於此。因為真正明白自己「不知」，而偏以為自知的人並不算太多。最大多數的人都是有某一程度的「知」，或某一方面的「知」，但他們的這種「知」卻是不完全的，是有所限的，如果執之而以為「真知」，便是大錯。這有兩種情形，一是很多人的「知」，對於真實也許有他們自己的看法，這些看法資於他們的經驗，有深淺的不同，但並不究竟，譬如對人生的看法，有的人悲觀，有的人樂觀；有的人消極，有的人積極。這只是兩極的分法，其實，在悲觀與樂觀、消極與積極之間還有不同程度的看法。無論這些看法如何，它們對人生都是一種體驗、一種反應，到了最後也許如莊子所說：到了六十年而知五十九年之非（《莊子・

則陽》），才知道以前所以「知」的卻是不知，但這些小知畢竟是一種知，只是沒有成熟而已。第二種是很多人都有特殊局部的知，譬如科學家的「知」，他們的研究、他們的發明，不能不說是「知」，而且這種知在某一範圍內也是相當正確的。如醫藥真正能治病，這都是我們必須承認的「真」，儘管佛家說所有的「相」都是虛妄的，但對於我們這個虛妄的身體，吃了某藥，能治某病，卻又是歷歷不爽的。但科學的「知」，仍然只是某一部分的「知」，如果以此「知」為「真知」，去概括一切的「知」，去評斷一切的知，這又將變成一種「不知」了。譬如科學對宗教、哲學、藝術來說，仍然顯得它的「知有所限」。這並不是說科學不如宗教、哲學、藝術，而是它們各有所知。如果它們能以各別的知去融會其他的知，則它們便能突破小知，而向大知進展；相反的，以它們各別的知去蔑視其他的知，則它們便由小知而淪為不知了。

綜合以上兩種情形，可見老子的「病病」，所指的「病」乃是那種以「小知」為「真知」、為「大知」，而不知道自己所「知」不夠究竟，所「知」有限的毛病。

❹聖人不病以其病病是以不病

聖人的「不病」，並不是他的不以「無知」為「知」，而是他了解「知」的有限性，而不執著「知」。正如王弼所注：「不知知之不足任，則病也。」所以聖人的「不病」，不是真的不知，而是不病於「知」。在這裡我們可以勾劃出三個層次如下：

最下層次的「無知」是一般人常犯的毛病，這可分兩種情形，一是真的沒有知識，如未受教育的童蒙；一是有一點知識，卻用得不當，而成為愚昧無知。當中層次的「知」範圍很廣、很複雜，有小知，有大知，有各種不同領域的專門知識。到了最上的不知或無知，這是聖哲的境界，也有兩種情形，一是指真知或智慧，超越了相對性的「知」；一是「知」轉化成了「德」。所以聖人的「無知」，不是指「知」的有無，而是用知的態度，而是一種德行。「不病」就是以「德行」來講的。

第七十二章　民不畏威

民不畏威，則大威至❶。

無狎其所居，

無厭其所生❷。
夫唯不厭，是以不厭❸。
是以聖人自知不自見，
自愛不自貴。
故去彼取此❹。

語譯

人民不怕你的威權時，那麼最大的威權就會降臨到你自己身上。所以不要輕視人民的物質生活，不要厭棄人民的生命精神。唯有你不厭棄他們，他們才不會厭棄你。所以聖人能知道自己，而不顯耀自己的見識；愛惜自己，而不以自己為尊貴。他遠離自見自貴，而取法自知自愛。

解義

❶民不畏威則大威至

「威」是威權，是指君主的威權。一般來說，人民是怕政治的威權的，可是一個君主如果過分膨脹他的威權，使得人民受迫害，忍無可忍，以致起而反抗。那麼更大的「威」，便會降臨到君主身上了，這裡的「大威」，即指的天威，也指天的懲罰，如王弼所注：「任其威權，則物擾而民僻。威不能復制民，民不能堪其威，則上下大潰矣。天誅將至，故曰：民不畏威，則大威至。」

然而把「大威」解作「天威」是否有違老子思想中天道自然的天？首先我們看下面兩章的「天之所惡」（第七十三章），「常有司殺者，殺」（第七十四章），都是指「天」的疾惡和司殺的功能。但我們要注意這並不是把「天」看作宗教中的上帝，是有意志，可以宰制人的。相反的，老子的「天」是自然的，但「自然」並不是「沒有作用」的代名詞。自然的作用乃是來自於因果必然的運行。所以一個君主弄到「民不畏威」的地步，這個「天威」的到來，其實是民怨的到來，因此「大威」，是「天威」，也是「民威」。老子不用「天」、「民」兩字，而用「大」，乃是說明這種力量之大，以促使君主的警惕。

❷無狎其所居無厭其所生

這裡的「其」對應前一句的「民」字，是指的人民。王弼、河上公都把它解作君主自己，如王弼注：「清淨無為謂之居，謙後不盈謂之生。」便顯得過於玄妙，不夠具體。其實「狎」是狎玩，含有輕視的意思。「厭」是「厭飲食」（第五十三章）的「厭」，是把飲食當作獵物，任情肆虐、享受的意思，所以「厭」字也含有輕視、玩弄，以致於「厭惡」的意思。這正好由「厭飲食」的「貪厭」，到後來變成飲食無味的「厭惡」是相同的歷程。「居」和「生」相對，「居」是所住，是指物質的生活，如「安其居」（第八十章），「生」是所生，是指生命的存續，如「道生之」（第五十一章）。所以這兩句話是指君主不要輕視人民的物質生活，不要厭棄人民的生命的存在與發展。

❸夫唯不厭是以不厭

前面的「不厭」是指君主的不厭棄人民的生命。這裡的「不厭」，當然也包括了「不狎其所居」。因為講生命，當然也包括了生活。後面的「不厭」是指人民的不厭棄君主的生命。這正和開端的「民不畏威，則大威至」相對照。

❹是以聖人自知不自見自愛不自貴故去彼取此

這幾句話粗看起來，似乎與前文不類。「自知」是知道自己，「自見」是執著自己的見解。「自愛」是愛惜自己，「自貴」是把自己看得很尊貴。一個「自見」、「自貴」的人，往往看重自己，而看低別人。這在一般人來說，就會利用別人、欺負別人；這在君主來說，就會逞一己之欲，而草菅人命。相反的，「自知」、「自愛」的人，便會因反省自己，而關懷別人；愛惜自己，而尊重別人。老子之所以用這幾句話作結，也就是從根本上，勸君主要「自知」、「自愛」，老子的本意與孔子「修己以安民」相同，但老子只是重內省，並不說太多修養道德的話。

第七十三章　勇於敢則殺

勇於敢則殺，

勇於不敢則活❶。

此兩者，或利或害，

天之所惡，孰知其故❷？

是以聖人猶難之❸。

天之道，

不爭而善勝❹，

不言而善應❺，

不召而自來❻，

繟然而善謀❼。

天網恢恢，疏而不失❽。

語譯

勇而敢作敢為，毫無顧忌，是死亡之路。勇而有所不為，慈哀謙弱，便是生存之路。以上兩條路，都是勇，卻由於「敢」而受害，由於「不敢」而得利。天之所以不喜歡「勇而敢」，又有誰知道這個原因呢？聖人在此，特別關注而重視之。天道雖然不和萬物相爭，卻是永遠的勝利者。它雖然不用語言表達，但對萬事萬物的效驗卻是如響斯應的。它並不有意去吸引萬物，而萬物卻必然的歸趨於它。它寬緩得像無思無慮，可是它的安排卻周全細密。天道的網羅雖寬大得看不見，可是天下萬物卻沒有一個能逃得過去。

解義

❶勇於敢則殺勇於不敢則活

「勇」在儒家，是一種德行。「勇者不懼」（《論語．子罕》），這是立足於德性上，勇於行善，而無懼於個人的得失憂患。在老子思想中，以剛強為戒，所以「勇」並沒有受到推崇。老子把「勇」和「慈」拉在一起，所謂「慈故能勇」（第六十七章），使「勇」軟化，否則「舍慈且勇」（第六十七章）便是死路一條，「勇於敢」的「敢」是「不怕」。「不怕」不是德性上的「不懼」，而是鬥狠的，是不顧一切的好強的態度。這正是「舍慈且勇」的死路。「勇於不敢」，便是有所顧忌，便是「以慈衛之」，便是生之路。

❷此兩者或利或害天之所惡孰知其故

指前兩者，「殺」是害，「活」是利。但一般人看不到最後的利害，只知道目前的「勇於敢」，是英勇剛強，能克服一切；而「勇於不敢」，是懦弱退卻，容易被淘汰。多少人相信達爾文的進化論，但他們只知弱肉強食的一面，而不了解優勝劣敗的真正意義。事實上，達爾文的學說對自然的描寫，只是一種基於某一個立場的看法，未必能詮釋宇宙的大全。而一般人的應用這種理論，更是隨心所欲的曲意附會，又哪裡能了解事實的真相，所以老子要說：「天之所惡，孰知其故？」然而老子的

「天」，不是神明，不是有意志、有好惡的，為什麼卻說：「天之所惡」呢？其實，老子這話，是就人對天的了解來說的。「天之所惡」，即「天之好惡」，人沒有辦法完全清楚「天之好惡」，因為「天」根本沒有好惡，所謂「天法道，道法自然」（第二十五章），所以天也是自然的。天之所好惡，或利或害，根本是由於萬物自身發展的必然。不去向萬物自身去找原因，而要向天去追究好惡，當然是「孰知其故」了。

❸**是以聖人猶難之**

此處和第六十三章的「聖人猶難之」意義相同。並不是聖人想知，而感覺困難，而是聖人深知它的重要，特別小心，不敢輕易而為。如王弼所注：「聖人之明，猶難於勇敢，況無聖人之明，而欲行之也。」也就是說聖人對於天道之自然，深知它的變化之妙，而不敢以己意草率而為。

❹**天之道不爭而善勝**

天道是法乎自然的，它絕不與萬物相爭。由於它的不爭，萬物也就無從與它爭，因此它永遠不是萬物爭競的對象，也就常立於不敗之地。然而天道的「不爭」並非放棄它的功能，相反的，它的自然功能卻一直繼續的發展，所以最後即使萬物與它相爭，它仍然順著它的路子而自然的發展，這就是它的「善勝」。

❺**不言而善應**

《老子》第二十三章說：「希言自然。」天道自然，所以天道是希言的。「希言」只是就人們聽不到來說的，如「聽之不聞名曰希」（第十四章）。其實天道根本是不言的。「不言」是指天道不藉言語來表達它的意思，換句話說也就是天道沒有主動的要求。天道的作用乃是萬物的自然發展，如王弼注說：「順則吉，逆則凶，不言而善應也。」所以吉凶由於自取，天道並不需要講話，其應驗卻是不爽的。

❻不召而自來

王弼注說：「處下則物自歸。」在《老子》書中常用「地」、「江海」來說明處下的道理。「地」和「江海」雖然不是「天」，但這種「處下」而萬物「自歸」的作用，卻是天道在現象界的作用。不過「處下」只是「不召而自來」的一種現象而已。「天道」無所不在，其理無所不通。雖然天道並不有意要萬物歸向於它，但理有必然，萬物的發展自然的歸於天道。

❼繟然而善謀

「繟」字，《釋文》：「繟，音闡。坦，吐旦反。梁王尚、鍾會、孫登、張嗣本有此坦，平大貌。河上作墠，寬也。」焦竑說：「繟，音闡，舒緩也。王作坦，嚴（嚴遵）作默，不如作繟為長。」「繟」的舒緩正表示天道的無心。「謀」是預算，也就是預先安排一切。天道的無心，好像沒有知慮。可是天道在現象界的作用，卻早在「道生一」的開始時，便成為萬物變化的原則。也就是說這些原則，是從最早生化時就已具有，並不是在萬物創生之後，天道又事事物物去安排這些原則。就像日出日落，日往月來，都是早就設定好的，不需要每天去安排。所以在現象界的一切，早就依循天道的原則來行動。事實上，這些原則就是天道本身，又哪裡有一個外在的天道在預謀安排一切？

❽天網恢恢疏而不失

「恢恢」是寬大的意思，「天網」和「法網」不同。「法網」是愈細愈密，愈能繩人以法，可是最細最密的法網，仍然有不少的人鑽法律的漏洞，非但不受到法律的制裁，法律反而為他們所利用，變成他們為惡的工具。天道卻不然，它「不爭」、「不言」、「不召」、「繟然」。它根本無欲、無聲、無意、無心，又哪裡有「網」在張羅？所以天網寬大得根本是無形的。然而「疏而不失」，卻沒有一個人能逃得過去，因為「天網」不是寫在書上、公佈在法堂內。「天網」就是事事物物生存發展的原則，就像佛家的「業」，每個人自己製造，每個人自己領受，雖然看不見、摸不到，卻沒有一個人能夠逃得了。

第七十四章　民不畏死

民不畏死，奈何以死懼之❶！

若使民常畏死，

而為奇者，吾得執而殺之，孰敢❷？

常有司殺者，殺❸。

夫代司殺者，殺，是謂代大匠斲。

夫代大匠斲者，希有不傷其手矣❹。

語譯

當人民求生無門，而不怕死的時候，再以死來威脅他們，又有什麼用呢？假定使人民都有求生之路，而不願去死，這時，再有作奸犯科的人，把他抓起來，處以死刑，這樣，便不會再有作奸犯科的人了。真正永恆的具有司殺責任的，如天道，才能用殺。越組代庖去司殺的人，就像替大匠來砍物一樣。替大匠砍物的人，很少有不自傷其手的啊！

解義

❶民不畏死奈何以死懼之

人民幾乎沒有不怕死的，只要有一絲生路，都會求生的。因為怕死求生也是人的本能。可是當人民的生路被暴君擋斷了的時候，他們便鋌而走險，不再怕死。但他們這樣做，也是為了死中求生，仍然是怕死，仍然是求生。在這個時候，暴君再以死來嚇阻他們，當然是不可能的了。所以這句話是假設的條件語句，是說假使國君胡作亂為，逼得人民求生無門，而不再怕死時，又怎能再以死來嚇阻他們。

❷若使民常畏死而為奇者吾得執而殺之孰敢

「奇者」，王弼注：「詭異亂群謂之奇也。」也就是好標新立異，破壞法紀的人。這句話表面看起來似法家之言。我們必須深體其意，找出老子思想微言大義來。其中關鍵乃在「若使民常畏死」一句。如何才能「使民常畏死」，這並不是指多立刑法，使人民知懼，因為前文明明說「奈何以死懼之」。所以這裡的「使民常畏死」，必另有深意。人之所以畏死，是由於生命有意義、生存有樂趣。因此人君「使民常畏死」，就是為人民多開生路，使他們求生有門，自然就不會輕死了。在這樣一個條件下，如果還有人要作奸犯科，這是他們的自尋死路，所謂「自作孽，不可活」。

❸常有司殺者殺

這句話有二層意思，第一層是指的掌法的人，也就是法律本身，因為法律才有生殺之權。但強調法律並非老子思想的主旨，所以本句的第二層意思是指的「天道」。河上公注說：「司殺者，天。居高臨下，司察人過，天網恢恢，疏而不失也。天道至明，司殺者常，猶春生、夏長、秋收、冬藏，斗杓運移，以節度行之。」河注前半段，把天神格化了，似與老子的精神不合，而後半段講自然，正是老子思想的主旨。因為「天道」的司殺，就像法律一樣，它沒有預存的好惡，完全是由於人們自己是否走生門、或入死路。但我們不說它是法律，而說它是天道，因為法律是人為的，尤其在古代，法律為人君的喜好所左右。至於「天道」，則是宇宙的大法，沒有人能改變，沒有人能逃避。正是所謂「天網恢恢，疏而不失」。

❹夫代司殺者殺是謂代大匠斲夫代大匠斲者希有不傷其手矣

「大匠」就是「天道」。「大匠」的用斲並非破壞器皿，而是完成器皿。尤其天道的作用在生生，這裡所謂「天道」的司殺，並不是天道的好殺。相反的「司殺」就是掌管殺戮之事，也就是控制殺戮之事。換言之，也就是為了廣開生路，減少殺戮。所以真正「司殺」司得好，就是沒有殺戮。就法律來說，其最終的目的，就是不用法律，史書上屢言「刑措」，就是不用刑法的意思。這是法律的終極意義，何況「天道」好生，以慈救人。可是君主「代大匠斲」，就是自以為是天子、天的代言人。他們的「殺」，只是憑己意而為，或藉他們所左右的法律而為。縱使他們做得很公正，但也只做到「殺」的一面，而不像「天道」的運作，根本是自然的、是生生的。

第七十五章　民之饑以其上食稅之多

民之饑，以其上食稅之多，是以饑❶。

民之難治，以其上之有為，是以難治❷。

民之輕死，以其上求生之厚，是以輕死❸。

夫唯無以生為者，是賢於貴生❹。

語譯

人民饑饉，是由於在上位的人吃稅太多了，使得他們不能免於饑饉。人民難治，是由於在上位的人有為而干擾，使得他們起來相抗，因而難治。人民不怕死，是由於在上位的人過分追求自己生活的豐厚，使得人民求生無門，以致鋌而走險。所以在上位的人如果不一味的追求自己的生存，才是真正愛惜自己的生存，這比一般只求貴生的人要高明多了。

解義

❶民之饑以其上食稅之多是以饑

在古代，人民的「饑」，有兩個主要的原因，一是天災，一是人禍。天災如水旱等災，雖然是外在的災害，不能避免，但這些災害並非常有，而且人為的努力，也可減少這些災害的影響，減輕人民「饑」的程度。至於人禍，如暴君的無道、戰火的摧殘，往往造成了饑荒連年。前者，如秦始皇的築長城、隋煬帝的開運河，後者如戰國時期的諸侯兼併，以及外族的侵入。然而這些人禍還是載於史冊，大家有目共覩。另外還有一種人禍卻是很普遍的，就是老子所謂「其上食稅之多」。不要說暴君的橫徵苛斂，就是一般君主稍事逸樂，略重稅收，然後層層剝削，在下的農民便不勝負荷了。呂吉甫說：「一夫之耕足以食數口，則奚至於飢哉？而至於飢者，非以其上食稅之多，故飢耶。」其實，古代多為數口之家，一夫之耕也僅足以暖飽，如果在上的人稍重稅收，他們便會陷於窮困了。古代的政治家、哲學家都重視人民的經濟生活，如管仲便認為「衣食足則知榮辱」（《管子・牧民》），孔子也強調：「足食、足兵，民信之矣。」（《論語・顏淵》）可是自春秋以下的君主們為了自己的「好貨」，不顧民生，甚至連孔子的學生冉求，也替富於周公的季氏聚斂，這就難免人民即使沒有天災、暴君，仍然常過饑寒的生活了。

❷民之難治以其上之有為是以難治

上一句批評苛稅，道理易見。本句指責「有為」，卻是老子特有的思路。因為一般的政治都強調

「有為」，為什麼「有為」反而人民難治呢？這就必須先了解「有為」兩字在老子思想中的意義。在《老子》，「有為」是「自然」的相反。在君主本身來說，就是自以為有知，就是好動；對人民來說，就是政令繁、賦稅多、法網嚴。這是「有為」的干擾人民的生活，使得人民求生不易，以致於運用他們的才知來應付政令、逃避稅法。不得已，還要鋌而走險，這不正是「有為」，反而造成了「難治」的結果嗎？

❸民之輕死以其上求生之厚是以輕死

「輕死」即是前一章「民不畏死」的意思。人民因求生無門，才鋌而走險。人民之所以求生無門，乃是因為在上位的人「求生之厚」。「求生」本是人的基本欲望，無可厚非，但求生之「厚」，卻過分強調自己的生存，而忽視人民的生活；過分追求自己的生活享受，而輕視人民生活的幸福。當國庫的藏貨愈充實、王宮的設施愈華麗，可是人民的生活卻愈困苦，以致於求生無門而輕死。

❹夫唯無以生為者是賢於貴生

「貴生」是以自己的生存為貴，刻意營求，以滿足個人的生生之厚，而不顧人民的生活，甚至犧牲人民的幸福。這是逼人民鋌而走險，所謂「民不畏威，則大威至」，結果，反而使自己的生存產生問題，所以老子勸說「無以生為」。這並不是說君主不愛自己的生命，而是不只以自己的生命為意。換句話說，以人民的生命為重，自己的生命也與人民的生命共長。王弼注說：「言民之所以僻，治之所以亂，皆由上不由下也，民從上也。」王弼抓住了貫串全章的「其上」兩字。說明了一切亂源在於上位的人，這是問題的癥結，君主如真能「無為」，天下也就無不為了。

第七十六章　人之生也柔弱

人之生也柔弱，其死也堅強❶。萬物草木之生也柔脆，其死也枯槁❷。故堅強者，死之徒；柔弱者，生之徒❸。是以兵強則不勝，木強則兵❹。強大處下，柔弱處上❺。

語譯

人有生命時，是肌膚柔弱的。死了之後，卻變得僵硬堅強。萬物草木等有生命時，是枝條柔脆的。死了之後，卻變得枯槁堅硬。所以說堅強是死亡之路，柔弱是生命之路，正因如此，所以兵力強大，反而不能贏得勝利。樹木強大，反而遭受刀兵之害。這正說明了強大處下勢，柔弱卻能占上風。

解 義

❶人之生也柔弱其死也堅強

這是以形軀為喻，人有生命的時候，肌膚柔軟，能屈能伸，卷舒自如，可是死亡的時候，卻堅硬而不能屈伸。在《老子》書中，有時「弱」字單獨用，有時「柔弱」連言。「弱」本是負面的字義，在單獨用時，老子故意說弱，以矯正一般人好強的習性，可是「柔」卻是正面的字義，也是一般人所喜好的，《易經》中便說剛柔相濟。事實上老子的弱卻是以柔為內容的。弱之所以能勝強，正因為它的「柔」而不可折。

❷萬物草木之生也柔脆其死也枯槁

「脆」和「弱」一樣，是一般人不喜歡的，因為「脆弱」易折，但「脆」而能「柔」，卻是生命發育的表現。當一個生命初生時，無論是嬰兒、是幼苗，在外部來看，都是非常脆弱的，可是就內部來看，卻充滿了生命力，正如春風吹又生，生命力的發育，是莫之能禦的。

❸故堅強者死之徒柔弱者生之徒

「死之徒」，是死之屬，即死之路。堅強是指外表的剛強。就人來說，是好強鬥狠，是「勇於敢」，所以會走上死路。相反的，「柔弱」是能屈能伸，是「勇於不敢」，所以能夠保全自己，走上生之途。

❹是以兵強則不勝木強則兵

這兩句近代學者都有考證，如俞樾說：「木強則兵，於義難通。河上公本作木強則共，更無義矣。《老子》原文作『木強則折』，因折字闕壞，止存古旁之斤，又涉上句兵強則不勝而誤為兵耳。『共』字則又『兵』字之誤也。《列子・黃帝》引老聃曰：『兵強則滅，木強則折。』即此章之文，可據以訂正。」俞氏為了遷就《列子》所引，作了太多的假設，既說「闕壞」，又說「涉上句之誤」，這是考據家慣用的方法，但太多假設，便會流於牽強附會。而《列子》所引也不足以為據，因古人所引未必一字不改，而且《列子》一書作者便有問題。即使以《列子》引文和王弼注本之文相比較，「兵強則滅」，文義直率，遠不如「兵強則不勝」委婉而有深義。因為「不勝」，除了也兼有「滅敗」的意義外，它更含蓄的表示雖贏了戰爭，也不是最後的勝利。譬如《老子》第三十六章說：「柔弱勝剛強」，並不是指柔弱與剛強正面廝殺，打敗了剛強；而是指柔弱以其特殊的功能，得到最後的勝利，這個原因很多，或由於柔弱的耐性，或由於柔弱的「慈」的本質，或由於「剛強」的自取滅亡，總之，這個「勝」字並不需要正面的交鋒。從這一觀點再回頭來看「兵強則不勝」的意義，當然比「兵強則滅」深遠多了。其次再說「木強則兵」也比「木強則折」較有深意。「兵」是指兵器，《老子》書中常有用法，如：「執無兵」（第六十九章），「雖有甲兵」（第八十章），此處的「兵」作動詞用，指受兵器的砍伐，有「山木自寇」（《莊子・人間世》）的意思。所以這兩句話不必動用考據家的刀剪，意義已很清楚。「兵強」、「木強」的「強」都是自己走上了死亡之路。

❺強大處下柔弱處上

這裡「處下」，與老子「以靜為下」（第六十一章）的處下不同。後者是指謙下的德行，而前者只是指居下位、處下風，是含有不好的意思。王弼注為「木之本」，這與老子原意不符。至於河上公

注：「與物造功，大木處下，小物處上。大道抑強扶弱，自然之效。」雖然意思較好，卻仍然不免執著在樹木的譬喻上，如果照王弼的注「柔弱」是枝條，那麼處下堅強的樹根被砍伐之後，柔弱的枝條豈能獨存？所以此處以樹木為喻，始終不夠周延。為了避免這一誤導，這裡的「處下」、「處上」，只是一種描寫，指強大反而居下，柔弱反能為上。

第七十七章　天之道其猶張弓與

天之道，其猶張弓與！
高者抑之，下者舉之；
有餘者損之，不足者補之❶。
天之道損有餘，而補不足❷；
人之道則不然，
損不足，以奉有餘❸。

孰能有餘以奉天下？唯有道者❹。

是以聖人，

為而不恃，

功成而不處，

其不欲見賢❺。

語譯

天之道，好像扣弦於弓的作用。把弓的凸高處壓低，把弓的低凹處推出。弦太長了，把它修短；弦太短了，把它增長。這就是天之道的損除有餘的，而增補不足的。人之道卻不然，消損那已經不足的，卻拼命去追求那有餘的。誰能用有餘的來奉獻給天下，恐怕只有行道的人才能做到吧！所以說只有聖人能為天下而為，卻不自以為有為；為天下而成就功業，卻不自以為有功。他們順自然，而不願表現自己的才智。

解義

❶天之道其猶張弓與高者抑之下者舉之有餘者損之不足者補之

「張弓」，《說文解字》：「張，施弓弦也。」弓是由兩片竹條做成，當上弦的時候，弓的兩端往上凸處須把它壓下，而弓當中處本來是往下凹的，卻須把它往上頂出，然後才能把弦扣好，這是所謂「高者抑之，下者舉之」。當扣弦時，弦太長，則把它修短；弦太短，則把它續長，這是所謂「有餘者損之，不足者補之」。

❷天之道損有餘而補不足

以上只是借張弓為喻，此處講天道才是正題。天道為什麼損有餘而補不足？如果經過天道的「損」和「補」之後，世界上豈不是沒有了「有餘」和「不足」？其實，就天道本身來說無所謂有餘或不足，就自然界本身來說也無所謂有餘或不足。「有餘」或「不足」，乃人對自然作用的認識與詮釋，以及人為力量或欲念干擾之後所造成的現象。譬如多雨成災、無雨成旱，這本是自然界的兩種現象，儘管多雨的區域，如某些叢林沼澤，自有它們的生物。乾旱的地方，如不少的沙漠地帶，也有它們的生物。但對於人和大多數的生物，雨水調和卻是生命繁衍的溫床，所以就人來說，這種「有餘」和「不足」的調和乃是生命之道，也即是天道。所以人認定的天道，就是「損有餘」、「補不足」的。至於在生生的發展中，有時呈現了「有餘」或「不足」，就像「多雨」或「乾旱」一樣，只是「天」的現象，而不是「天」之道。就如第二十三章所謂的「飄風」、「驟雨」一樣，雖然也是「天地」之所為，但這只是偶然的現象，而不是「損有餘」、「補不足」，使萬物和諧而生長的天道。

❸人之道則不然損不足以奉有餘

這裡的「人之道」，並不是順天道的人道，而是反乎天道的人為之道。天道是自然的，人之道卻是反自然的。人之道所以反自然，乃是因為這個「人之欲」在作祟。所謂「損不足以奉有餘」，在政治上，就如第七十五章所說的「民之饑」，是「不足」；「上食稅之多」，就是「奉有餘」，因為君王的「求生之厚」，拼命聚斂，使本已不足的人民更不足，使早已有餘的王室更有餘。在個人來說，就如第四十四章的「甚愛必大費，多藏必厚亡」，名與貨本已多餘，可是卻無止境的貪求，精神體力本已不足，可是為了名利，卻不顧犧牲精神體力。這就是我們一般人所行之道——損不足以奉有餘。

❹**孰能有餘以奉天下唯有道者**

「有道者」，順乎自然。這裡不說「不足」以奉天下，因為自己本已不足，又如何能奉天下。譬如墨家之流「摩頂放踵，利天下而為之」，這種犧牲的精神只有少數殉道者可以做到，可是要求大多數人效法，卻辦不通，所以莊子批評說：「其生也勤，其死也薄。其道大觳，使人憂，使人悲，其行難為也！恐其不可以為聖人之道！反天下之心，天下不堪，墨子能獨任，奈天下何！離於天下，其去王也遠矣！」真是一針見血的話。至於說「有餘以奉天下」，初看起來，好像很簡單，我有「有餘」的錢，用它來救濟別人。其實世界上究竟有多少人做到？問題不在這個道理簡不簡單，而是因為這個「不知足」的「欲」，沒有人感覺「有餘」，即使他們有「有餘」的錢，他們還是感覺「不足」，而且是永遠感覺「不足」。只有「知足」才能使人感覺「有餘」，即使沒有太多的錢，也能因「知足」，把僅有的一點餘錢，以奉天下。當然以上用錢為喻，只是一個例子，老子的「有餘」，不只限於財貨，而另有較深較廣的意義，舉凡個人的才智、成就都是「有餘」。這些東西可以彌補自己的不足，但當我們用它們來奉天下時，非但不會使自己不足，相反的，更會使自己有餘，所以是愈「奉天下」，而自己也愈「有餘」。

❺**是以聖人為而不恃功成而不處其不欲見賢**

「見賢」的「見」即「現」的意思，王弼注：「示其賢」即表現自己。此處「為」、「功成」、「賢」是有餘，而「不恃」、「不處」、「不欲見」是不占為己有，不為了自己而求，這就是「奉天下」。《老子》本章，從「天之道」來批評「人之道」，最後再歸結到「聖人之道」。整個關鍵在一個「欲」字。無欲便能自然，自然就是損有餘而補不足的作用。我們為社會、為世界做了很多有價值的工作，這是建功立業。這些功業是「有」，既然是「有」，就很容易變為「有餘」，變為「有餘」之後，也就很可能「物極必反」，而變了質，走入了與原先相反的路子。在歷史上，很多人在開始時建功立業，可是功成之後，恃功而驕，不是因受妒忌而亡身，便是因自大而失德。所以老子最後說「不欲見賢」，使我們知道在外面愈「有餘」，往往是內在愈「不足」。此時就應該消解外面的「有餘」來充實內在的「不足」。這是「天道」的自然，但在人，卻是一種轉化的工夫。

第七十八章　天下莫柔弱於水

天下莫柔弱於水，而攻堅強者莫之能勝。

以其無以易之❶。

弱之勝強，柔之勝剛。

天下莫不知，莫能行❷。
是以聖人云：
受國之垢，是謂社稷主；
受國不祥，是謂天下王。
正言若反❸。

語譯

天下沒有比水更柔弱的了，可是能攻破堅強的東西卻贏不了水，這是因為它們無法改變水的性狀。這道理天下沒有人不知，卻都不能依它而行。所以聖人說：「願接受天下最污垢的人，可以作社稷之主。願承受天下一切不祥災禍的人，可以為天下之王。」這就是正面的道理聽起來好像反面的話。

解義

❶天下莫柔弱於水而攻堅強者莫之能勝以其無以易之

水是天下最柔弱的東西，注入圓，就為圓；注入方，就為方。決於東，就東流；決於西，就西流。它柔弱得沒有一定的形體和方向。可是為什麼「攻堅強」者，「莫之能勝」呢？「攻堅強者」，是指那些剛強得可以摧破一切堅強之物者，卻永遠也勝不了水。「以其無以易之」，王弼注說：「水之柔弱，無物可以易之也。」這是說正因為水是最柔弱的，最剛強的東西也無法改變它。我們固然可用外力使它變圓、變方，可是外力一除之後，它又回復到原形——沒有固定的形體，卻可以變成各種不同的形體。

❷弱之勝強柔之勝剛天下莫不知莫能行

這個「勝」字，不是指以武力打敗對方的「勝利」，而是由於「無以易之」，使對方無能為力的「勝利」。這道理，大家能懂，卻就是不肯實行於己。譬如大家都知道「退一步天地寬」，可是就不肯退那麼一步。大家都知道「吃虧就是占便宜」，可是當我們吃虧時，就嚥不下那口氣。

❸是以聖人云受國之垢是謂社稷主受國不祥是謂天下王正言若反

「垢」是污垢。「社」本是地神，「稷」本是穀神，兩者都是和土地有關。而土地是最低下的，也是污垢之所積，所以說是受國之垢。又「社稷」合言，本是指司穀之神。由於古代以農立國，所以「社稷」也是指國家。這是指君主必須處最低下的地方，才為人民所歸，就像「江海所以能為百谷王者，以其善下之。」（第六十六章）「不祥」是指災禍等不好的事。《論語》上引堯舜的話說：「堯曰：『咨爾舜，天之曆數在爾躬，允執其中，四海困窮，天祿永終。』」又「予小子履，敢用玄牡，敢昭告于皇帝皇后，有罪不敢赦，帝臣不蔽，簡在帝心。朕躬有罪，無以萬方。萬方有罪，罪在朕躬。」（〈堯曰〉）這正是把「不祥」歸給自己的謙虛之德。本章從水的柔弱，說到聖人的謙虛，最後再歸到「正言若反」的結論。「正言若反」是《老子》書中常用的成語，表面意思是正面的話好像是反面的意思。這不是老子的故弄玄虛，乃是「反者，道之動」（第四十章）的自然現象。

第七十九章　和大怨必有餘怨

和大怨必有餘怨，安可以為善❶？
是以聖人執左契，而不責於人❷。
有德司契，無德司徹❸。
天道無親，常與善人❹。

語譯

當大怨已成時，再求去調和大怨，必然的餘怨猶存，又怎能稱得上是善策？所以聖人只守自己的那半張契約，做自己應該做的，而不去責備和要求別人。真正有德的人像守契約一樣，做自己該做的，而沒有德行的人，卻像管稅法的人一樣，只要求別人付稅。天道對於萬物沒有偏愛，但它卻常和善人在一起。

解義

❶和大怨必有餘怨安可以為善

「和」作動詞，指調和、和解。這裡說「大怨」，可見怨恨累積得極為深重，以致無法排解，按照老子的思想，在怨恨尚未有形時，很容易使其不生，所謂「其未兆易謀」（第六十四章）。當怨恨已生，還不大的時候，可以「報怨以德」（第六十三章），也容易化解掉。可是等怨恨積到大得無法化除時，正是所謂「民不畏威，則大威至」（第七十二章），這時候民怨沸騰，即使在上位者表示友好，人民也不會信任，所以餘怨猶存，很難做到彼此了解、毫無疑慮的程度。《老子》此處特別說「大怨」，很顯然是指暴政的草芥生命，使人民求生無門。這才是「怨」之大者。

❷是以聖人執左契而不責於人

「契」是契約。為什麼特別標明「左契」？前人注解多半在強調「左契」與「右契」的不同。執「右契」的人是憑契券來取物，執「左契」的人是等別人來取物。所以此處「左契」的意思是指聖人只給物於人，而不責備別人或求回報於人。但由於後面一句只說「司契」，所以我們不必在「左」、「右」上作太多文章。聖人的「執左契」，乃是指聖人只管他那一半的契約，做他那一部分該做的工作，而不必去責備或要求旁人。其實人與人的關係就像契約，孔子所謂「君君、臣臣、父父、子子」就是一種契約。君拿左契，臣拿右契；父拿左契，子拿右契。每個人如果都能做到自己分內的工作，就像左契右契便相合無間，他們之間的關係便和諧一致。否則不履行自己這一半契約的規定，而一味要求別人向你負責，這便失去了契約的公平原則。

❸有德司契無德司徹

「徹」，是一種稅法，如《論語．顏淵》：「盍徹乎？」鄭注：「周法什一而稅，謂之徹。徹，通也。天下之通法。」《孟子・滕文公上》：「周人百畝而徹。」趙注：「耕百畝者徹取十畝以為賦，徹猶取也。」「司徹」就是指的管稅收。「司契」和「司徹」對言，前者是指只重自己應盡的工作，後者卻是注重別人是否盡責。

❹天道無親常與善人

「親」是指親近的關係，也是指的關愛。天道是以自然為體的，它和萬物沒有特殊親疏的關係，它對萬物也沒有特別關愛的情感，因為它對萬物都是一視同仁的。可是為什麼又「常與善人」呢？這並不是天道有意去幫助善人，而是善人的善行，自然走在天道的一邊。因為「善」是附和生生之德，而天道就是以生生為德的。所以天道的這種「常與善人」是無為而自然的。

第八十章　小國寡民

小國寡民❶，
使有什伯之器而不用❷，
使民重死而不遠徙❸。

雖有舟輿，無所乘之；

雖有甲兵，無所陳之❹。

使人復結繩而用之❺。

甘其食，美其服，

安其居，樂其俗❻。

鄰國相望，

雞犬之聲相聞，

民至老死不相往來❼。

語譯

理想的社會是：國家小，人民少。縱使有各種複雜的器物，也沒有地方來應用。使人民都愛惜自己的生命，而不追名逐利，遠走他鄉。雖然有船有轎，也沒有必要去乘坐；雖然有防備的兵器，也沒有機會去運用。使人民都歸於結繩而治的素樸生活。人們都以他們所有的食物為美味，都以他們所穿的衣服為華麗。他們都安於所居的環境，都樂從他們的風俗習慣。

他們和鄰近的國家面對面的相望，彼此聽到對方的雞犬之聲，可是他們到了老死也不需要互相往來。

解義

❶小國寡民

王弼注說：「國既小，民又寡，尚可使反古。況國大民眾乎？故舉小國而言也。」這似乎正好弄錯了老子的意思。因為老子原意是指「小國寡民」較國大民眾容易為治。因為國大則事繁，民眾則生活便不單純，所以老子特別強調「小國寡民」。可是問題是老子所處的是大國眾民的社會，而依歷史的發展，國愈來愈大，民愈來愈眾，又如何可能變成「小國寡民」呢？如果說這種「小國寡民」只是老子的理想社會，那麼這是一個永遠無法實現的理想，豈不是使老子思想變成了空談。其實不然，河上公注說：「聖人雖治大國，猶以為小。儉約不奢泰。民雖眾，猶若寡少，不敢勞之也。」這正是老子「治大國若烹小鮮」（第六十章）的意思。雖然就本章文義來說，並不是在談治國的方法，但「小國寡民」的理想社會卻是表達了老子無為自然的思想。許多學者把這種社會推溯到堯舜禹湯之前，認為老子是讚美太古的社會，是復古的思想。其實老子的思想並不是向後看的，而是向前看的。今天在中國偏遠的地方仍然存在著某些部落，過著沒有文明制度的素樸生活。儘管他們生活得無憂無慮、無欲無知，但老子的思想卻不是針對他們而言的。相反的，老子卻要在「大國眾民」中，談「小國寡民」。就今天的社會結構來看，「小國寡民」是理想的，但正因為是理想的，才是未來的，才對今天的社會有啟發的作用。

❷使有什伯之器而不用

「什伯之器」按俞樾說：「什伯之器，乃兵器也。《後漢書・宣秉傳》注曰：『軍法五人為伍，二五為什，則共其器物。』其兼言伯者，古軍法以百人為伯。《周書・武順》：『五五二十五元卒，四卒成衛曰伯。』是其證也。什伯皆士卒部曲之名。」這段文字把「什伯之器」，解作兵器，似乎證據鑿鑿。不過仍有一些問題，值得推敲。第一點，此處「什伯之器」，如果是兵器，與下文「雖有甲兵」，似嫌重複。第二點，按「什伯」的編制，可見軍隊的人數不算少，這與「小國寡民」不符。還有一點值得我們注意的是河上公注本作「使有什伯人之器而不用」。河上公雖然把「什伯」和「人」字分開來注，似乎生硬不貼切。但最近馬王堆出土的《帛書老子》卻作「使有十百人器而勿用」（隸書本）及「使十百人之器毋用」（小篆本）。這裡的「十百人」卻耐人尋味。因為「十百」指數目。雖然「十百」的數目不算大，但對「小國寡民」的社會來說，也不算少了。這「十百人之器」究竟指的什麼？我們可以說它是泛言各種生活上的器具，因為國大民眾，禮樂必繁，所以各種生活上的器物，如服飾、禮器及各種謀生工具必多。但「小國寡民」，自然就用不著這些器物了。我們這樣的解釋，在意義上，要比專指兵器來得較為開闊而有涵蓋性。

❸使民重死而不遠徙

「重死」不是怕死，而是看重生命。「看重生命」不是藉外在物質來裝飾自己的「貴生」，而是愛惜生命的本質，不讓欲望來污染它。所謂「遠徙」，就是為了追名求利，奔波他鄉。在古代農業社會，安土重死的觀念是很普遍的。一般人不是因戰火，便是由於經商或求知，才遠走他鄉。但在老子「小國寡民」的社會，一切已足，所以沒有遠徙的理由。「遠徙」之所以和「重死」連在一起，乃是因為古代交通不便，旅途險惡，往往生離，形同死別。所以愛惜生命的人，不願隨便遠徙。

❹雖有舟輿無所乘之雖有甲兵無所陳之

「陳」是陣列，也就是用之於戰陣。此處「舟輿」、「甲兵」都是「什伯之器」，都是使人輕死，而遠徙的。其實在原始的「小國寡民」的社會中，根本不需要「舟輿」和「甲兵」，因此他們也沒有「舟輿」和「甲兵」。「舟輿」和「甲兵」，是人為的製作，是人類邁向文明，卻同時也走向複雜社會的象徵。老子此處「雖有舟輿」、「雖有甲兵」，可見不是指原始的「小國寡民」的社會，而是在已有了文明制度的「大國」，已有了複雜關係的「眾民」之後，而希望回復到單純樸實的生活境界。

❺使人復結繩而用之

「結繩」，一般都指結繩紀事，以代表文字，這是指人類在創造文字以前的社會，如《易經‧繫辭》上說：「上古結繩而治，後世聖人易之以書契。」（〈下傳〉第二章）這個時期，大約在伏羲（孔安國主張）、或神農（許慎）。但還有另一種解釋如：「作結繩而為罔罟，以佃以漁。」（〈下傳〉第二章）可見「結繩」也可解作漁獵的生活方式。然而在這裡我們要注意的是：老子並不是要反對文字，要回復到原始的社會。老子所要強調的是一種素樸的生活方式。

❻甘其食美其服安其居樂其俗

「甘其食」不是喜歡好吃的，而是以自己的粗茶淡飯為好吃。「美其服」不是喜歡漂亮的衣服，而是穿著粗布衣服也覺得很自在。「安其居」是安於自己的居處，而不求名求利，向外追逐。「樂其俗」是樂於相沿的風俗人情，而不標新立異，追求刺激。老子這簡單的幾筆，把這個理想的社會寫得非常平淡而合情。這比起《莊子・馬蹄》所描寫的：「故至德之世，其行填填，其視顛顛。當是時也；山無蹊隧，澤無舟梁；萬物群生，連屬其鄉，禽獸成群，草木遂長。是故禽獸可係羈而遊，烏鵲之巢可攀援而闚。夫至德之世，同與禽獸居，族與萬物並，惡知乎君子小人哉！」顯然是較為平實而近情。因為老子所描寫的，就是一個很普通的鄉居生活。在中國古代的農村社會中，也是很普遍的現象。所以老子的理想並非高遠而不可及，相反的，卻在現實中，只是我們因忽略而喪失它罷了。

❼鄰國相望雞犬之聲相聞民至老死不相往來

這幾句是寫國與國之間的關係。照理說是非常複雜的，可是老子寫來，卻似描寫村落與村落之間的關係。自周室衰微，諸侯群起，國與國之間，更是以利害相交，互相兼併。針對這一亂象，無論是強調尊王攘夷，或高唱講信修睦，都未必是釜底抽薪的辦法。所以老子只淡淡幾筆，以描寫鄉村之間的寧靜，來化除國際之間的勾心鬥角。王弼注：「無所欲求。」河上公注：「其無情欲。」，都是一針見血的，抓住一個「欲」字，因為國際間一切的亂源，就在一個「欲」字。「大國眾民」之難治，也在於他們的欲多。如果能化除這個「欲」，那麼雖處「大國眾民」，猶如「小國寡民」。國與國、人與人的關係，如「鄰國相望，雞犬之聲相聞」，也就是指聲氣相通；而「民至老死不相往來」，也就是指不以利害相交，不以欲求相往來。

第八十一章　信言不美

信言不美，美言不信❶。
善者不辯，辯者不善❷。
知者不博，博者不知❸。
聖人不積❹。
既以為人，己愈有；
既以與人，己愈多❺。
天之道，利而不害；
聖人之道，為而不爭❻。

語譯

真實的話語不在說得漂亮，話說得漂亮往往不見得真實。真正的善行不需要言辭來辯護，依靠辯護的行為不一定是真正的善行。有真知的人，不必什麼都懂；什麼都懂的人，並不一定有真知。聖人絕不為了自己而積藏。即使為人做得愈多，自己反而愈有；給予別人愈多，自己反而愈富。天之道生生不已，永遠的利益萬物，絕不會對萬物有害。聖人取法天道，永遠為人服務，而絕不與人相爭。

解義

❶信言不美美言不信

「信言」是有真誠、有實質的話語。「不美」是不華麗。「真誠」來自內心，「實質」本於事實。這兩者都不需要靠外在的文字來修飾。因為往往言語說得愈好聽，愈缺乏內心的真誠；文字描寫得愈漂亮，愈遠離事實的真相。當然也有「信言」是美的，也有「美言」是信的，但它們的美是來自內心的真誠。如諸葛亮的〈出師表〉，是美而有信的。老子此處說的「美」，乃是只求外在的美麗，而缺乏內在的真實。本章是《老子》書的最後一章，而這句話與第一章的「道可道，非常道」正好呼應。這不正表示了老子在前面所言的一切，句句實在，而不求文辭的華美，這樣，也許還能對不可道之道，盡一點真實的表達之誠。

❷善者不辯辯者不善

「善者」是德之善。「德之善」是順乎自然，合乎大道，而不自以為善，也不求人知我為善的。因此只在於切實的去行，而不需要言辭去說明、去申辯。老子說：「上士聞道，勤而行之；中士聞道，若存若亡。」（第四十一章）真正的「善者」，是勤而行之。「辯者」，則信道不篤，行道不實，對於道的體驗是若存若亡的。我們常說真理愈辯愈明，可是在西洋哲學史上，又有多少真理是靠辯而明的？西洋哲學講究邏輯，善於思辨，可是自古至今，他們的善辯，卻變成了觀念的遊戲。這個問題的關鍵就在於「辯」是在講理，而「善」是在實行。「辯」就不好處來說，往往流於強辯、虛偽的辯，因此言辭的辯反而成了掩飾錯誤或作惡的工具。《老子》第二章所謂：「皆知善之為善，斯不善已。」就是這種毛病。「辯」就好的方面來說，最多把這個善之理辯清楚了，像西洋的倫理學，把這個「善」之理分析得很清楚，可是那仍然是紙上談兵的觀念，與真正的「善」行卻無關。所以「善」在於行，而不在於辯。要靠辯來表達的「善」，已經不是真正的「善」了。

❸知者不博博者不知

這裡的「知」是正面的意思，是指的真知。在《老子》書中，「真知」有兩個前提：一是知「道」，也即真正深切的了解「道」；二是行「道」，也即是切切實實的依照「道」而行。就知「道」來說，「道」的本體是不可捉摸的，但「道」的作用，在「一」、在「無」，這是基本的原理，這個原理把握不住，而向外求知，只是一些片面知識的堆砌而已。因此知得愈多，反而離「道」愈遠，這正是《老子》第四十七章所說的：「其出彌遠，其知彌少。」《莊子・天下》中描寫惠施：「惠施多方，其書五車」，可稱得上「博」了，但「其道舛駁，其言也不中」，顯然不是真知。再就行「道」來說，「博」是知識的累積，所謂「為學日益」（第四十八章），但為道卻在「日損」，損掉欲望。所以只知道累積知識的「博」，而不能消解由知識累積而成的執著，不能化知識而為德行，便不是真知。

❹聖人不積

這句話照本章的文理來說，是一個關鍵，具有承先啟後的作用。前面講「信言」、「善者」、「知者」，都是就一般的理來說的，而此處突然說「聖人」，可見這句話是一個總結，而說明了如何去實行。因為按照《老子》的文勢，最後說到聖人，都是總結來說的。可是這個「不積」和前面的「不博」固然有點淵源，但與「不美」、「不辯」又有什麼關連呢？這個「積」是「藏」的意思，也就是「藏於己」。把貨物藏於己，就是貪貨；把名望藏於己，就是愛名。貪貨愛名，就是多欲。所謂「積」或「藏」，所求的就是欲。求「美」、求「辯」、求「博」的也是為了去積這個「名」、去「藏」這個「欲」。所以不是真正的「信」、不是真正的「善」、不是真正的「知」。「聖人不積」就是「虛」，就是「虛」其心、「虛」其欲。才能使言「信」，才能使行「善」，才能使「知」真。所以「不積」是前文到此的一個總結。歸結到聖人「虛」的工夫。誠如《莊子．天下》描寫老子說：「人皆取實，己獨取虛。無藏也故有餘。」

❺既以為人己愈有既以與人己愈多

這兩句話詮釋了「聖人不積」的精神。「不積」是由於「虛」的作用，使自己「無藏」卻「有餘」。譬如貨物，如果只知占有，不能應用流通，這些貨物的價值便等於零，雖有實無。這些貨物如只為一人所用，其價值只有一人的價值，相反的，如用這些貨物去利益眾人，則這些貨物便發揮了更大的價值。再以知識來說，如果學到一種知識而不能應用，這種知識便是死知識。如果只以這種知識為己所用，而不願傳人，這種知識也就逐漸失去了作用。我們古代有很多特殊的知識，可是很多人都視之為私藏，只願傳自己家人，不願傳給別人，於是只傳了幾代，便成了絕學，以致失傳於世。相反的，我們如果把這種特別的知識心得傳給別人，有其他人的切磋或傳播，反而更增進和發揚了這種知識。同時因別人的研究，更刺激自己努力，而有更新的成果。所以「不積」，使我們不滯於一相、執於一偏，而能藉「為人」、「與人」，使我們得到更多、成就更大。

❻天之道利而不害聖人之道為而不爭

這是全書的最後兩句，由天之道去證聖人之道，這正是老子思想的法式。天之道的生養萬物是自然的、無為的。天之道並非有意去利益萬物，所以萬物也不會受害，所謂「不可得而利，不可得而害」（第五十六章）。聖人之道法乎天道，他們雖然「為」，但卻是「為人」的為、「與人」的為。他們「為」得愈多，自然所得也愈多，又哪裡有閒情去與別人爭。《老子》全書講「無為」，最後一句話，卻說個「為」字，聖哲的用心，於此可見一斑。

本書有關主要參考書

解老、喻老	韓非
老子注	王弼
音注河公老子道德經	河上公
道德經古本篇	傅奕
老子解	蘇轍
道德真經註	吳澄
老子翼	焦竑
道德經解	釋憨山
老子本義	魏源
老子平議	俞樾
讀老札記	易順鼎
老子道德經評點	嚴復
老子校詁	馬敘倫
老子校詁	蔣錫昌
老子正詁	高亨

老子校釋	朱謙之
老子	陳柱
老子探義	王淮
老子斠證譯釋	張揚明
新譯老子讀本	余培林
刊誤王弼注	石田羊一郎
老子王注校正	波多野太郎
帛書老子	（馬王堆出土）
老子哲學	張起鈞
禪與老莊	吳怡
周易注	王弼、韓康伯
易經繫辭傳解義	吳怡
四書集註	朱熹
說文解字	許慎
老子英譯	陳榮捷
老子王弼注英譯	林振述
老子淺解	吳怡
中國哲學術語（英文本）	吳怡

新譯范文正公選集
新譯蘇洵文選
新譯蘇軾文選
新譯蘇軾詞選
新譯蘇軾詩選
新譯蘇轍文選
新譯曾鞏文選
新譯王安石文選
新譯唐宋八大家文選
新譯柳永詞集
新譯李清照集
新譯辛棄疾詞選
新譯陸游詩文選
新譯歸有光文選
新譯唐順之詩文選
新譯徐渭詩文選
新譯袁宏道詩文選
新譯薑齋文集
新譯顧亭林文集
新譯納蘭性德詞
新譯方苞文選
新譯閒情偶寄
新譯鄭板橋集
新譯袁枚詩文選
新譯李慈銘詩文選
新譯聊齋誌異選
新譯閱微草堂筆記
新譯浮生六記
新譯弘一大師詩詞全編

教育類

新譯爾雅讀本
新譯顏氏家訓
新譯聰訓齋語
新譯曾文正公家書
新譯三字經
新譯百家姓
新譯幼學瓊林
新譯增廣賢文・千字文
新譯格言聯璧

歷史類

新譯史記
新譯漢書
新譯後漢書
新譯三國志
新譯資治通鑑
新譯史記——名篇精選
新譯尚書讀本
新譯周禮讀本
新譯逸周書
新譯左傳讀本
新譯公羊傳
新譯穀梁傳
新譯春秋穀梁傳
新譯戰國策
新譯國語讀本
新譯說苑讀本
新譯新序讀本
新譯吳越春秋
新譯西京雜記
新譯列女傳
新譯越絕書
新譯燕丹子
新譯東萊博議
新譯唐六典
新譯唐摭言

宗教類

新譯金剛經
新譯高僧傳
新譯碧巖集
新譯百喻經
新譯楞嚴經
新譯梵網經
新譯圓覺經
新譯法句經
新譯六祖壇經
新譯禪林寶訓
新譯維摩詰經
新譯經律異相
新譯阿彌陀經
新譯無量壽經
新譯妙法蓮華經
新譯景德傳燈錄
新譯大乘起信論
新譯釋禪波羅蜜
新譯八識規矩頌
新譯永嘉大師證道歌
新譯華嚴經入法界品
新譯地藏菩薩本願經
新譯悟真篇
新譯无能子
新譯坐忘論
新譯列仙傳
新譯抱朴子
新譯神仙傳
新譯性命圭旨
新譯老子想爾注
新譯周易參同契
新譯道門觀心經
新譯養性延命錄
新譯樂育堂語錄
新譯沖虛至德真經
新譯長春真人西遊記
新譯黃庭經・陰符經

地志類

新譯山海經
新譯水經注
新譯佛國記
新譯大唐西域記
新譯洛陽伽藍記
新譯徐霞客遊記
新譯東京夢華錄

政事類

新譯商君書
新譯鹽鐵論
新譯貞觀政要

軍事類

新譯孫子讀本
新譯司馬法
新譯尉繚子
新譯三略讀本
新譯六韜讀本
新譯吳子讀本
新譯李衛公問對

◎新譯莊子本義

水渭松／注譯

《莊子》一書不僅有獨特的哲學見解，其汪洋恣肆的行文方式與恢宏瑰麗的寓言文體，也開創了中國散文史上浪漫主義之先河。本書詮釋立論皆從《莊子》詞語之本義入手，於句讀錯簡之移正、觀點齟齬處之辨析，以及篇意章旨之判定等，均有獨到而完整之見解，能帶領您重新且深入地認識《莊子》。

國家圖書館出版品預行編目資料

新譯老子解義／吳怡著.－－三版一刷.－－臺北市:
三民，2024
面；　公分.－－(古籍今注新譯叢書)

ISBN 978-957-14-7751-0（平裝）
1. 老子 2. 注釋

121.311　　112021936

古籍今注新譯叢書

新譯老子解義

作　者	吳　怡
創辦人	劉振強
發行人	劉仲傑
出版者	三民書局股份有限公司（成立於 1953 年）

三民網路書店
https://www.sanmin.com.tw

地　址	臺北市復興北路 386 號　（復北門市）　(02)2500-6600
	臺北市重慶南路一段 61 號（重南門市）　(02)2361-7511
出版日期	初版一刷 1994 年 2 月
	二版七刷 2021 年 10 月
	三版一刷 2024 年 2 月
書籍編號	S030610
ISBN	978-957-14-7751-0